O PROCESSO CIVIL COLETIVO E SUA EFETIVIDADE

Aluísio Iunes Monti Ruggeri Ré

O PROCESSO CIVIL COLETIVO E SUA EFETIVIDADE

O PROCESSO CIVIL COLETIVO E SUA EFETIVIDADE

© Aluísio Iunes Monti Ruggeri Ré

ISBN 978-85-392-0098-6

Direitos reservados desta edição por
MALHEIROS EDITORES LTDA.
Rua Paes de Araújo, 29, conjunto 171
CEP 04531-940 – São Paulo – SP
Tel.: (11) 3078-7205 – Fax: (11) 3168-5495
URL: www.malheiroseditores.com.br
e-mail: malheiroseditores@terra.com.br

Composição
PC Editorial Ltda.

Capa:
Criação: Vânia Lúcia Amato
Arte: PC Editorial Ltda.

Impresso no Brasil
Printed in Brazil
04.2012

*Dedico este trabalho a Deus, em primeiro lugar,
pela força diária, pela esperança permanente, pela família,
colegas e amigos maravilhosos, pela saúde resistente e fé inesgotável.
Dedico aos meus pais
João Batista Ruggeri Ré e Isabel Iunes Monti Ruggeri Ré
e irmãos Eduardo e João Filho,
pelo amor, apoio e crença nas minhas condutas e meus ideais.
Dedico à namorada Daniela Furquim Baqueta,
pelo apoio e compreensão.
Dedico aos avós pelos ensinamentos e exemplos de vida:
Aparecida Iunes, Laís Ruggeri, Domingos Monti e Salvador Ré.
Dedico à amiga Talita Tatiana Dias Rampin,
pela força, amizade e crença nas minhas ideias.
Dedico à Defensoria Pública do Estado de São Paulo
e à Escola da Defensoria Pública do Estado/EDEPE,
pelo apoio e inspiração profissional e ideológica.
Dedico ainda aos meus colegas Defensores Públicos Estaduais,
em especial ao colega Victor Hugo Albernaz Jr.,
pela confiança depositada e pelo credo na força social
das ações coletivas.
Dedico aos amigos do contato diário pela preocupação e atenção,
dentre eles Tatiana, Talita, D. Mercedes, Janeth, Ezequiel, Zélia,
Sebastião, Ricardo e Flávia, Hadabete, Toninho, Juvêncio, Regina,
bem como aos Estagiários de Direito da Defensoria Pública,
pelo trabalho e compreensão.
Dedico aos primos Gema Terezinha Ré e José Carlos Monti Rossi
e ao amigo Firmino Furquim, que certamente estão nos olhando
junto de Deus.*

AGRADECIMENTOS

A Deus, por tudo de bom que acontece na minha vida: amor familiar, oportunidades profissionais, contatos dos amigos, confiança dos colegas.

Aos meus pais João Ruggeri e Isabel Monti, pelos ensinamentos e exemplos de vida.

À namorada Daniela, pela paciência e compreensão.

Aos irmãos Eduardo e João e namoradas Tatiana e Talita, pela convivência e apoio.

Ao professor Luiz Rodrigues Wambier, pela orientação e ensinamentos.

Ao professor Luiz Manoel Gomes Jr., pelas oportunidades e informações prestadas.

Ao colega Carlos Weis, pelo apoio, atenção e confiança.

À Defensoria Pública do Estado de São Paulo, pelo ótimo ambiente profissional, pelas oportunidades e pela inspiração ideológica.

Aos Estagiários de Direito, que nos ajudam a cumprir nossos deveres funcionais com amor, comprometimento, dedicação e paciência.

LISTA DE ABREVIATURAS

ACC	–	ação civil coletiva
ACi	–	apelação cível
ACP	–	ação civil pública
ADC	–	ação declaratória de constitucionalidade
ADI	–	ação direta de inconstitucionalidade
ADPF	–	arguição de descumprimento de preceito fundamental
Ag	–	agravo
AgR	–	agravo regimental
AI	–	agravo de instrumento
ANAC	–	Agência Nacional de Aviação Civil
ANATEL	–	Agência Nacional de Telecomunicações
ANEEL	–	Agência Nacional de Energia Elétrica
ANVISA	–	Agência Nacional de Vigilância Sanitária
AR	–	ação rescisória
art./arts.	–	artigo/artigos
c/c	–	combinado com
CADE	–	Conselho Administrativo de Defesa Econômica
CC	–	Código Civil
CComp	–	conflito de competência
CDC	–	Código de Defesa do Consumidor (Lei 8.078/1990)
CF	–	Constituição Federal
cf.	–	conforme/conferir
CLT	–	Consolidação das Leis do Trabalho (Decreto-lei 5.452/1943)
CNJ	–	Conselho Nacional de Justiça
CNMP	–	Conselho Nacional do Ministério Público
CP	–	Código Penal (Decreto-lei 2.848/1940)
CPC	–	Código de Processo Civil (Lei 5.869/1973)
CPP	–	Código de Processo Penal (Decreto-lei 3.689/1941)
CSMP	–	Conselho Superior do Ministério Público
Des.	–	Desembargador
DJe	–	*Diário da Justiça eletrônico*
DJE	–	*Diário da Justiça do Estado*
DJU	–	*Diário da Justiça da União*
DPDC	–	Departamento de Proteção e Defesa do Consumidor
ECA	–	Estatuto da Criança e do Adolescente (Lei 8.069/1990)
ED	–	embargos de declaração
ed.	–	edição

EREsp	–	embargos em recurso especial
IBDP	–	Instituto Brasileiro de Direito Processual
j.	–	julgado em
LACP	–	Lei de Ação Civil Pública (Lei 6.347/1985)
LAP	–	Lei da Ação Popular (Lei 4.717/1965)
MI	–	mandado de injunção
Min.	–	Ministro
OAB	–	Ordem dos Advogados do Brasil
OEA	–	Organização dos Estados Americanos
PROCON	–	Fundação de Proteção e Defesa do Consumidor
RE	–	recurso extraordinário
rel./rela	–	relator/relatora
RePro	–	*Revista de Processo*
REsp	–	recurso especial
SDE	–	Secretaria de Direito Econômico
STF	–	Supremo Tribunal Federal
STJ	–	Superior Tribunal de Justiça
TACivSP	–	Tribunal de Alçada Civil de São Paulo
tir.	–	tiragem
TJRS	–	Tribunal de Justiça do Estado do Rio Grande do Sul
TJSP	–	Tribunal de Justiça do Estado de São Paulo
TRF/TRFs	–	Tribunal Regional Federal/Tribunais Regionais Federais
UNERJ	–	Universidade do Estado do Rio de Janeiro
UNESA	–	Universidade Estácio de Sá
USP	–	Universidade de São Paulo

APRESENTAÇÃO

O tratamento jurídico das demandas socais vem, felizmente, ganhando espaço neste início de século, quer na doutrina, quer no dia a dia de nossa Justiça. Não sem uma certa estranheza e uma boa dose de implicações políticas, as ações de tutela coletiva se afirmam como instrumento de exigibilidade de uma classe de direitos que até recentemente sequer era reconhecida como tal, restando circunscrita ao campo das demandas sociais.

Tal desenvolvimento da doutrina processual, alcançado a partir de meados da década de 1960, no bojo do incremento das relações de consumo do segundo pós-guerra, em verdade seguiu ao encontro de uma noção desenvolvida pelo chamado *direito internacional dos direitos humanos*, qual seja, a da existência de direitos cuja titularidade ultrapassa a esfera individual, repousando em grupos sociais ou em toda a Humanidade.

Realmente, a partir da promulgação da *Declaração Universal dos Direitos Humanos*, em 10.12.1948, desenvolveu-se um vasto conjunto de documentos jurídicos internacionais, composto por declarações e tratados subscritos pelos Estados, ao qual se somaram as decisões de Cortes de direitos humanos e as emanações dos órgãos de monitoramento das organizações internacionais, como relatórios, opiniões consultivas, comentários gerais etc. Ao primeiro denominou-se *hard law*, e ao segundo, *soft law* – ambos a compor um corpo jurídico tendente a prever internacionalmente os direitos que definem a dignidade da pessoa humana e que buscam, lastreados em um sistema de organismos de controle, evitar que os Estados continuem a desconsiderar as pessoas que lhes estão submetidas.

Nesse contexto, o surgimento da categoria dos *direitos econômicos, sociais e culturais* consiste, indubitavelmente, na mais significativa inovação introduzida pela Declaração Universal de 1948, com o quê rompeu com a tradicional concepção de direitos individuais de (mera) proteção do indivíduo ante o poder do Estado, advinda do pensamento iluminista e fartamente consagrada em textos jurídicos fundantes das democracias liberais ocidentais.

Incorporando a herança das chamadas Constituições Sociais, notadamente a mexicana (1917) e a alemã (1919), a Declaração enumerou, nos arts. 22 a 28, um conjunto de direitos de titularidade coletiva destinados a criar as condições sociais nas quais pode florescer a dignidade individual de cada ser humano, livre que é para trilhar seu caminho e buscar sua noção particular de felicidade.

Poucos anos após, tais direitos foram efetivamente consagrados pela edição, em 1966, do *Pacto Internacional dos Direitos Sociais Econômicos e Culturais*, verdadeiro tratado internacional por meio do qual as Nações Unidas buscaram fazer com que os Estados assumissem a obrigação jurídica de prover a coletividade com políticas públicas, meios e serviços capazes de dar conta de um padrão mínimo e essencial para a vida digna. Tal documento foi mimetizado – não sem alguma demora – pelos sistemas regionais de direitos humanos, com a adoção do *Protocolo de San Salvador* (Organização dos Estados Americanos/ OEA) e da Carta Social Europeia (União Europeia/UE), que somente entraram em vigor décadas depois.

Alvo de duras críticas advindas de pensadores de matiz liberal, os direitos econômicos, sociais e culturais de titularidade coletiva implicam aos Estados obrigações em diversos campos da vida humana, notadamente a proteção ao trabalhador, a segurança social, a alimentação, a habitação, os cuidados médicos e a educação. Por fim, chegam a prever uma ordem social e internacional justa, em que os direitos e liberdades possam ser plenamente realizados – no que se enxerga, com clareza, a titularidade difusa de direitos tidos como de terceira ou quarta dimensão.

Das mencionadas críticas, as mais contundentes tinham como aríete a suposta impossibilidade de se obter pela via judicial a proteção dos chamados direitos econômicos, sociais e culturais, acenando-se com a clássica divisão de atribuições entre os órgãos que repartem a soberania estatal, além de reputar inviável que um juiz incorporasse ao processo questões de natureza política e que dizem respeito à formulação e realização das ações pelo Poder Executivo – como apontamos em nossa obra, *Direitos Humanos Contemporâneos* (2ª ed., 2ª tir., São Paulo, Malheiros Editores, 2011, p. 57).

APRESENTAÇÃO

É nesse estágio do caminhar do Direito que, em boa hora, surge a obra que temos a honra de apresentar, cuja oportunidade reside, justamente, em ter o Autor percebido que a plena eficácia dos direitos humanos (ou fundamentais), que definem os padrões elementares de vida social digna, depende da igual efetividade do processo coletivo, dado que o sistema processual tradicional não se mostra dotado de ferramentas adequadas ao tratamento dos direitos metaindividuais.

Ao aprofundar o debate em torno do processo coletivo, o Autor fornece elementos que, à saciedade, demonstram a impropriedade dos que julgavam insuscetíveis de tutela processual os direitos econômicos, sociais e culturais, de modo a permitir que o processo seja, também ele, um elemento de viabilização do acesso à justiça social e de redução da desigualdade material que macula nosso País, desde seu nascedouro.

Fazendo a necessária união entre o direito material e o direito processual, a obra fornece ao leitor um ferramental imprescindível para a plena compreensão da gênese do processo coletivo e, sobretudo, para o correto enquadramento das demandas sociais contemporâneas, de modo a que possam, efetivamente, ser tuteladas pelo sistema de justiça nacional, valendo dizer que também no Direito interno é possível obter, pela via judicial, a efetivação dos direitos insculpidos nos tratados internacionais de direitos humanos ratificados pelo País, hoje reconhecidos pelo STF como hierarquicamente superiores à legislação ordinária.

Bem por isso, a obra enreda os direitos coletivos com elementos que lhe são de todo afins, como o Estado democrático de Direito, o Constitucionalismo Social e a Teoria Geral dos Direitos Humanos, formando uma base sólida que permitirá ao leitor desfrutar do restante da obra, em que são abordadas com minúcia todas as vertentes do processo coletivo, de forma abrangente e aprofundada, tornando-a útil aos que trabalham diretamente com essa nova modalidade de resolução de conflitos.

Num momento em que a doutrina jurídica nacional, talvez premida pela massificação dos cursos jurídicos e pela avassaladora demanda por manuais que ensinam a Técnica esquecendo-se da Ciência, este livro resgata o culto pelo Direito, fornecendo elementos que solidificam os conhecimentos do leitor, dialogando com outras áreas das Ciências Jurídicas e Sociais para, na parte final, e no justo tempo, cuidar do procedimento relativo ao processo coletivo, tornando-a digna de leitura.

Justamente, é o aprofundado discorrer sobre os princípios e correlações sobre os quais se fundam o direito e o processo coletivo que traz aos juristas de todas as áreas a curiosidade pela leitura desse texto, na medida em que a coletivização das demandas alcança todos os aspectos da vida em sociedade, tornando imprescindível a reunião dos conhecimentos de direito material com o modo contemporâneo de dar, àqueles, plena eficácia e exigibilidade.

Por fim, mesmo ao público que hoje busca seu espaço dentro do serviço público nacional, tão carente de pessoal qualificado e vocacionado para a solução dos graves e persistentes problemas de nosso País, a obra mostra-se adequada. Aqui, não se engane o estudante: os manuais banais e supostamente descomplicados de pouco servem. Dão a ilusão de que se possui um conhecimento instrumental suficiente para o ingresso nas carreiras jurídicas de Estado. Ao contrário, mais e mais se exige do candidato um conhecimento aprofundado e articulado, próprio de quem seja capaz de tecer ilações a partir do conhecimento acumulado, para além da mera repetição de fórmulas e conhecimentos surrados. Por isso, este livro também lhes será de extrema utilidade, dado que lhes permitirá conhecer verdadeiramente o tema e, a partir daí, enriquecê-lo com suas próprias ideias e desenvolvimentos.

Quanto ao Autor, seu compromisso com o Direito e a Justiça se fazem perceber já nesses primeiros anos de carreira na Defensoria Pública do Estado de São Paulo. Seu dedicado e qualificado trabalho no Núcleo Especializado de Cidadania e Direitos Humanos indica tratar-se de profissional sério e jurista de solidez, que certamente nos brindará com outras obras de tão fino acabamento como a presente, cuja leitura ora se recomenda.

CARLOS WEIS

SUMÁRIO

Apresentação 11

Introdução 19

1. O Tratamento Molecular de Direitos 25
1.1 O fenômeno da multiplicação de direitos 26
1.1.1 Peculiaridades do Estado de Direito: do Estado Legal ao Constitucional 26
1.1.2 O Estado Democrático de Direito Brasileiro: análise de seus fundamentos 31
1.1.3 Os direitos fundamentais na Teoria Geracional dos Direitos Humanos: a problemática do acesso efetivo à Justiça 34
1.1.4 A tutela coletiva de direitos e a tutela de direitos coletivos 42
1.1.5 Sistematização de conceitos 43
1.2 A tutela coletiva brasileira 50
1.2.1 O microssistema autônomo de regulação brasileiro 53
1.2.1.1 Ação civil pública e ação coletiva: a questão terminológica 56
1.2.1.2 O movimento pela codificação do direito processual coletivo 63
1.2.1.3 O Projeto de Lei 5.139/2009 e a busca por um "Sistema Único Coletivo" 67
1.2.2 O acesso à Justiça Coletiva como direito humano fundamental 73
1.2.3 Instrumentos de acesso à Justiça Coletiva na Constituição Federal de 1988 81
1.2.3.1 Ações de controle de constitucionalidade 83
1.2.3.2 Ação popular 85
1.2.3.3 Mandado de segurança coletivo 89
1.2.3.4 Mandado de injunção coletivo 93
1.2.3.5 Ação de impugnação de mandato eletivo 96
1.2.3.6 Dissídio coletivo 97
1.2.3.7 Ação civil pública 99
1.3 Principiologia 100

1.3.1	Conceito de "princípios"	102
1.3.2	Princípios do direito processual coletivo	105
1.3.2.1	Princípio do interesse jurisdicional no conhecimento do mérito do processo coletivo	108
1.3.2.2	Princípio da máxima prioridade da tutela jurisdicional coletiva	110
1.3.2.3	Princípio da disponibilidade motivada da ação coletiva	112
1.3.2.4	Princípio da presunção de legitimidade ativa pela afirmação do direito	114
1.3.2.5	Princípio da não taxatividade ou da atipicidade da ação coletiva	116
1.3.2.6	Princípio do máximo benefício da tutela jurisdicional coletiva	120
1.3.2.7	Princípio da máxima efetividade do processo coletivo	122
1.3.2.8	Princípio da máxima amplitude da tutela jurisdicional coletiva	125
1.3.2.9	Princípio da proporcionalidade como técnica de ponderação	128
1.3.2.10	Princípio da participação pelo processo	132
1.3.2.11	Princípio do ativismo judicial e institucional	133
1.3.2.12	Princípio da ampla divulgação da demanda e da devida informação	143
1.3.2.13	Princípio da subsidiariedade ou do microssistema coletivo	144
1.3.2.14	Princípio da tutela coletiva adequada	145

2. O Procedimento Comum Coletivo 149

2.1 O sistema integrado coletivo 149
2.1.1 Os procedimentos coletivos brasileiros 151
2.2 O modo de ser do processo coletivo 154
2.2.1 Do objeto da ação civil pública 154
2.2.2 Da competência 159
2.2.2.1 Das regras de conexão, continência e litispendência ... 165
2.2.2.2 Da relação entre as ações individuais e coletivas 169
2.2.3 Da legitimação ativa 172
2.2.3.1 Da pertinência temática 174
2.2.3.2 Do juízo de admissibilidade 182
2.2.4 Da assistência e da intervenção de terceiros 191
2.2.5 Da atuação do Ministério Público 197
2.2.5.1 Do inquérito civil público 205
2.2.5.2 Do Termo de Compromisso de Ajustamento de Conduta 207
2.3 Do procedimento comum coletivo 212

2.3.1   Dos requisitos da petição inicial 215
2.3.1.1 Da concessão de liminares e da antecipação da tutela 217
2.3.1.2 Do pedido e da causa de pedir 219
2.3.2   Dos recursos e seus efeitos 222
2.3.3   Do abandono, da desistência e da extinção do processo 226
2.3.4   Da coisa julgada coletiva 227
2.3.5   Ações coletivas passivas 231

3. O Processo Coletivo sob o Prisma da Efetividade 237
3.1 A efetividade interna 238
3.1.1   Efetividade interna extrajudicial 238
3.1.1.1 Da efetividade interna extrajudicial administrativa 238
3.1.1.2 Da efetividade interna extrajudicial investigatória 244
3.1.2   Efetividade interna judicial 252
3.1.2.1 Da efetividade interna judicial postulatória 258
3.1.2.2 Da efetividade interna judicial instrutória 275
3.1.2.3 Da efetividade interna judicial procedimental e decisória ... 280
3.1.2.4 Da efetividade interna judicial executiva e reparatória 288
3.2 Efetividade externa 303

Conclusão 309

Referências bibliográficas 313

Projeto de Lei 5.139/2009 325

INTRODUÇÃO

O presente trabalho tem por finalidade analisar o processo coletivo, em especial a ação civil pública e seu procedimento, sob o prisma da efetividade, entendendo que a partir deste importante instrumento jurisdicional e institucional, de tez nitidamente constitucional-social,[1] podemos efetivar o ideal de Justiça Coletiva, tal como depreendido da ordem constitucional instaurada em 1988.

O tema proposto é atual e, embora o tratamento de direitos ou interesses[2] de forma coletiva e sua respectiva tutela molecular tenham surgi-

1. Afirmamos que o processo coletivo possui tez constitucional-social porque entendemos que esta expressão melhor designa as aspirações e ideologias que imantam o Estado Brasileiro. Explicamos: o Brasil não é somente um Estado de Direito; na verdade, por expressa previsão constitucional, nosso Estado é Democrático de Direito. A partir desta afirmação, notamos que o princípio democrático imanta todos os elementos constitutivos do Estado, dentre eles a própria ordem jurídica. Esse Estado é também "constitucional", que revela sua inserção em um período de superação (ou tentativa) da crise instaurada no Estado de Direito. Esta crise tem origem na percepção de que a noção de legalidade (princípio imperioso no Estado de Direito e sua vertente legislativa) em sentido estrito não ampara a contento a realidade social, pois o Direito era então pensado num âmbito ou dimensão separado da realidade social. Ocorre que o Direito não é neutro em relação aos conflitos sociais. Pelo contrário: o Direito é também parte do conflito social. O Direito e a ordem jurídica estabelecida passam a designar algo mais que a limitação do poder do Estado: a partir da transição do Estado Legislativo para o Constitucional, a própria legalidade é redimensionada, designando, antes que submissão à lei (cujo conteúdo pode variar), a submissão do poder ao Direito. Este Direito não se identifica mais única e exclusivamente com a ideia de lei, e passa a invocar um caráter normativo da Constituição. É a afirmação da Constituição como norma vinculativa e suprema do e no Estado.

Nesse sentido, o Estado Brasileiro tem peculiaridades frente aos demais Estados Constitucionais, pois em sua Norma Suprema há a afirmação de princípios, direitos e garantias fundamentais que se voltam, sempre, à realização da cidadania e da dignidade da pessoa humana. Os valores sociais são afirmados na Constituição Federal de 1988 em reconhecimento do indivíduo como pessoa integrada na sociedade estatal, e até mesmo a titularidade do poder pertence ao povo.

do nos idos do século XVII, com o Direito Inglês,[3] no Brasil foi somente em 1965, por meio da Lei 4.717, que disciplina a ação popular (Lei da Ação Popular/LAP), que uma ação coletiva típica foi incorporada ao ordenamento pátrio,[4] ao menos em termos legislativos, sendo certo que com a edição da Lei 7.347/1985 (Lei da Ação Civil Pública/LACP), a qual disciplina a ação civil pública, e da Lei 8.078/1990, que instituiu o Código de Defesa do Consumidor (CDC), foi que o processo coletivo ganhou seus contornos modernos, formando, assim, um microssistema integrado e autônomo de regulação, mas – vale adiantar – não autossuficiente. Os direitos coletivos são ideias de construção histórica recente, desenvolvidos de maneira notável no período pós-guerra (II Grande Guerra, 1945) e com o incremento de uma sociedade de massa, formada por relações jurídicas complexas e plúrimas (perceptível principalmente, em um primeiro momento, após a Revolução Industrial e, mais recentemente, com a Revolução Tecnocientífica).

A proximidade histórica de sua construção faz dessa espécie de direito um campo fecundo de investigação, tanto teórico quanto prático; e embora muitos Países – tal como o Brasil – apresentem em seus ordenamentos jurídicos leis que tutelam determinados direitos coletivos, percebemos que esse regramento vem sendo realizado de modo tímido, parcial, e quase sempre de modo insatisfatório ou incompleto. No que tange à sua sistematização a lacuna é ainda maior, pois inexiste no cenário nacional e no Direito Comparado uma legislação bem definida sobre

2. No presente trabalho utilizaremos a expressão "direito coletivo" referindo-nos ao seu sentido amplo ou lato, como gênero, designando indistintamente direitos ou interesses difusos, coletivos em sentido estrito e individuais homogêneos. Referida opção justifica-se pelo seu uso já disseminado na doutrina brasileira. Desse modo, quando nos referirmos à espécie específica indicaremos a expressão "direito coletivo em sentido estrito".

Ainda faremos referência a "direitos" e a "interesses" indistintamente, como termos sinônimos.

3. Sérgio Cruz Arenhart, em sua monografia "Perfis da tutela inibitória coletiva" (in *Temas Atuais de Direito Processual Civil*, vol. 6, São Paulo, Ed. RT, 2003) aponta (p. 141) que o tratamento de direitos de forma coletiva surge em sua forma embrionária mais especificamente com uma modalidade de *bill of peace* no Direito Inglês do século XVII, sendo posteriormente desenvolvido com feições mais próximas às atuais no Direito Norte-Americano do século XIX.

4. Vale a pena ressalvar que o Brasil já possuía, inclusive ao nível constitucional, algumas ações de controle concentrado de constitucionalidade de natureza coletiva, mas com finalidades, legitimados e competência sobremodo limitados, o que nos autoriza chamá-las de *ações coletivas atípicas*.

questões cruciais na temática, tais como o estabelecimento de regras interpretativas, de uma principiologia própria e de institutos específicos, pensados à luz deste peculiar objeto que é o direito coletivo.

Não obstante exista essa lacuna, notamos a ocorrência de paulatina sedimentação doutrinária acerca de temas ligados à tutela coletiva, à ação coletiva e ao processo coletivo; sedimentação, essa, que não é acompanhada, a contento, por um rigor científico ou, ao menos, por uma preocupação em delimitar especificamente os contornos de cada instituto e, principalmente, em construir um ramo específico do direito processual voltado a atender às particularidades dos direitos coletivos.

O tema envolve, portanto, problemáticas desafiadoras a serem enfrentadas, especialmente no que tange às estruturas viabilizadoras da tutela coletiva e da adequação do processo civil vigente, de cunho liberal individualista, e às especificidades dos direitos de natureza coletiva. Institutos processuais já consolidados – tais como a legitimação para agir, a coisa julgada, o objeto da causa, as regras de competência e, inclusive, os temas estruturantes do direito processual civil[5] – precisam ser revisitados para, então, se conformarem às exigências do tratamento coletivo, pois os mesmos foram concebidos sob uma ótica individualista, que logra tutelar direitos individuais que, via de regra, são patrimoniais e disponíveis. Se o processo civil não atende a estes ideais, parece fácil concluir por sua inaptidão em servir às necessidades de um interesse de titularidade difusa, cujos danos ocorrem não só no âmbito patrimonial e cuja reparação geralmente não atende, a contento, ao bem lesado.

Assim, entendemos que a análise do processo coletivo sob o prisma da efetividade vai ao encontro dessas problemáticas, já que, ao voltar seu enfoque à concretização dos direitos coletivos, contribui para o resgate e a potencialização dos direitos fundamentais e sociais inscritos na Constituição Federal.

Adotando uma postura positiva,[6] debateremos temas nevrálgicos do processo coletivo,[7] contestando a estrutura legal e o pensamento

5. Como "temas estruturantes do direito processual civil" adotamos os estudos de Luiz Guilherme Marinoni – jurisdição, ação, defesa e processo –, devido aos esforços contínuos do autor em discutir a adequação do processo civil vigente à tutela dos direitos coletivos (*Teoria Geral do Processo*, 3ª ed., São Paulo, Ed. RT, 2008).
6. A locução "postura positiva" é aqui tomada para indicar que o estudo tem por lastro um determinado direito positivado – qual seja: o brasileiro.
7. Com "processo coletivo" nos referimos, aqui, à sistemática processual civil vigente disposta a amparar pretensões lastreadas no direito coletivo.

dogmático vigente, adotando o que Luís Fernando Coelho[8] denomina "dialética da participação": analisaremos o contexto fático de construção e violação dos direitos coletivos para, a partir dessa realidade e da conscientização do papel do Direito e do jurista frente à conflituosidade social, contribuir para a implementação de uma Ciência ou Teoria que efetivamente tutelem o direito coletivo de modo satisfatório. Entendemos que este desiderato somente poderá ser alcançado a partir de uma nova hermenêutica processual e constitucional, pautada, sempre, na busca pela efetividade do direito coletivo e dos fundamentos e objetivos do Estado em que se insere.

O desafio maior a ser enfrentado é desvendar como o regramento e a realização desta gama metaindividual de direitos (coletivos) são recepcionados no Estado Brasileiro. Nesse sentido, restringiremos territorialmente o estudo à hipótese brasileira, mais especificamente aos limites do Estado Democrático de Direito instaurado com a Constituição Federal, sem desprezarmos importantes observações de Direito Comparado. Analisaremos a legislação constitucional e a infraconstitucional em vigor, para contrastarmos a sistemática operante no bojo do direito processual; estudaremos o iminente movimento doutrinário em prol de uma sistematização do processo coletivo a partir da literatura nacional, seja pelo seu lastro na realidade brasileira, seja pelo pioneirismo que nossos juristas e nossa legislação alcançaram no cenário mundial. Abordaremos brevemente o histórico de tentativa de codificação do processo coletivo e da tramitação do projeto de lei que resultaria na remodelação da ação civil pública, o Projeto de Lei 5.139/2009, por ora rejeitado na Câmara dos Deputados, vítima de interesses egoísticos de setores ainda dominantes da sociedade brasileira.

A fundamentação adotada[9] tem lastro no Constitucionalismo contemporâneo[10] e volta seu olhar para a potencialização dos direitos funda-

---

8. Luís Fernando Coelho, *Teoria Crítica do Direito*, Porto Alegre, Sérgio Antônio Fabris Editor, 1991, p. 63.

9. Nesse sentido, profícua é a investigação do jurista Gregório Assagra de Almeida, Promotor de Justiça em Minas Gerais, que elaborou uma Teoria Geral do Processo Coletivo quando de seus estudos em nível de Mestrado, ocasião em que defendeu o direito processual coletivo como novo ramo do direito processual que não é inteiramente autônomo à Ciência ou Teoria Geral do Processo. Segundo Gregório Assagra de Almeida, o direito processual coletivo insere-se no âmbito do direito processual constitucional, que consagra várias formas de garantias constitucionais para tutela de direitos fundamentais, individuais ou coletivos. Como exemplos, cita: o mandado de segurança (CF de 1988, art. 5º, LXIX e LXX), a ação popular (CF

mentais não só no plano teórico, mas, sobretudo, no plano concreto, para a efetivação desses direitos como expressão da cidadania e da democracia. Logra-se, com isso, dar máxima efetividade ao texto constitucional, cuja interpretação deve ser feita de modo ampliativo, principalmente tratando-se de direitos fundamentais.

Para tanto, foi necessário superar a dicotomia tradicional do direito processual em civil e penal, devido ao insuficiente suporte teórico que este reducionismo proporciona tratando-se de direitos coletivos. Nesse sentido, não só reafirmamos a existência de um novo ramo da Ciência processual (o coletivo), como também o estabelecimento de um método pluralista inovador,[11] que conflui para a realização de um megaelemento denominado *Justiça Coletiva*. Por meio dele norteia-se a adoção, pelo Estado, de uma postura prospectiva pós-moderna, que se volta mais à concretização que à mera declaração de direitos.

Imbuídos desse intuito, iniciaremos nossa abordagem contextualizando o Estado Democrático de Direito, tecendo considerações sobre seus principais contornos na hipótese *sui generis* brasileira. Em seguida analisaremos as especificidades do procedimento comum coletivo para, por fim, debatermos a efetividade desse valioso instrumento processual, no sentido de indicar formas eficientes de o Estado, em suas variadas funções e atividades, promover uma tutela jurisdicional adequada, oportuna, concreta e exequível, como forma de transformação e satisfação social.

---

de 1988, art. 5º, LXIII), o dissídio coletivo (CF de 1988, art. 114, § 2º), a ação civil pública (CF de 1988, art. 129, III), as ações declaratórias de constitucionalidade ou de inconstitucionalidade das leis (CF de 1988, art. 102, I, "a"), dentre outros (*Direito Processual Coletivo Brasileiro: um Novo Ramo do Direito Processual*, São Paulo, Saraiva, 2003, p. 34).

10. Com Cármen Lúcia Antunes Rocha, entendemos por "Constitucionalismo" o movimento juspolítico embasador de uma ordem estatal específica, fundamentada em princípios democráticos garantidores dos direitos fundamentais do homem, da limitação, da participação popular e da alternância no poder (*Princípios Constitucionais dos Servidores Públicos*, São Paulo, Saraiva, 1999, pp. 1-2).

11. O método pluralista é proposto por Gregório Assagra de Almeida em contraposição ao método técnico-jurídico tradicional. Segundo o autor, este método incorpora vários elementos além do técnico-jurídico. São eles os elementos social, histórico, econômico, político, ético (*Direito Processual Coletivo Brasileiro: um Novo Ramo do Direito Processual*, cit., pp. 7-8).

1

O TRATAMENTO MOLECULAR DE DIREITOS

1.1 O fenômeno da multiplicação de direitos: 1.1.1 Peculiaridades do Estado de Direito: do Estado Legal ao Constitucional – 1.1.2 O Estado Democrático de Direito Brasileiro: análise de seus fundamentos – 1.1.3 Os direitos fundamentais na Teoria Geracional dos Direitos Humanos: a problemática do acesso efetivo à Justiça – 1.1.4 A tutela coletiva de direitos e a tutela de direitos coletivos – 1.1.5 Sistematização de conceitos. 1.2 A tutela coletiva brasileira: 1.2.1 O microssistema autônomo de regulação brasileiro: 1.2.1.1 Ação civil pública e ação coletiva: a questão terminológica – 1.2.1.2 O movimento pela codificação do direito processual coletivo – 1.2.1.3 O Projeto de Lei 5.139/2009 e a busca por um "Sistema Único Coletivo" – 1.2.2 O acesso à Justiça Coletiva como direito humano fundamental – 1.2.3 Instrumentos de acesso à Justiça Coletiva na Constituição Federal de 1988: 1.2.3.1 Ações de controle de constitucionalidade – 1.2.3.2 Ação popular – 1.2.3.3 Mandado de segurança coletivo – 1.2.3.4 Mandado de injunção coletivo – 1.2.3.5 Ação de impugnação de mandato eletivo – 1.2.3.6 Dissídio coletivo – 1.2.3.7 Ação civil pública. 1.3 Principiologia: 1.3.1 Conceito de "princípios" – 1.3.2 Princípios do direito processual coletivo: 1.3.2.1 Princípio do interesse jurisdicional no conhecimento do mérito do processo coletivo – 1.3.2.2 Princípio da máxima prioridade da tutela jurisdicional coletiva – 1.3.2.3 Princípio da disponibilidade motivada da ação coletiva – 1.3.2.4 Princípio da presunção de legitimidade ativa pela afirmação do direito – 1.3.2.5 Princípio da não taxatividade ou da atipicidade da ação coletiva – 1.3.2.6 Princípio do máximo benefício da tutela jurisdicional coletiva – 1.3.2.7 Princípio da máxima efetividade do processo coletivo – 1.3.2.8 Princípio da máxima amplitude da tutela jurisdicional coletiva – 1.3.2.9 Princípio da proporcionalidade como técnica de ponderação – 1.3.2.10 Princípio da participação pelo processo – 1.3.2.11 Princípio do ativismo judicial e institucional – 1.3.2.12 Princípio da ampla divulgação da demanda e da devida informação – 1.3.2.13 Princípio da subsidiariedade ou do microssistema coletivo – 1.3.2.14 Princípio da tutela coletiva adequada.

Para compreender o fenômeno da multiplicação de direitos, seja ele considerado em seu momento de tutela coletiva de direitos ou, então, de tutela de direitos coletivos, é necessário observar o afloramento dos direitos ou interesses coletivos a partir da afirmação da dignidade humana como valor fundamental sobre o qual foi construído o Estado de Direito Brasileiro.

1.1 O fenômeno da multiplicação de direitos

As transformações ocorridas no bojo do século XX propiciaram mais que a mera valorização da solidariedade e do coletivismo, a partir dos quais passou-se a almejar não propriamente a libertação do indivíduo, mas, sim, a afirmação da dignidade da pessoa humana. Referido princípio exprime, em termos jurídicos, o princípio kantiano segundo o qual o Homem deve ser tratado como um fim em si mesmo, e jamais como um meio. Com Daniel Sarmento, afirmamos que o ser humano precede o Direito e o Estado, que apenas se justificam em razão dele.[1]

O princípio da dignidade da pessoa humana, enquanto máxima do Estado Constitucional, adquire contornos bem específicos na hipótese brasileira. É que o legislador constituinte originário optou por adjetivar o Estado Brasileiro como *Democrático de Direito*, fazendo, com isso, com que o princípio democrático irradiasse seus efeitos sobre todos os seus elementos constitutivos. Compreender a dimensão desses princípios (dignidade e democracia) contribui de maneira incisiva para a compreensão dos direitos coletivos como categoria dos direitos fundamentais.

1.1.1 Peculiaridades do Estado de Direito: do Estado Legal ao Constitucional

Vivenciamos um momento histórico paradigmático. A ereção de um Estado Democrático de Direito, tal como anunciado pela Constituição da República Federativa do Brasil de 1988, corresponde ao clímax do processo evolutivo do Estado Brasileiro. Pedro Lenza, analisando a evolução histórica do poder político e do Estado, afirma que, "após os períodos da *Pré-História* (onde não havia Estado), *Antiguidade* (onde constituía uma verdadeira unidade política), *Idade Média* (marcada pelo enfraquecimento da autoridade central e disputa entre reis, Igreja, se-

---

1. Daniel Sarmento, *A Ponderação de Interesses na Constituição Federal*, Rio de Janeiro, Lumen Juris, 2003, pp. 59-60.

nhores feudais, corporações etc.) e *Absolutismo* (irresponsabilidade total do Estado – *Le roi ne peut mal faire, The king can do no wrong*), a regulamentação do poder político consolida-se na Idade Contemporânea, atingindo o clímax de seu processo evolutivo, posteriormente, com o *Estado Social e Democrático de Direito*"[2] (grifos do autor).

O Estado de Direito tem várias vertentes e sua nomenclatura varia dentre os diversos estudiosos que se debruçaram sobre a problemática desafiadora do questionamento da criação de mecanismos de proteção do cidadão frente ao poder político. Podemos, contudo, afirmar haver um consenso quanto à contraposição do Estado de Direito – independentemente da vertente analisada – ao que se cunhou como Estado-Polícia. Enquanto este se caracteriza por ser um Estado Legal, no qual o papel do Direito se restringia a estabelecer comandos para regular os indivíduos, aquele remete a certa ordem estatal preocupada ou comprometida em atribuir à norma um determinado conteúdo, subordinando ao Direito não só os indivíduos, como também o próprio Estado.

Para Pedro Lenza[3] o Estado de Direito tem uma tríplice vertente: a liberal (em que há a evidenciação do indivíduo, intervenção mínima estatal e papel restrito do Estado), a social (em que o Estado adota postura ativa, tornando-se grande responsável pela harmonização do grupo e asseguração de alguns direitos que vinham sendo mutilados pela fúria capitalista) e a pós-social (em que surgem novos atores e afloram os interesses transindividuais).

Sérgio Cademartori,[4] em profícua análise sobre as vertentes do Estado de Direito, afirma que a criação de mecanismos de defesa do cidadão frente ao poder é um dos temas nevrálgicos da teoria política. Para ele, referidos mecanismos adquirem contornos peculiares na nova forma de Estado que surge no século XIX, criado para satisfazer os anseios da burguesia ascendente e conter os impulsos patrimonialistas[5] e clientelistas do poder tradicional, calcados em critérios pessoais de privilégio e vantagem. Nesse diapasão, o Estado incipiente insere-se em um con-

2. Pedro Lenza, *Teoria Geral da Ação Civil Pública*, 3ª ed., São Paulo, Ed. RT, 2008, p. 27.
3. Idem, pp. 28-30.
4. Sérgio Cademartori, *Estado de Direito e Legitimidade. Uma Abordagem Garantista*, 2ª ed., Campinas/SP, Millennium, 2007.
5. Sobre a formação do patronato brasileiro, cf.: Raymundo Faoro, *Os Donos do Poder*, Rio de Janeiro, Globo, 1958. Cf. Simon Schwartzman, *Bases do Patrimonialismo Brasileiro*, Rio de Janeiro, Campus, 1988.

texto de progressiva transformação do poder rumo à impessoalização da dominação.

O autor recorre à nomenclatura utilizada por Weber para se referir a um tipo "puro" de dominação, que inexiste na empiria: a dominação legal-racional. Referida nomenclatura justifica-se pela materialização de ordens por meio de normas legais, impessoais e genéricas – inclusive com previsão de consequências jurídicas – e pelo uso de um cálculo racional utilitário do dominado sobre a obediência às ordens do soberano (ponderação sobre as vantagens e desvantagens do cumprimento dessas ordens). A partir de então, forma-se uma burocracia de expediente que age por meio de procedimentos e se caracteriza por fundar sua legitimidade na crença de legalidade e autoridade dos dominados em relação ao domínio, por ter ordenações pactuadas ou então outorgadas e sujeitar o próprio soberano à ordenação. Esta "dominação burocrática" encontra na "formalidade" o princípio básico de sua organização e se consolida progressivamente a partir de "versões" do Estado de Direito: o governo *per lege*, o governo *sub lege* e o Estado Constitucional de Direito.

O primeiro momento a ser observado é o governo *per lege*, que consiste em uma forma de dominação burocrática que age por intermédio de ordens gerais e abstratas. Ao contrário do que ocorreu com a dominação absolutista real (lastreada em critérios pessoais de privilégios), o governo *per lege* pressupõe um conjunto de formalidades que o poder deve respeitar para se expressar e, assim, assegurar a validade e a vinculação dos dominados às normas. Referida atuação atende ou satisfaz os princípios da igualdade (generalidade e abstração das normas) e da liberdade (estabelecimento da norma como manifestação legítima da vontade geral), motivo pelo qual se diz ocorrer uma juridificação do poder, e o absolutismo monárquico é substituído pela modalidade legislativa (instrumentalizada por meio de leis e atuação de Assembleias soberanas). Encontramos nesse governo o marco da correlação do Direito com a lei, reducionismo que marca definitivamente a Teoria do Direito.

Outro momento do Estado de Direito emana do governo *sub lege*, oportunidade em que o próprio poder soberano é subordinado às normas superiores, as quais não lhe é dado suprimir ou violar (submissão de todo o poder ao Direito). Nesse esteio, toda e qualquer ação governamental sofre um processo de legalização. Esse governo determina a afirmação do Estado Liberal ou Legislativo de Direito e propicia uma inversão de papéis: o Direito submete o poder, disciplinando-o e limitando-o.

Nota-se, pois, que há uma distinção entre as ideias de governo e do exercício do poder traçadas: enquanto o governo *sub lege* se refere às relações do poder com suas próprias normas, com o Direito ao qual se declara submetido, o governo *per lege* aponta para aspectos formais do poder em suas relações com os súditos ou dominados (exigência da satisfação de determinadas formalidades pelas normas para que as mesmas sejam consideradas válidas e vinculantes). São formulações de estreita vinculação axiológica que se explicam pelo acompanhamento da submissão do poder ao Direito, da expressão do poder preferencialmente a partir de normas gerais e abstratas.[6]

Mas quais seriam os motivos desta vinculação axiológica entre os governos *per lege* e *sub lege*? Segundo Cademartori, ambas as formas de exercício do poder são respostas às exigências que os dominados postulam perante o poder político: tratamento equânime, defesa perante possíveis arbitrariedades e incremento na previsibilidade da atuação estatal. Em linhas gerais, tais governos atendem aos princípios da igualdade, da liberdade e da segurança jurídica.

Essa combinação de respeito ao conjunto de formalidades disposta para que o poder/governo possa se expressar, com a vinculação do poder ao Direito, como forma de impedir a disponibilidade plena do poder sobre o Direito, determina que: ainda quando o poder possa mudar a norma, enquanto esta for válida aquele lhe fica submetido. E mais: a concepção de um Estado Constitucional de Direito ergue novo patamar nesta indisponibilidade do poder sobre o Direito, pois assegura que determinados âmbitos jurídicos são totalmente indisponíveis ao poder político.

O Estado Constitucional de Direito surge a partir da crise do Estado de Direito em sua versão legislativa e logra superá-lo. Referida crise decorre do uso da lei como meio de regulação social no Estado Liberal e tem como vetores: o desvio do modelo liberal com a *praxis* social e econômica e a constatação do caráter conflitivo da realidade social. Trata-se da crise revelada pela constatação da não neutralidade do Direito com respeito aos conflitos sociais.

A tomada de consciência de que o Direito não se situa num âmbito separado do real conflui para a percepção de que ele próprio, o Direito,

6. Cf. Talita Tatiana Dias Rampin e Aluísio Iunes Monti Ruggeri Ré, "Estado de Direito, cidadania e políticas públicas: a fundamentalidade do deferimento judicial de medicamentos", in *II Congresso Brasileiro das Carreiras Jurídicas do Estado*, Brasília/DF, 2010.

é parte do conflito social. A partir daí, questiona-se a capacidade da lei e do Poder Legislativo de regular adequadamente a vida social e política, motivo pelo qual restaura-se a *eficácia* do Direito como limite ao poder.

Nesta transição do Estado Legislativo para o Constitucional, o conceito de legalidade sofre um redimensionamento, passando a referir não a pura e simples submissão dos indivíduos à lei, mas, sim, a submissão de todo o poder ao Direito. Também a noção positivista do Direito sofre uma alteração, não mais se equiparando ou se reduzindo à lei. É sob esses influxos que se firma o caráter normativo da Constituição, como norma vinculante e superior que impõe a todos os poderes do Estado o respeito ao sentido e conteúdo das normas constitucionais (supremacia das Constituições).[7]

O Estado Constitucional tem uma peculiaridade intrínseca à sua forma de organização de poder: a positivação de direitos humanos à sua ordem jurídica. Tais direitos são elencados pela Constituição desses Estados como direitos fundamentais, que atuam como forma de limitar a atuação estatal frente aos indivíduos e ainda contribuem como tábua de valores ou princípios a nortear a vida em sociedade. O Brasil, como Estado Constitucional que é, tem em sua Constituição Federal de 1988 diversos direitos fundamentais, muitos deles elencados em "título" próprio, logo no início do texto constitucional. Referida topologia não é por acaso; antes, dá indícios de sua importância na organização social do Estado.

Pela leitura do "Preâmbulo" e de outros vários dispositivos constitucionais percebemos que a hipótese brasileira pretende se diferenciar dentre a categoria de Estado Constitucional. Utilizando locução cunhada pela própria Constituição Federal de 1988, o Estado Brasileiro é Democrático de Direito – o que parece indicar um qualitativo diferenciador à ordem jurídica vigente.

Na verdade, há certos elementos que, quando presentes, conformam a existência de um Estado Democrático de Direito. É claro que nenhum Estado é igual a outro. Por mais semelhanças que sua estrutura e sua organização possam apresentar, nenhum Estado é igual a outro. Nossa afirmação parte do pressuposto de que a história, a cultura, a forma de articulação política, social e jurídica são elementos ou fatores incisivos

---

7. Cf. Konrad Hesse, *A Força Normativa da Constituição*, Porto Alegre, Sérgio Antônio Fabris Editor, 1991.

para o delineamento da forma de ser de cada Estado. Cada País tem, no mínimo, sua peculiaridade histórica, que torna sua cultura própria e única em relação aos demais Países. Sendo assim, impossível crer na existência de Estados iguais.

1.1.2 O Estado Democrático de Direito Brasileiro: análise de seus fundamentos

Contextualizado em um ambiente que contesta a (in)eficácia jurisdicional, o estudo da tutela e do direito processual coletivo no Brasil contribui para a promoção dos direitos fundamentais e das aspirações conformadoras do Estado Democrático de Direito.

O constituinte originário enunciou, já no "Preâmbulo" da Constituição Federal, como elemento formal de aplicabilidade, a instituição de um Estado Democrático de Direito destinado a assegurar o exercício dos direitos sociais e individuais, a liberdade, o bem-estar, o desenvolvimento, a igualdade e a justiça. Essa opção por adotar o princípio democrático é reafirmada no art. 1º do texto constitucional, que o estabelece como fundamento do Estado Brasileiro. O emprego do termo "democracia" como qualificativo de "Estado" possibilita a irradiação dos seus efeitos sobre todos os seus componentes constitutivos, inclusive sobre a ordem jurídica estabelecida, que a recebe como componente de transformação do *status quo*. Por ser impossível afirmar o princípio democrático sem permitir que o Direito, por ele imantado, se enriqueça do sentir popular e se ajuste ao interesse coletivo,[8] a Constituição Federal abre perspectivas para sua concretização em um Estado de Direito com função prospectiva de modificação social por meio do império da lei comprometida com o ideal de justiça social.

Miguel Reale,[9] remetendo à leitura dos *Anais da Constituinte*, infere que não foi julgado bastante dizer-se que somente é legítimo o Estado constituído de conformidade com o Direito e atuante na forma do Direito. A locução "Democrático de Direito" expressaria, então, o entendimento de que "o Estado deve ter origem e finalidade de acordo com o Direito manifestado livre e originariamente pelo próprio povo".

---

8. José Afonso da Silva, *Curso de Direito Constitucional Positivo*, 34ª ed., São Paulo, Malheiros Editores, 2011, p. 119.

9. Miguel Reale, *O Estado Democrático de Direito e o Conflito de Ideologias*, 2ª ed., São Paulo, Saraiva, 1999, p. 2.

Em última análise, o adjetivo qualifica um Estado de Direito e da Justiça Social, porquanto projeta-se antes a concretizar valores sociais que a meramente declará-los.

Faz-se imperioso para o presente estudo apontar os contornos principais do Estado Brasileiro, que, por suas peculiaridades, revela um Estado Constitucional de Direito *sui generis*. Dentre as notas distintivas que podem ser apresentadas, encontramos os fundamentos deste Estado, que são elencados no art. 1º da CF de 1988, a saber: a soberania (inciso I), a cidadania[10] (inciso II), a dignidade da pessoa humana (inciso III), os valores sociais do trabalho e da livre iniciativa (inciso IV) e o pluralismo político (inciso V). Pela leitura dos dispositivos *retro*, é possível traçar as características ou estruturas fundantes deste Estado:[11] a autodeterminação do Povo Brasileiro em relação às demais Nações do mundo (incluindo, com isso, a noção de salvaguarda de seus interesses e identidade cultural), o respeito à pessoa humana em sentido universal (tornando o homem "valor-fonte" de todos os valores), a desestatização da economia e a vedação de qualquer forma de totalitarismo ou implantação de um sistema único partidário. Não bastasse o elenco *retro*, ficou ainda estabelecido no parágrafo único do art. 1º da CF de 1988 que todo o poder emana do povo, que o exerce diretamente ou por meio de representantes por ele eleitos. A partir dessa afirmação, dota-se o povo como titular legítimo do poder político. Eis, pois, nossa democracia.

De fato, como bem esclarece Elton Venturi em seu estudo sobre processo coletivo,[12] o legislador constituinte não economizou esforços para conferir ao princípio democrático uma suprema importância. Isso porque notamos logo no início do texto constitucional vários dispositivos que remetem à conotação da democracia. São eles: a qualificação do Estado Brasileiro como "Democrático de Direito" (art. 1º, *caput*),

10. Aliás, há inegável e íntima relação entre o processo coletivo e a participação popular. De fato, segundo dispõe o art. 6º da Lei 7.347/1985, em nítida materialização dessa cidadania: "*Qualquer pessoa poderá e o servidor público deverá provocar a iniciativa do Ministério Público, ministrando-lhe informações sobre fatos que constituam objeto da ação civil e indicando-lhe os elementos de convicção*" (grifos nossos).

11. Miguel Reale, *O Estado Democrático de Direito e o Conflito de Ideologias*, cit., 2ª ed., p. 3.

12. Elton Venturi, *Processo Civil Coletivo (A Tutela Jurisdicional dos Direitos Difusos, Coletivos e Individuais Homogêneos no Brasil – Perspectivas de um Código Brasileiro de Processos Coletivos)*, São Paulo, Malheiros Editores, 2007, pp. 96-103.

a titularidade do poder ao povo, que implica a concretização formal da democracia (art. 1º, parágrafo único), e o elenco dos objetivos fundamentais da República Federativa Brasileira (art. 3º), que concretizam substancialmente essa democracia. Venturi explica que essa insistência em afirmar o princípio democrático seria uma tentativa de implementar uma revolução do Estado Social característica de Nações que buscam amenizar as mazelas do subdesenvolvimento. No entanto, ainda na dicção do autor, infere-se um distanciamento entre tal discurso democrático e a realidade institucional, pois um Estado não se torna Democrático de Direito só porque assim o declara sua Constituição.

Entendemos que a democracia se verifica mais pela existência e funcionamento de instituições democráticas que por mera disposição legal. Nesse sentido, muito importantes é a concretização da cidadania e dos direitos fundamentais, como pressuposto que é para a exteriorização da vontade popular, o estabelecimento de diálogo entre ideias diferentes, a consideração das especificidades das minorias, a promoção dos direitos humanos (mormente aqueles positivados no texto constitucional) e, assim, a consubstanciação da democracia.

Um Estado assim qualificado adquire um papel promocional, ou seja, o próprio Estado deve intervir como agente fomentador de todo e qualquer interesse referente à cidadania e à democracia. A postura que se espera deste modelo estatal é, então, aquela prospectiva, no sentido de funcionar como catalisador da projeção daqueles direitos ou interesses afetos aos direitos fundamentais e à cidadania, para, assim, permitir a irradiação de seus efeitos sobre a democracia.

Imantado desses interesses, indaga-se: como a atuação estatal e a própria configuração do Estado podem servir para a satisfação desse desiderato?

Embora o poder estatal seja uno, ele tem funções tripartites, coexistindo de modo independente e harmônico (CF de 1988, art. 2º). Nesse estudo pretendemos enfocar uma forma de atuação específica do Estado, qual seja, a jurisdicional, mais precisamente a tutela coletiva, entendendo que a mesma constitui pressuposto conformador do Estado Democrático de Direito.

Em síntese, pode-se afirmar que o processo coletivo incorpora a ideia de um processo democrático e pluralista. Em outros dizeres, se a democracia é o governo do povo, a tutela coletiva traz em seu âmago a noção de justiça da coletividade.

1.1.3 Os direitos fundamentais na Teoria Geracional dos Direitos Humanos: a problemática do acesso efetivo à Justiça[13]

O afloramento dessa nova realidade transindividual revela a fundamentalidade de se viabilizar uma alteração da prestação jurisdicional, sob pena de, não o fazendo, jazer inerte toda a gama de interesses coletivos.

É preciso ter em mente que o surgimento de uma sociedade de massa propicia o surgimento de novas relações, mais complexas que as individuais, assim como também ocasiona a ocorrência de um novo tipo de conflito: as *violações em massa*,[14] até então desconhecidas. Nesse contexto, ocorre uma metamorfose inevitável – transformação, essa, indicada por muitos autores como verdadeira no campo do direito judiciário civil: o Direito se ajusta (ou deveria fazê-lo) à transformação social e estrutural do Estado.

Uma digressão lastreada nos escritos de Norberto Bobbio há de ser ponderada. Afirma o jurista: "No plano histórico, sustento que a afirmação dos direitos do homem deriva de uma radical inversão de perspectiva, característica da formação do Estado Moderno, na representação da relação política, ou seja, na relação Estado/cidadão ou soberano/súditos: a relação que é encarada, cada vez mais, do ponto de vista dos cidadãos não mais súditos, e não do ponto de vista dos direitos do soberano, em correspondência com a visão individualista da sociedade. (...). Do ponto de vista teórico, sempre defendi – e continuo a defender, fortalecido por novos argumentos – que os direitos do homem, por mais fundamentais que sejam, são direitos históricos, ou seja, nascidos em certas circunstâncias, caracterizadas por lutas em defesa de novas liberdades contra velhos poderes, e nascidos de modo gradual, não todos de uma vez e nem de uma vez por todas".[15]

---

13. Achamos por bem nos valermos do termo "Justiça", não obstante sua relatividade, por dois importantes motivos: primeiro porque é expressão mundialmente consagrada pela Ciência Jurídica: "o acesso à Justiça". Segundo porque tal expressão goza de variadas definições e perspectivas, cuja ideia não se limita ao contexto meramente valorativo e ideológico do que é justo ou satisfatório. Portanto, a expressão "acesso à Justiça" é utilizada como acesso à prestação jurisdicional adequada e efetiva, cujo fim é a aplicação do ordenamento jurídico às relações sociais a ele submetidas.

14. Terminologia utilizada por Mauro Cappelletti ("Formações sociais e interesses coletivos diante da Justiça Civil", *RePro* 5/130, São Paulo, Ed. RT).

15. Norberto Bobbio, *Teoria do Ordenamento Jurídico*, 4ª ed., Brasília/DF, UnB, 1994, pp. 4-5.

O autor aponta para o afloramento geracional dos direitos humanos, os quais emanariam da realidade social conforme o desenvolvimento natural e inevitável das relações travadas na mesma. Nota-se, com isso, a sustentação da tese de que as alterações sociais incidem sobre o Direito, transformando-o. A atividade jurisdicional prestada pelo Estado – assim como o próprio Direito – é, pois, também passível dessas modificações.

Aliás, em colação dessas ideias à realidade brasileira, percebemos ainda um odioso contraste entre o projeto constitucional prospectivo e a realidade social excludente e estagnada. O Brasil vive a angústia de um projeto democrático não concretizado.

Portanto, nesse contexto de contraste, o manejo dos direitos fundamentais adquire tons de fundamentalidade. Então, vale a pena citar decisão do STJ de 2009 sobre o papel do Estado na efetivação dos direitos sociais ou direitos humanos de segunda geração, diante da omissão estatal: "(...) A partir da consolidação constitucional dos direitos sociais, a função estatal foi profundamente modificada, deixando de ser eminentemente legisladora em pró das liberdades públicas, para se tornar mais ativa, com a missão de transformar a realidade social. Em decorrência, não só a Administração Pública recebeu a incumbência de criar e implementar políticas públicas necessárias à satisfação dos fins constitucionalmente delineados, como também o Poder Judiciário teve sua margem de atuação ampliada, como forma de fiscalizar e velar pelo fiel cumprimento dos objetivos constitucionais".[16]

---

16. Prossegue a ementa do referido acórdão: "Seria uma distorção pensar que o princípio da separação dos Poderes, originalmente concebido com o escopo de garantia dos direitos fundamentais, pudesse ser utilizado justamente como óbice à realização dos direitos sociais, igualmente fundamentais. Com efeito, a correta interpretação do referido princípio, em matéria de políticas públicas, deve ser a de utilizá-lo apenas para limitar a atuação do Judiciário quando a Administração Pública atua dentro dos limites concedidos pela lei. Em casos excepcionais, quando a Administração extrapola os limites da competência que lhe fora atribuída e age sem razão, ou fugindo da finalidade à qual estava vinculada, autorizado se encontra o Poder Judiciário a corrigir tal distorção, restaurando a ordem jurídica violada.

"O indivíduo não pode exigir do Estado prestações supérfluas, pois isto escaparia do limite do razoável, não sendo exigível que a sociedade arque com esse ônus. Eis a correta compreensão do princípio da reserva do possível, tal como foi formulado pela jurisprudência germânica. Por outro lado, qualquer pleito que vise a fomentar uma existência minimamente decente não pode ser encarado como sem motivos, pois garantir a dignidade humana é um dos objetivos principais do Estado Democrático de Direito. Por este motivo, o princípio da reserva do possível não pode ser oposto ao princípio do mínimo existencial.

Realmente, se, de um lado, a eficácia dos direitos sociais, econômicos e culturais não é direta ou imediata, pois exige ação estatal e implementação de políticas públicas, de outro, não é verdade que eles são despidos de exigibilidade ou que são meramente programáticos. Ademais, a efetivação dos direitos civis e políticos não dispensa a realização dos direitos sociais, diante da inegável relação de dependência entre tais "dimensões". Realmente, "a complementaridade necessária dos direitos humanos figura como condição de ocorrência material – vale dizer, de eficácia – dos direitos civis e políticos, levando à conclusão de que negar caráter jurídico aos direitos econômicos, sociais e culturais significa retirar a eficácia dos outros, se ou quando seu exercício pleno depender do acesso aos meios de vida adequados".[17]

Aliás, sobre a intervenção do Poder Judiciário na execução de políticas públicas, especialmente sobre a precária prestação do serviço de segurança pública, vale a pena transcrever parte de decisão do magistrado Fernando da Fonseca Gajardoni proferida em sede de ação civil pública promovida pelo Ministério Público Estadual, julgada procedente: "Já adentrando o mérito da causa, a alegação da requerida de que eventual procedência de ação implicaria violação do princípio da independência dos Poderes (art. 2º da CF) é uma destas falácias que se espalham ao vento e, de tanto serem repetidas, acabam fazendo com que alguns mais desavisados nelas acreditem. Com efeito, apesar da voz tradicional e corrente, principalmente dos maus administradores, de que não é dado ao Judiciário intervir na discricionariedade administrativa, cada vez mais pululam situações de descaso e abandono que fazem com que o Poder Judiciário seja efetivamente chamado a implementar políticas públicas face à omissão do Estado em prove-las *sponte propria*. Maria Sylvia Zanella Di Pietro, após analisar a evolução do conceito de discricionariedade administrativa para eleição do que é interesse público – iniciando pela primeira fase em que havia imunidade jurisdicional quanto às opções políticas, e passando pela construção das teorias do desvio de poder

"Assegurar um mínimo de dignidade humana por meio de serviços públicos essenciais, dentre os quais a educação e a saúde, é escopo da República Federativa do Brasil que não pode ser condicionado à conveniência política do administrador público. A omissão injustificada da Administração em efetivar as políticas públicas constitucionalmente definidas e essenciais para a promoção da dignidade humana não deve ser assistida passivamente pelo Poder Judiciário" (STJ, REsp 1.041.197-MS, rel. Min. Humberto Martins, j. 25.8.2009).

17. Carlos Weis, *Direitos Humanos Contemporâneos*, 2ª ed., 2ª tir., São Paulo, Malheiros Editores, 2011, p. 69.

e dos motivos determinantes (ao seu ver, formas de controle dos atos da Administração) –, conclui que em uma sociedade pluralista como a nossa a definição do que é este interesse público não compete exclusivamente aos órgãos administrativos, mas também às associações, partidos políticos, ONGs e – por que não? – ao Judiciário ("Discricionariedade administrativa e controle judicial da Administração", in *Processo Civil e Interesse Público: o Processo como Instrumento de Defesa Social*, organizador Carlos Alberto de Salles, São Paulo, Ed. RT, 2003, pp. 181-190). Por isto, nos Estados Unidos da América os juízes, especialmente os de primeiro grau, se conscientizaram da responsabilidade que têm de dotar os valores constitucionais de significado relevante, o que implica a utilização e transformação do processo, especialmente o coletivo, para implementação de mudanças sociais. De acordo com o professor Owen Fiss, da Universidade de Yale, o Judiciário tem um papel importante a desempenhar na realização de objetivos de justiça e equidade social, de modo que não se estranha que muitas decisões ditas políticas acabam ocorrendo por força de decisões judiciais (*Um Novo Processo Civil*, São Paulo, Ed. RT, 2004, pp. 41 e 204-210). (...). No caso presente, restou comprovado após instauração de inquérito civil pelo Ministério Público, e após diligências judiciais diversas, que o Estado de São Paulo, pelo Comando Regional e Geral das Polícias Civil e Militar, abandonou os Municípios de Patrocínio Paulista e Itirapuã ao acaso. Revelou-se nos autos que a falta constante e endêmica de policias nas duas cidades que compõem a Comarca está a comprometer a prestação dos serviços de segurança pública e polícia judiciária, o que justifica a intervenção judicial na discricionariedade administrativa, suplantando uma política pública que deve ser implementada voluntariamente pela requerida (art. 144 da CF)".[18]

18. Em sentença, determina: "Posto isso, julgo parcialmente procedente a presente ação para, confirmando parcialmente a tutela antecipada dantes deferida, determinar que a requerida, no prazo de 180 dias a contar de eventual confirmação desta decisão pela superior instância, sob pena de multa diária de R$ 5.000,00 por dia de atraso, providencie o provimento dos cargos e mantenha em funcionamento efetivo as seguintes unidades policiais nas seguintes condições: (a) Delegacia de Polícia Civil de Patrocínio Paulista – 1 delegado de polícia, 3 escrivães, 3 investigadores e 1 agente policial; (b) Delegacia de Polícia Civil de Itirapuã – 2 escrivães, 2 investigadores de polícia e 6 carcereiros (só e quando a Cadeia Pública voltar a funcionar); (c) Destacamento da Polícia Militar de Patrocínio Paulista – 13 PMs, sendo ao menos 1 deles oficial (tenente); e (d) Destacamento da Policial Militar de Itirapuã – manutenção dos 8 PMs já existentes; e assim o faço com julgamento do mérito, nos termos do art. 269, I, do CPC – Isento de custas e honorários advocatí-

Realmente, a atuação do Estado como um todo e especialmente a atividade do Poder Judiciário e das instituições democráticas tornam-se fundamentais na consecução do mister constitucional brasileiro.

Pois bem. Feita esta importante digressão da nossa realidade, voltemos, então, à evolução histórica dos direitos da pessoa.

Já no século XX ocorre o desenvolvimento teórico e prático dos direitos humanos em duas direções, quais sejam: a universalização e a multiplicação. Observamos o fenômeno da multiplicação de direitos com a proliferação, em termos quantitativos, de novos bens e interesses jurídicos. Segundo Bobbio, essa proliferação desenvolve-se em três gerações, as quais correspondem, respectivamente, aos valores da liberdade, da igualdade e da solidariedade, sendo possível, no atual estágio da Sociedade e do Direito, falar-se até mesmo na existência de uma quarta geração de direitos, "referentes aos efeitos cada vez mais traumáticos da pesquisa biológica, que permitirá manipulações do patrimônio genético".[19] O segundo movimento dos direitos humanos é no sentido de sua universalização.

Nesta oportunidade nos deteremos a observar os direitos encartados como de terceira geração, os quais remetem ao valor de solidariedade ou fraternidade. Os direitos humanos de terceira geração expressam, pois, o valor de solidariedade. Decorrem de uma atuação social coletiva, típica do Estado Pós-Social, com o incremento das relações humanas. É a constatação de que o ser humano está inserido numa coletividade. Mas prever direitos significa pouco. Cumpre efetivá-los.

Mauro Cappelletti e Bryant Garth, em sua célebre obra sobre o *Acesso à Justiça*,[20] dedicam-se ao estudo do significado de um direito ao acesso efetivo à Justiça, a partir da problematização dos obstáculos a serem transpostos. "Embora o acesso efetivo à Justiça venha sendo crescentemente aceito como um direito social básico nas modernas sociedades, o conceito de 'efetividade' é, por si só, algo vago. A efetividade perfeita, no contexto de um dado direito substantivo, poderia ser expressa como a completa 'igualdade de armas' – a garantia de que a conclusão

cios, nos termos do art. 18 da Lei n. 7.347/1985 (*RT* 714/122 e 729/202)" (Fernando da Fonseca Gajardoni, Vara Judicial da Comarca de Patrocínio Paulista, Seção Cível, *Processo 98/2007*).

19. Norberto Bobbio, *Teoria do Ordenamento Jurídico*, cit., 4ª ed., p. 4.

20. Mauro Cappelletti e Bryant Garth, *Acesso à Justiça*, trad. de Ellen Gracie Northfleet, Porto Alegre, Sérgio Antônio Fabris Editor, 1988, p. 15.

final depende apenas dos méritos jurídicos relativos das partes antagônicas, sem relação com diferenças que sejam estranhas ao Direito e que, no entanto, afetam a afirmação e reivindicação dos direitos. Essa perfeita igualdade, naturalmente, é utópica. As diferenças entre as partes não podem jamais ser completamente erradicadas. A questão é saber até onde avançar na direção do objetivo utópico e a que custo. Em outras palavras, quantos dos obstáculos ao acesso efetivo à Justiça podem e devem ser atacados? A identificação desses obstáculos, consequentemente, é a primeira tarefa a ser cumprida".

Dentre os obstáculos identificáveis (recursos financeiros, aptidão em reconhecer um direito e propor uma ação em sua defesa) há uma determinada ordem particular aos interesses difusos ou coletivos. Segundo Cappelletti e Garth: "Interesses 'difusos' são interesses fragmentados ou coletivos, tais como o direito ao ambiente saudável, ou à proteção do consumidor. O problema básico que eles apresentam – a razão de sua natureza difusa – é que, ou ninguém tem direito a corrigir a lesão a um interesse coletivo, ou o prêmio para qualquer indivíduo buscar essa correção é pequeno demais para induzi-lo a tentar uma ação".[21-22]

É nesse sentido que Cappelletti e Garth conceberam a denominada "segunda onda de acesso à Justiça", que, por seu turno, corresponde à representação dos interesses difusos.

Essa segunda onda renovatória de acesso à Justiça forçou a reflexão sobre noções tradicionais do processo civil e, inclusive, o papel dos tribunais e – por que não? – dos próprios operadores do Direito. Os estu-

21. Idem, p. 26.
22. Os autores colacionam pertinente exemplo, que transcrevemos a seguir: "Suponhamos que o Governo autorize a construção de uma represa que ameace de maneira séria e irreversível o ambiente natural. Muitas pessoas podem desfrutar da área ameaçada, mas poucas – ou nenhuma – terão qualquer interesse financeiro direto em jogo. Mesmo esses, além disso, provavelmente não terão interesse suficiente para enfrentar uma demanda judicial complicada. Presumindo-se que esses indivíduos tenham legitimação ativa (o que é frequentemente um problema), eles estão em posição análoga à do autor de uma pequena causa, para quem uma demanda judicial é antieconômica. Um indivíduo, além disso, poderá receber apenas indenização de seus próprios prejuízos, porém não dos efetivamente causados pelo infrator à comunidade. Consequentemente, a demanda individual pode ser de todo ineficiente para obter o cumprimento da lei; o infrator pode não ser dissuadido de prosseguir em sua conduta. A conexão de processos é, portanto, desejável – muitas vezes, mesmo, necessária – não apenas do ponto de vista de Galanter, senão também do ponto de vista da reivindicação eficiente dos direitos difusos" (Mauro Cappelletti e Bryant Garth, *Acesso à Justiça*, cit., pp. 26-27).

diosos afirmam ocorrer uma verdadeira "revolução" dentro do processo civil. "A concepção tradicional do processo civil não deixava espaço para a proteção dos direitos difusos. O processo era visto apenas como um assunto entre duas partes, que se destinava à solução de uma controvérsia entre as mesmas partes a respeito de seus próprios interesses individuais. Direitos que pertencessem a um grupo, ao público em geral ou a um segmento do público não se enquadravam bem nesse esquema. As regras determinantes da legitimidade, as normas de procedimento e a atuação dos juízes não eram destinadas a facilitar as demandas por interesses difusos intentadas por particulares".[23]

No mesmo sentido, Elton Venturi atesta a ocorrência de uma "revolução paradigmática" no bojo do processo civil: "A implementação do sistema de tutela jurisdicional coletiva no Brasil, muito mais que representar um aperfeiçoamento das técnicas de acesso à Justiça, caracteriza verdadeira revolução científica no campo do processo civil, na medida em que desafia a descoberta de novos princípios, métodos e objetivos operados por via das ações coletivas".[24]

Não se está, aqui, a discutir a mera adição de técnicas àquelas preexistentes, senão a virtual transformação dos referenciais técnicos, políticos e ideológicos que até então alicerçavam o processo civil individual.[25]

Ora, se o processo civil fora concebido à luz do paradigma da modernidade de afirmação dos direitos e garantias individuais, o processo coletivo atende a uma tendência pós-moderna de afirmação da dignidade da pessoa humana e efetivação do acesso à Justiça Coletiva. Impossí-

23. Mauro Cappelletti e Bryant Garth, *Acesso à Justiça*, cit., pp. 49-50.
24. Elton Venturi, *Processo Civil Coletivo (A Tutela Jurisdicional dos Direitos Difusos, Coletivos e Individuais Homogêneos no Brasil – Perspectivas de um Código Brasileiro de Processos Coletivos)*, cit., p. 24.
25. Recorrendo à lição clássica de Thomas Kuhn sobre a compreensão do momento atual vivenciado na implementação de uma nova tutela jurisdicional: "É antes uma reconstrução da área de estudos a partir de novos princípios, reconstrução que altera algumas das generalizações teóricas mais elementares do paradigma. Bem como muitos de seus métodos e aplicações. Durante o período de transição haverá uma grande coincidência (embora nunca completa) entre os problemas que podem ser resolvidos pelo antigo paradigma e os que podem ser resolvidos pelo novo. Haverá igualmente uma diferença decisiva no tocante aos modos de solucionar os problemas. Completada a transição, os cientistas terão modificado a sua concepção da área dos estudos, de seus métodos e de seus objetivos" (*A Estrutura das Revoluções Científicas*, 7ª ed., São Paulo, Perspectiva, 2003, p. 116).

vel, pois, não questionar o referencial ideológico liberal individualista vigente.

Diante dos referidos paradigmas, que se apresentam hegemônicos, indagamos: terá o Direito contornos exclusivamente retóricos na efetivação dos direitos fundamentais? Podemos romper esses paradigmas?

Robert Alexy, em sua célebre obra *Teoria dos Direitos Fundamentais*,[26] estrutura as normas de direitos fundamentais, tentando resolver o problema de sua aplicabilidade, mas não aponta a "solução" – pretensa que seja – para contornar sua baixa efetividade. Se os direitos estão declarados, urge efetivá-los, para que os mesmos não cumpram função meramente mistificadora em nossa sociedade e restem, como letra morta, sem eficácia.

Por outro lado, os direitos fundamentais não cumprem o papel de emancipadores da sociedade, não são expressões democráticas. São direitos e teoria de caráter diminuto, que maximizam o pilar da regulação e desequilibram, enquanto pilar, o paradigma da modernidade. Paulatinamente presenciamos um Poder Judiciário, um Direito, um Estado e uma Sociedade cooptados por valores e interesses de mercado. E mais: os direitos acabam sendo concebidos por um plano abstrato, platônico, e terminam não se conformando à realidade. Vivemos um Direito que não se realiza. Estudamos uma teoria que não se aplica. Afirmamos uma fundamentalidade que não se efetiva.

Consideramos que fundamental seria um adjetivo a qualificar um Direito que se demonstrasse emancipatório, um Estado que se realizasse democraticamente, uma democracia que se exercesse participativamente, uma regulação que se efetivasse na realidade e uma teoria que não se esgotasse em retórica. Imbuídos desse espírito crítico, ou ao menos aguçado, passemos a discorrer sobre os princípios do direito processual coletivo, entendendo que por meio deles se instrumentaliza uma efetivação dos direitos fundamentais.

O resgate da potência originária da tutela e dos direitos ou interesses coletivos vai ao encontro desse embate, pois maximiza a realização dos escopos da tutela jurisdicional coletiva. Elton Venturi diferencia os referidos escopos em: *aspirações jurídicas* (transformação da técnica processual para a atuação dos direitos metaindividuais); *aspirações so-*

26. Robert Alexy, *Teoria dos Direitos Fundamentais*, 2ª ed., São Paulo, Malheiros Editores, 2011.

ciais (pacificação e afirmação da cidadania); *aspirações econômicas* (otimização da atividade jurisdicional e a desoneração do acesso à Justiça); e *aspirações políticas* (redimensionamento das relações entre o Estado e os cidadãos e das funções do Judiciário).

A efetivação destes escopos depende, necessariamente, da previsão de técnicas judiciais e promocionais adequadas à realidade a que logram atender.

1.1.4 A tutela coletiva de direitos e a tutela de direitos coletivos[27]

O estudo da tutela coletiva demanda especial atenção quanto à forma de proteção que se logra realizar. No Brasil, em que pese à expressa distinção legal do que sejam direitos difusos, coletivos e individuais homogêneos, o estudo adquire contornos de maior relevância, na medida em que contribui para o dimensionamento da prestação jurisdicional efetivada.

Há uma gama de direitos que, por sua origem comum, transcendência individual de titularidade e indivisibilidade da pretensão de direito material, só podem ser tutelados se apreciados de forma coletiva. São direitos ou interesses ditos genuinamente metaindividuais, cuja única via de acesso efetivo à proteção jurisdicional é a coletiva (ações coletivas). Nesses casos dizemos tratar-se de *tutela de direitos coletivos* (direitos difusos e coletivos em sentido estrito).

Por outro lado, há uma sorte de direitos ou interesses que, apesar de sua determinada titularidade ou até mesmo divisibilidade de seu objeto, são mais adequadamente tutelados se o forem via coletiva. São direitos cuja acionabilidade judicial resta comprometida se realizada a partir do sistema de tutela individual, seja devido aos obstáculos econômicos que se apresentam, seja devido àqueles de ordem social, política ou até mesmo técnica. Nesse caso fala-se em *tutela coletiva de direitos* (direitos individuais homogêneos).

De fato, no Brasil pode-se dizer que coexistem três ordens de direitos ou interesses coletivos *lato sensu*, a saber: *difusos, coletivos* **stricto sensu** e *individuais homogêneos*. Em linhas gerais, podemos afirmar que as duas primeiras modalidades remetem à tutela genuína de direitos

---

27. O título desta subseção remete à obra de Teori Albino Zavascki (*Processo Coletivo. Tutela de Direitos Coletivos e Tutela Coletiva de Direitos*, 3ª ed., São Paulo, Ed. RT, 2008).

coletivos, enquanto a segunda implica uma espécie de tutela coletiva de direitos.[28]

1.1.5 Sistematização de conceitos

A doutrina debate sobre a categorização dos direitos ou interesses coletivos. Em certa medida, a previsão legal do que sejam os direitos ou interesses difusos, coletivos e individuais homogêneos "acalmou" os ânimos daqueles que lidam com demandas coletivas, mas não pôs fim à sua concepção dinâmica.

A preocupação do legislador tem por causa a ebulição de novos direitos ou interesses, destituídos de titulares determináveis e objetos não divisíveis, no final do século XX. De fato, a sociedade massificada, as complexas relações jurídicas e a globalização exigiram do legislador uma resposta efetiva, mas ainda em fase de lapidação – o *processo coletivo*. Aliás, esse contexto é bem descrito por Barbosa Moreira, citado por Rodolfo de Camargo Mancuso: "Previra-o, há quase 20 anos, José Carlos Barbosa Moreira: 'Realmente, as características da vida contemporânea produzem a emersão de uma série de situações em que, longe de achar-se em jogo o direito ou o interesse de uma única pessoa, ou de algumas pessoas individualmente consideradas, o que sobreleva, o que assume proporções mais imponentes, é precisamente o fato de que se formam conflitos nos quais grandes massas estão envolvidas. É um dos aspectos pelos quais o processo recebe o impacto desta propensão do mundo contemporâneo para os fenômenos de massa: produção de massa, distribuição de massa, cultura de massa, comunicação de massa e – por que não? – processo de massa'".[29]

Nesse contexto, a Lei 8.078, de 11.9.1990, que instituiu o Código de Defesa do Consumidor/CDC, dispõe, no parágrafo único de seu art. 81, que a defesa coletiva será exercida quando se tratar de "interesses ou direitos difusos, assim entendidos, para efeitos deste Código, os transindividuais, de natureza indivisível, de que sejam titulares pessoas indeterminadas e ligadas por circunstâncias de fato (inciso I); "interesses ou

---

28. Vale o destaque à classificação feita por Barbosa Moreira em artigo publicado em 1985 na *RePro*, em que faz referência aos direitos/interesses essencialmente coletivo (coletivos em sentido estrito e difusos) e aos direitos acidentalmente coletivos (individuais homogêneos).

29. Rodolfo de Camargo Mancuso, *A Resolução dos Conflitos e a Função Judicial no Contemporâneo Estado de Direito*, São Paulo, Ed. RT, 2009, p. 380.

direitos coletivos, assim entendidos, para efeitos deste Código, os transindividuais de natureza indivisível de que seja titular grupo, categoria ou classe de pessoas ligadas entre si ou com a parte contrária por uma relação jurídica base" (inciso II); "interesses ou direitos individuais homogêneos, assim entendidos os decorrentes de origem comum" (inciso III).

Esta categorização ou classificação dos direitos coletivos, como gênero, em três espécies distintas (difusos, coletivos em estrito senso e individuais homogêneos) é uma inovação brasileira, inserida em nível legislativo a partir do Código de Defesa do Consumidor, na década de 90 do século passado.

Teori Albino Zavascki[30] problematiza a categorização de direitos coletivos *lato sensu* a partir da evidenciação da importância de se precisar o conteúdo e o alcance de cada uma dessas modalidades de direito.

Para ele, uma das principais causas dos equívocos ocorrentes no bojo desse novo domínio processual, que é o coletivo, repousa na confusão que comumente se faz entre o direito coletivo e a defesa coletiva de direitos. O argumento elaborado pelo autor aponta para a impossibilidade de conferir aos direitos subjetivos individuais, quando tutelados coletivamente (direitos individuais homogêneos), o mesmo tratamento despendido aos direitos de natureza transindividual (difusos e coletivos em senso estrito).

Para melhor elucidar a construção conceitual, entendemos por bem transcrever tabela comparativa formulada por Teori Albino Zavascki:[31]

DIREITOS	Difusos	Coletivos	Individuais homogêneos
(1) Sob o aspecto subjetivo são:	*transindividuais*, com indeterminação *absoluta* dos titulares (= não têm titular individual e a ligação entre os vários titulares difusos decorre de mera circunstância de fato. Exemplo: morar na mesma região).	*transindividuais*, com determinação *relativa* dos titulares (= não têm titular individual e a ligação entre os vários titulares coletivos decorre de uma relação jurídica base. Exemplo: o Estatuto da OAB).	*individuais* (= há perfeita identificação do sujeito, assim como da relação dele com o objeto do seu direito) A ligação que existe com outros sujeitos decorre da circunstância de serem titulares (individuais) de direitos com "origem comum".

---

30. Teori Albino Zavascki, *Processo Coletivo. Tutela de Direitos Coletivos e Tutela Coletiva de Direitos*, cit., 3ª ed., pp. 36-40.

31. Idem, pp. 41-43.

DIREITOS	Difusos	Coletivos	Individuais homogêneos
(2) Sob o aspecto objetivo são:	*indivisíveis* (= não podem ser satisfeitos nem lesados senão em forma que afete a todos os possíveis titulares).	*indivisíveis* (= não podem ser satisfeitos nem lesados senão em forma que afete a todos os possíveis titulares).	*divisíveis* (= podem ser satisfeitos ou lesados em forma diferenciada e individualizada, satisfazendo ou lesando um ou alguns sem afetar os demais).
(3) Exemplo:	direito ao meio ambiente sadio (CF, art. 225).	direito de classe dos advogados de ter representante na composição dos tribunais (CF, art. 94).	direito dos adquirentes a abatimento proporcional do preço pago na aquisição de mercadoria viciada (CDC, art. 18, § 1º, III).
(4) Em decorrência de sua natureza:	(a) são insuscetíveis de apropriação individual; (b) são insuscetíveis de transmissão, seja por ato *inter vivos*, seja *mortis causa*; (c) são insuscetíveis de renúncia ou de transação; (d) sua defesa em juízo se dá sempre em forma de substituição processual (o sujeito ativo na relação processual não é o sujeito ativo da relação de direito material), razão pela qual o objeto litigioso é indisponível para o autor da demanda, que não poderá celebrar acordos, nem renunciar, nem confessar (CPC, art. 351), nem assumir o ônus probatório não fixado na lei (CPC, 333, parágrafo único, I); (e) a mutação dos titulares ativos difusos da relação de direito material se dá com *absoluta* informalidade jurídica (basta alteração nas circunstâncias de fato).	(a) são insuscetíveis de apropriação individual; (b) são insuscetíveis de transmissão, seja por ato *inter vivos*, seja *mortis causa*; (c) são insuscetíveis de renúncia ou de transação; (d) sua defesa em juízo se dá sempre em forma de substituição processual (o sujeito ativo na relação processual não é o sujeito ativo da relação de direito material), razão pela qual o objeto litigioso é indisponível para o autor da demanda, que não poderá celebrar acordos, nem renunciar, nem confessar (CPC, art. 351), nem assumir o ônus probatório não fixado na lei (CPC, art. 333, parágrafo único, I); (e) a mutação dos titulares ativos coletivos da relação jurídica de direito material se dá com *relativa* informalidade jurídica (basta a adesão ou a exclusão do sujeito à relação jurídica base).	(a) individuais e divisíveis, fazem parte do patrimônio individual do seu titular; (b) são transmissíveis por ato *inter vivos* (cessão) ou *mortis causa*, salvo exceções (direitos extrapatrimoniais); (c) são suscetíveis de renúncia e transação, salvo exceções (*v.g.*, direitos personalíssimos); (d) são defendidos em juízo, geralmente por seu próprio titular. A defesa por terceiro o será em forma de representação (com aquiescência do titular). O regime de substituição processual dependerá de expressa autorização em lei (CPC, art. 6º); (e) a mutação de polo ativo na relação de direito material, quando admitida, ocorre mediante ato ou fato jurídico típico e específico (contrato, sucessão *mortis causa*, usucapião etc.)

Os direitos difusos[32] e coletivos (em sentido estrito) seriam, então, direitos subjetivamente transindividuais e materialmente indivisíveis.[33] Já, os individuais homogêneos seriam direitos subjetivos individuais, cujo tratamento dá-se de forma coletiva.[34]

32. Segundo o Des. Antônio Carlos Malheiros, os direitos difusos têm as seguintes características: "(a) ausência de vínculo associativo: não há necessidade de uma ligação, uma *affectio societatis*, entre os seus titulares ou beneficiários; (b) alcance de uma cadeia abstrata de pessoas: não há como determinar, com precisão, os seus titulares; (c) potencial e abrangente conflituosidade: advém do superdimensionamento do Estado, cuja atuação se entrelaça com as atividades empresariais, e do emprego da mais avançada tecnologia, gerando frustrações em determinados meios sociais, como, por exemplo, o desenvolvimento imediatista (a qualquer custo), em detrimento da Ecologia; (d) ocorrência de lesões disseminadas em massa: atinge a toda uma coletividade, sem individualizações precisas. (...); (e) vínculo fático entre os titulares dos interesses: há uma vinculação 'essencialmente fática', sem uma relação-base que una todos os interessados" (TJSP, AI 259.609-5/2, rel. Des. Laerte Sampaio, j. 21.5.2002, in Luiz Manoel Gomes Jr. e Rogério Favreto, *Comentários à Nova Lei do Mandado de Segurança*, São Paulo, Ed. RT, 2009, pp. 191-192).

33. A título de informação, tendo em vista a indivisibilidade do objeto, a tutela dos interesses difusos e coletivos no Brasil assemelha-se à *incompatible standards class action* norte-americana, prevista na Regra 23 (b)(1)(A), em que "o risco de incompatibilidade no padrão de conduta, decorrente de pronunciamentos judiciais, é, na verdade, o requisito fundamental de admissibilidade. Por conseguinte, o que se pretende, normalmente, neste tipo de *class action* é a determinação no sentido de que a parte contrária faça ou deixe de fazer alguma coisa (*mandatory or prohibitory relief*) ou que haja a manutenção ou alteração do *status quo*" (Aluísio Gonçalves de Castro Mendes, *Ações Coletivas no Direito Comparado e Nacional*, São Paulo, Ed. RT, 2009, p. 82).

34. Sobre os direitos e interesses individuais homogêneos, discute-se no âmbito doutrinário acerca da necessidade de "predominância das questões comuns" que justificasse um tratamento coletivo. Ocorre que a existência de tal requisito não se confirma no sistema de tutela coletiva no Brasil e poderia representar uma ameaça ao acesso à Justiça. De fato, pondera Gidi que "o requisito da predominância das questões comuns sobre as questões individuais (*predominance*) tem origem nas *class action* norte-americanas. Ele está previsto na *Rule 23 (b)(3)* e é um dos mais controvertidos do direito processual civil coletivo norte-americano, sendo um dos que mais burocratizam a prática das *class action*, e é, talvez, o responsável pelo maior número de extinções de processos coletivos sem resolução do mérito. (...). O requisito exige a predominância de questões comuns (do grupo) sobre questões individuais (de seus membros) nos processos coletivos propostos em tutela de direitos individuais homogêneos. Todavia, como já demonstramos em outra oportunidade, o requisito da predominância é absolutamente desnecessário e inaplicável à nossa realidade e pode conduzir a sérios problemas na aplicação prática dos processos coletivos no Brasil" (Antônio Gidi, *Rumo a um Código de Processo Civil Coletivo. A Codificação das Ações Coletivas no Brasil*, Rio de Janeiro, Forense, 2008, p. 189).

A partir de uma construção ilustrativa e tridimensional, podemos vislumbrar a forma de apresentação e o tratamento despendido aos interesses individuais homogêneos, que passam por mutações fundadas em interesses relevantes dessa tutela coletiva: fomentar o acesso ao processo judicial, não atentar contra o direito de ação, implementar um processo econômico e impedir a impunidade e o enriquecimento ilícito dos chamados agressores das massas. Sobre eles, podemos cindir sua análise em dois planos: o material e o processual. No primeiro plano, tais direitos são essencial e inicialmente divisíveis e individuais. Inclusive, após a sentença coletiva condenatória os interessados podem liquidar e executar individualmente seus créditos, conforme dita o art. 97, primeira parte, do CDC.

Porém, ainda no plano material, o crédito inicialmente divisível se torna indivisível, em benefício da coletividade, se, após um ano do trânsito em julgado da sentença condenatória genérica, não houver habilitações compatíveis com a gravidade do dano (art. 100 do CDC). É o instituto da *fluid recovery* do Direito Norte-Americano, ou "indenização fluida", cujos fins são repressivos e preventivos, que prevê a possibilidade da execução coletiva em benefício da coletividade, cujos valores apurados serão convertidos em favor do Fundo de Defesa dos Direitos Difusos/FDD, como uma espécie de confisco legal de valores.

Note-se que, no âmbito material, é equivocada a afirmação de que os direitos individuais homogêneos são definitivamente divisíveis, pois podem se tornar indivisíveis pelo decurso do tempo.[35] Eis a primeira mutação possível.

No segundo plano, na seara processual, os interesses individuais homogêneos são inicialmente tratados coletivamente e de forma indivisa, muito embora eventuais ações individuais não sejam impedidas ou obstadas.[36] Realmente, o CDC, nos seus arts. 81, III, e 91 e ss., acolhe a

35. Atualmente discutem-se a natureza jurídica do prazo legal previsto para as habilitações individuais (um ano) e as soluções para pretensões particulares, após o recolhimento dos valores apurados ao Fundo de Direitos Difusos/FDD, cujos detalhes veremos oportunamente.
36. O autor Teori Albino Zavascki leciona que são direitos genuinamente individuais, mas tutelados coletivamente. "O 'coletivo', consequentemente, diz respeito apenas à roupagem, ao acidental, ao modo como aqueles direitos podem ser tratados. (...). Por isso não deixam de ser genuínos direitos subjetivos individuais" (*Processo Coletivo: Tutela de Direitos Coletivos e Tutela Coletiva de Direitos*, São Paulo, Ed. RT, 2006). A outra parte da doutrina, porém, critica tal posição, no sentido de que os

terceira modalidade da *class action* do Direito Norte-Americano (Regra 23 (B)(3)), para inserir no ordenamento jurídico pátrio a tutela coletiva de interesses individuais decorrentes de uma origem comum.

Pois bem. Com o advento da sentença coletiva de procedência do pedido, no plano processual, duas alternativas surgem para sua liquidação e execução. Aqui não ocorre propriamente uma mutação, mas uma verdadeira cisão. De fato, o Código de Defesa do Consumidor autoriza, ainda em benefício dos particulares prejudicados, tanto a execução individual como a execução coletiva do julgado, neste último caso promovida pelos legitimados ativos, em favor daqueles que já liquidaram seus créditos, nos termos dos arts. 97 e 98.

Ocorre que, mesmo com tais alternativas, se em um ano não se habilitarem interessados compatíveis com a gravidade da lesão, a execução será coletiva, em benefício da coletividade, conforme regulamenta o instituto da reparação fluida (*fluid recovery*), como uma espécie de transformação do duplo caminho em via una – é dizer, uma concentração da legitimação e dos beneficiados coletivos: atuam os entes legitimados em defesa da coletividade, ainda que originalmente individuais os interesses. Uma espécie de confisco legal e razoável.

Em suma, conforme análise dinâmica dos interesses individuais homogêneos, no âmbito material, ocorrendo um evento de origem comum, eles nascem divisíveis, mas podem se tornar indivisíveis e coletivos ao final. No âmbito processual, por sua vez, são direitos tutelados, no início, de forma coletiva, com execuções alternativas da sentença definitiva mas sujeitas a prazo, que, uma vez transcorrido, transforma a execução bipartida de interesse particular em execução una de interesse coletivo. Em outras palavras, sob o aspecto dinâmico, os direitos individuais homogêneos são, tanto no plano material como no processual, institutos sujeitos a mutações conforme a fase do procedimento ou as condutas

---

direitos individuais homogêneos são efetivamente coletivos, seja pela forma por que são tutelados, seja por determinação legal, ou até por indicação jurisprudencial (RE 163.231-SP). "Ao contrário do que se afirma com foros de obviedade, não se trata de direitos acidentalmente coletivos, mas de direitos coletivizados pelo ordenamento para os fins de obter a tutela jurisdicional constitucionalmente adequada e integral" (Fredie Didier Jr. e Hermes Zaneti Jr., *Curso de Direito Processual Civil*, 4ª ed., vol. 4, Salvador/BA, JusPodivm, 2009). Portanto, a análise bipartida ora proposta, com divisão em plano material e plano processual, visa à fuga dessas divergências doutrinárias, com a proposta de uma análise mais pragmática e útil da tutela coletiva dos direitos individuais homogêneos.

dos interessados, tudo por conta de três principais objetivos: viabilizar o acesso à Justiça, garantir a economia processual e combater a impunidade dos perniciosos agressores da sociedade.[37]

Por oportuno, não se pode olvidar a importância atribuída à clássica definição proposta por José Carlos Barbosa Moreira quando se refere aos interesses difusos e coletivos: "[do] ponto de vista objetivo, esses litígios (...) essencialmente coletivos, distinguem-se porque o seu objeto é indivisível. Não se trata de uma justaposição de litígios menores, que se reúnem para formar um litígio maior. Não. O seu objeto é por natureza indivisível, como acontece, por exemplo, em matéria de proteção do meio ambiente, em matéria de defesa da flora e da fauna, em matéria de tutela dos interesses na preservação do patrimônio histórico, artístico,

---

37. Em razão desse aspecto dinâmico do tratamento atribuído aos direitos individuais homogêneos, o STJ, chegou a falar – ao nosso ver, equivocadamente, *data venia* – em "direitos individuais homogêneos indivisíveis": "Cuida-se de ação civil pública ajuizada pelo Ministério Público Estadual contra vários bancos, ora recorrentes, ao fundamento de que, não obstante a edição da Resolução n. 2.303/1996-BACEN, que disciplina a cobrança de tarifas pela prestação de serviços por parte das instituições financeiras, os bancos continuaram a cobrar tarifa indevida e abusiva pelo recebimento, em suas agências, de boletos bancários ou fichas de compensação, de tal forma que o consumidor, além de pagar a obrigação constante do título, mais encargos moratórios eventualmente existentes, é compelido a pagar, também, aquele valor adicional para que o título possa ser quitado na agência bancária. Vê-se, daí, que, malgrado a controvérsia acerca da natureza jurídica dos interesses em questão, pelas circunstâncias do caso identificadas pelo Tribunal de origem e pela leitura atenta da peça inaugural, parece claro que o autor visa à proteção de interesses individuais homogêneos (art. 81, III, do CDC), sendo indiscutível sua legitimação para intentar a ação civil pública (art. 82, I, do mesmo Código). Anote-se, como consabido, estar inclusa entre as finalidades primordiais do Ministério Público justamente a defesa do consumidor (arts. 127 da CF de 1988 e 21 da Lei n. 7.347/1985). No tocante à alegada violação dos arts. 2º e 3º do CDC, conforme decidiu o STF em ação direta de inconstitucionalidade (que, quanto aos serviços de natureza bancária, confirmou a constitucionalidade do art. 3º, § 2º, daquele *Codex*), a relação jurídica existente entre o contratante ou usuário de serviços bancários e a instituição financeira deve ser disciplinada pelo Código de Defesa do Consumidor. (...). Contudo, no tocante à pretensão de devolução em dobro dos valores pagos em razão da cobrança de emissão de boleto bancário, prosperam os recursos dos bancos; pois, como bem referido pelo Juízo de primeira instância, o pedido de indenização, seja de forma simples, seja em dobro, não é cabível, visto que a ação civil pública busca a *proteção dos interesses individuais homogêneos de caráter indivisível*. O requerimento de devolução dos valores indevidamente cobrados tem caráter subjetivo individual, por isso deve ser postulado por seus próprios titulares em ações próprias. (...)" (REsp 794.752-MA, rel. Min. Luís Felipe Salomão, j. 18.2.2010, *Informativo* 423/2010 – grifos nossos).

cultural, espiritual, da sociedade; e como acontece também, numerosas vezes, no terreno da proteção do consumidor, por exemplo quando se trata de proibir a venda, a exploração de um produto considerado perigoso ou nocivo à saúde. (...). A solução será, por natureza, unitária, incindível. Ou a paisagem é protegida, é preservada, e todos os interessados são juridicamente satisfeitos, ou a paisagem não é preservada, e nenhum dos interessados na sua preservação terá satisfação jurídica".[38]

Para finalizarmos o presente tópico, eminentemente conceitual e ontológico, devemos atentar para os fatos jurídicos causadores de uma multiplicidade de danos. De fato, podem existir fatos ilícitos atentatórios aos diversos direitos coletivos em sentido amplo. Dessa forma, é possível em uma só ação civil pública a tutela de interesses difusos, coletivos em sentido estrito e individuais homogêneos. Por exemplo, uma propaganda enganosa atinge os consumidores que efetivamente adquiriram o produto (interesses individuais homogêneos) bem como a coletividade que teve acesso às informações inverídicas (interesses difusos).[39]

1.2 A tutela coletiva brasileira

No Brasil a introdução da tutela coletiva, ao menos em termos legislativos, ocorreu de modo mais preciso ou sistemático com a edição da Lei da Ação Civil Pública/LACP (Lei 7.347/1985). Antes dela foram

38. José Carlos Barbosa Moreira, in Aluísio Gonçalves de Castro Mendes, "O Código-Modelo de Processos Coletivos do Instituto Ibero-Americano de Direito Processual", disponível em *http://www.mundojuridico.adv.br/sis_artigos/artigos. asp?codigo=158*.

39. Nesse sentido, orienta a Súmula 2 do *Conselho Superior do Ministério Público do Estado de São Paulo*: "Em caso de propaganda enganosa, o dano não é somente daqueles que, induzidos a erro, adquiriram o produto, mas também difuso, porque abrange todos os que tiveram acesso à publicidade". "Fundamento: A propaganda enganosa prejudica não só aqueles que efetivamente adquiriram o produto (interesses individuais homogêneos), como pessoas indeterminadas e indetermináveis que tiveram acesso à publicidade (interesses difusos), tenham ou não adquirido o produto, mas que têm direito à informação correta sobre ele." No mesmo caminho a Súmula 6: "Em matéria de dano ambiental provocado por fábricas urbanas, além das eventuais questões atinentes ao direito de vizinhança, a matéria pode dizer respeito à qualidade de vida dos moradores da região (interesses individuais homogêneos), podendo ainda interessar a toda a coletividade (interesse difuso no controle das fontes de poluição da cidade, em benefício do ar que todos respiram)" (*http://www.mp.sp.gov.br*).

poucas as leis que dispuseram sobre direitos difusos ou coletivos, configurando um quadro de pontual proteção dos direitos metaindividuais, e contava com legitimação e objeto limitados.

A Consolidação das Leis do Trabalho/CLT (Decreto-lei 5.452, de 1.5.1943) previu, já em meados da década de 50 do século passado, em seu art. 513, "a", ser prerrogativa dos sindicatos representar, perante as autoridades administrativas e judiciárias, os interesses gerais da respectiva categoria ou profissão liberal ou os interesses individuais dos associados relativos à atividade ou profissão exercida. Previu também, em seus arts. 856 e ss., o instituto do dissídio coletivo, que nada mais é que uma forma de tutela coletiva de direitos trabalhistas.

Na década de 60 do século passado duas leis se destacam na defesa de direitos coletivos: (a) a Lei 4.717/1965, que disciplina a ação popular (Lei da Ação Popular/LAP), por meio da qual tutelam-se direitos coletivos, mais especificamente aqueles "difusos", por intermédio do cidadão, para a impugnação de ato ilegal e lesivo ao patrimônio público; e (b) a Lei 4.215/1963, que instituiu o Estatuto da Ordem dos Advogados do Brasil/OAB e previa, em seu art. 1º, legitimação da Ordem na representação, em juízo e fora dele, dos interesses gerais da classe.

Na década de 80 do século passado outros dois instrumentos normativos trataram da tutela coletiva, enfocando, contudo, a atuação ministerial: (a) a Lei 6.938/1981, que dispõe sobre a Política Nacional do Meio Ambiente e prevê a possibilidade de ajuizamento de ação com pedido reparatório por danos causados ao meio ambiente; (b) a Lei Complementar federal 40, de 14.12.1981, que estabeleceu normas gerais a serem adotadas na organização do Ministério Público estadual e que previa, em seu art. 3º, III, o ajuizamento da ação civil pública como uma das funções institucionais do Ministério Público.

Nessa mesma década observamos, ainda, a implementação do sistema de proteção dos direitos coletivos *lato sensu*, qual seja: o microssistema de tutela coletiva, que é composto, em seu âmago, pelas Leis 7.347/1985 (Lei da Ação Civil Pública/LACP) e 8.798/1990 (Código de Defesa do Consumidor/CDC).

É importante ressaltar que a promulgação da Constituição Federal de 1988 abriu oportunidade para a oxigenação da tutela coletiva, pois seus princípios, direitos e garantias fundamentais permitem o questionamento da instrumentalidade do processo, da promoção da justiça social, da efetivação dos direitos coletivos e do descompasso existente entre a teoria e a prática processuais. É a leitura constitucional da coletivização do processo como meio renovatório de acesso à Justiça.[40]

A preocupação hodierna revela uma tendência pós-moderna em que a atuação estatal se volta mais à realização que à declaração dos direitos coletivos. A partir da superação do individualismo liberal e sob inspiração do humanismo solidário do Estado do Bem-Estar Social, cremos que a tutela coletiva possa cumprir a contento seu desiderato, principalmente no tocante à instrumentalização da afirmação do Estado Democrático de Direito.

Aliás, são inúmeros os diplomas infraconstitucionais que tratam de direitos ou interesses coletivos. A título de exemplificação, enumeramos: a Lei 6.024/1974, que trata de intervenção e liquidação extrajudicial de instituições financeiras (em seus arts. 45 e 46); a Lei 6.938/1981, que disciplina a Política Nacional do Meio Ambiente; a Lei 7.347/1985, que disciplina a ação civil pública; a Lei 7.853, de 24.10.1989, que, nos arts. 3º a 7º, disciplina a tutela dos direitos e interesses coletivos e difusos das pessoas portadoras de necessidades especiais; a Lei 8.069 de 13.7.1990, que, em seus arts. 208 a 224, disciplina a tutela dos direitos e interesses coletivos e difusos das crianças e adolescentes; a Lei 8.078, de 11.9.1990 que, em seus arts. 81 a 104, disciplina a tutela dos direitos e interesses coletivos e difusos dos consumidores; e a Lei 10.741, de 1.10.2003, que disciplina, por meio de seus arts. 69 a 92, a tutela dos direitos e interesses coletivos e individuais das pessoas idosas.

40. No que tange à compreensão das ondas renovatórias de acesso à Justiça, remetemos à leitura da obra de referência mundial de autoria de Mauro Cappelletti e Bryan Garth intitulada *Acesso à Justiça* (cit., trad. de Ellen Gracie Northfleet). Nesse estudo Cappelletti e Garth indicam ao menos três ondas renovatórias do acesso à Justiça: *justiça aos pobres, coletivização dos processos* e *efetividade do processo*. Como obstáculos a serem transpostos pela Ciência processual em sua fase instrumentalista são apontados: (a) de natureza econômica – pobreza, acesso à informação e representação adequada; (b) de natureza organizacional – interesses de grupo (de titularidade difusa); e (c) de natureza procedimental – instituição de meios alternativos de resolução de conflitos.
Atualmente discute-se uma possível quarta onda renovatória, que envolveria o estudo da *gestão judicial*. A magistrada pernambucana Higyna Bezerra indica, em célebre artigo, que esta "gestão judiciária" analisa novas proporções funcionais que o juiz assume como gestor, que se preocupa não só em sentenciar e despachar, mas, sobretudo, em entregar uma prestação jurisdicional eficiente e efetiva. Nesse sentido, prima-se por uma mudança de mentalidade, em que se exalta a postura criativa do juiz, que não espera alterações externas, administrativas ou legislativas, para aprimorar a excelência da prestação jurisdicional e o acesso a uma ordem jurídica justa.

Quanto ao objeto, nos termos do art. 1º da Lei 7.347/1985, a ação civil pública é instrumento adequado para a proteção dos direitos ou interesses difusos ou coletivos referentes: I – ao meio ambiente; II – ao consumidor; III – aos bens e direitos de valor artístico, estético, histórico, turístico e paisagístico; IV – a qualquer outro interesse difuso ou coletivo; V – à infração da ordem econômica e da economia popular; VI – à ordem urbanística.

João Batista de Almeida,[41] por sua vez, aponta o objeto material da tutela coletiva: (a) o patrimônio público e social (CF, art. 129, III); (b) os direitos e interesses das populações indígenas (CF, art. 129, V); (c) as pessoas portadoras de deficiência (Lei 7.853/1989); (d) os investidores no mercado imobiliário (Lei 7.913/1989); (e) o consumidor (Lei 8.078/1990); (f) o patrimônio público em caso de enriquecimento ilícito de agente ou servidor público (Lei 8.429/1992); (g) a criança e o adolescente (Lei 8.069/1990); (h) o idoso (Lei 10.741/2003); (i) o torcedor (Lei 10.671/2003); (j) os serviços públicos (Lei 8.078/1990); e (k) a ordem urbanística (Lei 10.257/2001).

Resta, porém, a adoção de uma nova filosofia aos operadores dessa tutela, mas que seja livre dos grilhões do processo civil individual-liberalista e voltada para atender aos reclamos da sociedade, ainda à espera do projeto constitucional ainda não executado.

Em suma, há uma inegável expectativa social à tutela coletiva efetiva e adequada, voltada à transformação da realidade brasileira.

1.2.1 O microssistema autônomo de regulação brasileiro

Conforme foi exposto, a tutela coletiva no Brasil teve como marco principal a edição da Lei da Ação Civil Pública, em 1985, e do Código de Defesa do Consumidor, em 1990 – instrumentos, estes, que formam um sistema[42] integrado e autônomo de regulação dos direitos coletivos e que conta com leis esparsas complementares.

41. João Batista de Almeida, *Aspectos Controvertidos da Ação Civil Pública*, 2ª ed., São Paulo, Ed. RT, 2009, p. 47.
42. O *sistema* é uma estrutura lógica, regida por regras e princípios próprios, que permite a obtenção de uma conclusão racional, certa para as Ciências Físicas e adequada para as Ciências Humanas. Norberto Bobbio conceitua o sistema "uma totalidade ordenada, um conjunto de entes entre os quais existe uma certa ordem" (*Teoria do Ordenamento Jurídico*, 10ª ed., Brasília/DF, UnB, 1999, *passim*). Para Pinto Ferreira, "sistema é o conjunto de princípios coordenados e harmônicos for-

Essa integração decorre de expressa disposição de lei – a saber: o art. 21 da LACP determina a aplicação do Título III do Código de Defesa do Consumidor na defesa dos direitos e interesses coletivos, e o art. 90 do CDC prevê a aplicação da Lei da Ação Civil Pública e do Código de Processo Civil naquilo que não contrariar suas disposições. Isso posto, podemos afirmar com absoluta certeza que a célula nuclear da tutela coletiva repousa no elo entre a Lei da Ação Civil Pública e o Código de Defesa do Consumidor, em constante integração. O desafio desse sistema integrado é a aplicação conjunta ou suplementar de outras leis igualmente relevantes, pois outros instrumentos normativos foram posteriormente editados, e de imprescindível relevância à tutela coletiva, tais como o Estatuto da Criança e do Adolescente/ECA (Lei 8.069/1990), a Lei de Abuso do Poder Econômico (Lei 8.884/1994) e o Estatuto do Idoso (Lei 10.741/2003) e outras leis específicas de tutela coletiva que se aplicam à ação civil pública. Por derradeiro, nessa escala de aplicação legal, sendo omissos a Lei da Ação Civil Pública e o Código de Defesa do Consumidor bem como as leis especiais, aplicar-se-á o Código de Processo Civil.[43]

Quanto às ações coletivas especiais, entende-se que suas leis próprias têm preferência de incidência, em razão da especialidade, sendo seguidas pelo diálogo entre a Lei da Ação Civil Pública e o Código de Defesa do Consumidor e, por derradeiro, pelo Código de Processo Civil.

Quanto ao objeto processual da tutela coletiva, por expressa permissão legal (CDC, art. 83), admite-se toda e qualquer espécie de ação para tutelar direitos coletivos, estes entendidos em seu sentido amplo, abarcando os interesses difusos, coletivos e individuais homogêneos. Segundo o magistério de Luiz Guilherme Marinoni e Sérgio Cruz Arenhart, "a ação coletiva (...) pode veicular quaisquer espécies de pretensões imagináveis, sejam elas inibitória-executiva, reintegratória, do adimplemento na forma específica, ou ressarcitória (...). Todas podem ser prestadas por qualquer sentença adequada (inclusive, portanto, pelas

---

mando um todo. É o ordenamento coerente das partes de uma totalidade, regulada por normas adequadas e conducentes à obtenção de um resultado proveitoso. A palavra significa ordenação lógica, método, regime conveniente, ordenamento coerente" (*Comentários à Constituição Brasileira*, vol. 5, São Paulo, Saraiva, 1998, p. 248).

43. Art. 19 da LACP: "Aplica-se à ação civil pública, prevista nesta Lei, o Código de Processo Civil, aprovado pela Lei n. 5.869, de 11 de janeiro de 1973, naquilo em que não contrarie suas disposições".

sentenças mandamental e executiva). Admitem, ainda, pretensões declaratórias e constitutivas".[44]

Conforme o provimento pretendido e o procedimento mais adequado à tutela do direito em questão, o ente legitimado poderá propor a ação civil pública com objeto declaratório, constitutivo ou condenatório, neste último caso, com determinação inibitória, reintegratória ou ressarcitória, em ações autônomas ou cumuladas. Poderá, inclusive, inserir no pedido da ação civil pública pretensões específicas e típicas de outras ações coletivas – a saber: da ação popular, do mandado de segurança coletivo ou do *habeas data* coletivo.

Porém – vale ressaltar –, não obstante a variedade de leis, a inexistência de regramento único revela um processo coletivo por vezes incompleto e até mesmo extemporâneo, impondo ao exegeta uma interpretação sistemática e lógica das diversas normas que compõem o microssistema de regulação vigente. De fato, a tutela coletiva requer de seu operador atenta e constante adaptação do sistema posto às peculiaridades do caso concreto, principalmente por trazer em seu bojo complexos conflitos de massa.

Nesse sentido, manifesta-se Elton Venturi: "O emprego da interpretação sistemática, teleológica e pragmática da técnica processual brasileira, necessariamente derivada de uma atenta leitura do princípio constitucional da efetividade e da inafastabilidade da prestação jurisdicional visando à proteção de direitos individuais, coletivos e difusos, acrescida de um mínimo de sensibilidade social e preparo técnico do aplicador do Direito, por si só, já seria suficiente para oxigenar a revolução paradigmática do processo civil".[45]

Nota-se, pois, que o desafio do direito processual civil moderno consiste em conviver com uma multiplicidade de fontes materiais e formais – hipercomplexidade normativa, esta, que, quando não manejada adequadamente, obstaculiza a concretização dos direitos.

Além dos entraves dogmáticos e hermenêuticos, convive-se com um processo atrelado ao modelo do Estado Liberal, cuja instrumentalidade remete à resolução dos conflitos individuais e se volta aos interes-

---

44. Luiz Guilherme Marinoni e Sérgio Cruz Arenhart, *Manual do Processo de Conhecimento*, 5ª ed., São Paulo, Ed. RT, 2006, p. 731.
45. Elton Venturi, *Processo Civil Coletivo (A Tutela Jurisdicional dos Direitos Difusos, Coletivos e Individuais Homogêneos no Brasil – Perspectivas de um Código Brasileiro de Processos Coletivos)*, cit., pp. 39-40.

ses patrimoniais disponíveis. Esse paradigma individualista condiciona e restringe o acesso à Justiça, inibindo a confirmação da solidariedade e da dignidade da pessoa humana como epicentro axiológico da ordem constitucional vigente. No que tange ao processo coletivo, o paradigma vigente condena-o à ineficácia, dada sua inaptidão em servi-lo satisfatoriamente.

Para demonstrar a insuficiência do paradigma processual vigente em servir às aspirações coletivas, remetemos à análise de Elton Venturi[46] em temática crucial dentro da Teoria Geral do Processo, qual seja, as condições da ação: a *legitimação ativa* nas ações coletivas impõe o abandono do critério da titularidade da pretensão material reclamada; o *interesse processual* adquire novos contornos, e embora o binômio *utilidade e adequação* sirva ainda como critério balizador da admissibilidade em juízo, é imperioso observar que o magistrado deve apreciar a inicial de uma ação coletiva sob o ponto de vista do interesse e relevância sociais do objeto tutelado, primando sempre pela proteção do bem judicializado e preterindo a extinção do feito em decorrência de formalismos procedimentais; a *possibilidade jurídica do pedido* também é redimensionada, pois devem ser admitidos todos os tipos de pedidos que se apresentem adequados para a tutela dos direitos metaindividuais (CDC, art. 83).

Para Ada Pellegrini Grinover[47] várias são as celeumas derivadas da aplicação das normas de processo civil à tutela coletiva, pois nesta o objeto da proteção estatal é o Homem, e não somente o direito; a finalidade da ação é servir como meio de participação política do povo no Estado; a função jurisdicional não se limita a dizer o Direito ao caso concreto, mas, antes, adquire contornos promocionais da consciência coletiva e social; o processo coletivo não se esvai na solução de conflitos, mas, antes, atua como meio de apropriação coletiva de bens comuns e relevantes, dotados da necessária efetividade.

1.2.1.1 *Ação civil pública e ação coletiva: a questão terminológica*

Um dos temas nevrálgicos do processo coletivo diz respeito à nomenclatura a ser adotada para designar o gênero das demandas coletivas: seria mais adequado dizer "ação civil pública" ou "ação coletiva"?

46. Idem, ibidem.
47. Ada Pellegrini Grinover, "Ações coletivas para a tutela do ambiente e dos consumidores – A Lei 7.347/1985", *RePro* 44/113, São Paulo, Ed. RT.

José Marcelo Menezes Vigliar, em capítulo encartado[48] na obra coletiva coordenada por Édis Milaré, em comemoração aos 15 anos da Lei da Ação Civil Pública, traz à baila referida discussão, querendo, com isso, tentar elidir o que ele afirma ser "uma das angústias daqueles que tratam com as ações civis públicas ou coletivas".[49]

O jurista afirma que adjetivar ações é atitude pouco técnica.[50] Para ele, as ações são de conhecimento ou executivas, subclassificando as primeiras em meramente declaratórias, constitutivas e condenatórias. Assevera que há também as ações cautelares, que se opõem às principais, na mesma medida em que o provimento cautelar é acessório, ligado ao principal por um nexo de instrumentalidade hipotético. Nesse sentido, a classificação das ações apoia-se única e exclusivamente na natureza do provimento jurisdicional postulado, motivo pelo qual seria "um verdadeiro retrocesso buscar a associação do instituto de direito processual denominado ação com o direito material de que proviria (...) mediante a adjetivação daquela".[51] Ou seja, "uma vez que determinado interesse transindividual, seja ele essencialmente coletivo, seja ele acidentalmente coletivo, reste violado ou ameaçado de violação, haverá a necessidade de se buscar a sua tutela através da atividade jurisdicional do Estado (...) [*para que o Estado*] possa prolatar um provimento jurisdicional que revele qual a vontade do Direito".[52]

48. O escrito de José Marcelo Menezes Vigliar, intitulado sugestivamente "Ação civil pública ou ação coletiva?", encontra-se nas pp. 400-416 da obra *Ação Civil Pública. Lei 7.347/1985 – 15 Anos*, coordenada por Édis Milaré e editada pela RT em 2000.

49. José Marcelo Menezes Vigliar, "Ação civil pública ou ação coletiva?", cit., in Édis Milaré (coord.), *Ação Civil Pública. Lei 7.347/1985 – 15 Anos*, p. 400.

50. No mesmo sentido, Gregório Assagra de Almeida assevera: "A denominação ação civil pública, apesar da tradição, não é técnica, pois, em oposição à denominação ação penal, surgiu para denominar o instrumento de atuação do Ministério Público na área cível como órgão agente. Todavia, com a entrada em vigor da Lei da Ação Civil Pública, o sentido dessa expressão restou modificado. Como escreve Nelson Nery, a denominação ação civil pública hoje tem significado bem mais amplo, não mais levando-se em conta a *parte pública*, no caso, o Ministério Público, que dava o caráter público à ação civil (*Princípios do Processo Civil na Constituição Federal*, pp. 112-113)" (*Direito Processual Coletivo Brasileiro: um Novo Ramo do Direito Processual*, São Paulo, Saraiva, 2003, p. 305).

51. Édis Milaré (coord.), *Ação Civil Pública. Lei 7.347/1985 – 15 Anos*, São Paulo, Ed. RT, 2002, p. 400.

52. Idem, p. 401.

O que distingue a tutela jurisdicional coletiva da individual não é a sua nomenclatura e nem sequer o tipo de provimento buscado – posto que, cientificamente, são os mesmos –, mas, sim, quem será legitimado para postular em juízo a tutela jurisdicional coletiva e quem se sujeitará àquela principal qualidade da sentença, ou seja, a imutabilidade ou limites subjetivos da coisa julgada material.

Em breve digressão no tempo, observamos que o uso da expressão "ação civil pública" remonta a dois fatores específicos: (a) o uso pioneiro por Piero Calamandrei em seu *Istituzioni di Diritto Processuale*, vol. I, pp. 275 e ss., ocasião em que o Mestre italiano concebeu a nomenclatura como alternativa para diferenciar a atuação ministerial no âmbito penal do âmbito cível; e (b) a recepção pela Lei Complementar 40/1981 (que "estabelece normas gerais a serem adotadas na organização do Ministério Público estadual") da terminologia *retro* sem, contudo, especificar o direito material que se pretendia tutelar a partir de sua utilização.

No "Preâmbulo" da Lei da Ação Civil Pública encontramos que a mesma "disciplina a ação civil pública de responsabilidade por danos causados ao meio ambiente, ao consumidor, a bens e direitos de valor artístico, estético, histórico, turístico e paisagístico e dá outras providências". Posteriormente, com a promulgação da Constituição Federal de 1988, a nomenclatura "ação civil pública" adquiriu maior notoriedade, ao ser incluída dentre as funções institucionais no Ministério Público (art. 129, III) para a proteção do patrimônio público social, do meio ambiente e de outros interesses difusos e coletivos.[53] Em documento posterior, na Lei Orgânica Nacional do Ministério Público (Lei 8.625/1993), está disposto, no inciso IV do art. 25, competir ao *Parquet* promover o inquérito civil e a ação civil pública, na forma da lei.

Encontramos, pois, o componente histórico como justificador da terminologia disseminada. Para Pedro Lenza este fator seria, mesmo, o único plausível, pois nem o critério subjetivo nem o material servem para explicá-la.[54]

É cediço que a tutela coletiva brasileira conta atualmente com um microssistema integrado e autônomo de regulação processual, composto pela Lei da Ação Civil Pública e pelo Código de Defesa do Consumidor. Vale ressaltar que a LACP, em seu art. 1º, IV, diz que as ações de respon-

---

53. Cf. João Batista de Almeida, *Aspectos Controvertidos da Ação Civil Pública*, cit., 2ª ed., pp. 35 e ss.
54. Pedro Lenza, *Teoria Geral da Ação Civil Pública*, cit., 3ª ed., p. 152.

sabilidade por danos morais e patrimoniais causados a qualquer interesse difuso ou coletivo são regidas pelas disposições da ação civil pública. Por outro lado, o Capítulo II do Título III ("Da Defesa do Consumidor em Juízo") do CDC, arts. 91 e ss., trata das ações coletivas para a defesa de interesses individuais homogêneos. Ora, uma interpretação integrativa dos dois diplomas dá azo à seguinte conclusão: a ação civil pública instrumentaliza a tutela coletiva de direitos difusos e coletivos *stricto sensu*; já, a ação coletiva tutela os direitos individuais homogêneos.

Porém, entendemos que a expressão "ação coletiva" deva designar gênero do qual são espécies todas as demandas coletivas – *v.g.*, ação civil pública, ação popular, ação de improbidade administrativa, mandado de segurança coletivo, *habeas data* coletivo. Nosso posicionamento aponta para a consolidação da "ação civil pública" enquanto espécie do gênero ação coletiva, com a particularidade de que seu procedimento é o coletivo comum, servindo de lastro procedimental para as demais espécies de ações. Compartilham desse entendimento[55] vários doutrinadores: Ada Pellegrini Grinover,[56] Pedro Lenza,[57] Luís Roberto Barroso[58] e Antônio Gidi.[59] Adotando posicionamento diverso, encontramos: Gregório

55. Também o Anteprojeto de Código Brasileiro de Processos Coletivos apresentado no Ministério da Justiça adota essa opção terminológica, primando pelo uso de *ações coletivas* como gênero, em todo o seu texto. A "Exposição de Motivos" desse anteprojeto é bem elucidativa a respeito: "Preferiu-se essa denominação [*ação coletiva*] à tradicional de 'ação civil pública', não ó por razões doutrinárias, mas sobretudo para obstar a decisões que não têm reconhecido a legitimação de entidades privadas a uma ação que é denominada de 'pública'. É certo que a Constituição alude à 'ação civil pública', mas é igualmente certo que o Código de Defesa do Consumidor já a rotula como 'ação coletiva'. Certamente, a nova denominação não causará problemas práticos, dado o detalhamento legislativo a que ela é submetida. Trata-se apenas de uma mudança de nomenclatura, mais precisa e conveniente".
56. Ada Pellegrini Grinover, "Ações coletivas para a tutela do ambiente e dos consumidores – A Lei 7.347/1985", cit., *RePro* 44/113 e nota 1.
57. Pedro Lenza, *Teoria Geral da Ação Civil Pública*, cit., 3ª ed., p. 153. É importante destacar o entendimento lapidar do jurista, que, em seus estudos, aponta para a existência de *ação coletiva típica*, ou em sentido estrito, para tutelar os direitos difusos e coletivos *stricto sensu*; e *ação coletiva atípica*, ou em sentido lato, para a defesa dos direitos individuais homogêneos.
58. O mestre Luís Roberto Barroso prefere a expressão "ação coletiva" à expressão "ação civil pública", querendo, com isso, demonstrar que, embora esta seja consagrada pela Constituição Federal de 1988, não seria errado, e até mesmo preferencial, usar aquela (*O Direito Constitucional e a Efetividade de suas Normas*, 6ª ed., Rio de Janeiro, Renovar, 2002, pp. 219, 223, 225 e 245).
59. Gidi argumenta que "a retirada do qualificativo 'pública' da expressão 'ação civil pública' tem o efeito salutar adicional de diluir o fantasma da presença

Assagra de Almeida,[60] Teoria Albino Zavascki[61] e Rodolfo de Camargo Mancuso. Deste último, colacionamos excerto justificador: "A conclusão razoável, a respeito desse aspecto terminológico, parece-nos a seguinte: a ação da Lei 7.347/1985 objetiva a tutela de interesses metaindividuais, de início compreensivos dos *difusos* e dos *coletivos em sentido estrito*, aos quais na sequência se agregam os *individuais homogêneos* (Lei 8.078/1990, art. 81, parágrafo único, III, c/c os arts. 83 e 117); de outra parte, essa ação não é 'pública' *porque* o Ministério Público pode promovê-la, a par de outros colegitimados, mas sim porque seu objeto abrange um largo espectro de interesses e valores de inegável relevância social, permitindo o acesso à Justiça de certos conflitos metaindividuais que, de outra forma, remanesceriam num certo 'limbo jurídico'. Sob outro giro, trata-se de locução empregada em vários textos legais, inclusive na Constituição Federal (art. 129, III), sendo que a jurisprudência e a doutrina especializada a empregam reiteradamente, tudo levando à percepção de que esse *nomen juris* – ação civil pública – já está assentado e consagrado, irreversivelmente, na experiência jurídica brasileira".[62]

Duas considerações hão de sustentar nosso posicionamento contra o uso da expressão "ação civil pública" como gênero "tutela coletiva". O primeiro argumento, de fundo *subjetivo*, é que o termo "pública" remete, erroneamente, a uma titularidade da ação exclusiva a órgãos públicos. O segundo argumento, de tez material, é que o objeto tutelado pela ação civil pública não é *público*, e sim *metaindividual* (direitos ou interesses difusos, coletivos ou individuais homogêneos).

A crítica terminológica não é sem propósito. Na verdade, ela se justifica pelo natural e necessário refinamento no rigor científico. No entanto, Carlos Henrique Bezerra Leite adverte: "Importante que seja

do Ministério Público na definição das demandas coletivas" (*Rumo a um Código de Processo Civil Coletivo. A Codificação das Ações Coletivas no Brasil*, cit., p. 390).

60. O autor afirma que a consagração da expressão "ação civil pública" pela Constituição Federal de 1988 lhe conferiu forte conotação política perante a sociedade, devendo, por isso, ser mantida em toda proposta de codificação (Gregório Assagra de Almeida, *Codificação do Direito Processual Coletivo Brasileiro: Análise Crítica das Propostas Existentes e Diretrizes de uma Nova Proposta de Codificação*, Belo Horizonte, Del Rey, 2007, pp. 121 e 157).

61. Para Teori Albino Zavascki a distinção entre *ação civil pública* e *ação coletiva* seria justificável mais para fins didáticos que científicos.

62. Rodolfo de Camargo Mancuso, *Ação Civil Pública: em Defesa do Meio Ambiente, do Patrimônio Cultural e dos Consumidores*, 10ª ed., São Paulo, Ed. RT, 2007, p. 22.

a correta nomenclatura dos institutos e das categorias, não se pode, no atual estágio de desenvolvimento da Ciência Jurídica, conferir relevância excessiva a esse aspecto formal, incorrendo-se, em pleno século XXI, no equívoco de retroceder às priscas eras das *legis actiones*, onde se exigia absoluto rigor no emprego da *verba certa* (...)".[63]

Não é demais arguir que a Constituição Federal de 1988 utiliza a expressão "ação civil pública" uma única vez (art. 129, III), de modo que seria um exagero afirmar que referida expressão resta consagrada pelo texto constitucional. Ademais, o constituinte utilizou-se de uma expressão comum à época, mais precisamente a única existente.[64] Também não é de estranhar a impropriedade técnica, já que "o legislador constituinte não é um especialista em direito processual, de sorte que (...) aqui e acolá, nos defrontaremos com alguma imperfeição, com alguma impropriedade".[65]

Notemos que não houve rigor científico[66] ou qualquer motivação razoável para utilizar a expressão "ação civil pública" como gênero. Antônio Gidi assevera que o momento de projetar um Código (ou de edição de um "Sistema Único Coletivo" – Projeto de Lei 5.139/2009) é uma "excelente oportunidade para escolher uma única expressão para designar o fenômeno da tutela jurisdicional dos direitos de grupo, gerando harmonia conceitual e evitando ambiguidades interpretativas no sistema".[67]

63. Carlos Henrique Bezerra Leite, em seu *Curso de Direito Processual do Trabalho*, acresce um dado extremamente importante para o estudo sistematizado das espécies de demandas coletivas: "A ACP é uma ação constitucional; a ACC [ação civil coletiva] é uma ação infraconstitucional. Isso reforça a importância daquela, cuja missão precípua é servir de instrumento de realização do direito material do trabalho" (4ª ed., São Paulo, LTr, 2006, p. 1.067).

64. Antônio Gidi, *Rumo a um Código de Processo Civil Coletivo. A Codificação das Ações Coletivas no Brasil*, cit., p. 388.

65. Luís Roberto Barroso, "Ações coletivas na Constituição Federal de 1988", *RePro* 61/190, São Paulo, Ed. RT, 1991.

66. Teori Albino Zavascki afirma que: "Embora se saiba que a denominação, em si, não constitui elemento essencial para identificar a natureza dos procedimentos, é certo que ela desempenha um papel de inegável realce prático e didático, que não deve ser desprezado. Qualquer que seja o nome que se atribua a um procedimento (= qualquer que seja o rótulo que se ponha a uma vasilha), é importante que se saiba que, sob aquela denominação (sob aquele rótulo), existe um instrumento (um conteúdo) especial, diferente do contido em outros procedimentos (em outros recipientes)" (*Processo Coletivo. Tutela de Direitos Coletivos e Tutela Coletiva de Direitos*, cit., 3ª ed., p. 65).

67. Antônio Gidi, *Rumo a um Código de Processo Civil Coletivo. A Codificação das Ações Coletivas no Brasil*, cit., p. 384.

José Marcelo Menezes Vigliar conclui: "De fato, a expressão 'ação civil pública' não revela, por si só, coisa nenhuma"; afinal, "o que se tutela através da *ação civil pública*? Essa é a questão essencial, essa é a questão de fundo, é o que realmente importa para diferenciá-la das demandas de tutela de interesses individuais".[68]

"Se é verdade que 'ação não tem nome' (ao menos cientificamente, não deveria ter nome), mas ainda temos a necessidade de apelidar ou adjetivarmos determinados institutos, que utilizemos um nome mais adequado: *ação coletiva*. Fica evidente (cristalino mesmo) que a *ação coletiva* tutela um *interesse* que é *coletivo*, seja ele *acidentalmente coletivo*, seja ele *essencialmente coletivo* (...)".[69]

O Projeto de Lei 5.139/2009,[70] que disciplinaria a nova Lei de Ação Civil Pública, por ora rejeitado na Câmara dos Deputados, impõe uma reflexão sobre a nomenclatura. Vejamos a redação do seu art. 1º, § 1º:

"Art. 1º. Regem-se pelas disposições desta Lei as *ações civis públicas* destinadas à proteção: (...).

"§ 1º. Aplicam-se as disposições desta Lei às *ações coletivas* destinadas à proteção de interesses ou direitos difusos, coletivos ou individuais homogêneos."

Tal projeto distingue "ação civil pública" (*caput*) de "ações coletivas" (§ 1º). A "ação civil pública" seria a ação coletiva ordinária, com procedimento coletivo comum, regido pela Lei da Ação Civil Pública, com aplicação subsidiária do Código de Processo Civil.[71]

---

68. José Marcelo Menezes Vigliar, "Ação civil pública ou ação coletiva?", cit., in Édis Milaré (coord.), *Ação Civil Pública. Lei 7.347/1985 – 15 Anos*, p. 403.
69. Édis Milaré (coord.), *Ação Civil Pública. Lei 7.347/1985 – 15 Anos*, cit., p. 410.
70. V. Anexo com o texto integral do projeto de lei.
71. De fato, se antes da aprovação deste projeto ou de outro similar temos um sistema difuso de leis que forma o sistema coletivo, com a aprovação, as regras gerais básicas se concentrarão na nova lei, que absorverá regras antes previstas para ações coletivas específicas. Exemplo: se, no sistema vigente, aplicamos a regra de reexame necessário contida no art. 19 da Lei 4.717/1965 (Lei da Ação Popular) à ação civil pública (REsp 1.108.542-SC), com a aprovação de novo projeto de lei a regulamentação desse instituto estará contida na nova norma. Em outros termos, se hoje há uma formação doutrinária do sistema coletivo, com a aplicação prioritária das regras previstas em leis que instituem as ações coletivas (Lei da Ação Popular, Lei do Mandado de Segurança, Lei de Improbidade Administrativa etc.) em detrimento da aplicação do Código de Processo Civil, com a aprovação deste projeto não mais se exigirá esta arquitetura improvisada de sistema, pois ele já contém re-

1.2.1.2 O movimento pela codificação do direito processual coletivo

Imbuídos dessa tônica de oxigenação do sistema coletivo, disseminou-se no cenário nacional a ideia de codificação. Segundo Gregório Assagra de Almeida, "é justamente diante de tudo isso e das várias transformações ocorridas no sistema jurídico brasileiro, especialmente a partir da Constituição da República Federativa do Brasil de 1988, que se inicia atualmente no Brasil uma grande discussão sobre a *codificação do direito processual coletivo brasileiro*, o que, por si só, demonstra o avanço da doutrina e do sistema jurídico pátrio quanto ao tratamento do tema relativo à proteção dos direitos ou interesses massificados".[72]

É preciso ressaltar – embora não seja este o objeto do presente estudo – que a doutrina não apresenta um entendimento unânime quanto à viabilidade da codificação do direito processual coletivo (ou direito processual civil coletivo, como preferem alguns). Nesse sentido, importante destacar alguns argumentos contra e outros a favor da codificação.

Antônio Gidi, discorrendo sobre o processo de codificação, assevera: "A simples promulgação de um Código de Processo Civil Coletivo representaria uma significativa evolução para o Direito Brasileiro".[73] Segundo o jurista,[74] ainda que não se apresentasse nenhuma inovação significativa, a consolidação alcançaria, por si só, cinco importantes objetivos: reunião material de normas processuais coletivas esparsas em um sistema ordenado; término do duplo sistema de tutela vigente (referindo-se ao convívio de dois tipos de ações: a ação civil pública e a ação coletiva); término das diferenças procedimentais das demandas coletivas em defesa de direitos transindividuais (coletivos e difusos) e individuais homogêneos; correção de erros e discrepâncias jurispruden-

---

gras suficientes para sua estruturação, dispensando outras aplicações analógicas ou interpretações extensivas, sendo que eventual lacuna deverá ser preenchida pelas regras gerais do procedimento comum coletivo (regras da futura ação civil pública) e, subsidiariamente, pelas normas contidas no Código de Processo Civil. No entanto, vale ressaltar que nenhum sistema é autossuficiente, mas exige complementação de outros diplomas legais. Nem mesmo esse suposto "Sistema Único Coletivo" teria condições de ser aplicado isoladamente. É inegável utopia.

72. Gregório Assagra de Almeida, *Codificação do Direito Processual Coletivo Brasileiro: Análise Crítica das Propostas Existentes e Diretrizes de uma Nova Proposta de Codificação*, cit., p. 3.

73. Antônio Gidi, *Rumo a um Código de Processo Civil Coletivo: a Codificação das Ações Coletivas no Brasil*, cit., p. 23.

74. Idem, pp. pp. 23-25.

ciais, esclarecimento de ambiguidades legais e contra-ataque aos golpes que o Governo Brasileiro tem desferido contra o processo coletivo; e, por fim, criação de oportunidade para aprimorar algumas regras, resolvendo ambiguidades e criando normas necessárias para lapidar o sistema e mantendo a estrutura do direito positivo.

A ideia de codificação insere-se no movimento pelo resgate da função social do processo e da jurisdição, pois fundamenta e viabiliza a releitura da sistemática processual vigente. Segundo essa corrente, a partir de uma ruptura das estruturas estabelecidas é possível reorganizar os elementos vitais da sistemática coletiva. É a codificação que permitiria a eliminação dos resíduos ou resquícios típicos do individualismo liberal, viabilizando, outrossim, a concepção de mecanismos pensados especialmente à luz das particularidades dos interesses e conflitos coletivos. Somente assim se poderia adequar institutos processuais, inclusive os vigentes, à realidade e às necessidades coletivas.

Por outro lado, não podemos ignorar os argumentos tecidos em desfavor da codificação.

O primeiro deles aponta a inconveniência de uma codificação na atual conjuntura política e jurídica brasileira, que se filia a corrente diametralmente oposta, de descodificação, em que a coexistência de microssistemas normativos (pluralidade de leis) viabiliza a abertura do sistema jurídico e proporciona uma desejável flexibilidade à tutela coletiva para o alcance da multiplicidade de fatores de realização de seus interesses. Outro forte argumento vislumbra que o ideal de codificação pode significar uma miragem de completude que jamais será alcançada e, principalmente, não é desejável, pois acaba erigindo um cenário de fetichismo da lei (crença de que a lei pode alcançar todas as situações de modo completo e absoluto). Por fim, pode-se ainda refutar a codificação arguindo que o sistema vigente (microssistema integrado e autônomo) é mais vantajoso que um código, pois consiste em um sistema unitário (de processo civil) aplicável tanto aos conflitos individuais como aos coletivos. Nesse sentido, é possível estabelecer diretrizes para uma Teoria Geral do Processo Civil mais aprofundada e congruente, cuja sistemática mais dificilmente é corrompida, seja via legislativa ou até mesmo judicial.[75]

---

75. Conforme leciona Rodolfo de Camargo Mancuso: "Elton Venturi, posicionando-se sobre o Anteprojeto de Código Brasileiro de Processos Coletivos, vê com reservas a generosa empreita: 'De fato, se tomarmos em conta o atual cenário brasi-

Não obstante o posicionamento *retro*, pelo menos quatro modelos de codificação foram concebidos pela doutrina nacional, sendo dois de natureza transnacional (o Código-Modelo de Antônio Gidi e o do Instituto de Direito Processual elaborado para Países ibero-americanos) e dois pensados para a hipótese brasileira (o Código-Modelo da Universidade de São Paulo/USP, que foi posteriormente melhorado pelo Instituto Brasileiro de Direito Processual, e o da Universidade do Estado do Rio de Janeiro/Universidade Estácio de Sá – UNERJ/UNESA).

Há uma polêmica sobre a originalidade da ideia de codificação. Sem querer adentrar o mérito da discussão – que, inclusive, ensejou a propositura de uma ação judicial de indenização por danos morais movida por Ada Pellegrini Grinover em face de Antônio Gidi[76] –, entendemos por bem traçar, em linhas gerais, o movimento doutrinário em prol da codificação.

Ada Pellegrini Grinover,[77] em artigo intitulado "Resposta a um convite" (remetendo ao convite feito por Antônio Gidi a toda a comunidade jurídica para o lançamentos de sua obra *Rumo a um Código de Processo Civil Coletivo: a Codificação das Ações Coletivas no Brasil*), afirma que a ideia de um Código-Modelo de Processos Coletivos para Ibero--América surgiu em maio/2002, quando o microssistema brasileiro de

leiro, no âmbito do qual, apesar de se preconizar a existência de um microssistema de tutela coletiva, necessariamente aberto e prospectivo, a jurisprudência e a doutrina dão veementes sinais de reacionarismo e dogmatismo, não parece provável que a unificação do tratamento dos procedimentos coletivos em torno de uma codificação possua força suficiente, por si só, para reverter tal quadro. Ao contrário, o temor de que a eventual codificação do processo coletivo acarrete, a curto prazo, indesejável sensação de fechamento sistemático, e, por conseguinte, restrição ao processamento de causas não contempladas, parece superar as expectativas de evolução com que contam os seus defensores. De outro lado, a ideia de uma sectarização do processo civil, bipolarizado então entre o individual e o coletivo, não se revela adequada à afirmação de sua própria vocação instrumental'" (Rodolfo de Camargo Mancuso, *A Resolução dos Conflitos e a Função Judicial no Contemporâneo Estado de Direito*, cit., p. 87).

76. Cf. *site* do professor Antônio Gidi, *http://www.gidi.com.br/ada/index.html*. Nesse *site*, acessado aos 21.11.2009, o jurista disponibiliza, *on line*, arquivos em PDF das principais peças da ação judicial e também os textos de manifestações de Ada Pellegrini, Eurico Ferraresi e Aluísio Gonçalves de Castro Mendes sobre a alegação, de Gidi, de que o seu modelo de codificação é o original. Cf. também Ada Pellegrini Grinover, in *http://www.direitoprocessual.org.br/site/index.php?m=notici a&id=253&subm=&width=&mostraData*

77. Disponível em *http://www.direitoprocessual.org.br/site/index.php?m=noti cia&id=253&subm=&width=&mostraData* (acesso em 21.11.2009).

processos coletivos estava em pleno funcionamento. Essa ideia inicial de realizar um modelo de codificação que pudesse servir de norte aos diversos Países da cultura latina como paradigma para uma possível regulação interna parece ser de autoria de Antônio Gidi, a partir das discussões travadas no VII Seminário Internacional coorganizado pelo *Centro di Studi Giuridici Latino-Americani* da *Università degli Studi di Roma – Tor Vergata*, pelo *Istituto Italo-Latino-Americano* e pela *Associazione di Studi Sociali Latino-Americani*", em Roma.

O objetivo inicial foi o de fazer um código que pudesse servir não só como repositório de princípios, mas também como modelo concreto para inspirar as reformas, de modo a tornar mais homogênea a defesa dos interesses e direitos transindividuais em Países de cultura jurídica comum. Nesse sentido, foram incumbidos de realizar uma proposta os juristas Ada Pellegrini Grinover, Kazuo Watanabe e Antônio Gidi, que a contento realizaram sua tarefa ainda em outubro do mesmo ano. Após várias deliberações e votações das propostas, o anteprojeto converteu-se em projeto, que foi aprovado pela Assembleia-Geral do Instituto Ibero-Americano de Direito Processual, realizada em outubro/2004, durante as *XIX Jornadas Ibero-Americanas de Direito Processual*, em Caracas, transformando-se, assim, no *Código-Modelo de Processos Coletivos para Ibero-América*.

Referido Código-Modelo foi objeto de estudo pelos alunos e professores da Pós-Graduação *stricto sensu* da Faculdade de Direito da USP no final de 2003. Segundo a coordenadora dos trabalhos – Ada Pellegrini Grinover –, o grupo composto pelo doutorando Eurico Ferraresi e pelos mestrandos Ana Cândida Marcato, Antônio Guidoni Filho e Camilo Zufelato debateu a elaboração de um Código Brasileiro de Processos Coletivos que aperfeiçoasse o sistema coletivo, sem desfigurá-lo. A primeira versão do anteprojeto da USP foi concluída em agosto/2004.

Esta proposta inicial foi arduamente analisada e discutida por alunos da própria instituição USP no ano de 2005, e ainda pelo Instituto Brasileiro de Direito Processual, por intermédio de seus membros, e por grupos de mestrandos da UNERJ e da UNESA, sob a orientação de Aluísio de Castro Mendes. Outros órgãos também deram suas sugestões, dentre eles o IDEC, os Ministérios Públicos da União, do Distrito Federal e de diversos Estados. Em dezembro/2005 o anteprojeto ganhou contornos específicos e foi apresentado pelo Instituto Brasileiro de Direito Processual ao Ministério da Justiça. Sua versão definitiva data de dezembro/2006.

De um modo mais ou menos homogêneo, a tônica desses modelos de codificação foi manter, na essência, as normas da legislação em vigor mas aperfeiçoando-as por intermédio de regras claras, flexíveis e abertas – mais adequadas, portanto, às demandas coletivas. Dentre os avanços encontrados, destacamos a ereção de uma principiologia própria e a reformulação de institutos processuais já estabelecidos. Sobre a codificação, Gregório Assagra de Almeida[78] afirma que "é positiva a iniciativa dos juristas brasileiros que se dedicam ao assunto. Contudo, há sério risco político quanto ao encaminhamento, sem o devido debate nacional, dessas propostas ao Congresso Nacional. As demandas coletivas têm incomodado grandes interesses econômicos e políticos nacionais e internacionais, além de serem públicos e notórios os inúmeros choques frontais com o Governo Federal, que, inclusive, em várias ocasiões, reagiu autoritariamente, por intermédio de medidas provisórias restritivas às demandas coletivas e à própria coisa julgada coletiva".

Essa ideia de codificação, que teve como clímax a apresentação ao Ministério da Justiça dos anteprojetos de codificação, após os conflitos de vaidades e excessos de corporativismos acima narrados, foi por ora abandonada, ou ao menos "arquivada", pois cedeu lugar à elaboração de uma nova lei ordinária que regrasse as ações coletivas, sem codificá-las: trata-se do Projeto de Lei 5.139/2009, de autoria do Poder Executivo, que disciplinaria a nova ação civil pública, por ora rejeitado na Câmara dos Deputados.

1.2.1.3 *O Projeto de Lei 5.139/2009 e a busca por um "Sistema Único Coletivo"*[79]

O projeto em pauta é fruto do trabalho elaborado por uma Comissão Especial[80] designada no final de 2008 para formular uma nova Lei

---

78. Gregório Assagra de Almeida, *Codificação do Direito Processual Coletivo Brasileiro: Análise Crítica das Propostas Existentes e Diretrizes de uma Nova Proposta de Codificação*, cit., p. 3.

79. Embora o projeto de lei em pauta não utilize a terminologia "Sistema Único Coletivo", recorremos a essa nomenclatura, de autoria de Luiz Manoel Gomes Jr. e Rogério Favreto, aquele Relator do Anteprojeto da nova Lei da Ação Civil Pública e este Presidente da Comissão que elaborou referido anteprojeto (Luiz Manoel Gomes Jr. e Rogério Favreto, "A nova Lei da Ação Civil Pública e do Sistema Único de Ações Coletivas brasileiras – Projeto de Lei 5.139/2009", *Revista Magister de Direito Empresarial, Concorrencial e do Consumidor* 27/5-21, Ano V, Porto Alegre, Magister, junho-julho/2009). Desde já, deve-se dizer ser utopia a construção de um

da Ação Civil Pública. Referida Comissão foi presidida pelo deputado Rogério Favreto (Secretário da Reforma do Judiciário), teve como Relator Luiz Manoel Gomes Jr. e contou com a colaboração de outros 22 juristas, todos escolhidos dentre as várias áreas e carreiras jurídicas que atuam e estudam os direitos e o processo coletivos (membros do Ministério Público, da Magistratura, da Defensoria Pública, da Advocacia-Geral da União, da OAB, além de estudiosos).

O projeto[81] foi protocolado no Ministério da Justiça em abril/2009, onde recebeu o aval do Min. Tarso Genro em sua íntegra. Encaminhado à Casa Civil, o anteprojeto sofreu alterações, algumas delas com o nítido propósito de limitar sua potência originária e privilegiar o Estado enquanto potencial sujeito passivo em ações coletivas. Após, o anteprojeto foi encaminhado ao Congresso Nacional, onde tramitou inicialmente na Câmara dos Deputados sob o n. 5.139/2009, com relatoria do deputado Antônio Carlos Biscaia (PT/RJ). Nessa Casa o então projeto de lei foi objeto de discussão em audiência pública realizada em julho/2009, ocasião em que ilustres Juristas deram seus pareceres e, em uníssono, clamaram pelo resgate do texto legislativo tal como fora apresentado à Casa Civil. Várias emendas foram apresentadas ao anteprojeto inicial, a partir das quais tiveram início sucessivos debates na Comissão de Constituição e Justiça e de Cidadania/CCJC. Aos 4.3.2010 o Relator, deputado Antônio Carlos Biscaia (PT/RJ), emitiu parecer, com complementação

sistema autossuficiente e isolado. Portanto, interpretamos o termo "único" não como independente e absolutamente autônomo, mas como fruto de uma concentração de normas em um mesmo diploma legal, que, para sua efetivação, não dispensará a atividade interpretativa/integrativa de seu exegeta. Não nos iludamos. Não estamos diante da panaceia do processo coletivo.

80. Frente a este cenário, o Ministério da Justiça instituiu, pela Portaria 2.481/2008, uma Comissão Especial com a finalidade de apresentar uma proposta de readequação e modernização da tutela coletiva, com a seguinte composição: Rogério Favreto, Secretário de Reforma do Poder Judiciário, que a preside; Luiz Manoel Gomes Jr., Relator; Ada Pellegrini Grinover; Alexandre Lipp João; Aluísio Gonçalves de Castro Mendes; André da Silva Ordacgy; Anízio Pires Gavião Filho; Antônio Augusto de Aras; Antônio Carlos Oliveira Gidi; Athos Gusmão Carneiro; Consuelo Yatsuda Moromizato Yoshida; Elton Venturi; Fernando da Fonseca Gajardoni; Gregório Assagra de Almeida; Haman de Moraes e Córdova; João Ricardo dos Santos Costa; José Adonis Callou de Araújo Sá; José Augusto Garcia de Souza; Luiz Philippe Vieira de Mello Filho; Luiz Rodrigues Wambier; Petrônio Calmon Filho; Ricardo de Barros Leonel; Ricardo Pippi Schmidt; e Sérgio Cruz Arenhart.

81. Disponível em *http://www.camara.gov.br/sileg/Prop_Detalhe.asp?id= 432485* (acesso em 13.3.2010).

de voto, pela constitucionalidade, juridicidade, técnica legislativa e, no mérito, pela aprovação do projeto de lei e de algumas emendas.

A opção por editar uma nova Lei da Ação Civil Pública deve-se pelo menos a um motivo: a aprovação de um código é resultado de anos de tramitação e articulação política; já, a edição de uma lei ordinária é procedimento mais célere. A urgência em se tutelar mais adequadamente o processo coletivo levou o Poder Executivo proponente a trabalhar a partir desse ideal, mormente quando considerado que o teor do projeto traz em si inúmeras formulações pensadas pelos estudiosos que já trabalhavam a ideia de codificação.

Aliás, notamos que a preocupação que medeia todos esses esforços não é outra senão a efetivação dos direitos ou interesses coletivos, por meio de um aprimoramento da ação civil coletiva como procedimento comum coletivo. Ademais, prima-se por uma oxigenação processual hábil a tutelar adequadamente essa tônica molecular de direitos.

No entanto, veremos que nem todos os personagens – sejam pessoas, sejam entidades – que participam do processo legislativo têm boas intenções e adotam o ideal democrático como padrão de conduta. Interesses escusos e egoísticos ainda viciam o processo legislativo e o próprio regime político em nosso País.

Pois bem. Propunha-se, a partir do projeto de lei, a revogação dos seguintes dispositivos: Lei 7.347/1985; arts. 3º a 7º da Lei 7.853/1989; art. 3º da Lei 7.913/1989; arts. 209 a 213 e 215 a 224 da Lei 8.069/1990; arts. 81 a 84, 87, 90 a 95, 97 a 100, 103 e 104 da Lei 8.078/1990; art. 88 da Lei 8.884/1994; art. 7º da Lei 9.008/1995, na parte em que altera os arts. 82, 91 e 92 da Lei 8.078/1990; arts. 2º e 2º-A da Lei 9.494/1997; art. 54 da Lei 10.257/2001; arts. 4º, na parte em que altera o art. 2º-A da Lei 9.494/1997, e 6º da Medida Provisória 2.180-35, de 24.8.2001; arts. 74, I, 80 a 89 e 92 da Lei 10.741/2003; e a Lei 11.448/2007.

Luiz Manoel Gomes Jr. e Rogério Favreto[82] analisaram os principais aspectos relacionados ao Projeto de Lei 5.139/2009. A primeira grande contribuição do Projeto de Lei 5.139/2009 seria a reestruturação do sistema coletivo vigente. Segundo os autores, "todas as normas que disciplinam a aplicação dos direitos coletivos (...) formam um *único sis-*

---

82. Luiz Manoel Gomes Jr. e Rogério Favreto, "A nova Lei da Ação Civil Pública e do Sistema Único de Ações Coletivas brasileiras – Projeto de Lei 5.139/2009", cit., *Revista Magister de Direito Empresarial, Concorrencial e do Consumidor* 27/5-21.

tema interligado de proteção dessas espécies de direitos (difusos, coletivos e individuais homogêneos). Deve assim ser reconhecida a existência de um Sistema Único Coletivo, ou seja, os diversos textos legais formam todo um sistema interligado. Havendo a lacuna ou ausência de disciplina normativa em um texto legal, aplica-se a norma de outra lei pertencente ao Sistema Único Coletivo, somente podendo ser invocado o Código de Processo Civil na ausência de qualquer disciplina específica ou caso haja expressa previsão legal".[83]

A proposta é tornar a nova Lei da Ação Civil Pública regra geral, disciplinadora de todo o Sistema Único Coletivo;[84] e, salvo regra específica, terá aplicação ampla, de forma integradora e sistemática.

O Projeto de Lei 5.139/2009 inovaria ao arrolar uma principiologia[85] própria a viger sobre as ações coletivas – fato, este, que indica a autonomia científica deste ramo processual que é o coletivo. Entendemos que o elenco do rol principiológico contribui para a reafirmação de princípios constitucionais, sendo válida, portanto, sua repetição em texto infraconstitucional.

83. Idem, ibidem.
84. Importante uma ressalva. Não desconhecemos os fundamentos que levaram os autores a criarem tal expressão. Porém, não obstante as inegáveis virtudes de se adotar um sistema próprio e autônomo coletivo, dotado de uma principiologia peculiar, devemos não nos iludir em imaginar um sistema, seja pela aprovação de uma nova lei ou de um código, que seja autossuficiente, dispensando-se a integração legal das demais leis processuais. De fato, nenhum sistema jurídico pode ser único e isolado. Pensar de forma diversa é pura ilusão e nos remete à era enciclopedista dos códigos europeus dos séculos XVIII e XIX, cujos idealizadores imaginavam leis completas e acabadas. Em suma, nenhum estatuto jurídico é autossuficiente, e o eventual "Sistema Único Coletivo" não prescindirá do mesmo trabalho hermenêutico que hoje já ocorre no trato das leis processuais que regem a tutela coletiva brasileira.
85. Os princípios estão arrolados no art. 3º do projeto de lei: "Art. 3º. O processo civil coletivo rege-se pelos seguintes princípios: I – amplo acesso à Justiça e participação social; II – duração razoável do processo, com prioridade no seu processamento em todas as instâncias; III – isonomia, economia processual, flexibilidade procedimental e máxima eficácia; IV – tutela coletiva adequada, com efetiva precaução, prevenção e reparação dos danos materiais e morais, individuais e coletivos, bem como punição pelo enriquecimento ilícito; V – motivação específica de todas as decisões judiciais, notadamente quanto aos conceitos indeterminados; VI – publicidade e divulgação ampla dos atos processuais que interessem à comunidade; VII – dever de colaboração de todos, inclusive pessoas jurídicas públicas e privadas, na produção das provas, no cumprimento das decisões judiciais e na efetividade da tutela coletiva; VIII – exigência permanente de boa-fé, lealdade e responsabilidade das partes, dos procuradores e de todos aqueles que de qualquer forma participem do processo; IX – preferência da execução coletiva".

Ampliam-se, a partir dessa proposta, os direitos coletivos tuteláveis pela ação civil pública, que doravante promoverá a tutela: I – do meio ambiente, da saúde, da educação, do trabalho, do desporto, da segurança pública, dos transportes coletivos, da assistência jurídica integral e da prestação de serviços públicos; II – do consumidor, do idoso, da infância e juventude e das pessoas portadoras de deficiência; III – da ordem social, econômica, urbanística, financeira, da economia popular, da livre concorrência, do patrimônio público e do erário; IV – dos bens e direitos de valor artístico, cultural, estético, histórico, turístico e paisagístico; V – além de quaisquer outros interesses ou direitos difusos, coletivos ou individuais homogêneos.

A questão da legitimidade também é objeto de transformação. O projeto de lei não só adota nomenclatura específica (legitimação processual coletiva) – fato, este, que por si só termina com uma série de questionamentos doutrinários sobre a terminologia mais adequada (se legitimação ordinária, extraordinária ou autônoma) –, como também anuncia a opção pela legitimidade mais ampla possível tratando-se da defesa de direitos coletivos. As únicas restrições mantidas dizem respeito à ação popular (somente o cidadão pode ajuizá-la, e o Ministério Público poderá atuar supletivamente em caso de abandono da ação) e à ação de improbidade administrativa (somente o Ministério Público e a pessoa jurídica de direito público interessada podem ajuizá-la). No mais, aceita-se, numa exegese ampliativa, a legitimação dos entes de direito privado e de direito público interno (associações, Ministério Público, Defensoria Pública, autarquias, fundações e sociedades de economia mista). O destaque é a ratificação da legitimidade ampla da Defensoria Pública, da OAB, de suas Seções e Subseções e dos partidos políticos.

Nos termos do art. 4º do projeto de lei, a competência para a apreciação das demandas coletivas é determinada pelo local da ocorrência do dano,[86] ou seja, lastreada no critério territorial. Quanto ao principal efeito das sentenças – qual seja, a coisa julgada –, o projeto de lei é revo-

---

86. "Art. 4º. É competente para a causa o foro do local onde ocorreu ou deva ocorrer o dano ou o ilícito, aplicando-se as regras da prevenção e da competência absoluta.

"§ 1º. Se a extensão do dano atingir à área da Capital do Estado, será esta a competente; se também atingir a área do Distrito Federal, será este o competente, concorrentemente com os foros das Capitais atingidas.

"§ 2º. A extensão do dano será aferida, em princípio, conforme indicado na petição inicial.

lucionário: estabelece como regra a coisa julgada *erga omnes*, independentemente da competência territorial do órgão prolator ou do domicílio dos interessados e sem as inadequadas limitações do art. 16 da atual LACP.[87]

Outro importante aspecto a ser analisado é o novo regime da distribuição do ônus probatório. Nos termos propostos, referida distribuição considerará o melhor conhecimento técnico ou específico sobre os fatos. Para Luiz Manoel Gomes Jr. e Rogério Favreto essa regra potencializará o princípio da colaboração no processo pelas partes, inclusive podendo estas deliberar sobre a referida distribuição. Poderá também o magistrado, em decisão motivada, alterar a distribuição do ônus da prova sempre que houver a presença de fatos novos e desde que respeitado o princípio do contraditório, inaugurando em nosso ordenamento jurídico o sistema da carga dinâmica da prova.

Por fim, como derradeira inovação, o projeto de lei propicia a criação de um cadastro único nacional de ações coletivas e outro de inquéritos civis e de Compromissos de Ajustamento de Conduta, a ser organizado e mantido, respectivamente, pelo Conselho Nacional de Justiça/CNJ e pelo Conselho Nacional do Ministério Público/CNMP, tendo em vista os efeitos *erga omnes* da tutela coletiva.

No entanto, infelizmente, em março/2010 o projeto de lei em tela foi rejeitado na Câmara dos Deputados, pois não se safou da força dos macrointeresses escusos que se enraízam no Legislativo brasileiro. De fato, sabe-se que houve uma manifestação das Confederações representativas de vários setores da indústria, uma das agressoras natas de massa, pela não aprovação do projeto de lei, remetendo-nos a indagar: estarão as ações coletivas submetidas a uma nova espécie de sequestro? Será que nossas leis estão sujeitas ao crivo de um Legislativo cooptado e maculado? Não nos iludamos. O projeto de lei foi rejeitado porque não atendeu a contento aos interesses econômicos e particulares predominantes em nossa sociedade.[88]

"§ 3º. Havendo, no foro competente, juízos especializados em razão da matéria e juízos especializados em ações coletivas, aqueles prevalecerão sobre estes."

87. Luiz Manoel Gomes Jr. e Rogério Favreto, "A nova Lei da Ação Civil Pública e do Sistema Único de Ações Coletivas brasileiras – Projeto de Lei 5.139/2009", cit., *Revista Magister de Direito Empresarial, Concorrencial e do Consumidor* 27/16.

88. Sobre esse fenômeno da influência egoística de setores dominantes da sociedade brasileira, já afirmamos: "As obras de Raymundo Faoro (*Os Donos do Po-*

Em entrevista concedida ao periódico *Caros Amigos*, o professor da Faculdade de Direito da USP Fábio Konder Comparato descreve esse contexto de dominação oligárquica do poder no Brasil e da baixa representatividade popular no processo legislativo: "Se há uma constante na história do Brasil, é o regime oligárquico. É sempre uma minoria de ricos e poderosos que comanda, mas com uma diferença grande em relação a outros Países. Nós, aqui, sempre nos apresentamos como não oligarcas. A nossa política é sempre de duas faces: uma face externa, civilizada, respeitadora dos direitos, e uma face interna, cruel, sem eira nem beira. (...). É dentro desse quadro que se pode e se deve analisar o processo eleitoral. Ou seja, nunca dar o poder ao povo, dar-lhe apenas uma aparência de poder. E, se possível, uma aparência festiva, alegre. (...). De modo que, para nós, hoje, é preciso deixar de lado o superficial e encarar o essencial. O que é o essencial? Como está composta, hoje, a oligarquia brasileira. E como eliminá-la. Como está composta a oligarquia brasileira? Obviamente, há um elemento que permanece o mesmo desde 1500: os homens da riqueza. Só que hoje eles são variados: os grandes proprietários rurais, os banqueiros, os empresários comerciais, os grandes comerciantes (...)".[89]

Que a participação popular nos perdoe, mas não haverá voz que entoe suas reais e legítimas aspirações nesse hostil contexto político. Assistimos, pois, à continuação da marcha dos espertalhões.

1.2.2 O acesso à Justiça Coletiva como direito humano fundamental

O estudo da temática do acesso à Justiça, ou à ordem jurídica justa, advém da necessidade de salvaguardar os interesses dos jurisdicionados,

---

der, 9ª ed., São Paulo, Globo, 1991) e Simon Schwartzman (*Bases do Autoritarismo Brasileiro*, 3ª ed., São Paulo, Campus, 1988, disponível também no *site http://www.schwartzman.org.br/sitesimon*) nunca se mostraram tão atuais e relevantes: notamos a latência de um Legislativo que confunde seu cargo (público) com seus propósitos (privados, eleitoreiros), traço patrimonialista típico, e, ainda, a caracterização do 'velho e atual' fenômeno da cooptação política brasileira. Schwartzman sugere que este fenômeno refere um sistema específico de participação política que se caracteriza por ser débil, dependente, controlado hierarquicamente ou 'de cima para baixo'" (Aluísio Iunes Monti Ruggeri Ré e Talita Tatiana Dias Rampin, "A ação civil pública é refém do patrimonialismo", disponível em *http://www.conjur.com.br*, acesso em 13.5.2010).

89. Fábio Konder Comparato, "Entrevista" concedida ao periódico *Caros Amigos*, edição 163, Ano XIV, São Paulo, 2010, p. 12.

sejam eles individuais ou coletivos, principalmente no tocante àquela ordem de direito que confere cidadania ao indivíduo ou grupo, tornando-a eficaz ou concretizando-a.

Segundo um breve resgate histórico, inicialmente, como herança do civilismo romano, o processo era tido como mero procedimento, uma sucessão de atos, e a ação como uma extensão do direito material lesado. Havia verdadeira confusão entre os planos materiais e substanciais, levando a doutrina a denominar essa fase de *sincretismo ou civilismo processual*, que durou desde o Direito Romano até o final do século XIX.

Posteriormente, por volta do ano de 1868, na Alemanha, Oskar von Bülow inaugurou o chamado *processualismo científico*, que pregava a autonomia do processo em relação ao direito material, seguindo a tendência francesa, que desde o início daquele século (1806), na época das codificações napoleônicas, já havia promulgado sua legislação processual autônoma. Essa fase do direito processual é denominada de *autonomista* e se fundamenta na separação das relações jurídicas material e processual.

A partir da metade do século XX surge na Itália uma nova etapa dessa evolução, como reação ao excesso de autonomia atribuída ao processo. É o *instrumentalismo processual*, que atribui certa funcionalidade ao processo, ou seja, defende que ele tem uma meta a ser cumprida – qual seja, a efetividade do direito material envolvido –, não podendo suas formas solenes prevalecer em detrimento do direito substancial da parte, sob pena de inviabilizar o acesso à Justiça.

Pois bem. Nessa linha, os autores Mauro Cappelletti e Bryant Garth definiram três ondas renovatórias dessa nova fase processual. A primeira delas representa o *acesso à Justiça aos necessitados*, a partir da assistência jurídica e da justiça gratuita, no Brasil instituídas pela Lei 1.060/1950 e pela criação da Defensoria Pública. A segunda onda representa a *tutela coletiva dos interesses difusos e coletivos*, com inovações na legitimidade ativa e nos efeitos da coisa julgada, com reflexos, aqui, a partir da Lei da Ação Popular (1965) e Lei da Ação Civil Pública (1985). A terceira onda renovatória, por sua vez, visa a atribuir maior efetividade e celeridade à tutela jurisdicional, por meio de institutos de antecipação do provimento, mitigação dos recursos e dos meios de impugnação e concentração dos ritos processuais.[90]

90. No Brasil essa onda é muito facilmente identificada com a tutela antecipada (Lei 8.952/1994), com a previsão de medidas executivas nas sentenças mandamen-

Portanto, o acesso à Justiça passa a ocupar lugar de destaque nos estudos e nas aspirações da doutrina processualista em todo o mundo.

Realmente, o acesso à ordem jurídica justa, rápida e imparcial é ideal perseguido há muito pelo homem, podendo, inclusive, remontar à Antiguidade, quando a preocupação da aplicação da Justiça cingia-se ao campo especulativo da Moral e da Ética, e também à célebre *Magna Carta*,[91] de João-sem-Terra (1215), quando se reivindicava a garantia de direitos individuais frente ao Estado Absoluto. No entanto, o conceito de direito de acesso só pode ser compreendido efetivamente a partir da criação do Estado de Direito, ocorrida no contexto da Revolução Francesa (1789), mais especificamente a partir da inserção de direitos humanos fundamentais nos sistemas jurídicos e, notadamente, a partir de sua previsão constitucional.

O acesso à Justiça como direito fundamental é reconhecimento de concepção recente, surgido na década de 60 do século passado na Europa e, posteriormente, desenvolvido por Mauro Cappelletti e Bryant Garth na década de 70, quando, em 1978, aqueles concluíram o relatório do *Florence Project*, financiado pela *Ford Fundation*. Em seus estudos, Cappelletti e Garth[92] analisam o significado de um direito ao acesso à Justiça a partir do questionamento dos obstáculos que podem e devem se atacados para possibilitar sua efetivação. Em linhas gerais, os estudiosos identificam que tais obstáculos, muitas vezes inter-relacionados, tangem às custas judiciais, às possibilidades das partes e a problemas especiais dos interesses difusos – o que revela, respectivamente, a existência de fatores de natureza econômica (pobreza, acesso à informação e representação adequada), organizacional (interesses de grupo de titularidade difusa) e procedimental (instituição de meios alternativos de resolução de conflitos).

tais (arts. 461 e 461-A do CPC, alterados e instituídos pela Lei 10.444/2002), pelas alterações do recurso de agravo (Lei 11.187/2005), pela improcedência *prima facie* em ações repetitivas (Lei 11.277/2006, que cria o art. 285-A do CPC), pela instituição do cumprimento de sentença (Lei 11.232/2005) – dentre outras alterações.

91. Destacamos a Cláusula 29 da Magna Carta, ao prever que "nenhum homem livre deverá no futuro ser detido, preso ou privado de sua propriedade, liberdade ou costumes, ou marginalizado, exilado ou vitimizado de nenhum outro modo, nem atacado, senão em virtude de julgamento legal por seus pares [*Júri Popular*] ou pelo direito local. A ninguém será vendido, negado ou retardado o direito à justiça" (tradução livre de texto disponível no arquivo nacional inglês *http://www.nationalar chives.gov.uk/pathways/citizenship/citizen_subject/trans-cripts/magna_carta.htm*).

92. Mauro Cappelletti e Bryant Garth, *Acesso à Justiça*, cit., p. 15.

Uma vez identificados os problemas, Cappelletti e Garth indicam as soluções práticas, que, segundo eles,[93] são proposições básicas aplicáveis ao menos nos Países do mundo ocidental. Tais soluções seriam identificadas como "ondas renovatórias de acesso à Justiça" – em expressão muito difundida e mundialmente aceita –, as quais refletiriam os esforços no garantir assistência judiciária aos pobres (primeira onda), a representação dos interesses difusos (segunda onda) e o acesso a uma concepção mais ampla de justiça, ou seja, com enfoque na efetividade do processo (terceira onda).

A presente análise vislumbra o processo coletivo sob as aspirações dessa terceira onda renovatória, mais especificamente o procedimento comum coletivo, sob o prisma da efetividade. É que esse enfoque reconhece a necessidade de correlacionar e adaptar o processo civil ao tipo do litígio. Afinal, "existem muitas características que podem distinguir um litígio de outro. Conforme o caso, diferentes barreiras ao acesso podem ser mais evidentes, e diferentes soluções, eficientes. Os litígios por exemplo diferem em sua complexidade. É geralmente mais fácil e menos custoso resolver uma questão simples de não pagamento, por exemplo, do que comprovar uma fraude. Os litígios também diferem muito em relação ao montante da controvérsia (...). Por fim, é preciso enfatizar que as disputas têm repercussões *coletivas quanto individuais*. Embora obviamente relacionados, é importante, do ponto de vista conceitual e prático, distinguir os tipos de repercussão, porque as dimensões coletiva e individual podem ser atingidas por medidas diferentes".[94]

Nossa análise toma ainda por foco de preocupação a reflexão sobre os direitos coletivos.[95] Cappelletti e Garth chegam, mesmo, a afirmar a ocorrência de uma verdadeira revolução no bojo do processo civil, querendo com isso dizer que a concepção tradicional do processo civil não deixava espaço para a proteção dos direitos difusos[96] e o processo era visto como "assunto de duas partes".[97]

---

93. Idem, p. 31.
94. Idem, pp. 71-72.
95. Por "direito coletivo" entendemos, nesta oportunidade, tanto os direitos ou interesses coletivos em sentido estrito como também os difusos e os individuais homogêneos.
96. Em Cappelletti e Garth "direitos difusos" identifica-se com a nossa compreensão de direitos ou interesses coletivos *lato sensu*. É que a categorização dos direitos coletivos em difusos, coletivos e individuais homogêneos, tal como apre-

Atualmente estuda-se outra hipótese do direito de acesso à Justiça – enfoque, esse, denominado pela magistrada pernambucana Higyna Bezerra como "quarta onda" renovatória. Trata-se de discussão inserida na temática *participação e processo*, identificado como "gestão judiciária", em que a função do juiz assume novas proporções – qual seja, a de gestor, que se preocupa não só em sentenciar e despachar, mas, sobretudo, em entregar uma prestação jurisdicional eficiente e efetiva. Esta nova onda renovatória demanda uma mudança de mentalidade dos operadores do Direito, sejam eles defensores dos interesses das partes diretamente envolvidas, sejam eles outros exercentes de funções essenciais à administração da Justiça. O ideal de gestão judiciária requerer a adoção de uma postura criativa do juiz, que não espera alterações externas, administrativas ou legislativas, para aprimorar a excelência da prestação jurisdicional e o acesso a uma ordem jurídica justa.

Danielle Annoni,[98] em estudo direcionado ao acesso à Justiça no Brasil como direito humano fundamental, analisa o papel do Estado de Direito na positivação dos direitos humanos, dizendo que este processo se confunde com o de consolidação daquele. A percepção desse movimento histórico é resumida por Annoni no seguinte quadro sinótico:[99]

Estado Liberal	Estado Social	Estado Contemporâneo
Reconhecimento de direitos civis e políticos, ou direitos de 1ª Dimensão	Reconhecimento de direitos sociais, econômicos e culturais, ou direitos de 2ª dimensão	Reconhecimento de direitos difusos e coletivos, ou direitos de 3ª dimensão
Rege-se pela metáfora do indivíduo ou individualismo. Exalta o humanismo racionalista.	Rege-se pela metáfora do Estado-Providência. O papel do Estado é prestar assistência social.	Rege-se pela metáfora da Sociedade Arco-Íris: pluralista, multifacetada. O papel do Estado é implementar ações de inclusão social.
Exalta o ideal de liberdade. Os direitos são apenas instrumentos de limitação ao poder estatal.	Exalta o ideal da solidariedade. Os direitos são reivindicados como patrimônio dos cidadãos. A ideia de exclusão social parte do conflito entre capital e trabalho.	Exalta o ideal de fraternidade, do respeito à diferença e o combate à discriminação.

sentada pelo art. 81 do CDC, só existe no Brasil. Em outros ordenamentos "direitos difusos" designa o fenômeno da coletivização de direitos.
    97. Mauro Cappelletti e Bryant Garth, *Acesso à Justiça*, cit., p. 49.
    98. Danielle Annoni, *O Direito Humano de Acesso à Justiça no Brasil*, Porto Alegre, Sérgio Antônio Fabris Editor, 2008, p. 16.
    99. Idem, p. 69.

Estado Liberal	Estado Social	Estado Contemporâneo
Dá origem ao Estado Laico, ao Estado Constitucional e ao Estado Democrático de Direito. Exalta a legitimação política por meio da participação popular.	Consagra o Estado paternalista, o *Welfare State* (Estado de Bem-Estar Social).	Não apresenta modelo definido. É chamado por alguns governos (Reino Unido, Estados Unidos da América, Brasil) de Estado Neoliberal. Busca concentrar os ideais de liberdade e solidariedade. Visa a combater a padronização, a normalização e a homogeneização.
Modelo de Estado característico do século XIX.	Modelo de Estado característico do século XX.	Modelo de Estado característico do século XXI.
A igualdade é meramente formal.	Luta-se pela igualdade material. No campo do acesso à Justiça surgem os mecanismos de prestação judiciária às pessoas carentes.	Igualdade total. Reconhecimento, respeito e inclusão dos diferentes (não apenas a tolerância de sua existência).
Há a separação entre Estado e Sociedade.	Há abolição fática da separação entre Estado e Sociedade e inicia-se a organização das instituições públicas para a prestação de serviços públicos.	Há a instituição de ações afirmativas.

A jurista relaciona os fatores acessibilidade, tempo e direito: "O Estado, pressionado a reformular suas instituições jurídico-políticas, passou, então, a empreender reformas a fim de atender aos novos direitos e, consequentemente, aos novos sujeitos de direitos, em suas demandas coletivas e difusas. Dentre suas preocupações mais legítimas encontram-se a prestação jurisdicional estatal e a ampliação do direito ao acesso das garantias processuais e dos mecanismos que tornem eficazes ao indivíduo, e a toda a comunidade, a cessação da violação do direito e/ou a sua reparação".

E continua: "Pensar no tempo como elemento distante do ser humano parece algo absurdo. Pensar nele, contudo, como uma criação do humano soa ainda mais improvável. (...). A noção de tempo (...) está diretamente ligada a uma sucessão de fases, ao percurso espacial de determinado evento ou objeto e, ainda, à duração ou prazo estabelecido por determinado grupo, no intuito de organizar-se. O processo, por conseguinte, coaduna da mesma referência, qual seja, a sucessão de fases no decorrer do tempo. O tempo, portanto, é elemento imprescindível ao processo, é o que lhe confere dinâmica e movimento".[100]

100. Idem, pp. 183 e 193.

Inserido em um contexto de positivação do Direito, em que a ideia de Direito é compreendida enquanto decisão,[101] o processo é o elemento de mediação entre as expectativas sociais e a regulação ofertada pelo Estado. "No âmbito do conflito, o que importa determinar é o desempenho da atividade jurisdicional, ou seja, em que lapso temporal se dirá o Direito, ou, ainda, quanto tempo levará para que se faça justiça."[102]

É claro que não se está, aqui, defendendo a celeridade irrestrita do processo. A razoável duração do processo deve ser tal que permita o amplo exercício das garantias constitucionais, mas também deve ser tal que permita o efetivo gozo do direito judicializado. Tratando-se de tutela coletiva, a questão do tempo no processo alcança eflúvios de maior fundamentalidade. Por remeter a uma gama de direitos cuja titularidade é ou difusa ou não definida (justamente por pertencer a todos ou a coletividade determinada), o cuidado procedimental e processual deve ser redobrado, sob pena de, não o sendo, violar ou acarretar lesões a um sem-número de pessoas e, pior, a um direito ou interesse de irreparável ou difícil reparação.

Assim, até mesmo procedimentos que nas ações individuais se justificam pela aceleração do processo muitas vezes perdem a razão de ser nas demandas coletivas. Para exemplificar nosso posicionamento, discorreremos sobre a não aplicação do julgamento por amostragem, então vigente no processo civil. O art. 543-C do CPC, acrescentado pela Lei 11.672, de 8.5.2008, inova ao dispor que, quando houver multiplicidade de recursos com fundamento em idêntica questão de direito, o recurso especial será processado nos seguintes termos: "Caberá ao presidente do tribunal de origem admitir um ou mais recursos representativos da controvérsia, os quais serão encaminhados ao Superior Tribunal de Justiça, ficando suspensos os demais recursos especiais até o pronunciamento definitivo do Superior Tribunal de Justiça" (§ 1º). "Não adotada a providência descrita no § 1º deste artigo, o relator no Superior Tribunal de Justiça, ao identificar que sobre a controvérsia já existe jurisprudência dominante ou que a matéria já está afeta ao colegiado, poderá determinar

---

101. Nesse sentido cf. a obra de Tércio Sampaio Ferraz Jr., *Introdução ao Estudo do Direito: Técnica, Decisão, Dominação*, 4ª ed., São Paulo, Atlas, 2003, e também de Danielle Annoni, *O Direito Humano de Acesso à Justiça no Brasil*, cit., pp. 194 e ss.

102. Danielle Annoni, *O Direito Humano de Acesso à Justiça no Brasil*, cit., p. 194.

a suspensão, nos tribunais de segunda instância, dos recursos nos quais a controvérsia esteja estabelecida" (§ 2º).

O supracitado artigo dispõe de outros parágrafos, não menos importantes. Contudo, nos deteremos a analisar os §§ 1º e 2º, pois entendemos que funcionam como medidas de aceleração e economia processual.[103]

O desiderato do artigo e §§ é, de fato, realizar julgamento por amostragem. Pois bem. O julgamento por amostragem revela uma preocupação hodierna do Judiciário brasileiro: evitar decisões contraditórias, conferir maior celeridade ao andamento dos feitos judiciais e efetivar uma economia processual. Nesse sentido, busca-se realizar o máximo de atos processuais a partir do mínimo possível de tempo e recursos (materiais e de pessoal). Ocorre que, tratando-se de processos coletivos, estes anseios já são atendidos, mormente quando nos referimos à elisão de decisões contraditórias. Nota-se que desde a origem, com a propositura da ação coletiva, este escopo baliza o andamento processual. Em outras palavras, a demanda já se apresenta originariamente coletivizada. Nesse sentido, em que medida o art. 543-C do CPC é aplicável em ações coletivas?

Se considerarmos a proposta de criação de um cadastro único nacional de inquéritos civis e de demandas coletivas (Projeto de Lei 5.139/2009), essa medida de julgamento por amostragem resta ainda mais vazia de justificação na tutela coletiva (se a intenção do cadastro é elidir a propositura de mais de uma demanda coletiva versando sobre

---

103. Mesmo no processo civil individual notamos um processo de coletivização e uniformização da cognição como um todo. Não apenas no recurso especial, mas também em vários outros pontos: "Esse desiderato da resolução coletiva de pretensões idênticas liga-se também ao direito sumular, que vem permitindo o trato coletivo (ou massivo!) dos processos, tanto em primeiro grau – em que o juiz pode não receber apelação contra sentença confortada por súmula do STJ ou do STF: CPC, § 1º do art. 518 – Lei 11.276/2006 – como no âmbito do próprio STF, em que os recursos extraordinários só são admitidos em sendo reconhecida a repercussão geral da questão constitucional (CF, § 3º do art. 102: Emenda Constitucional 45/2004), presumindo-se atendida essa exigência 'sempre que o recurso impugnar decisão contrária a súmula ou jurisprudência dominante do Tribunal' (CPC, § 3º do art. 543-A, cf. Lei 11.418/2006), por modo que, em caso de avaliação negativa quanto àquele pressuposto genérico, todos os demais recursos extraordinários sobre matéria idêntica sejam 'indeferidos liminarmente' (CPC, § 5º do art. 543-A). A espécie configura mais um degrau na escalada, que se afigura irremissível, em direção ao trato dos processos judiciais em modo coletivo ou massivo" (Rodolfo de Camargo Mancuso, *A Resolução dos Conflitos e a Função Judicial no Contemporâneo Estado de Direito*, cit., 2009).

o mesmo objeto, cremos que, em um futuro próximo, não haverá ações coletivas "repetidas", não havendo, portanto, motivo aparente que justifique o julgamento por amostragem dessa espécie de processo). A celeridade processual é requisito desejável e necessário para a prestação jurisdicional, mas entendemos que seus efeitos nos dissídios individuais e nos coletivos são diversos, havendo, mesmo, a necessidade de repensar referido princípio à luz do direito processual coletivo.

1.2.3 Instrumentos de acesso à Justiça Coletiva na Constituição Federal de 1988

Discorremos no primeiro capítulo deste trabalho sobre o fenômeno da multiplicação de direitos no Estado Democrático, problematizando-o como expressão dos direitos humanos positivados na Constituição Federal de 1988 (direitos fundamentais) e relacionando-o com o desafio do acesso à Justiça. Nesse momento enfocaremos nosso estudo sobre a instrumentalização constitucional do acesso à Justiça Coletiva.

A Constituição Federal de 1988 tem ao menos dois tipos de normas jurídicas: materiais e processuais. As normas jurídicas materiais fornecem ao Direito parâmetros para realização do controle da conduta intersubjetiva; e as normas jurídicas processuais visam a estabelecer condições para que tais parâmetros tenham congruência com seus valores e princípios, seja no plano abstrato, seja no plano concreto, para que possam ser efetivados.[104]

Essa ordem processual de normas jurídicas tem feições peculiares quando inseridas na temática da tutela constitucional do processo. Aliás, esse tema é objeto de estudo constante, sendo que pelo menos três autores merecem ser destacados, por trabalharem com rigor a problemática: Nelson Nery Jr., Cândido Rangel Dinamarco e Gregório Assagra de Almeida. O magistério de Nelson Nery[105] nos revela a existência do que ele denomina "direito constitucional processual" (conjunto das normas de direito processual que se encontram na Constituição Federal – *v.g.*, o teor do art. 5º, XXXV, da CF de 1988) e também do "direito processual constitucional" (reunião dos princípios para o fim de regular a jurisdi-

---

104. Gregório Assagra de Almeida, *Direito Processual Coletivo Brasileiro: um Novo Ramo do Direito Processual*, cit., p. 31.
105. Nelson Nery Jr., *Princípios do Processo Civil na Constituição Federal*, São Paulo, Ed. RT, 2002.

ção constitucional – *v.g.*, mandado de segurança). Gregório Assagra de Almeida,[106] por sua vez, resgata os ensinamentos de Cândido Rangel Dinamarco para tratar da tutela constitucional do processo. Trabalharemos, nesta feita, com os estudos de Dinamarco, dado o enfoque declaradamente instrumentalista por ele adotado.

Cândido Rangel Dinamarco, dimensionando o processo na ordem constitucional, afirma: "A *tutela constitucional do processo* tem o significado e o escopo de assegurar a conformação dos institutos do direito processual e o seu funcionamento aos princípios que descendem da própria ordem constitucional".[107] Segundo ele, o processo precisa refletir as bases do regime democrático. Nesse sentido, importante citar a contribuição de Nelson Nery no desenvolvimento dos princípios constitucionais processuais, que poderiam ser assim enumerados: devido processo legal (CF, art. 5º, LIV); isonomia (art. 5º, *caput*); juiz natural (art. 5º, XXXVII); inafastabilidade do controle jurisdicional (direito de ação) (art. 5º, XXXV); contraditório (art. 5º, LV); proibição de prova ilícita (art. 5º, XII); publicidade dos atos processuais (arts. 5º, IX, e 93, IX); duplo grau de jurisdição; e motivação das decisões judiciais (art. 93, IX). "A visão analítica das relações entre processo e Constituição revela ao estudioso *dois sentidos vetoriais* em que elas se desenvolvem, a saber: (a) no sentido Constituição-processo, tem-se a *tutela constitucional* deste e dos princípios que devem regê-lo, alçados ao plano constitucional; (b) no sentido processo-Constituição, a chamada *jurisdição constitucional*, voltada ao controle de constitucionalidade das leis e atos administrativos e à preservação de garantias oferecidas pela Constituição (*jurisdição constitucional das liberdades*), mais toda a ideia de instrumentalidade processual em si mesma, que apresenta o processo como sistema estabelecido para a realização da ordem jurídica, constitucional inclusive."[108]

Isto posto, é possível identificarmos: normas constitucionais que funcionam como um sistema de garantias no processo; e instrumentos tipicamente processuais no próprio texto constitucional, que viabilizam a tutela de determinados direitos ou interesses jurídicos. Dentre aquelas podemos apontar a principiologia vigente no processo civil (e até mes-

---

106. Gregório Assagra de Almeida, *Direito Processual Coletivo Brasileiro: um Novo Ramo do Direito Processual*, cit., pp. 31 e ss.
107. Cândido Rangel Dinamarco, *A Instrumentalidade do Processo*, 14ª ed., São Paulo, Malheiros Editores, 2009, pp. 25 e ss.
108. Idem, pp. 26-27.

mo na Teoria Geral do Processo); dentre estes, identificamos verdadeiras ações constitucionais, tais como as ações de controle concentrado de constitucionalidade: ação direta de inconstitucionalidade/ADI, ação declaratória de constitucionalidade/ADC e arguição de descumprimento de preceito fundamental/ADPF.

Essas ações de controle de constitucionalidade citadas são ações coletivas[109] e estão previstas na CF de 1988 nos arts. 102, I, "a" (ação direta de inconstitucionalidade e ação declaratória de constitucionalidade), 36, III (ação direta de inconstitucionalidade interventiva), 103, § 2º (ação direta de inconstitucionalidade por omissão); e 102, § 1º (arguição de descumprimento de preceito fundamental). Além dessas, a Constituição Federal de 1988 prevê outras ações coletivas: ação popular (art. 5º, LXXIII), ação civil pública (art. 129, III), mandado de segurança coletivo (art. 5º, LXX), mandado de injunção (art. 5º, LXXI), ação de impugnação de mandato eletivo (art. 14, §§ 10 e 11) e dissídio coletivo (art. 114).

É claro que o acesso à Justiça não depende só da previsão de ações e procedimentos que viabilizem a judicialização de direitos. No entanto, consideramos que a previsão dessas ações constitucionais contribui, em muito, para a potencialização da tutela coletiva, pois instrumentaliza sua concretização.

1.2.3.1 Ações de controle de constitucionalidade

As ações constitucionais de controle de constitucionalidade revelam sua natureza processual coletiva principalmente pelo objeto por elas tutelado.

Em um ordenamento jurídico lastreado na tradição constitucional, a previsão de ações específicas para a realização do controle concentrado de constitucionalidade vai ao encontro dos princípios fundantes do Estado Democrático de Direito Brasileiro, que, por ser nitidamente constitucional (conforme caracterizado no primeiro capítulo deste trabalho), pressupõe a supremacia constitucional como instrumento conformador das garantias constitucionais e higidez do sistema.

Gregório Assagra de Almeida chega a afirmar que no Brasil convive um direito processual coletivo especial com o direito processual

---

109. Sobre o tema trabalharemos em tópico oportuno. Por ora nos deteremos a citá-las como instrumentos de acesso à Justiça Coletiva.

coletivo comum. Para ele, essas ações de controle de constitucionalidade – denominadas "ações constitucionais coletivas" – figuram dentre as espécies daquele primeiro gênero. Já, as demais ações coletivas (ação civil pública, ação popular, mandado de segurança, mandado de injunção) constituiriam o chamado direito processual coletivo comum. Nossa opção terminológica é diferenciar a ação civil pública enquanto procedimento coletivo comum; e, por essa razão, pedimos vênia por afastar aquela divisão proposta por Assagra – não sem antes enaltecer seus méritos, dado a laboriosa construção científica por ele demonstrada.

Preferimos fazer uma única distinção: a terminológica – já que esta necessariamente refletirá sobre o procedimento a ser adotado. Entendemos que "ação coletiva" é gênero, do qual se destacam como espécies todas as demandas coletivas, inclusive a ação civil pública. A peculiaridade desta, no entanto, é ter um procedimento que alimenta a tutela coletiva como paradigma. Ou seja: a ação civil pública tem um regramento que faz dela o procedimento comum coletivo.

Feitas estas considerações iniciais, é importante revelar em que medida consideramos as ações de controle de constitucionalidade demandas coletivas.

Referimo-nos anteriormente à existência de duas sortes de normas jurídicas constitucionais, quais sejam: materiais e processuais. Assim: "O *primeiro* plano das normas processuais previstas na Constituição compõe o que parte da doutrina vem denominando *direito constitucional processual*, que constitui o conjunto de garantias e princípios processuais, essencialmente constitucionais. É aqui que se encontra fundamentada a *unidade do direito processual*, bem como, por consequência, a *Teoria Geral do Processo*. Já, o *segundo plano processual* compõe o que a doutrina já mencionada chama de *direito processual constitucional*, que consiste no conjunto de normas e princípios que disciplina a organização jurisdicional e fixa as regras sobre competência, além de estabelecer vários tipos específicos de tutelas jurisdicionais, muitos deles como garantias fundamentais, e disciplinar o controle em abstrato da constitucionalidade das leis".[110]

Imbuídos desta constatação e, ainda, considerando que o processo coletivo serve de instrumento de proteção, efetivação e potencialização do Estado Democrático de Direito e de sua respectiva jurisdição, ob-

---

110. Gregório Assagra de Almeida, *Direito Processual Coletivo Brasileiro: um Novo Ramo do Direito Processual*, cit., p. 142.

servamos que a natureza das ações de controle de constitucionalidade satisfaz justamente esses escopos. E mais: atende também aos requisitos ou caracterizadores das demandas coletivas, quais sejam: indeterminabilidade do sujeito titular da ação, difusão do interesse na sociedade, ampla repercussão da demanda no seio social, transindividualidade do direito tutelado. Eis os motivos pelos quais tais ações são tidas como integrantes do sistema de tutela coletiva.

1.2.3.2 Ação popular

As ações coletivas têm ao menos dois antecedentes remotos: as ações de classe do Direito Inglês e as *actiones populares* romanas.[111] Cronologicamente, estas precederam aquelas, motivo pelo qual podemos afirmar que as ações populares romanas são as precursoras na defesa dos direitos ou interesses coletivos.[112] O pioneirismo romano, ao menos em termos procedimentais ou processuais, exige uma análise criteriosa da origem deste instituto, bem como sua recepção e desenvolvimento no Direito Brasileiro.

Segundo Fredie Didier Jr. e Hermes Zaneti Jr., no Direito Romano "ao cidadão era atribuído o poder de agir em defesa da coisa pública em razão do sentimento, do forte vínculo natural que o ligava aos bens públicos *lato sensu*, não só em razão da relação cidadão/bem público, mas também pela profunda noção de que *a República pertencia ao cidadão romano*, era seu dever defendê-la. Daí o brocardo *Reipublicae interest quam plurimus ad defendam suam causa*".[113]

José Afonso da Silva,[114] recorrendo à definição de Seabra Fagundes, pontua que a ação popular, em sua origem romana, foi um instrumento "posto a serviço dos membros da coletividade para o controle permanen-

---

111. Fredie Didier Jr. e Hermes Zaneti Jr., *Curso de Direito Processual Civil*, cit., 4ª ed., vol. 4, pp. 23-24.

112. Nesse sentido: José Afonso da Silva, *Ação Popular Constitucional*, 2ª ed., São Paulo, Malheiros Editores, 2007, pp. 17 e ss.; Gregório Assagra de Almeida, *Direito Processual Coletivo Brasileiro: um Novo Ramo do Direito Processual*, cit., p. 299; Eurico Ferraresi, *Ação Popular, Ação Civil Pública e Mandado de Segurança Coletivo: Instrumentos Processuais Coletivos*, Rio de Janeiro, Forense, 2009, p. 170; Fredie Didier Jr. e Hemes Zaneti Jr., *Curso de Direito Processual Civil*, cit., 4ª ed., vol. 4, pp. 23-24.

113. Fredie Didier Jr. e Hermes Zaneti Jr., *Curso de Direito Processual Civil*, cit., 4ª ed., vol. 4, p. 23.

114. José Afonso da Silva, *Ação Popular Constitucional*, cit., 2ª ed., p. 20.

te da legitimidade extrínseca (ou, às vezes, também intrínseca) do procedimento administrativo", sendo ainda hoje o núcleo de seu conceito. Além da defesa do interesse coletivo, a ação popular romana (*actiones populares*) constituía verdadeira exceção à noção habitual de *actio* (direito de perseguir em juízo aquilo que nos é devido), conotando, também, a legitimação *ad causam* a qualquer pessoa do povo – *cuivis e populo* – ou seja, ação de que se valia o povo para a defesa do direito público.

Inicialmente seu objeto recaía sobre o que hoje consideramos "domínio de polícia". Contudo, ao longo do tempo seu uso foi se diversificando, havendo inúmeras espécies de ações populares para tutelar os mais diversos direitos. São elas[115] as ações originárias de: *sepulchro violato* (violação de sepulcro ou coisa sagrada); *effusis et deiectis* (lançamento de objetos na via pública); *positis et suspensas* (inobservância de cautela por quem detivesse objetos em áreas suspensas e que pudessem vir a cair sobre local frequentado); *albo corrupto* (alteração dolosa do edito com que o pretor declarava, ao assumir o cargo, a maneira pela qual administraria a lei e a justiça); *aedilitio edicto et redhibitione et quanti minoris* (exposição de certos animais perigosos em locais frequentados); *termino moto* (subtração das pedras que demarcavam territórios); *tabulis* (contra aqueles que abrissem o testamento ou aceitassem a herança antes do término do processo contra os servos que deviam defender seu senhor e que presenciavam o seu homicídio sem tentar impedi-lo com sua própria vida); *assertio in libertatem* (intentada por aqueles que queriam ver reconhecida a liberdade de seu representado/parente); *interdictum de homine libero exhibendo* (instituto próximo do *habeas corpus* moderno); *collusione detegenda* (intentada quando escravos ou libertos eram declarados nascidos livres em conluio com seus antigos donos); *accusatio suspecti tutoris*; *ad pias causas* (nos casos em que os bispos ou arcebispos descuidassem de pedir o legado pio); e, por fim, a ação popular para restituição de somas perdidas em jogos.[116] "No

---

115. A enumeração trazida à baila tem por origem os estudos de José Afonso da Silva em sua obra *Ação Popular Constitucional* (cit., 2ª ed., pp. 21 e ss.).

116. Os autores divergem quanto à classificação das ações populares romanas, a partir da utilização de outros critérios, tais como a norma jurídica que tutela a ação (normas legais ou pretorianas), a natureza jurídica do meio de exercício (*actiones* ou *interdictos populares*), o destinatário da soma da condenação (caixa pública, autor ou terceiro). O objeto do presente estudo não é esvair a análise histórica, embora necessariamente recorramos a tal método para compreender o delineamento inicial do instituto. Por esta razão, restringiremos nossa análise à classificação formulada por José Afonso da Silva, por entendê-la completa.

Direito Romano, o Estado não era visto como algo distante do cidadão, com personalidade jurídica própria. As expressões 'povo' e 'Estado' apresentavam conteúdo equivalente, o que tornava os direitos e bens públicos pertencentes a todos os cidadãos romanos, numa espécie de condomínio. A ação popular era, então, concebida como uma forma de o próprio cidadão proteger um bem público, que também lhe pertencia. Estaria, assim, a defender interesse indiviso da própria coletividade, da qual fazia parte".[117]

Eurico Ferraresi[118] explica que no Direito Romano a ação popular tinha caráter supletivo, já que o autor popular "representava" o Poder Público. Já, no Direito Brasileiro a ação popular é corretiva, sendo proposta em face do Poder Público.

A natureza da ação popular também é objeto de controvérsia histórico-doutrinária, e ao menos duas teses são comumente debatidas, a saber: a de que o autor popular atua como procurador, na defesa de interesse público, e a de que o autor age, ao mesmo tempo, em interesse próprio e público. Apesar dessas discussões suscitadas, podemos identificar um núcleo ou consenso sobre dois aspectos das ações populares romanas. Primeiro: foram ações que veiculavam interesses não meramente individuais. Segundo: traziam em seu bojo a tutela do interesse público, da coisa pública. Referidos aspectos caracterizam ainda hoje as ações populares, particularmente a ação popular constitucional brasileira.

As ações populares têm uma dimensão democrática, de instrumentalização da cidadania. Este escopo pode ser constatado tanto no Direito Romano como na ordem jurídica brasileira. Para José Afonso da Silva: "Só o retorno ao sistema de participação do povo na vida pública poderia criar as condições necessárias ao ressurgimento desse instrumento de democracia, que é a ação popular, (...)".[119]

No Brasil, foi com a Constituição Imperial de 1824 (período após a declaração da Independência do País em relação a Portugal, aos 7.9.1822) que a ação popular integrou, em termos expressos, o ordenamento jurídico nacional.[120] Antes disso havia indicações do uso da ação

117. Eurico Ferraresi, *Ação Popular, Ação Civil Pública e Mandado de Segurança Coletivo: Instrumentos Processuais Coletivos*, cit., p. 170.
118. Idem, ibidem.
119. José Afonso da Silva, *Ação Popular Constitucional*, cit., 2ª ed., pp. 30-31.
120. Para Eurico Ferraresi, até a promulgação do Código Civil de 1916 não se pode falar em *Direito Brasileiro*, pois as regras jurídicas eram oriundas de Portu-

popular com base nas Ordenações Portuguesas, porém é de se notar que no referido período o País era submetido a uma ordem jurídica estrangeira, pois se submetida a Portugal. Nos termos do art. 157 da Constituição de 1824: "Por suborno, peita, peculato e concussão, haverá contra elles acção popular, que poderá ser intentada dentro de anno e dia pelo próprio queixoso, ou por qualquer do Povo, guardada a ordem do processo estabelecida na lei".[121]

Proclamada a República, aos 15.11.1889, a nova Constituição, promulgada aos 24.2.1891, não prevê a ação popular, que somente terá constitucionalizado seu tratamento em 1934, mais precisamente no inciso 38 do art. 113, dispondo que: "Qualquer cidadão será parte legítima para pleitear a declaração de nulidade ou annullação dos actos lesivos do patrimônio da União, dos Estados ou dos Municípios". Posteriormente a ação popular é suprimida pela ordem constitucional instaurada em 1937 – fato, este, que revela o caráter antidemocrático do Estado desse período. Seu ressurgimento ocorre em 1946, por meio do inciso 38 do art. 141 da respectiva Constituição: "Qualquer cidadão será parte legítima para pleitear a anulação ou a declaração de nulidade de atos lesivos do patrimônio da União, dos Estados, dos Municípios, das entidades autárquicas e das sociedades de economia mista". A previsão permanece na Constituição de 1967, que, inclusive, utiliza redação quase idêntica no § 31 do art. 150, com a diferença de adotar a expressão genérica "entidades públicas". A disposição persiste na Constituição de 1969.

A Lei da Ação Popular (Lei 4.717, de 29.6.1965) é editada nesse período, e suas disposições continuam vigentes ainda nos dias atuais.

A Lei da Ação Popular estrutura-se da seguinte maneira: "Da Ação Popular" (arts. 1º a 4º); "Da Competência" (art. 5º); "Dos Sujeitos Passivos da Ação e dos Assistentes" (art. 6º); "Do Processo" (arts. 7º a 19); e "Disposições Finais" (arts. 20 a 22). Nos termos da Lei da Ação Popular, qualquer cidadão será parte legítima para pleitear a anulação ou a declaração de nulidade de atos lesivos ao patrimônio público (art. 1º) – este considerado como sendo os bens e direitos de valor econômico, artístico, estético, histórico ou turístico. A legitimação ativa fica restrita

---

gal; motivo pelo qual o período anterior àquele é melhor referido com a expressão "Direito no Brasil" (*Ação Popular, Ação Civil Pública e Mandado de Segurança Coletivo: Instrumentos Processuais Coletivos*, cit., p. 171).

121. Hilton Lobo Companhole e Adriano Companhole, *Constituições do Brasil*, 12ª ed., São Paulo, Atlas, 1998, p. 829.

àquele que possa comprovar sua cidadania (a partir do título de eleitor ou de outro documento equivalente) e o procedimento a ser observado é o ordinário (art. 7º), nos moldes do Código de Processo Civil, com modificações pontuais.

A CF de 1988 amplia seu objeto de tutela ao dispor, no inciso LXXIII do art. 5º, que a ação popular visa a "anular ato lesivo ao patrimônio público ou de entidade de que o Estado participe, à moralidade administrativa, ao meio ambiente e ao patrimônio histórico e cultural". Assevera, ainda, que fica "o autor, salvo comprovada má-fé, isento de custas judiciais e do ônus de sucumbência". O interesse tutelado por esta via constitucional, sem dúvida, é o direito coletivo de ver e ter o patrimônio público administrado com probidade. Este direito ou interesse adquire contornos bem específicos nos dias de hoje, pois a Constituição Federal de 1988 abriu possibilidade (pela sua própria topografia) para interpretação da ação popular como garantia individual, como direito fundamental.

Segundo Gregório Assagra de Almeida, "com a implantação do Estado de Direito e do regime democrático na Idade Contemporânea, a *ação popular* ressurgiu com uma nova e moderna fisionomia: é hoje garantia constitucional essencial para a democracia, concebida como direito político de participação popular e também como garantia instrumental preventiva e corretiva dos atos da Administração Pública".[122]

Em linhas gerais, a ação popular tem por objeto a declaração de invalidade do ato impugnado e a condenação dos responsáveis pelo ato ao pagamento de perdas e danos. Enfim, é importante instrumento de cidadania no Brasil.

1.2.3.3 Mandado de segurança coletivo

Ao lado do mandado de injunção, podemos afirmar que essa garantia constitucional tem natureza ambivalente, servindo tanto para amparar pretensão individual (mandado de segurança individual) como coletiva (mandado de segurança coletivo).

O mandado de segurança coletivo não constitui figura inovadora no ordenamento brasileiro, senão hipótese diferenciada de legitimação para a causa. É que o mandado de segurança coletivo deve atender aos mesmos requisitos do mandado de segurança individual, conforme dis-

---

122. Gregório Assagra de Almeida, *Direito Processual Coletivo Brasileiro: um Novo Ramo do Direito Processual*, cit., p. 300.

põe o art. 5º, LXIX, da CF: "conceder-se-á mandado de segurança para proteger direito líquido e certo, não amparado por habeas corpus ou habeas data, quando o responsável pela ilegalidade ou abuso de poder for autoridade pública ou agente de pessoa jurídica no exercício de atribuições do Poder Público".

Segundo Nelson Nery e Rosa Maria de Andrade Nery,[123] o adjetivo "coletivo" não é o mérito, o objeto, o direito pleiteado por meio do mandado de segurança coletivo, mas, sim, a "ação", entendida enquanto instituto processual com requisito de legitimidade específico. Se o que a diferencia é sua legitimação *ad causam*, tratemos, pois, de especificar quem são os impetrantes legitimados.

O mandado de segurança foi inserido pela primeira vez no texto de uma Constituição brasileira em 1934, posteriormente regulamentado em 1936 por legislação infraconstitucional. Até então não havia um instrumento hábil a defender os direitos fundamentais ameaçados ou lesados pelo abuso de poder ou ilegalidade do Poder Público. Seu delineamento foi diverso dos modelos que o inspiraram originariamente (*juicio de amparo* do sistema mexicano e o *writ of certiorari* norte-americano), mormente no tocante à possibilidade de concessão de liminar. Posteriormente, em 1939, é editado o Código de Processo Civil, com previsão do mandado de segurança em seu corpo de texto. Contudo, a Lei 1.533, de 31.12.1951, disciplinou o mandado de segurança de modo absoluto, revogando o regramento contido no Código de Processo Civil.

Com a Constituição Federal de 1988 o objeto e a aspiração do mandado de segurança foram reafirmados, conforme delineamento do inciso LXIX do art. 5º. Trata-se de ação constitucional que consubstancia direito fundamental pensado como mecanismo de defesa rápida contra abusos. Seu cabimento limita-se à defesa de direito líquido e certo, desde que não amparado por *habeas data* ou *habeas corpus*, motivo pelo qual diz-se ser um instrumento de *uso residual*.

Em 7.8.2009 foi editada uma nova Lei do Mandado de Segurança (Lei 12.016/2009), que revogou as disposições legais então em vigor e sistematizou o regramento para essa ação de rito especial.

A lei foi editada em um contexto alcunhado de "Segundo Pacto Republicano", em um esforço conjunto dos Presidentes dos três Pode-

---

123. Nelson Nery Jr. e Rosa Maria de Andrade Nery, *Código de Processo Civil Comentado e Legislação Processual Civil Extravagante em Vigor*, São Paulo, Ed. RT, 2003, p. 82.

res constituídos, a saber: Presidente da República, Luís Inácio Lula da Silva; Presidente do Congresso Nacional, José Sarney; e Presidente do STF, Min. Gilmar Mendes.[124] Em certa medida, a lei captou o que jurisprudência e a doutrina, em uníssono, ventilavam, sem tecer maiores inovações.

É importante ressaltar que a hermenêutica constitucional demanda interpretação não restritiva dos direitos fundamentais, tal como o mandado de segurança, e as disposições infraconstitucionais que lhe forem afetas não devem jamais restringi-lo, sequer impondo requisitos não previstos na Constituição Federal. Nesse sentido, apontamos um retrocesso que não foi superado com a edição da atual lei: a imposição do prazo decadencial[125] de 120 dias para a impetração do *writ*.

Sua estrutura procedimental diverge, em termos, na doutrina. Nelson Nery Jr. afirma: "O tratamento genérico dado aos interesses e direitos difusos, coletivos e individuais pela norma do art. 21 da LACP faz com que os sistemas processuais do Código de Defesa do Consumidor e da Lei da Ação Civil Pública possam ser, de imediato, aplicáveis ao mandado de segurança coletivo".[126] Antônio Gidi, por sua vez, defende a existência de um sistema híbrido, formado pela fusão das Leis do Mandado de Segurança e da Ação Civil Pública e do Código de Defesa do Consumidor.[127]

Quanto à distinção entre o mandado de segurança individual e o coletivo, Antônio Gidi chega a afirmar que um está tão distanciado do outro "quanto uma ação coletiva está de uma ação individual".[128] Isso porque, embora "parte do procedimento e os pressupostos de admissibilidade sejam os mesmos para ambos, o mandado de segurança coletivo, como ação coletiva que é, deverá ter certas peculiaridades no que diz respeito ao pedido, ao procedimento, à sentença, à coisa julgada, à liquidação e à execução, por exemplo".

124. O "Primeiro Pacto Republicano" contou com o envio de cerca de 40 projetos de leis para serem aprovados pelo Congresso Nacional.
125. O STF manifestou-se, por meio da Súmula 632, reconhecendo a constitucionalidade do prazo decadencial de 120 dias para impetrar mandado de segurança.
126. Nelson Nery Jr. e outros, *Código Brasileiro de Defesa do Consumidor Comentado pelos Autores do Anteprojeto*, Rio de Janeiro, Forense Universitária, p. 997.
127. Antônio Gidi, *Coisa Julgada e Litispendência em Ações Coletivas*, São Paulo, Saraiva, 1995, p. 79, *apud* Eurico Ferraresi, *Ação Popular, Ação Civil Pública e Mandado de Segurança Coletivo: Instrumentos Processuais Coletivos*, cit., p. 240.
128. Antônio Gidi, *Coisa julgada e Litispendência em Ações Coletivas*, cit., p. 79.

O objeto do mandado de segurança coletivo é proteger direitos difusos,[129] coletivos e individuais homogêneos quando lesados por ato ilegal ou abusivo de autoridade.

Nesse sentido, importante ressaltar a disposição de legislação infraconstitucional, contida no art. 212, § 2º, do ECA, que ampliou o objeto do mandado de segurança. *Ipsis litteris*: "§ 2º. Contra atos ilegais ou abusivos de autoridade pública ou agente de pessoa jurídica no exercício de atribuições do poder público, que lesem direito líquido e certo previsto nesta Lei, caberá ação mandamental, que se regerá pelas normas da Lei do Mandado de Segurança". Referido artigo está no Capítulo VII do Título VI do Livro II do Estatuto da Criança e do Adolescente, intitulado "Da Proteção Judicial dos Interesses Individuais, Difusos e Coletivos". Sendo assim, aplica-se, nesse caso, a legitimação contida no art. 210, que arrola como legitimados ativos concorrentes: "I – o Ministério Público; II – a União, os Estados, os Municípios, o Distrito Federal e os Territórios; III – as associações legalmente constituídas há pelo menos 1 (um) ano, e que incluam em seus fins institucionais a defesa dos interesses e direitos protegidos por esta Lei, [*ECA*] dispensada a autorização da Assembleia, se houver prévia autorização estatutária".

Segundo a Constituição Federal (art. 5º, LXX) o mandado de segurança coletivo pode ser impetrado por: "a) partido político com representação no Congresso Nacional;[130] b) organização sindical, entidade de

129. Infelizmente, a Lei 12.016/2009, no seu art. 21, não prevê a tutela coletiva dos direitos difusos a partir do mandado de segurança coletivo. De fato, incidiu o legislador em erro ao supor que tais direitos não podem apresentar-se como líquidos e certos. Puro engano e grave retrocesso. Na realidade, o mandado de segurança coletivo pode ser utilizado na tutela dos ditos direitos difusos, por três razões especiais: podem ser líquidos e certos em determinadas ocasiões (exemplo: ato administrativo que permite a degradação do meio ambiente); a existência de um microssistema coletivo de integração e interação normativa; e a regra segundo a qual o legislador não pode limitar um direito fundamental previsto constitucionalmente.

130. Para Eduardo Sodré: "Como cediço, os partidos políticos são pessoas jurídicas de direito privado (art. 44, V, do CC), organizadas para fins de atuação em torno do poder e, em linha de princípio, vinculadas a certa ideologia. Exige o texto constitucional que tenham eles representação no Congresso Nacional, sendo que, atualmente, o STF, ao menos no julgamento de ações diretas de inconstitucionalidade, tem entendido que 'a perda superveniente de representação do partido político no Congresso Nacional não o desqualifica como legitimado ativo para a ação direta de inconstitucionalidade' (*Informativo* 356 do STF, referente ao julgamento da ADI 2.159). O requisito consistente na existência de representação no Congresso Nacional, portanto, deve ser aferido no momento da propositura da ação mandamental" ("Mandado de segurança", in Fredie Didier Jr., *Ações Constitucionais*, 3ª ed., Salvador/BA, JusPodivm, 2008, p. 121).

classe ou associação legalmente constituída e em funcionamento há pelo menos um ano, em defesa dos interesses de seus membros ou associados". Neste último caso, o STF já se pronunciou, por meio da Súmula 629, no sentido de que a atuação de entidade de classe em favor dos associados independe de autorização destes.

A legitimação contida na alínea "a" (partidos políticos) é mais ampla que a da alínea "b" (organização sindical, entidade de classe ou associação), pois a Constituição Federal de 1988 não impôs à atuação dos partidos políticos qualquer tipo de restrição, podendo agir na defesa de interesses que extrapolam os dos seus membros ou associados.[131] Já, as associações e os sindicatos podem impetrar mandado de segurança coletivo em defesa dos interesses de seus membros ou associados, mas tão somente em nome destes.

Vale a pena observar que a Lei 12.016/2009 passa a exigir a pertinência temática quanto à legitimação dos partidos políticos (art. 21, *caput*). Ocorre que tal exigência é descabida, uma vez que o legislador impõe limitação/restrição a uma garantia constitucional. Ora, se o constituinte prevê a legitimação dos partidos políticos desvinculada do objeto da demanda, não pode o legislador fazê-lo, sob pena de incidir em odioso e inconstitucional retrocesso.

1.2.3.4 Mandado de injunção coletivo

O mandado de injunção é garantia processual cabível sempre que a falta de norma regulamentadora tornar inviável o exercício dos direitos e liberdades constitucionais e das prerrogativas inerentes à nacionalidade, à soberania e à cidadania, conforme dispõe o art. 5º, LXXI, da CF de 1988. De fato, essa ação é única, tal como delineada no ordenamento brasileiro, e sua previsão data de 1988, por ocasião da promulgação da Constituição Federal vigente.

Há confusão quanto à caracterização do mandado de injunção e da ação direta de inconstitucionalidade por omissão, motivo pelo qual transcrevemos quadro comparativo elaborado por Rodrigo Reis Mazzei sobre as distinções entre ambos:[132]

---

131. Nesse sentido encontramos estudos de Maria Sylvia Zanella Di Pietro (*Direito Administrativo*, 22ª ed., São Paulo, Atlas) e Lúcia Valle Figueiredo ("Partidos políticos e mandado de segurança coletivo", *RDP* 95/40, Ano 23, São Paulo, Ed. RT, julho-setembro/1990).

132. Rodrigo Reis Mazzei, "Mandado de injunção", in Fredie Didier Jr., *Ações Constitucionais*, cit., 3ª ed., pp. 237-238.

COMPARATIVO

Mandado de Injunção

Pressupostos	Competência	Legitimação ativa	Objeto	Resultado desejado
Existência de direito subjetivo previsto constitucionalmente, ou vinculado a prerrogativas inerentes à nacionalidade, à soberania e à cidadania, mesmo que essas prerrogativas não emanem diretamente da Constituição, mas inviabilizado de ser efetivado por omissão normativa integradora.	1. Tribunais Superiores: arts. 102, I, "q", e II, "a"; 105, I, "h"; e 121, § 4º, V. 2. Tribunais da Justiça Estadual: art. 125, § 1º.	Qualquer sujeito de direito que tenha seu direito previsto constitucionalmente obstado por omissão normativa: indivíduos, grupos, partidos políticos, organismos sindicais, entidades de classe, Ministério Público.	Conforme a teoria da resolutividade: resolver concretamente a situação de insegurança criada pela omissão.	Amparo ao exercício do direito subjetivo.

Ação Direta de Inconstitucionalidade por Omissão

Pressupostos	Competência	Legitimação ativa	Objeto	Resultado desejado
Existência de direito subjetivo previsto constitucionalmente, mas inviabilizado de ser efetivado por omissão normativa integradora.	Privativa do STF: art. 102, I, "a".	Sujeitos enumerados pelo art. 103.	1. Cientificar o Poder Legislativo de seu estado de inércia. Ou: 2. Estabelecer prazo de 30 dias para a Administração Pública emitir o ato normativo integrador, sob pena de responsabilidade.	Amparo à efetividade constitucional.

Para Rodrigo Reis Mazzei: "A ferramenta processual tem por finalidade sanear um problema específico, qual seja, a ocorrência de omissão legislativa que não permita o exercício de direitos e liberdades assegurados constitucionalmente; ou impeça a efetivação das prerrogativas inerentes à nacionalidade, à soberania e à cidadania já afirmadas em legislação (mesmo que infraconstitucional)".[133]

Não há um regramento procedimental específico para o mandado de injunção, motivo pelo qual se lhe aplicam, por expressa determinação legal (Lei 8.038/1990, art. 24, parágrafo único), as normas do mandado de segurança, naquilo que couber.

O mandado de injunção tem algumas particularidades: desconhece dilação probatória, razão pela qual a prova documentada deve ser carreada no momento da propositura da ação; e é figura jurídica "transitória", no sentido de que, conforme as omissões legislativas forem sanadas, referido instrumento perderá sua razão de ser.

Sobre sua natureza há divergência doutrinária e jurisprudencial. Segundo a *teoria da subsidiariedade*,[134] o mandado de injunção tem caráter meramente declaratório, no sentido de que em sua decisão o órgão julgador deve se limitar a declarar a mora legislativa, cientificando o ente omisso e que seja o responsável pela edição normativa necessária (ou *teoria não concretista*). Outra corrente sustenta a *teoria da independência jurisdicional*,[135] segundo a qual a natureza da sentença prolatada

---

133. Idem, p. 212.
134. Cf. jurisprudência do STF que adota a teoria da subsidiariedade: MI 501-SP/96 e MI 107-3-DF.
135. Cf. STF, voto do Relator, Min. Gilmar Mendes, no MI 708: "(...). Considerada a evolução jurisprudencial do tema perante o STF, em sede do mandado de injunção não se pode atribuir amplamente ao legislador a última palavra acerca da concessão, ou não, do direito de greve dos servidores públicos civis, sob pena de se esvaziar direito fundamental positivado. Tal premissa, contudo, não impede que, futuramente, o legislador infraconstitucional confira novos contornos acerca da adequada configuração da disciplina desse direito constitucional. 4.2 Considerada a omissão legislativa alegada na espécie, seria o caso de se acolher a pretensão, tão somente no sentido de que se aplique a Lei n. 7.783/1989 enquanto a omissão não for devidamente regulamentada por lei específica para os servidores públicos civis (CF, art. 37, VII). 4.3 Em razão dos imperativos da continuidade dos serviços públicos, contudo, não se pode afastar que, de acordo com as peculiaridades de cada caso concreto e mediante solicitação de entidade ou órgão legítimo, seja facultado ao tribunal competente impor a observância a regime de greve mais severo em razão de tratar-se de 'serviços ou atividades essenciais', nos termos do regime fixado pelos arts. 9º a 11 da Lei n. 7.783/1989. Isso ocorre porque não se pode deixar de cogitar dos riscos

em sede de mandado de injunção tem natureza constitutiva *erga omnes*, devendo o julgador editar uma norma geral, de natureza abstrata (*teoria concretista geral*). Por fim, relatamos a existência de uma terceira teoria, a da *resolutividade*[136] (ou *teoria concretista individual*), que considera a decisão final do mandado de injunção como constitutiva *inter partes*, isto é: o órgão julgador, no exercício da atividade integradora do Judiciário, deve decidir o caso, lastreado, claro, nos ditames constitucionais, para que, assim, possa efetivar o direito subjetivo judicializado.[137]

Após observar os requisitos e hipóteses de cabimento do mandado de injunção, notamos que suas repercussões afetam, muito possivelmente, um sem-número de beneficiados. Assim sendo, podemos afirmar que o mandado de injunção se destina à tutela de direitos ou interesses coletivos, sendo por este viés processual mais adequadamente tutelado.

1.2.3.5 Ação de impugnação de mandato eletivo

A ação de impugnação de mandato eletivo constitui numa garantia constitucional de direito à lisura do pleito eleitoral, salvaguardando que as eleições sejam livres e isentas de fraudes.

Trata-se de instrumento inovador trazido à baila pela Constituição Federal de 1988, com lastro, contemporâneo, na Lei 7.664, de 29.6.1988. Seu regramento encontra morada no § 10 do art. 14 da CF de 1988, nos seguintes termos: "§ 10. O mandado eletivo poderá ser impugnado ante a Justiça Eleitoral no prazo de 15 (quinze) dias contados da diplomação,

---

decorrentes das possibilidades de que a regulação dos serviços públicos que tenham características afins a esses 'serviços ou atividades essenciais' seja menos severa que a disciplina dispensada aos serviços privados ditos 'essenciais'. 4.4 O sistema de judicialização do direito de greve dos servidores públicos civis está aberto para que outras atividades sejam submetidas a idêntico regime. Pela complexidade e variedade dos serviços públicos e atividades estratégicas típicas do Estado, há outros serviços públicos cuja essencialidade não está contemplada pelo rol dos arts. 9º a 11 da Lei n. 7.783/1989". Também STF, MI 670.

136. Cf. STF, MI 788: "Ante a prolongada mora legislativa no tocante à edição da lei complementar reclamada pela parte final do § 4º do art. 40 da Magna Carta, impõe-se ao caso a aplicação das normas correlatas previstas no art. 57 da Lei n. 8.213/1991 em sede de processo administrativo. 2. Precedente: MI n. 721, do relatoria do Min. Marco Aurélio. 3. Mandado de injunção deferido nesses termos".

137. Rodrigo Reis Mazzei aponta uma corrente mista, que conjuga as teorias da subsidiariedade e da resolutividade, que poderia ser uma possível tendência do STF ("Mandado de injunção", cit., in Fredie Didier Jr., *Ações Constitucionais*, cit., 3ª ed., pp. 227 e ss.).

instruída a ação com provas de abuso de poder econômico, corrupção ou fraude". "A ação de impugnação de mandado tramitará em segredo de justiça, respondendo o autor, na forma da lei, se temerária ou de manifesta má-fé" (§ 11).

A ação de impugnação de mandato eletivo é disponibilizada ao candidato, a partido político e ao Ministério Público para que provoquem a atuação da Justiça Eleitoral no sentido de obter, judicialmente, a subtração do mandato de quem se utilizou, para sua obtenção, de fraude, corrupção, abuso do poder econômico ou político.[138] Sobre a legitimação ativa a jurisprudência do STF tem sido restrita, aceitando tão somente aqueles autores mencionados no art. 3º da Lei Complementar 64/1990, quais sejam: Ministério Público, partidos, coligações partidárias e candidatos.[139]

Seu rito deve obedecer, por analogia, ao rito sumário da ação de impugnação do registro de candidatura, conforme determina a Resolução TSE-21.634/2004. Esta resolução inovou no direito eleitoral e processual ao estabelecer que, diante de lacuna, somente se deve recorrer ao direito processual "comum" (Código de Processo Civil e legislação esparsa) em caráter supletivo, quando esgotadas todas as possibilidades de uso da analogia com o microssistema da Lei Complementar 64/1990.

1.2.3.6 Dissídio coletivo

Os conflitos em direito trabalhista podem ser individuais ou coletivos. Nas relações individuais de trabalho a controvérsia diz respeito ao contrato individual de trabalho e, portanto, cinge-se à relação de um empregado determinado com seu empregador, nos limites de seus respectivos interesses. Já, nas relações coletivas de trabalho os sujeitos são grupos de pessoas abstratamente consideradas.

Pode-se dizer que os sujeitos coletivos dos trabalhadores são: as categorias (representadas pelos sindicatos); as federações e confederações; as centrais sindicais, quando representam os sindicatos; os delegados sindicais, representando os sindicatos; as comissões de representantes

---

138. Djalma Pinto, *Direito Eleitoral: Anotações e Temas Polêmicos*, 3ª ed., Rio de Janeiro, Forense, 2000, p. 135.
139. Cf. Resolução TSE-21.355/2003, originária do pedido de impugnação do mandato eletivo do Presidente Lula e do seu Vice, José Alencar, formulado por José Feliciano Coelho, e datada de 6.3.2003.

de empresas e o representante eleito pelos trabalhadores da empresa. Como sujeitos coletivos dos empregadores encontramos: as categorias econômicas; as empresas, quando agem sem intermediação sindical; as federações; as confederações e centrais sindicais.

Nos casos em que houver interesse coletivo envolvido, eventuais conflitos poderão ser dirimidos por duas formas: a autocomposição e a heterocomposição. A primeira caracteriza-se pela resolução da controvérsia pelas próprias partes conflitantes, por meio de acordos ou convenções coletivas e, ainda, pela mediação. Já, a segunda distingue-se por ser um meio dotado de imposição da vontade ou entendimento de terceiro ao conflito, seja por via judicial (jurisdição trabalhista) ou extrajudicial (arbitragem).

O dissídio coletivo insere-se na órbita heterocompositiva judicial, que se destina à solução de conflitos coletivos do trabalho, por meio de pronunciamentos normativos constitutivos de novas condições de trabalho, como se fosse uma espécie de regulamentação específica aos grupos conflitantes.

O dissídio atende à pretensão de uma coletividade genérica de interpretar ou criar normas a ela pertinentes e, conforme classificação do Regimento Interno do TST (art. 216), sua natureza pode ser econômica (para instituir normas e condições de trabalho), jurídica (para interpretação de cláusulas ou instrumentos negociais coletivos ou sentenças normativas), originária ou revisional (conforme prévia existência de normas e condições coletivas de trabalho) e de declaração sobre paralisação de trabalho (casos de greve).

O dissídio coletivo é de extrema relevância à Justiça do Trabalho, já que a dota de poder normativo como função anômala deste "ramo" do Judiciário. Conforme indica Carlos Henrique Bezerra Leite,[140] o poder normativo da Justiça do Trabalho encontra fundamento no § 2º do art. 114 da CF de 1988, cuja redação foi inovada pela Emenda Constitucional 45/2004. O dispositivo *retro* permite à Justiça do Trabalho, por intermédio dos Tribunais Regionais do Trabalho/TRTs, como órgãos jurisdicionais de competência originária, apreciar estas demandas coletivas e proferir sentenças normativas que vinculam toda a categoria ou classe envolvida.

140. Carlos Henrique Bezerra Leite, *Curso de Direto Processual do Trabalho*, cit., 4ª ed., p. 940.

Quanto à legitimidade para ajuizar esta demanda coletiva, encontramos os sindicatos, as empresas, os presidentes dos Tribunais do Trabalho[141] (art. 856 da CLT) e o Ministério Público do Trabalho,[142] nos termos do § 3º do art. 114 da CF de 1988 (conforme redação introduzida pela Emenda Constitucional 45/2004). Aspecto importante do dissídio é a exigência de, para seu ajuizamento, haver prévio exaurimento das vias negociais coletivas e impossibilidade de submissão das partes a arbitragem – fato, este, que revela a seletividade rigorosa a que sua instauração se submete. Não obstante, representa tal instrumento importante forma de pacificação social.

1.2.3.7 Ação civil pública

Concebida inicialmente pela Lei Orgânica Nacional do Ministério Público[143] (art. 3º, III, da Lei Complementar 40/1981) e posteriormente regulada pela Lei 7.347/1985, foi somente sob a vigência da Constituição Federal de 1988 que ocorreu a ereção da ação civil pública à categoria de garantia fundamental, sendo que seu objeto passou a abranger um número maior de interesses.

Em linhas constitucionais (art. 129, III, da CF de 1988), trata-se da proteção do "patrimônio público e social e de outros interesses difusos e coletivos" – interesses, estes, que suscitam dissenso doutrinário cerca de sua conceituação, seu delineamento e sua aplicabilidade. A compreensão de seu objeto será tratada em capítulo próprio neste estudo.[144] Contudo, adiantamos que o Código de Defesa do Consumidor inovou no ordenamento jurídico ao detalhar as categorias de direitos coletivos tuteláveis

---

141. A legitimidade dos presidentes dos Tribunais do Trabalho para instaurar dissídio coletivo é hoje discutida, por não restar expressamente transcrita em linhas constitucionais, sendo seu respaldo somente infraconstitucional.
142. A legitimação do Ministério Público do Trabalho para ajuizar dissídios coletivos, hoje inconteste, graças à atual redação do art. 114 da CF de 1988, outrora tinha por fundamento o art. 83, VIII, da Lei Complementar 75/1993 e o art. 127, *caput*, da CF de 1988.
143. De acordo com o inciso III do art. 3º da Lei Complementar 40/1981: "Art. 3º. São funções do Ministério Público: (...) III – promover a ação civil pública, nos termos da lei".
144. Cf. Capítulo 2, intitulado "O Procedimento Comum Coletivo", subseção 2.2 ("O Modo de Ser do Processo Coletivo"), item 2.2.1 ("Do Objeto da Ação Civil Pública").

via ação coletiva e, consequentemente, via ação civil pública, haja vista a disposição do parágrafo único do seu art. 81.[145]

Devido ao escopo do presente trabalho de analisar o procedimento comum coletivo sob o prisma da efetividade, analisaremos os contornos da ação civil pública com maiores detalhes em capítulo próprio (no Capítulo 2). Neste momento cumpre evidenciar, por razões metodológicas, a existência de uma principiologia processual coletiva própria ou autônoma em relação ao processo civil (individual), pois entendemos que a mesma serve de instrumento de acesso à Justiça Coletiva.

1.3 Principiologia

O autor Luiz Guilherme Marinoni afirma que, "diante do atual contexto de formação da lei e das novas formas de produção do Direito, não há mais como pensar em norma geral, abstrata, coerente e fruto da vontade homogênea do Parlamento".[146] Com isso, o autor introduz a discussão do processo de publicização do direito processual, que, inclusive, é sentida em outros ramos do Direito e também na Ciência Jurídica como um todo.

A existência, em certas ocasiões, de *lobbies* e de grupos de pressão no Parlamento[147] faz com que o ideal de impessoalidade e coerência da lei seja mera miragem, realidades não alcançáveis principalmente em um Estado e uma Sociedade cuja complexidade elide toda e qualquer pretensão de igualdade. Nesse sentido, a vontade legislativa muitas

---

145. CDC, art. 81, parágrafo único: "Parágrafo único. A defesa coletiva será exercida quando se tratar de: I – interesses ou direitos difusos, assim entendidos, (...) os transindividuais, de natureza indivisível, de que sejam titulares pessoas indeterminadas e ligadas por circunstâncias de fato; II – interesses ou direitos coletivos, assim entendidos, (...) os transindividuais de natureza indivisível de que seja titular grupo, categoria ou classe de pessoas ligadas entre si ou com a parte contrária por uma relação jurídica base; III – interesses ou direitos individuais homogêneos, assim entendidos os decorrentes de origem comum".

146. Luiz Guilherme Marinoni, *Curso de Direito Processual Civil – Teoria Geral do Processo*, 3ª ed., São Paulo, Ed. RT, 2008, p. 45.

147. Por "Parlamento" entendemos, nesta oportunidade, aquela instituição ou órgão incumbido, dentro da organização e repartição dos Poderes no Estado, de editar leis. No Brasil referida incumbência é encargo do Poder Legislativo, o qual, por sua vez, estrutura-se em esferas diferenciadas no território nacional, segundo seus níveis de incidência: a Câmara de Vereadores em nível municipal, a Assembleia Legislativa nos Estados ou Unidades Federativas e o Congresso Nacional em nível nacional, compreendendo este a Câmara dos Deputados e o Senado Federal.

vezes não coincide, e até mesmo colide, com o que seria a "vontade popular".[148] Em alguns casos as ideias expressas em textos legislativos correspondem mais à vontade dos ajustes legislativos, determinadas pelas forças de pressão.

Nesse contexto, urge redimensionar a noção de legalidade e também a própria concepção do Direito, marcas de um período pós-positivista. Se a lei não é mais fruto legítimo do pluralismo e se a mesma expressa, ainda, ordens cogentes emanadas de um poder político legítimo, constituído de modo democrático, o cerne da preocupação revela-se na medida em que se indaga a verdadeira substância da lei. A resposta que nos é dada em um Estado Constitucional, tal como o Brasil o é, parte do conteúdo da Constituição Federal. Nota-se que a lei vai encontrar seus limites e contornos nos princípios constitucionais. A lei não vale mais por si, porém depende da sua adequação aos direitos fundamentais. Segundo Luiz Guilherme Marinoni, "se a lei passa a se subordinar aos princípios constitucionais de justiça e aos direitos fundamentais, a tarefa da doutrina deixa de ser a de simplesmente descrever a lei. Cabe agora ao jurista, seja qual for a área de sua especialidade, em primeiro lugar compreender a lei à luz dos princípios constitucionais e dos direitos fundamentais. Essa compreensão crítica já é uma tarefa de concretização, pois a lei não é mais objeto, porém componente que vai levar à construção de uma nova norma, vista não como texto legal, mas sim como o significado da sua interpretação e, nesse sentido, como um novo ou outro objeto. A obrigação do jurista não é mais apenas a de *revelar* as palavras da lei, mas a de *projetar uma imagem*, corrigindo-a e adequando-a aos princípios de justiça e aos direitos fundamentais. (...)".[149]

Imbuídos desses presságios de cunho neoconstitucionalista, que adotam uma postura crítica da lei em face da Constituição e delegam ao jurista uma tarefa de construção, e não mais de pura e simples revelação, nos deteremos a discorrer sobre a importância dos princípios no Direito[150] para, em seguida, analisar a relevância de consolidar uma

---

148. Exemplo: a limitação contida no art. 1º, parágrafo único, da LACP atende exclusivamente ao interesse do Poder Público, o agressor das massas por excelência.
149. Luiz Guilherme Marinoni, *Teoria Geral do Processo*, cit., 3ª ed., p. 47.
150. Segundo Fredie Didier Jr. e Hermes Zaneti Jr.: "A passagem dos *princípios gerais do Direito* gradativamente do direito civil, no qual desempenhavam uma função supletiva (colmatação de lacunas), para o campo do direito constitucional é uma das mais importantes conquistas da teoria jurídica do século XX. Ela representa também a passagem de uma Teria Geral do Direito e do Processo voltada para o di-

principiologia própria do direito processual coletivo, a qual atuará como pressuposto estruturante de uma ciência processual autônoma em relação ao processo civil e ao penal.

1.3.1 Conceito de "princípios"

Walter Claudius Rothenburg[151] resgata duas definições de "princípios" para, depois, em um segundo momento, estabelecer distinções frente às regras. Com Pontes de Miranda, afirma serem os princípios verdades ou juízos fundamentais que servem de alicerce ou de garantia de certeza a um conjunto de juízos; proposições fundamentais da validez de um sistema. Já, com Celso Antônio Bandeira de Mello,[152] delineia-os como mandamentos nucleares de um sistema, formando seu alicerce e atuando como disposição fundamental que se irradia sobre diferentes normas compondo-lhes o espírito e servindo de critério para sua exata compreensão e inteligência.

A noção de princípio aproxima-se em muito da tarefa de interpretação do Direito, mormente quando o consideramos um ordenamento jurídico em que vigem princípios *implícitos* e também *explícitos*. Na verdade, "toda lei é obra humana e aplicada por homens; portanto imperfeita na forma e no fundo, e dará duvidosos resultados práticos se não verificarem, com esmero, o sentido e alcance das suas prescrições".[153]

Rothenburg[154] afirma que os princípios são normas diferenciadas por sua natureza (critério qualitativo), constituem a expressão primeira dos valores fundamentais expressos pelo ordenamento jurídico e agem informando materialmente as demais normas e fornecendo-lhes a inspiração em seu conteúdo.

É certo que, até mesmo por uma questão terminológica, os princípios estão atrelados à ideia de "início", "fonte", "base" ou "estrutura

---

reito civil para uma Teoria Geral do Direito e do Processo com matriz constitucional, portanto publicizada" (*Curso de Direito Processual Civil*, 1ª ed., vol. 4 ("Processo Coletivo"), Salvador/BA, JusPodivm, 2007, p. 95).

151. Walter Claudius Rothenburg, *Princípios Constitucionais*, 2ª ed., Porto Alegre, Sérgio Antônio Fabris Editor, 2003.

152. Celso Antônio Bandeira de Mello, *Curso de Direito Administrativo*, 28ª ed., São Paulo, Malheiros Editores, 2011, pp. 966-967.

153. Carlos Maximiliano, *Hermenêutica e Aplicação do Direito*, 13ª ed., Rio de Janeiro, Forense, 2008, p. 6.

154. Walter Claudius Rothenburg, *Princípios Constitucionais*, cit., 2ª ed., p. 16.

fundante". Há uma proximidade entre o conceito de princípio e a ideia de Direito: princípios têm um caráter de fundamentalidade, são fontes primeiras do Direito, externam uma natureza normogenética, na medida em que estão na base ou constituem a *ratio* das regras jurídicas. Pode-se ainda afirmar que os princípios têm um caráter de primariedade (porque precedem materialmente às demais normas), originalidade e superioridade. Em uma acepção lógica do Direito, pode-se dizer que os princípios "conformam o sistema (...) bases axiológicas estruturantes, positivadas ou não, que delimitam e dotam de racionalidade sistêmica determinado ordenamento jurídico".[155]

Partilhamos da visão de Rothenburg[156] ao rejeitar uma visão mistificadora dos princípios enquanto máxima absoluta (transcendentes ao homem e para além do Direito), e os entendemos como domínio histórico, residente na intimidade do próprio ordenamento. "Aqueles valores superiores encarnam-se nos princípios, que formam a própria essência do sistema constitucional, dotando-o, assim, para cumprimento de suas funções de normatividade jurídica. A sua opção ético-social antecede a sua caracterização normativo-jurídica. Quanto mais coerência guardar a principiologia constitucional com aquela opção, mais legítimo será o sistema jurídico e melhores condições de ter efetividade jurídica e social."[157]

Um apontamento pertinente cinge a compreensão da Teoria dos Princípios nas Constituições contemporâneas, conjectura, esta, em que a distinção entre *princípios* e *regras* ganha novas dimensões.

Ruy Samuel Espíndola,[158] em análise profícua sobre os princípios jurídicos e a Constituição, busca inicialmente elementos lexicais para estabelecer que "princípio" é o momento, ou local ou trecho em que algo tem origem, a causa primária, o elemento predominante, um preceito, regra, lei, a base, fonte ou causa. Em um segundo momento assevera que "princípio" é aquilo que estrutura determinado sistema ou conjunto articulado de conhecimentos a respeito dos objetos cognoscíveis exploráveis na própria esfera de investigação.

155. Idem, pp. 40-41.
156. Idem, p. 54.
157. Walter Claudius Rothenburg, *Princípios Constitucionais*, cit., 2ª ed., p. 17.
158. Ruy Samuel Espíndola, *Conceito de Princípios Constitucionais*, 2ª ed., São Paulo, Ed. RT, 2002, p. 53.

Acaba por concluir que *princípio* "designa a estruturação de um sistema de ideias, pensamentos ou normas por uma ideia mestra, por um pensamento-chave, por uma baliza normativa, onde todas as demais ideias, pensamentos ou normas derivam, se reconduzem e/ou se subordinam".[159]

O jurista distingue inicialmente a noção de "preceito" da de "norma", esclarecendo que aquele refere-se ao enunciado linguístico (disposição textual), enquanto esta constitui o significado jurídico-normativo daquele enunciado. Essa distinção é relevante, na medida em que diferencia o objeto da interpretação (preceito) do seu produto (norma).

Embora atualmente esteja sedimentada a tese de que princípios e regras são espécies do mesmo gênero "norma", Espíndola afirma que a normatividade (qualidade de norma) dos princípios passou por basicamente três fases: a jusnaturalista, a juspositivista e a pós-positivista. O Jusnaturalismo posicionou os princípios em uma esfera abstrata, metafísica, remetendo sua eficácia a uma dimensão ético-valorativa do Direito. O Juspositivismo, por sua vez, partiu do pressuposto de que os princípios são deduzidos das leis, tendo, portanto, caráter subsidiário e servindo como fontes de integração do Direito. Já, o Pós-Positivismo os erige ao posto de fundamento axiológico-normativo do ordenamento jurídico, cunhando-os como normas jurídicas vinculantes e que se encontram, via de regra, positivadas nos textos constitucionais.

De fato, "é no direito constitucional que a teoria dos princípios ampliou o seu raio de circunferência científica, ganhando mais vigor, latitude e profundidade para desenvolver-se, pois seu campo, agora, é o universo das Constituições contemporâneas".[160] Sendo assim, eles são mais que normas de natureza jurídica: expressam também uma natureza política, ideológica e social. Elegem valores éticos e sociais como fundantes de uma ideia de Estado e de Sociedade.

Os princípios apresentam algumas funções que lhes impingem traços peculiares, a saber: (a) função fundamentadora (eficácia derrogatória e diretiva: todas as normas devem guardar correspondência com os princípios constitucionais); (b) função interpretativa; (c) função supletiva (realizando a integração do Direito); (d) função prospectiva (dinamizadora e transformadora, pois impedem o retrocesso e são um convite

159. Idem, ibidem.
160. Idem, pp. 76-77.

para a adoção de novas formulações, que mais se aproximem da ideia de Direito).

Quanto às suas características, apontamos: generalidade, primariedade, dimensão axiológica, objetividade, transcendência, atualidade, poliformia, vinculabilidade, aderência, informatividade, complementaridade, normatividade.

De fato, os princípios são mandamentos que agregam valores (dimensão axiológica) aplicáveis sobre todo ou parte de um sistema (generalidade), que inspiram a edição das regras que o compõem (primariedade/transcendência), ligados aos fins presentes e almejados a partir de seu manejo (atualidade e objetividade).

Além disso, esses mandamentos nucleares prescindem de formas rígidas, pois gozam de flexibilidade para bem alimentar e informar o sistema e seus operadores, dotando-o de relativa completude, sem prejuízo de seu caráter vinculatório e executório, uma vez que os princípios integram o gênero "norma" ao lado das regras, que, por natureza, não gozam de tamanha generalidade e flexibilidade. Realmente, regras são setoriais/pontuais; os princípios, por natureza, estruturais e gerais.

1.3.2 Princípios do direito processual coletivo

Entendemos ser crucial para a perfeita compreensão do processo coletivo, como ramo autônomo da Ciência Processual, o convívio com a principiologia desta. Este entendimento é compartilhado por Luiz Guilherme Marinoni: "Os princípios, por sua natureza, devem conviver. Os princípios são fruto do pluralismo e marcados pelo seu caráter aberto. Bem por isso são avessos à lógica que governa a aplicação das regras e à hierarquização. A ideia de que um princípio prevalece sobre o outro, em uma perspectiva abstrata, afronta a condição pluralista da sociedade".[161]

Desta sorte, princípios que há tanto foram revelados pela doutrina como pertencentes à Teoria Geral do Processo[162] continuam plenamente vigentes no âmbito do processo coletivo. Paralela a estes princípios ge-

---

161. Luiz Guilherme Marinoni, *Curso de Direito Processual Civil – Teoria Geral do Processo*, cit., 3ª ed., p. 54.

162. A guisa de exemplificação citamos como princípios da teoria geral do processo aplicáveis ao processo coletivo: contraditório, economia processual, acesso à Justiça, inafastabilidade e unidade da jurisdição, recorribilidade das decisões ou duplo grau de jurisdição. Há uma gama de princípios vigentes no processo coletivo e que não cabe aqui analisar detalhadamente, bastando, por ora, indicar que todos

rais, convive – ou, ao menos, deveria coexistir – uma gama específica de princípios que são inerentes ao objeto de tutela do processo coletivo.

No campo legislativo, ao menos duas iniciativas chamam a atenção no sentido de contribuir para a afirmação de uma principiologia processual coletiva expressa, a saber: o Anteprojeto de Código Brasileiro de Processos Coletivos USP/IBDP (Instituto Brasileiro de Direito Processual) e o Projeto de Lei 5.139/2009, que lograria disciplinar de modo inovador a ação civil pública, revogando parte da legislação processual coletiva vigente e introduzindo um verdadeiro "Sistema Único" de ações coletivas.

O Anteprojeto de Código Brasileiro de Processos Coletivo apresentado pelo IBDP ao Ministério da Justiça em 2008 traz no bojo de seu primeiro capítulo um rol sobremodo extenso de princípios,[163] muito embora consideremos que alguns deles não têm, efetivamente, tal natureza, mas a de simples regras procedimentais ou diretrizes de interpretação.

A iniciativa dos idealizadores do anteprojeto é louvável, pois o detalhamento principiológico em lei, inclusive ordinária, contribui para a reafirmação dos princípios aplicáveis à tutela coletiva. Não é excessivo lembrar que referidos interesses (coletivos) remetem, muitas vezes, a uma gama de direitos fundamentais, o que faz de seu regramento um fator decisivo na concretização destes.

A importância da previsão de princípios próprios decorre da função interpretativa atribuída a eles, mormente quando se está diante da instauração de um novo sistema, com uma filosofia própria, em busca da efetividade do provimento judicial e de uma tutela eficaz e diferenciada.

aqueles que se identificam à teoria geral do processo e também aqueles que emanam da ordem constitucional estabelecida são plenamente aplicáveis às ações coletivas.
163. "Art. 2º. São princípios da tutela jurisdicional coletiva: a) acesso à Justiça e à ordem jurídica justa; b) universalidade da jurisdição; c) participação pelo processo e no processo; d) tutela coletiva adequada; e) boa-fé e cooperação das partes e de seus cooperadores; f) cooperação dos órgãos públicos na produção da prova; g) economia processual; h) instrumentalidade das formas; i) ativismo judicial; j) flexibilização da técnica processual; l) dinâmica do ônus da prova; m) intervenção do Ministério Público em casos de relevante interesse social; n) não taxatividade da ação coletiva; o) ampla divulgação da demanda e dos atos processuais; p) indisponibilidade temperada da ação coletiva; q) continuidade da ação coletiva; r) obrigatoriedade do cumprimento e da execução da sentença; s) extensão subjetiva da coisa julgada, coisa julgada *secundum eventum litis* e *secundum probationem*; t) reparação dos danos materiais e morais; u) aplicação residual do Código de Processo Civil; v) proporcionalidade e racionalidade."

De fato, conforme pondera Elton Venturi: "'Extrair os princípios que informam e fundamentam a sistemática do processo coletivo, contudo, constitui tarefa logicamente antecedente a qualquer outra indagação em matéria de tutela de direitos difusos, coletivos e individuais homogêneos. Não obstante, tal missão parece não ter adquirido o devido destaque, ao menos em termos científico-doutrinários, talvez por decorrência de as ações serem fenômeno recente em nosso ordenamento jurídico, daí se aludindo à formação de uma 'sistemática do processo coletivo', a qual, segundo já se apregoa, deverá ser objeto de um novo enfoque por parte dos estudiosos do direito processual'".[164]

Em outros termos, a existência de princípios próprios representa a emancipação e a libertação de um sistema que precisa ser reconhecido e valorizado em um sistema normativo. O mundo todo está se preparando e modelando seus sistemas de tutela metaindividual, e no Brasil, que já tem um modelo sólido, isso não é diferente, mas – vale frisar – o sistema ideal de tutela coletiva exige princípios próprios para que possa, finalmente, se libertar dos antigos dogmas da tutela jurídica individual.

Essa necessidade contribuiu para a elaboração de uma segunda tentativa de regulação legal, qual seja, a do Projeto de Lei 5.139/2009, o qual, por sua vez, adota como princípios próprios: "I – amplo acesso à Justiça e participação social; II – duração razoável do processo, com prioridade no seu processamento em todas as instâncias; III – isonomia, economia processual, flexibilidade procedimental e máxima eficácia; IV – tutela coletiva adequada, com efetiva precaução, prevenção e reparação dos danos materiais e morais, individuais e coletivos, bem como punição pelo enriquecimento ilícito; V – motivação específica de todas as decisões judiciais, notadamente quanto aos conceitos indeterminados; VI – publicidade e divulgação ampla dos atos processuais que interessem à comunidade; VII – dever de colaboração de todos, inclusive pessoas jurídicas públicas e privadas, na produção das provas, no cumprimento das decisões judiciais e na efetividade da tutela coletiva; VIII – exigência permanente de boa-fé, lealdade e responsabilidade das partes, dos procuradores e de todos aqueles que de qualquer forma participem do processo; IX – preferência da execução coletiva" (art. 3º).

Já no campo doutrinário encontramos divergência no cenário brasileiro quanto à nomenclatura e até mesmo sobre a enumeração de uma

---

164. Elton Venturi, *Processo Civil Coletivo (A Tutela Jurisdicional dos Direitos Difusos, Coletivos e Individuais Homogêneos no Brasil – Perspectivas de um Código Brasileiro de Processos Coletivos)*, cit., p. 133.

principiologia processual coletiva. E dentre os juristas contemporâneos que conjugam seus esforços no sentido de afirmá-la destacamos ao menos quatro de crucial contribuição científica, a saber: Fredie Didier Jr. e Hermes Zaneti Jr.,[165] Gregório Assagra de Almeida[166] e Elton Venturi.[167] Não obstante a divergência *retro*, podemos identificar a existência de um cerne fixo que desponta como verdadeiro norte para a ciência processual coletiva – conteúdo, este, que doravante passaremos a explicitar.

1.3.2.1 *Princípio do interesse jurisdicional no conhecimento do mérito do processo coletivo*

Apregoa o art. 5º, XXXV, da CF de 1988 que "a lei não excluirá da apreciação do Poder Judiciário lesão ou ameaça a direito". Para Gregó-

165. Destacamos a principiologia elencada na obra conjunta de Fredie Didier Jr. e Hermes Zaneti Jr. (*Curso de Direito Processual Civil*, cit., 1ª ed., vol. 4 ("Processo Coletivo"), pp. 110-128), a saber: acesso à Justiça, universalidade da jurisdição, primazia da tutela coletiva adequada, participação, contraditório, ativismo judicial, economia processual, instrumentalidade substancial das formas, interesse jurisdicional no conhecimento do mérito do processo coletivo, ampla divulgação da demanda e informação aos órgãos competentes, extensão subjetiva da coisa julgada *secundum eventum litis*, transporte *in utilibus* da coisa julgada coletiva, indisponibilidade temperada da demanda coletiva, obrigatoriedade da demanda coletiva executiva, subsidiariedade do Código de Processo Civil ou aplicação residual, não taxatividade ou atipicidade da ação coletiva, adequada representação e controle judicial da legitimação nos processos coletivos.

166. Em sua obra intitulada *Direito Processual Coletivo Brasileiro: um Novo Ramo do Direito Processual*, editada em São Paulo pela Saraiva nos idos de 2003 (cit., pp. 570-578), Gregório Assagra de Almeida revela os princípios do interesse jurisdicional no conhecimento do mérito coletivo, da máxima prioridade jurisdicional na tutela coletiva, da disponibilidade motivada da ação coletiva, da presunção da legitimidade *ad causam* ativa pela afirmação do direito, da não taxatividade da ação coletiva, do máximo benefício da tutela jurisdicional coletiva comum, da máxima efetividade do processo coletivo, da máxima amplitude da tutela jurisdicional coletiva comum e da obrigatoriedade da execução coletiva pelo Ministério Público.

167. Elton Venturi (*Processo Civil Coletivo (A Tutela Jurisdicional dos Direitos Difusos, Coletivos e Individuais Homogêneos no Brasil. Perspectivas de um Código Brasileiro de Processos Coletivos)*, cit., pp. 133 e ss.) aponta os seguintes princípios: inafastabilidade da prestação jurisdicional coletiva (cf. art. 5º, XXXV, da CF, segundo o qual "a lei não excluirá da apreciação do Poder Judiciário lesão ou ameaça a direito"); tutela jurisdicional coletiva diferenciada; devido processo social (releitura do princípio do devido processo legal sob o prisma da realização social, e que encontra também lastro na legislação civil, Decreto-lei 4.657/1942 – Lei de Introdução às Normas do Direito Brasileiro –, segundo o qual, "na aplicação[168] da lei, o juiz atenderá aos fins sociais a que ela se dirige e às exigências do bem comum"); absoluta instrumentalidade da tutela coletiva; e, por fim, o princípio da interpretação pragmática.

rio Assagra de Almeida: "Assim, como guardião dos direitos e garantias sociais fundamentais, o Poder Judiciário, no Estado Democrático de Direito, tem interesse em enfrentar o mérito do processo coletivo, de forma a que possa cumprir seu mais importante escopo: o de pacificar com justiça, na busca da efetivação dos valores democráticos. Com efeito, o Poder Judiciário deve flexibilizar os requisitos de admissibilidade processual, para enfrentar o mérito do processo coletivo e legitimar sua função social".[168]

Não é mais admissível que o Poder Judiciário fique preso em questões formais, muitas delas colhidas de uma filosofia liberal-individualista já superada e incompatível com o Estado Democrático de Direito, deixando de enfrentar o mérito, por exemplo, de uma ação coletiva cuja causa de pedir se fundamenta em improbidade administrativa ou em dano ao meio ambiente.[169]

Fredie Didier Jr. e Hermes Zaneti Jr.[170] elencam este mesmo princípio como primordial, acrescendo, ainda, outra noção correlata: a instrumentalidade substancial das formas. Com essa diretriz principiológica procura-se o aproveitamento máximo do processo coletivo; ou seja, os interesses em questão são de tamanha relevância, que cumpre antes flexibilizar os requisitos de admissibilidade processual e outros formalismos que extinguir o processo e, com isso, não enfrentar o mérito da ação. O objetivo colimado é a resolução do conflito coletivo para, assim, efetivar o comando jurídico postulado. Não obstante não haja qualquer disposição legal expressa nesse sentido, é possível depreender a compatibilidade desse princípio da análise sistêmica da legislação processual com a Constituição Federal – aliás, método, esse, de interpretação indispensável à tutela coletiva adequada e efetiva.

168. Gregório Assagra de Almeida, *Direito Processual Coletivo Brasileiro: um Novo Ramo do Direito Processual*, cit., p. 572.
169. Nos termos do art. 9º do Projeto de Lei 5.139/2009: "Não haverá extinção do processo coletivo por ausência das condições da ação ou de pressupostos processuais, sem que seja dada oportunidade de correção do vício em qualquer tempo ou grau de jurisdição ordinária ou extraordinária, inclusive com a substituição do autor coletivo, quando serão intimados pessoalmente o Ministério Público e, quando for o caso, a Defensoria Pública, sem prejuízo de ampla divulgação pelos meios de comunicação social, podendo qualquer legitimado adotar as providências cabíveis em prazo razoável a ser fixado pelo juiz".
170. Fredie Didier Jr. e Hermes Zaneti Jr., *Curso de Direito Processual Civil*, cit., 1ª ed., vol. 4 ("Processo Coletivo"), 2007.

Nesse ponto, um detalhe importante, que acaba por ratificar a adoção do princípio tratado no sistema brasileiro, consiste no repúdio à fase da certificação (*certification*), que ocorre no sistema norte-americano para a verificação da representatividade adequada, das condições da ação e dos pressupostos processuais.

De fato, o sistema processual brasileiro já contém um sistema de verificação preliminar de admissibilidade da ação, seja individual ou coletiva, com verificação das condições da ação e pressupostos processuais.

Por outro lado, o principal objetivo da certificação é a apuração da representatividade adequada do autor da ação, análise que não se coaduna com a sistemática brasileira, a qual contempla um rol de legitimados ativos, com presunção de aptidão e atributos para a tutela processual da coletividade.

Como se não bastasse, os operadores do Direito no Brasil não estão preparados – ao menos por ora – para realizar uma análise preliminar de natureza impeditiva, que representaria, inegavelmente, uma ameaça ao acesso à Justiça.[171]

1.3.2.2 Princípio da máxima prioridade da tutela jurisdicional coletiva

Referido princípio[172] resulta da supremacia do interesse social sobre o interesse individual e também decorre do art. 5º, § 1º, da CF de

---

171. No entanto, Antônio Gidi é adepto do acolhimento do instituto da *certificação* no Brasil: "O estudo das *class actions* norte-americanas demonstra a utilidade de prática de uma fase preliminar de certificação do processo coletivo, na qual o juiz analisará a presença dos requisitos processuais para o seu processamento na forma coletiva". Em seguida, afirma o autor que "no Direito Norte-Americano, antes que uma ação possa ser considerada em sua forma coletiva, o juiz deverá verificar se todos os requisitos processuais estão presentes. Essa decisão, que autoriza e dá estrutura à ação proposta, é chamada 'certificação' (*certification*). Trata-se de uma decisão fundamental dentro da sistemática processual coletiva norte-americana. Entre as questões mais importantes analisadas no momento da certificação de uma *class action* estão: a numerosidade, a questão comum, a tipicidade, a adequada representação, as hipóteses de cabimento, a predominância, superioridade, administrabilidade, a definição do grupo e a notificação" (Antônio Gidi, *Rumo a um Código de Processo Civil Coletivo: a Codificação das Ações Coletivas no Brasil*, cit., pp. 116-117).

172. Gregório Assagra de Almeida, *Direito Processual Coletivo Brasileiro: um Novo Ramo do Direito Processual*, cit., p. 573.

1988, que determina a aplicabilidade imediata das normas definidoras de direitos e garantias fundamentais.

A prioridade[173] advém da natureza dos bens envolvidos nas demandas coletivas. Por remeter a uma gama indeterminada ou indeterminável de sujeitos, urge resolver o mérito do modo mais célere possível, inclusive com a tramitação preferencial dos feitos coletivos. Ora, se é por intermédio do processo coletivo que se minimizam ou, então, se eliminam a pulverização e a multiplicação de processos e litígios individuais, é necessário dotar o procedimento de celeridade tal que o faça viável em relação à via individual. A prioridade de tramitação é uma das facetas mais importantes da principiologia coletiva, mormente quando consideramos a atual crise que o Poder Judiciário atravessa, a qual tem por origem o grande número de feitos que tramitam e a insuficiência de recursos materiais e de pessoal para análise e processamento dos mesmos.

Fredie Didier Jr. e Hermes Zaneti Jr.[174] falam em "universalidade da jurisdição" e "primazia da tutela coletiva adequada". Notamos que os autores acrescem um elemento inovador à noção de prioridade, não restrita ao aspecto preferencial da tramitação do feito coletivo. Na verdade, os autores vão além, postulando por uma primazia em sentido mais abrangente, que envolva a noção da tutela jurisdicional prestada e, ainda, afirmando ser necessário que a mesma seja adequada. Para eles, a finalidade contida no princípio da primazia só pode ser atingida a contento se partirmos da ótica dos "consumidores da Justiça", já que "a tutela coletiva, por melhorar o acesso efetivo ao Poder Judiciário para aqueles que por alguma deficiência de informação ou econômica antes ficariam alijados da tutela jurisdicional ou por ser mais concreta na efetivação dos direitos e deveres fundamentais coletivos, muitas vezes direitos novos, deve ser ela implementada, sempre que adequada à solução do problema".

173. Cumpre-nos zelar pelo rigor científico, motivo pelo qual faremos uma breve digressão a respeito da opção terminológica adotada. Os princípios da prioridade jurisdicional, do benefício da tutela jurisdicional, da efetividade do processo coletivo e da amplitude da tutela coletiva foram qualificados com a qualificadora "máxima" para reforçar seu sentido e seu alcance. Não queremos, com isso, afirmar que no âmbito individual estes princípios têm importância ou aplicação reduzida, ou até mesmo "mínima", mas, sim, que, tratando-se de direitos coletivos, sua aplicação e sua interpretação devem ser as máximas possíveis, lembrando que a proximidade entre esta gama metaindividual de direitos é grande em relação aos direitos fundamentais.

174. Fredie Didier Jr. e Hermes Zaneti Jr., *Curso de Direito Processual Civil*, cit., 1ª ed., vol. 4 ("Processo Coletivo"), p. 114.

A primazia envolve, porém, uma feição mais ampla,[175] de prevalência ou preferência não só na tramitação, mas também de opção no ajuizamento da ação coletiva em detrimento da individual, sob o argumento de que a fragmentação de litígios vai contra a sistemática ou principiologia do próprio Estado Constitucional Brasileiro; afinal, por que permitir a pulverização de conflitos se de um modo mais uniforme, seguro, homogêneo e econômico se pode obter a resolução da conflituosidade?

Por oportuno, vale a observação de que tramitava no Congresso Nacional o Projeto de Lei 5.139/2009, rejeitado em março/2010, que disciplinaria a nova ação civil pública, instituindo um verdadeiro "Sistema Único" de ações coletivas. Nesse projeto de lei, em seu art. 3º, encontrávamos elencada, pela primeira vez em nível legal, a principiologia processual coletiva. Dentre referidos princípios destacamos o inciso II, que estabelece a duração razoável do processo coletivo, *com prioridade no seu processamento em todas as instâncias*.

Não obstante a citada rejeição, subsiste, inegavelmente, esse princípio na atual arquitetura jurídica coletiva.

1.3.2.3 *Princípio da disponibilidade motivada da ação coletiva*

Com fulcro nesse princípio, impõe-se aos colegitimados ativos da ação coletiva o dever de controlar a desistência infundada e até mesmo o abandono da ação pelo autor da mesma.[176] Isso quer dizer que todo e qualquer legitimado – especialmente o Ministério Público e a Defensoria Pública, por suas funções constitucionais – deverá atentar para a efetivação do princípio da continuidade da demanda coletiva. Havendo desistência infundada, tais legitimados ativos, por representarem instituições democráticas especiais, deverão integrar a demanda como se autores fossem, assumindo, pois, a titularidade da ação.

---

175. Por exemplo, o Estatuto da Criança e do Adolescente, a partir da redação dada pela Lei 12.010/2009, prevê, como princípio a reger a aplicação das medidas, proteção integral e prioritária: "A interpretação e aplicação de toda e qualquer norma contida nesta Lei deve ser voltada à proteção integral e prioritária dos direitos de que crianças e adolescentes são titulares" (art. 100, parágrafo único, II). Notamos que a proteção à criança e ao adolescente requer uma "atenção diferenciada", em toda e qualquer instância, órgão, entidade ou instituição.

176. LACP, art. 5º, § 3º: "Em caso de desistência infundada ou abandono da ação por associação legitimada, o Ministério Público ou outro legitimado assumirá a titularidade ativa".

Com a mesma pretensão, exige a lei que o membro do Ministério Público submeta o arquivamento do inquérito civil a homologação perante o órgão superior, devendo fazê-lo de forma fundamentada: "Se o órgão do Ministério Público, esgotadas todas as diligências, se convencer da inexistência de fundamento para a propositura da ação civil, promoverá o arquivamento dos autos do inquérito civil ou das peças informativas, fazendo-o fundamentadamente" (art. 9º, *caput*, da LACP).[177]

Segundo Gregório Assagra de Almeida, "esse princípio, além de ter fundamento em texto expresso de lei, justifica-se tendo em vista o interesse social sempre presente nas ações coletivas, mesmo as que visam a tutelar direitos individuais homogêneos".[178] Continua o mencionado autor afirmando que em sede de ação coletiva especial (ações de controle concentrado de constitucionalidade) vigora o princípio da indesistibilidade da ação (arts. 5º e 16 da Lei 9.868/1999).

Outros juristas – tais como Fredie Didier Jr. e Hermes Zaneti Jr. – denominam esse princípio como sendo o da indisponibilidade temperada da demanda coletiva cognitiva e/ou da continuidade da demanda coletiva. Para eles, "diferentemente do processo individual, no qual está

177. A respeito, importante o teor da Súmula 12 do CSMP: "Sujeita-se à homologação do Conselho Superior qualquer promoção de arquivamento de inquérito civil ou de peças de informação, bem como o indeferimento de representação, desde que contenha peças de informação alusivas à defesa de interesses difusos, coletivos ou individuais homogêneos". *Fundamento*: a Lei federal 7.347/1985 confere ao CSMP a revisão necessária de qualquer arquivamento de inquérito civil ou de peças de informação que impeçam a propositura de ação civil pública a cargo do órgão do Ministério Público (Pt. 33.582/1993; art. 9º e § 1º da Lei 7.347/1985).O § 1º do art. 9º da Lei 7.347/1985 determina que o arquivamento de peças de informação deve ser submetido a reexame do CSMP. Contudo, as peças de informação ali referidas devem corresponder a fatos concretos relacionados à violação de interesse difuso, coletivo ou individual homogêneo que enseje investigação determinada. Meras comunicações às Promotorias de Justiça, sem referência a fatos de concretude definida, ensejam mera ciência do(s) órgão(s) de execução, que, não vislumbrando a necessidade de investigação ou diligências, devem ser arquivadas na própria Promotoria de Justiça, a cargo de sua Secretaria, para eventual consulta futura. Ainda no entendimento sumular do Conselho Superior do Ministério Público de São Paulo (Súmula 25): "Não há intervenção do Conselho Superior do Ministério Público quando a transação for promovida pelo promotor de justiça no curso de ação civil pública ou coletiva". *Fundamento*: o controle, na hipótese aludida, não é administrativo, tal como ocorre no caso de arquivamento de inquérito civil (art. 9º, § 3º, da Lei 7.347/1985), porém, jurisdicional, consistente na homologação por sentença do juízo.

178. Gregório Assagra de Almeida, *Direito Processual Coletivo Brasileiro: um Novo Ramo do Direito Processual*, cit., p. 574.

presente a *facultas agendi*, característica do direito subjetivo individual, o processo coletivo vem contaminado pela ideia de indisponibilidade do interesse público".[179]

1.3.2.4 Princípio da presunção de legitimidade ativa pela afirmação do direito

O princípio da presunção da legitimidade *ad causam* ativa pela afirmação do direito decorre de expressa previsão legal.[180] E mais: trata-se de previsão constitucional.

Diferentemente do que ocorre nos Estados Unidos da América, cuja *class action* não tem um rol legal de legitimados, mas uma ampla legitimação ativa, desde que adequada e fiscalizada, no Brasil há uma relação de entes públicos e privados autorizados a demandar coletivamente, alguns com exigências específicas, mas sem necessidade de prévio juízo de adequação da representatividade, pois vige uma espécie de presunção de legitimidade, capacidade e condições à promoção da tutela coletiva.

Por exemplo, o art. 127, *caput*, da CF de 1988 estabelece que "o Ministério Público é instituição permanente, essencial à função jurisdicional do Estado, incumbindo-lhe a defesa da ordem jurídica, do regime democrático e dos interesses sociais e individuais indisponíveis". Trata-se, assim, de legitimidade institucional,[181] por meio da qual se permite a atuação do órgão ministerial sempre que um direito ou interesse social estiver envolvido. Interpretando referido dispositivo c/c o art. 129, III, da CF de 1988, o qual estabelece a legitimidade do Ministério Público para defender, via ação civil pública, todo e qualquer interesse ou direito difuso ou coletivo, podemos inferir que a legitimidade do Ministério Público é, então, presumida – ou seja, basta que um interesse seja coletivo (*lato sensu*) para que a atuação do Ministério Público seja legítima.[182]

---

179. Fredie Didier Jr. e Hermes Zaneti Jr., *Curso de Direito Processual Civil*, cit., 1ª ed., vol. 4 ("Processo Coletivo"), p. 124.

180. Importante observar que um importante instrumento para a afirmação do direito é a fiscalização que se realiza nos procedimentos administrativos e judiciais sobre o manejo dessa legitimidade. No âmbito administrativo essa fiscalização fica a cargo dos órgãos institucionais superiores (exemplo: CSMP). No âmbito judicial são os juízes e os tribunais que a realizam.

181. Gregório de Assagra Almeida, *Direito Processual Coletivo Brasileiro: um Novo Ramo do Direito Processual*, cit., p. 574.

182. Sobre a legitimidade processual ativa do Ministério Público manifestou-se o STJ:

O alcance dessa norma não pode ser outro que não o de amparar de modo amplo todas as situações que interessem à coletividade. Nesses casos, presume-se como legítima – e, portanto, válida, necessária, coerente – a atuação do órgão ministerial. Note-se que referida presunção permite que o magistrado e o próprio processo sirvam antes à solução da lide e concretização do direito e interesse envolvido que como vantagem processual institucional. Com isso, prima-se pela afirmação do direito – fato, este, que translocará o objeto de análise do procedimento para o efetivo objeto da ação.

A legislação infraconstitucional também traz dispositivos análogos – como, por exemplo, a Lei Complementar 132, de 7.10.2009, que, em seu art. 4º, VII, elenca dentre as funções institucionais da Defensoria Pública a promoção de ação civil pública e todas as espécies de ações capazes de propiciar a adequada tutela dos direitos difusos, coletivos ou individuais homogêneos quando o resultado da demanda puder beneficiar grupo de pessoas hipossuficientes. Ora, basta, então, haver um possível benefício, direto ou indireto, ao grupo de pessoas hipossuficientes para que a atuação da Defensoria seja legítima – portanto, presumida.[183]

Esse princípio contribui e é pressuposto de realização do princípio do interesse jurisdicional no conhecimento do mérito do processo coletivo, já que estabelece ou evidencia o real interesse do Estado Democrático de Direito Brasileiro: conhecer a ação coletiva e, no mérito,

---

"O Ministério Público tem legitimidade processual extraordinária para, em substituição às vítimas de acidentes, pleitear o ressarcimento de indenizações devidas pelo sistema do Seguro Obrigatório de Danos Pessoais/DPVAT, mas pagas a menor.

"A alegada origem comum a violar direitos pertencentes a um número determinado de pessoas, ligadas por esta circunstância de fato, revela o caráter homogêneo dos interesses individuais em jogo – Inteligência do art. 81 do CDC.

"Os interesses individuais homogêneos são considerados relevantes por si mesmos, sendo desnecessária a comprovação desta relevância – Precedentes.

"Pedido, ademais, cumulado com o de ressarcimento de danos morais coletivos, figura que, em cognição sumária não exauriente, revela a pretensão à tutela de direito difuso, em relação à qual o Ministério Público tem notórios interesse e legitimidade processual.

"Recurso especial conhecido e provido" (STJ, 3ª Turma, REsp 797.963-GO, rela. Min. Nancy Andrighi, j. 7.2.2008, DJe 5.3.2008).

183. Referido artigo traz, ainda, no inciso XI, o exercício da defesa dos interesses individuais e coletivos da criança e do adolescente, do idoso, da pessoa portadora de necessidades especiais, da mulher vítima de violência doméstica e familiar e de outros grupos sociais vulneráveis que mereçam proteção especial do Estado.

dizer o Direito, independentemente do órgão ou pessoa que leve a juízo a demanda coletiva.

1.3.2.5 Princípio da não taxatividade ou da atipicidade da ação coletiva

Depreende-se tal princípio da análise lógica dos arts. 1º, IV, da LACP e 83 do CDC, que admitem, para a defesa dos direitos coletivos em sentido amplo, todas as espécies de ações a propiciar sua adequada e efetiva tutela. Em outros termos, há uma não taxatividade do direito material coletivo (art. 1º, IV, da LACP) bem como uma não taxatividade da própria tutela processual coletiva (art. 83 do CDC).

Quanto a essa variabilidade da tutela coletiva já se manifestou o STJ, ao admitir a adoção das medidas previstas na Lei de Improbidade Administrativa no bojo da ação civil pública: "A probidade administrativa é consectário da moralidade administrativa, anseio popular e, *a fortiori*, difuso. A característica da ação civil pública está, exatamente, no seu objeto difuso, que viabiliza multifária legitimação, dentre outras a do Ministério Público como o mais adequado órgão de tutela, intermediário entre o Estado e o cidadão. A Lei de Improbidade Administrativa, em essência, não é lei de ritos senão substancial, ao enumerar condutas *contra legem*, sua exegese e sanções correspondentes. Considerando o cânone de que a todo direito corresponde um ação que o assegura, é lícito que o interesse difuso à probidade administrativa seja veiculado por meio da ação civil pública, máxime porque a conduta do prefeito interessa a toda a comunidade local, mercê de a eficácia *erga omnes* da decisão aproveitar aos demais munícipes, poupando-lhes novéis demandas. As consequências da ação civil pública quanto ao provimento jurisdicional não inibem a eficácia da sentença que pode obedecer à classificação quinária ou trinária das sentenças. *A fortiori, a ação civil pública pode gerar comando condenatório, declaratório, constitutivo, autoexecutável ou mandamental*"[184] (grifos nossos).

---

184. STJ, REsp 510.150-MA, rel. Min. Luiz Fux, j. 17.2.2004. Aliás, em outro julgado, com acórdão da mesma relatoria, o STJ manifestou-se pela possibilidade de o pedido típico da ação popular ser veiculado em ação civil pública: "Hodiernamente, após a constatação da importância e dos inconvenientes da legitimação isolada do cidadão, não há mais lugar para o veto da *legitimatio ad causam* do Ministério Público para a ação popular, a ação civil pública ou o mandado de segurança coletivo. Os interesses mencionados na Lei da Ação Civil Pública acaso se encontrem sob iminência de lesão por ato abusivo da autoridade podem ser tutelados pelo *mandamus*

Em outra ocasião reafirmou o STJ a possibilidade de tutelas coletivas variadas: "A ação civil pública destina-se a conferir integral tutela aos direitos transindividuais (difusos e coletivos) e, com essa finalidade, comporta não apenas os provimentos jurisdicionais expressamente previstos na Lei n. 7.347/1985, como também qualquer outro, hoje disponível em nosso sistema de processo, que for considerado necessário e adequado à defesa dos referidos direitos, quando ameaçados ou violados. Com fundamento no art. 129, III, da Constituição, o Ministério Público está legitimado a promover ação civil pública, além de outras finalidades, 'para a proteção do patrimônio público e social', o que inclui certamente a possibilidade de postular tutela de natureza constitutivo-negativa de atos jurídicos que acarretem lesão ao referido patrimônio".[185]

Conclui-se, desta feita, ser incabível toda e qualquer tentativa de limitar o cabimento das ações coletivas, seja por meio da restrição de seu objeto ou até mesmo dos pedidos ou formas de tutela jurisdicional acionável. Com isso, o legislador conferiu ao instrumento coletivo o respaldo necessário para alcançar toda a sua potência originária, ampa-

---

coletivo. No mesmo sentido, se a lesividade ou a ilegalidade do ato administrativo atingem o interesse difuso, passível é a propositura da ação civil pública fazendo as vezes de uma ação popular multilegitimária. As modernas leis de tutela dos interesses difusos completam a definição dos interesses que protegem. Assim é que a Lei da Ação Popular define o patrimônio e a Lei da Ação Civil Pública dilargou-o, abarcando áreas antes deixadas ao desabrigo, como o patrimônio histórico, estético, moral etc. A moralidade administrativa e seus desvios, com consequências patrimoniais para o erário público, enquadram-se na categoria dos interesses difusos, habilitando o Ministério Público a demandar em juízo acerca dos mesmos" (STJ, REsp 427.140-RO, rel. Min. Luiz Fux, j. 20.5.2003).

185. STJ, REsp 592.693-MT, rel. Min. Teori Albino Zavascki, j. 7.8.2007. E brilhante voto, assim pondera o Ministro-Relator: "Quanto à alegada violação aos arts. 1º e 3º da Lei n. 7.347/1985, fundada no entendimento de que a ação civil pública não se presta ao pedido de declaração de nulidade de ato tido por ilegal, não prospera a irresignação dos recorrentes. Conforme tivemos oportunidade de assinalar em sede doutrinária, 'a ação civil pública é procedimento moldado à natureza dos direitos e interesses que se destina a tutelar: direitos transindividuais (difusos e coletivos). *A variedade e a amplitude das pretensões que nela podem ser requeridas são identificáveis por exame sistemático das disposições normativas antes referidas, especialmente as da Lei n. 7.347/1985, devendo-se evitar, com especial cuidado, interpretações isoladas e literais de seus dispositivos.* Assim, a teor do art. 1º da citada lei, a ação civil pública é via apta a deduzir pretensões decorrentes de responsabilidade por danos morais e patrimoniais causados ao meio ambiente, ao consumidor, a bens e direitos de valor artístico, estético, histórico, turístico e paisagístico, por infração da ordem econômica e da economia popular, à ordem urbanística e, em geral, a qualquer outro interesse difuso e coletivo'" (grifos nossos).

rando adequada e efetivamente toda e qualquer pretensão coletiva (ação declaratória, ação constitutiva e ação condenatória – de tutela, de tutela de remoção do ilícito, de tutela reintegratória e de tutela ressarcitória; em outro sentido, ação de conhecimento, de execução e cautelar[186]). Assim,

186. Por exemplo, entendemos que é cabível ação civil pública cautelar de interpelação (art. 867 do CPC), em face do Poder Público, para fins de evitar a insuficiência orçamentária em eventual demanda futura, seja ela individual, seja ela coletiva, no tocante à obrigação de implementação de políticas públicas em benefício da criança e do adolescente. A tese em tela tem por objetivo evitar a insuficiência orçamentária para a necessária implementação de políticas públicas em benefício da criança e do adolescente, cujas obrigações estatais foram reafirmadas pela Lei 12.010/2009. De fato, tal norma promove alterações no Estatuto da Criança e do Adolescente e, dentre outras virtudes, ratifica a responsabilidade estatal, das três esferas de governo, em obrigação solidária, no tocante à promoção da criança e adolescente. Ocorre que muitas vezes, para se eximir dessa responsabilidade, o Poder Público demandado alega falta de previsão orçamentária.

Porém, uma vez interpelados tempestivamente, não podem o Município, o Estado ou a União justificar ou se eximir de sua responsabilidade em razão da insuficiência de recursos orçamentários, e os efeitos dessa medida são aplicáveis em qualquer espécie de ações de obrigação de fazer em face dos interpelados, sejam individuais, sejam coletivas.

Em tese, a ação cautelar de interpelação tem por objetivo alertar o devedor o devedor ou o obrigado sobre determinado fato vinculado ao cumprimento de sua obrigação, com o fim de mitigar suas excludentes em eventual inadimplemento ou simplesmente constituí-lo em mora. Segundo dispõe o Código de Processo Civil: "Todo aquele que desejar prevenir responsabilidade, prover a conservação e ressalva de seus direitos ou manifestar qualquer intenção de modo formal, poderá fazer por escrito o seu protesto, em petição dirigida ao juiz, e requerer que do mesmo se intime a quem de direito" (art. 867). Por outro lado, a Lei 12.010/2009 altera o Estatuto da Criança e do Adolescente, para exigir previsão orçamentária no sentido de viabilizar a execução de políticas públicas em defesa da criança e do adolescente: "Os recursos destinados à implementação e manutenção dos programas relacionados neste artigo serão previstos nas dotações orçamentárias dos órgãos públicos encarregados das áreas de Educação, Saúde e Assistência Social, dentre outros, observando-se o princípio da prioridade absoluta à criança e ao adolescente preconizado pelo *caput* do art. 227 da Constituição Federal e pelo *caput* e parágrafo único do art. 4º desta Lei" (art. 90, § 2º, do ECA).

Vale a pena, por oportuno, expor os dispositivos que exigem a proteção, pelo Poder Público, da criança e do adolescente, em todos os seus aspectos. Aliás, a Convenção Americana sobre Direitos Humanos prevê, em seu art. 19, que "toda criança terá direito às medidas de proteção que a sua condição de menor requer, por parte de sua família, da sociedade e do Estado".

Em suma, a ação civil pública cautelar de interpelação tem por objetivo subtrair do Poder Público a justificativa de sua omissão ou a excludente de sua responsabilidade em razão de eventual insuficiência orçamentária, pois, com a medida, ele foi tempestivamente notificado a fazer as necessárias adequações na proposta de oras ações coletivas são dotadas de uma potência dinâmica de adaptação aos casos que forem surgindo e aos processos e ações que forem sendo concebidos pelo ordenamento e pela prática jurídica.

Especificamente no que toca à não taxatividade do direito material coletivo (art. 1º, IV, da LACP), vale a pena o destaque ao acolhimento do dano moral coletivo pelo STJ,[187] não obstante a questão ainda estar longe de pacificação no bojo daquela Corte de Justiça, principalmente entre as 1ª e 2ª Turmas: "O dano moral coletivo, assim entendido o que é transindividual e atinge uma classe específica ou não de pessoas, é passível de comprovação pela presença de prejuízo à imagem e à moral coletiva dos indivíduos enquanto síntese das individualidades percebidas como segmento, derivado de uma mesma relação jurídica base. O dano extrapatrimonial coletivo prescinde da comprovação de dor, de sofrimento e de abalo psicológico, suscetíveis de apreciação na esfera do indivíduo, mas inaplicável aos interesses difusos e coletivos. Na espécie, o dano coletivo apontado foi a submissão dos idosos a procedimento de cadastramento para o gozo do benefício do passe livre, cujo deslocamento foi custeado pelos interessados, quando o Estatuto do Idoso, art. 39, § 1º, exige apenas a apresentação de documento de identidade – Conduta da empresa de viação injurídica se considerado o sistema normativo".

Portanto, de forma louvável, acolhe o STJ a possibilidade de agressão moral à coletividade, cuja lesão, de fato, não precisa estar necessariamente ligada à ideia de dor ou sofrimento, mas pode se referir a agressões a bens imateriais diversos daquela sociedade – como, por exemplo, ocorreria com a demolição de tradicional prédio histórico de determinada cidade ou vila, dentre outros casos.[188]

çamento anual para a implementação de futuras medidas em favor dessa juventude. Se não o fez, não pode se esconder por detrás dessa omissão, pois, afinal, *ninguém pode se beneficiar de sua torpeza*.
187. STJ, 2ª Turma, REsp 1.057.274-RS, rela. Min. Eliana Calmon, j. 1.12.2009.
188. Nesse ponto, vale a pena tecermos algumas observações quanto à prescrição nas ações coletivas, principalmente quando o dano for contínuo. Em nosso entender, o prazo prescricional das pretensões coletivas para a propositura de ação civil pública ou outra ação coletiva somente começa a correr com o fim da continuidade do ato ilícito ou do dano. De fato, há casos de danos à coletividade que se prolongam no tempo, cujos prejuízos são contínuos. Nessas hipóteses, como o dano não findou, por isso, não nasce a prescrição da pretensão condenatória coletiva.
Em regra, o prazo prescricional para ações coletivas é de cinco anos (STJ, REsp 1.070.896-SC, rel. Min. Luís Felipe Salomão, j. 14.4.2010). Ocorre que, por

1.3.2.6 Princípio do máximo benefício da tutela jurisdicional coletiva

O princípio do máximo benefício da tutela jurisdicional coletiva corrobora o verdadeiro espírito do direito processual coletivo, como bem observa Gregório Assagra de Almeida: "Por meio da tutela jurisdicional coletiva busca-se resolver em um só processo um grande conflito social ou vários conflitos individuais, unidos pelo vínculo da homogeneidade. Evita-se, assim, a proliferação de ações individuais e a ocorrência de situações sociais conflitivas que possam gerar desequilíbrio e insegurança na sociedade".[189]

Gregório Assagra de Almeida continua seu raciocínio evidenciando a existência de um *superdireito processual coletivo*, inserido no art. 103 do CDC. O § 3º desse dispositivo estabelece que os efeitos da coisa

---

total negligência ou inércia de empresas construtoras ou fornecedoras de produtos ou do próprio Poder Público, a coletividade acaba arcando com os prejuízos, que muitas vezes se prolongam e se multiplicam no decorrer do tempo.

Imaginem a construção de um conjunto habitacional, por determinada empresa construtora, em solo inadequado ou sobre um cupinzeiro, sem as devidas cautelas de engenharia ou estudos específicos acerca das condições daquela área. Pensem, ainda, em um constante expurgo de substâncias tóxicas, no decorrer dos anos, em determinado rio ou lago. Pois bem, tais exemplos demonstram que danos sérios à coletividade podem ser contínuos no decorrer dos anos. Nessas hipóteses, segundo a tese ora exposta, sequer se inicia o prazo prescricional para eventuais demandas coletivas. De fato, se o dano é contínuo e permanente, embora tenha iniciado há anos, não cessou.

Teoricamente, a doutrina civilista define a prescrição como a extinção do direito de ação, que, por sua vez, representa o exercício de uma pretensão em juízo. A pretensão, a seu turno, nasce com a ocorrência e a definição de um dano. Nesses casos sequer nasceu a pretensão, uma vez que o dano não se definiu completamente.

Aliás, é essa a intenção do legislador quando diz que, no caso de condição suspensiva, não corre a prescrição (art. 199, I, do CC). É muito lógica tal norma, pois como poderíamos dizer que está extinto o direito de ação quando ele ainda nem teria nascido?

Como se não bastasse, cabível utilizarmos o instituto do crime permanente, do direito penal, para confirmar a não ocorrência da prescrição enquanto não cessada a ação danosa. O art. 111, III, do CP prevê que a prescrição nos crimes permanentes começa a correr no dia em que cessou a permanência. Portanto, não deve ser diferente na esfera cível. Isto porque a ação reparatória somente é exigível quando encerrada a ação danosa. Assim, para os danos permanentes, duradouros, pode-se dizer que a prescrição não tem início enquanto não cessados os efeitos da ação ilícita causadora do dano.

189. Gregório Assagra de Almeida, *Direito Processual Coletivo Brasileiro: um Novo Ramo do Direito Processual*, cit., p. 576.

julgada de que cuida o art. 16 do CDC, em sua combinação com o art. 13 da LACP, estabelecem a extensão *in utilibus* da imutabilidade do comando emergente do conteúdo da decisão de procedência do pedido da ação coletiva. Nesse sentido, infere-se que o resultado e até mesmo a tramitação de uma ação coletiva devem sempre ser aproveitados o máximo possível sempre que disso depender a maior realização do direito ou interesse envolvido, visando a efetivá-lo, conforme será discutido na subseção seguinte.

Fredie Didier Jr. e Hermes Zanet Jr.[190] inserem o princípio do máximo benefício da tutela jurisdicional coletiva no da extensão subjetiva da coisa julgada *secundum eventum litis* e do transporte *in utilibus* para pretensões individuais. Segundo os juristas, os processos coletivos não prejudicarão os titulares de direitos individuais, somente os beneficiarão. Dessa maneira, permite-se que o indivíduo possa, querendo, utilizar a sentença coletiva em seu benefício, sendo que se limitará a proceder à liquidação e à execução de seu crédito. Nas suas palavras: "Este princípio decorre da maior amplitude da cognição na demanda coletiva, já que se pressupõe que neste âmbito haverá, além de forte ativismo judicial em matéria probatória, uma defesa mais intensa por parte dos legitimados passivos e um maior empenho do legitimado ativo atuando como substituto processual".[191]

Por derradeiro, deve-se destacar que o máximo benefício da tutela coletiva fundamenta-se na função que ela cumpre no sistema jurisdicional pátrio. Ou seja: quanto maior a importância social dessa forma de tutela, maior deve ser sua eficácia. Nesse sentido, pondera Rodolfo de Camargo Mancuso: "A resposta judiciária unitária e isonômica, que o processo coletivo pode proporcionar, é particularmente necessária em campos naturalmente propícios a conflitos de largo espectro, envolvendo número expressivo de sujeitos indeterminados, como nas searas ambiental, consumerista, de ordem econômica, infância e juventude, patrimônio público etc. Em simetria com a latitude do objeto litigioso, a decisão projetará eficácia *erga omnes* ou ao menos *ultra partes* (*v.g.*, Lei 7.347/1985, art. 16; Lei 4.717/1965, art. 18; Lei 8.078/1990, art. 103 e incisos), a par do antes referido transporte, *in utilibus*, da coisa julgada coletiva para o âmbito das demandas individuais. Desse modo,

---

190. Fredie Didier Jr. e Hermes Zaneti Jr., *Curso de Direito Processual Civil*, cit., 1ª ed., vol. 4 ("Processo Coletivo"), pp. 123-124.

191. Idem, p. 124.

v.g., a afirmação de que o tabagismo é prejudicial à saúde, posta como causa de pedir numa ação coletiva movida contra indústrias fumígeras, virá examinada pelo Judiciário em apenas um processo, cujo julgamento também servirá como paradigma para a resolução das ações individuais concernentes ao tema, operando, outrossim, como elemento de contenção ou de prevenção de outras ações coletivas sobre o mesmo *thema decidendum*, a teor do parágrafo único do art. 2º da Lei 7.347/1985: 'A propositura da ação prevenirá a jurisdição do juízo para todas as ações posteriormente intentadas que possuam a mesma causa de pedir ou o mesmo objeto'".[192]

Portanto, pensamos que a extensão da eficácia de determinada tutela é diretamente proporcional ao seu benefício social. Quanto maior for o número de beneficiados, maior deve ser sua eficácia.[193]

1.3.2.7 Princípio da máxima efetividade do processo coletivo

Desta feita, outro não poderia ser o intuito dessa Ciência processual que efetivar, em termos reais, concretos, materiais, tanto o processo como também o direito coletivo em questão. O processo coletivo deve se revestir de instrumentos tais que lhe permitam efetivar o direito, nas suas mais variadas formas e conforme sua evolução.[194] Para tanto, crucial é

---

192. Rodolfo de Camargo Mancuso, *A Resolução dos Conflitos e a Função Judicial no Contemporâneo Estado de Direito*, cit., p. 82.

193. Aliás, segundo Mancuso: "Efetivamente, pode-se afirmar que o processo coletivo, a par de outras virtudes antes delineadas, é ainda fator de *inclusão social*, nisso que credencia certos entes exponenciais – Ministério Público, associações, órgãos públicos, entes políticos – a portarem em juízo pretensões concernentes a vastas comunidades, empolgando interesses metaindividuais (defesa do consumidor, tutela do patrimônio público, preservação do meio ambiente) que, de outro modo, ou bem ficariam desprovidos de tutela pronta e eficaz (liminares, antecipação de tutela), ou ficariam a depender de providências de outros Poderes, ordinariamente sujeitas a trâmites intrincados e condicionadas pelo ambiente político do momento; ou, ainda, num panorama indesejável, tais megaconflitos viriam pulverizados em multifárias demandas individuais. O antídoto para esse sombrio ambiente consiste no reconhecimento de um vero *interesse social* no encaminhamento dos conflitos de largo espectro para o plano processual coletivo" (*A Resolução dos Conflitos e a Função Judicial no Contemporâneo Estado de Direito*, cit., pp. 334-335).

194. Mancuso traça importante linha de raciocínio entre o contexto social e a jurisdição: "O acesso crescente dos conflitos metaindividuais à Justiça, insuflado pela explosão de litigiosidade prenunciada por Mauro Cappelletti no último quartel do século passado, acabou por afetar e transformar os três pilares em que se assenta o processo civil: (i) a ação se otimizou, ganhando aderência aos impactantes con-

a realização de tantos e quantos atos bastem para alcançar a verdade e, nesse sentido, concretizar o interesse coletivo, via de regra pertencente à categoria dos direitos fundamentais. "O interesse social, sempre presente nas ações coletivas, impõe essa efetividade do processo coletivo. Esse princípio está implícito no art. 5º, XXXV da CF, que garante o acesso à Justiça; no mesmo art. 5º, § 1º, ao determinar a aplicabilidade imediata das normas definidoras de direitos e garantias fundamentais; e no art. 83 do CDC, em sua combinação com o art. 21 da LACP. Com base nesse princípio, o aplicador do Direito deverá se valer de todos os instrumentos e meios necessários e eficazes – decorrentes do princípio da máxima amplitude da tutela jurisdicional coletiva – para que o processo coletivo seja realmente efetivo."[195]

É com base nessa premissa, de efetivação máxima do processo coletivo, que entendemos residir o ativismo judicial; e, decorrente dele ou nele inserido, o Poder Judiciário tem, no processo coletivo, poderes instrutórios amplos e deve atuar independentemente da iniciativa das partes, para a busca da verdade processual. É claro que referidos poderes não são ilimitados; antes, encontram margem no próprio texto constitucional (como, *v.g.*, o contraditório – art. 5º, LV, da CF; a fundamentação de todas as decisões judiciais – art. 93, IX, da CF).

Essa ampliação dos poderes do juiz, que lhe confere papel de verdadeiro protagonista no processo, não é ignorada por Ada Pellegrini Grino-

---

flitos sociais de largo espectro, indo muito além das lides intersubjetivas, para já agora concernir a vastas coletividades (interesses coletivos em sentido estrito), ou mesmo à inteira sociedade (interesses difusos), ou ainda a um grupo expressivo de indivíduos, coalizados pela origem comum do prejuízo experimentado por cada qual (interesses individuais homogêneos); (ii) o processo depassou a finalidade de servir como instrumento para a judicialização de conflitos entre sujeitos determinados (singulares ou litisconsorciados), engajando-se no esforço comum de participação social por meio da Justiça, exigindo, com isso, uma mudança de mentalidade dos operadores do Direito e uma releitura das categorias básicas como a legitimação, o interesse de agir, a coisa julgada; enfim, (iii) a jurisdição passou a ser vista menos em sua configuração estática, enquanto Poder da República, e mais como uma função do Estado, como tal sujeita às exigências de eficiência e transparência, o que trouxe, para os juízes, o gradual distanciamento da postura de neutralidade, substituída por uma conduta pró-ativa, comprometida com a oferta de uma resposta judiciária de boa qualidade, idônea a atender às prementes necessidades da sociedade contemporânea" (*A Resolução dos Conflitos e a Função Judicial no Contemporâneo Estado de Direito*, cit., p. 329).

195. Gregório Assagra de Almeida, *Direito Processual Coletivo Brasileiro: um Novo Ramo do Direito Processual*, cit., p. 576.

ver: "Nas demandas coletivas, o próprio papel do magistrado modifica-se, enquanto cabe a ele a decisão a respeito de conflitos de massa, por isso mesmo de índole política. Não há mais espaço, no processo moderno, para o chamado 'juiz neutro' – expressão com que frequentemente se mascarava a figura do juiz não comprometido com as instâncias sociais –, motivo pelo qual todas as leis processuais têm investido o julgador de maiores poderes de impulso".[196]

No entanto, os "poderes" do juiz não se resumem à busca da verdade real. Para garantir o bom andamento do feito e sua real efetivação, o juiz conta, ainda, com instrumentos de antecipação da tutela (art. 84, § 3º, da Lei 8.078/1990), concessão de liminar com ou sem justificação prévia (art. 12 da Lei 7.347/1985) como, também, o uso de medidas de apoio para assegurar o resultado prático equivalente ao da tutela específica (art. 84, § 5º, da Lei 8.078/1990).[197]

196. Ada Pellegrini Grinover, *A Marcha do Processo*, Rio de Janeiro, Forense, 2000, pp. 81-82.

197. Vale a pena citarmos a decisão do STJ no REsp 767.741-PR: "Em ação civil pública contra banco cujo objetivo era cobrar diferenças de correção monetária nos valores depositados em caderneta de poupança em decorrência de planos econômicos passados, houve sentença transitada em julgado que reconheceu o direito dos poupadores, devendo a instituição financeira efetuar o depósito dos valores da condenação independentemente do ajuizamento de processo de execução individual. Anota-se que, no recurso especial interposto pelo banco, a controvérsia refere-se a essa forma de execução em ação coletiva, uma vez que o acórdão recorrido chancelou o julgamento do Juízo de origem e concluiu ser essa forma de cumprimento do julgado provimento jurisdicional mandamental. Destaca o Ministro-Relator que o julgamento no STJ cinge-se apenas aos aspectos infraconstitucionais, ou seja, à validade da determinação de ser feito o depósito dos valores devidos diretamente na conta dos poupadores, sem a ação mandamental da associação de consumidor ou execução individual do poupador, e não ignora que relevante ramificação processual da matéria encontra-se *sub judice* no STF para julgamento de questões constitucionais. Afirma que, no aspecto infraconstitucional, a decisão em comento não ofende a lei federal, nada há nos artigos das leis invocados no recurso especial que obste à determinação do Juízo *a quo*, ou seja, que impeça a execução mandamental direta mediante depósito do próprio banco na conta bancária dos depositantes. Destaca que, mesmo sendo incontroverso que os consumidores possam propor execução individualmente, não se pode concluir que seja vedado ao Juízo determinar que o banco devedor efetue o depósito das diferenças de correção monetária nas contas de seus clientes. Explica ser contraditório imaginar o fato de alguém ter seu direito reconhecido mas haver impossibilidade de determinação da satisfação desse direito. Ressalta ainda que essa modalidade de julgamento evita o que chamou de 'judicialização a varejo' de execuções multitudinárias, as quais têm inviabilizado o próprio serviço judiciário. Observa, inclusive, que essa prática é adotada nos Estados Unidos da América como *class activa*. Consigna, também, que os casos discrepantes da nor-

A potencialização do poder geral de cautela do juiz merece atenção especial, pois esta via processual vislumbra dar efetividade ao provimento judicial acionado. Em harmonia com o princípio da flexibilização procedimental, podemos defender que, quando o juiz se convencer, em um primeiro momento, de que não há elementos suficientes para a concessão da tutela de urgência (liminar/tutela antecipada), antes de indeferi-la, deve designar audiência de justificação prévia (art. 461, § 3º, c/c o art. 804, ambos do CPC) ou a determinação da produção de outro tipo de prova, como, por exemplo, a realização de inspeção judicial *in loco*.[198]

Em outros termos, a efetividade requer uma postura ativa de todos aqueles interferem na lide, em prol da coletividade.

1.3.2.8 Princípio da máxima amplitude da tutela jurisdicional coletiva

Para a defesa e promoção dos direitos e interesses coletivos, todos os instrumentos processuais necessários e eficazes podem e devem ser utilizados. Admitem-se, desta feita, todos os tipos de ação, procedimentos, medidas, provimentos, inclusive antecipatórios e mandamentais, desde que adequados a propiciar a correta e efetiva tutela do direito coletivo.

Com base nessa afirmação, lastreada no art. 83 do CDC,[199] é que se concebeu o princípio da máxima amplitude da tutela jurisdicional coletiva, querendo, com isso, consolidar a possibilidade de se utilizar, para

---

malidade, por exemplo, no caso de o depositante não ter mais conta no banco, serão resolvidos individualmente de acordo com as circunstâncias de cada um. Diante do exposto, a Turma negou provimento ao recurso" (STJ, REsp 767.741-PR, rel. Min. Sidnei Beneti, j. 15.12.2009, *Informativo* 420/2009).

198. Podemos exemplificar a partir de uma situação real ocorrida na comarca de Ribeirão Preto/SP. A Defensoria Pública do Estado de São Paulo, Regional de Ribeirão Preto, ajuizou a competente ação civil pública tendo por objeto o combate à taxa pelo uso dos banheiros da rodoviária da comarca sem lei municipal que autorizava a concessionária responsável a fazê-lo, ou, alternativamente, a disponibilização de banheiros adequados gratuitos. No caso, o Juiz entendeu por bem realizar inspeção judicial *in loco*, e visitou pessoalmente as dependências do referido terminal rodoviário, momento em que pôde apurar as condições de uso dos banheiros masculino e feminino, tanto os cobrados como os gratuitos, cujos elementos foram determinantes na concessão da liminar.

199. CDC, art. 83: "Art. 83. Para a defesa dos direitos e interesses protegidos por este Código são admissíveis todas as espécies de ações capazes de propiciar sua adequada e efetiva tutela".

a realização do processo e do direito coletivo, toda e qualquer sorte de ação. Assim, e seguindo lição de Gregório Assagra de Almeida,[200] caberão ação de conhecimento – com todos os tipos de provimento, quais sejam: o declaratório, o constitutivo, o condenatório ou o mandamental –, ação de execução – em todas as suas espécies –, ação cautelar e respectivas medidas de efetividade pertinentes.

Em decisão prolatada em sede do REsp 592.693-MT, o Relator, Min. Teori Albino Zavascki, manifestou-se pela atipicidade das ações coletivas: "A ação civil pública destina-se a conferir integral tutela aos direitos transindividuais (difusos e coletivos) e, com essa finalidade, comporta não apenas os provimentos jurisdicionais expressamente previstos na Lei n. 7.347/1985, como também qualquer outro, hoje disponível em nosso sistema de processo, que for considerado necessário e adequado à defesa dos referidos direitos, quando ameaçados ou violados. Com fundamento no art. 129, III, da Constituição, o Ministério Público está legitimado a promover ação civil pública, além de outras finalidades, 'para a proteção do patrimônio público e social', o que inclui certamente a possibilidade de postular tutela de natureza constitutivo-negativa de atos jurídicos que acarretem lesão ao referido patrimônio".[201]

ECA, art. 212, *caput*: "Art. 212. Para defesa dos direitos e interesses protegidos por esta Lei, são admissíveis todas as espécies de ações pertinentes".

Estatuto do Idoso, art. 82, *caput*: "Para defesa dos interesses e direitos protegidos por esta Lei, são admissíveis todas as espécies de ação pertinentes".

200. Gregório Assagra de Almeida, *Direito Processual Coletivo Brasileiro: um Novo Ramo do Direito Processual*, cit., p. 578.

201. Segundo o Ministro-Relator: "Quanto à alegada violação aos arts. 1º e 3º da Lei n. 7.347/1985, fundada no entendimento de que a ação civil pública não se presta ao pedido de declaração de nulidade de ato tido por ilegal, não prospera a irresignação dos recorrentes. Conforme tivemos oportunidade de assinalar em sede doutrinária, 'a ação civil pública é procedimento moldado à natureza dos direitos e interesses que se destina a tutelar: direitos transindividuais (difusos e coletivos). A variedade e a amplitude das pretensões que nela podem ser requeridas são identificáveis por exame sistemático das disposições normativas antes referidas, especialmente as da Lei n. 7.347/1985, devendo-se evitar, com especial cuidado, interpretações isoladas e literais de seus dispositivos. Assim, a teor do art. 1º da citada lei, a ação civil pública é via apta a deduzir pretensões decorrentes de responsabilidade por danos morais e patrimoniais causados ao meio ambiente, ao consumidor, a bens e direitos de valor artístico, estético, histórico, turístico e paisagístico, por infração da ordem econômica e da economia popular, à ordem urbanística e, em geral, a qualquer outro interesse difuso e coletivo. Visto isoladamente, o art. 1º da lei poderia conduzir à suposição de que a ação civil pública tem finalidade puramente *reparatória*, ou seja, seria destinada unicamente a obter condenação de ressarcimento de danos já

Ainda no tocante ao princípio da atipicidade, importante discorrer sobre uma de suas facetas: a variabilidade e necessária cumulatividade das tutelas. Nesse sentido, não podemos deixar de citar o art. 12 do CC, uma vez que defendemos a existência de direitos da personalidade coletiva: "Pode-se exigir que cesse a ameaça, ou a lesão, a direito da personalidade, e reclamar perdas e danos, sem prejuízo de outras sanções previstas em lei".

causados. Todavia, no art. 3º prevê-se a possibilidade de obter, também, provimentos que imponham prestações de fazer ou não fazer. E no seu art. 4º a lei prevê a possibilidade de 'ser ajuizada ação cautelar (...) objetivando, inclusive, evitar o dano (...)' aos bens jurídicos por ela tutelados. Ora, apesar de denominada de *cautelar*, a ação destinada a evitar dano a direito material é evidentemente vocacionada a obter tutela *preventiva*. Não se trata, portanto, de tutela cautelar (= provisória, formada à base de juízos de verossimilhança, para conferir garantia à utilidade do processo, sujeita a modificação ou revogação), mas de tutela *definitiva* (embora preventiva) do próprio direito material (= tutela formada à base de cognição exauriente, apta a formar coisa julgada material). Bem se vê, destarte, à luz desses dispositivos, que a ação civil pública é instrumento com múltipla aptidão, o que a torna meio eficiente para conferir integral tutela aos direitos transindividuais: tutela preventiva e reparatória, para obter prestações de natureza pecuniária (indenizações em dinheiro) ou pessoais (de cumprir obrigações de fazer ou de não fazer), o que comporta todo o leque de provimentos jurisdicionais: condenatórios, constitutivos, inibitórios, executivos, mandamentais e meramente declaratórios. Ademais, a ela se aplicam, subsidiariamente, as disposições do Código de Processo Civil (art. 19), e, portanto, os significativos avanços nele incorporados com as reformas havidas a partir de 1994. O regime da antecipação da tutela, com a sua variada e rica potencialidade (CPC, art. 273), e o da prestação específica de obrigação de entregar coisa (CPC, art. 461-A) são apenas dois exemplos de hipóteses de aplicação subsidiária, à ação civil pública, de preceitos do Código de Processo Civil. A ela se aplicam, também (art. 21 da Lei n. 7.347/1985), os dispositivos processuais previstos nos arts. 81 a 104 do CDC (Lei 8.078/1990). (...).

"'Verifica-se, portanto, que o procedimento da ação civil pública incorpora, enriquecendo suas virtualidades, uma variada gama de instrumentos processuais. É que aos direitos transindividuais, prestigiados superlativamente pelo legislador constituinte, aplicam-se não apenas os meios de tutela expressamente previstos na Lei n. 7.347/1985, como também qualquer outro mecanismo, que for considerado adequado e necessário, hoje disponível em nosso sistema de processo para a defesa dos demais direitos ameaçados ou violados' (*Processo Coletivo – Tutela de Direitos Coletivos e Tutela Coletiva de Direitos*, 2ª ed., Ed. RT, pp. 68-71). Assinale-se que, com fundamento no art. 129, III, da Constituição, o Ministério Público está legitimado a promover ação civil pública, além de outras finalidades, 'para a proteção do patrimônio público e social', o que inclui certamente a possibilidade de postular tutela de natureza constitutivo-negativa de atos jurídicos que acarretem lesão ao referido patrimônio" (STJ, 1ª Turma, REsp 592.693-MT, rel. Min. Teori Albino Zavascki, j. 7.8.2007, *DJU* 27.8.2007, p. 190).

Ora, se a pessoa tem uma individualidade, valores peculiares e um histórico digno de proteção, isso não é diferente de determinado grupo de pessoas ou comunidade. De fato, não é por acaso que se tutelam os bens e direitos de valor artístico, cultural, estético, histórico, turístico e paisagístico.

Note-se que o dispositivo em comento consagra o ideal da tutela integral e completa, seja ela preventiva/inibitória (cesse a ameaça), reparatória/de remoção do ilícito (cesse a lesão) ou compensatória/indenizatória (perdas e danos).

Em suma, se a tutela da personalidade individual visa à proteção dos valores relevantes da pessoa, da mesma forma, a coletividade espera do sistema jurídico uma resposta efetiva de proteção aos valores por ela prezados.

1.3.2.9 Princípio da proporcionalidade como técnica de ponderação

A doutrina aponta-o como princípio, mas algumas considerações devem ser feitas a seu respeito, pois entendemos que a proporcionalidade é norma específica que auxilia na aplicação de outras normas e tem como característica não entrar em contradição com estas. Referidas normas são denominadas normas de segundo grau, máximas ou postulados normativos.

Revelaremos, nesta oportunidade, a adoção de uma concepção trifásica do Direito,[202] entendendo-o como sistema que se desenvolve em três fases logicamente sucessivas e tem um momento declaratório e dois momentos constitutivos. Nesse sentido, o princípio da proporcionalidade seria um postulado de aplicação do Direito, conforme doravante exporemos.

O sistema é uma estrutura lógica, regida por regras e princípios próprios, que permite a obtenção de uma conclusão racional certa para as Ciências Físicas e adequada para as Humanas. Norberto Bobbio considera o sistema "uma totalidade ordenada, um conjunto de entes entre os quais existe uma certa ordem".[203]

Na primeira fase, chamada fase das regras jurídicas, observamos a declaração, tanto pelo Poder Público como pelo particular, de regras de

202. Cf. em nossa obra *A Responsabilidade Civil como um Sistema Aberto*, Franca/SP, Lemos e Cruz, 2007.
203. Norberto Bobbio, *Teoria do Ordenamento Jurídico*, cit., 10ª ed., 1999.

conduta ou de organização que, *a priori*, não têm qualquer operatividade.

Nessa etapa, aquele ordenamento que existia no seio da sociedade como produto de sua atividade cultural, que uns denominam *fontes materiais*, outros *direito pressuposto*, é declarado a partir da função normativa do Estado, seja pelo Legislativo, pelo Executivo ou pelo Judiciário, ou pelo próprio particular, dando origem, nesse último caso, ao que Miguel Reale denomina de "modelos jurídicos negociais".[204]

Na segunda fase, de natureza interpretativa/integrativa, observa-se o processo de produção ou constituição das normas jurídicas tanto pela interpretação como pela integração. Pela primeira, as regras jurídicas são convertidas em normas; e, pela segunda, essas são produzidas sem que haja regras correspondentes. Esse processo, realizado por qualquer pessoa, envolve três fatores indispensáveis, quais sejam: os fatores positivados no ordenamento posto, os fatores sociais e os fatores axiológicos.

Na terceira fase, chamada fase da aplicação, as normas jurídicas interagem na elaboração da chamada norma de decisão. Esse trabalho é atribuído exclusivamente àqueles dotados de jurisdição. Nessa etapa, o juiz, após ponderar várias normas jurídicas recém-produzidas, chega a diversas soluções corretas, e a partir dos critérios da proporcionalidade e da razoabilidade escolhe uma delas como sendo, no seu entender, a mais adequada. No entanto, essa liberdade não é absoluta, visto que deverá expor os fatores determinantes que o levaram àquela escolha. É justamente nesta terceira fase, de aplicação, que se encontram as *normas de decisão*, momento em que se nota a constituição de uma norma definitiva que compõe o litígio apresentado ao poder jurisdicional do Estado. Essa etapa é eventual, uma vez que depende da ocorrência de interpretações contraditórias por parte dos particulares, que dão ensejo a uma pretensão resistida ou lide.

Convém ainda lembrar que qualquer pessoa está apta a interpretar as regras jurídicas e produzir normas jurídicas. O próprio ordenamento jurídico reconhece essa possibilidade, como ocorre, por exemplo, com o erro de proibição na seara penal, que exclui a culpabilidade quando o sujeito supõe, ao interpretar as regras, ser lícita sua conduta, impedindo, dessa forma, a aplicação da sanção penal.

No entanto, somente aqueles dotados de poder jurisdicional são capazes de elaborar a norma de decisão e impô-la de forma imparcial e im-

204. Miguel Reale, *O Estado Democrático de Direito e o Conflito de Ideologias*, cit., 2ª ed., 1999.

perativa. Por esse motivo, pode-se afirmar que a interpretação não acarreta a aplicação automática da norma. As partes de uma relação jurídica podem interpretar as regras e se portar conforme seus ditames. Assim, estão respeitando, e não aplicando as normas por elas produzidas, uma vez que o ato de aplicação exige um órgão dotado de poderes e garantias especiais para a imposição de uma norma de forma imparcial e legítima.

Essa *norma de decisão* é esculpida por meio da conjugação de variadas normas jurídicas recém-produzidas que melhor se encaixam aos fatos provados durante a instrução probatória. Eros Roberto Grau, citando os ensinamentos do constitucionalista português Canotilho, afirma que, obtida uma norma jurídica, ela "'representa o resultado intermédio do processo concretizador, mas não é ainda imediatamente normativa. Para se passar da normatividade mediata para a *normatividade concreta*, a norma jurídica precisa de revestir o caráter de *norma de decisão*'".[205]

Nesse trabalho o juiz deve utilizar-se de duas diretrizes indispensáveis, quais sejam: a proporcionalidade e a razoabilidade. A primeira subdivide-se em três postulados, quais sejam: o da adequação, o da necessidade e o da proporcionalidade em sentido estrito.[206] Em relação à aplicação das regras constitucionais, Humberto Bergmann Ávila leciona que, pela proporcionalidade, "há casos em que é analisada a correlação entre dois bens jurídicos protegidos por princípios constitucionais, em função dos quais é preciso saber se a medida adotada é adequada para atingir o fim constitucionalmente instituído, se a medida é necessária enquanto não substituível por outro meio igualmente eficaz e menos restritivo do bem jurídico envolvido e se a medida está em relação de desproporção em relação ao fim a ser atingido (relação meio-fim)".[207]

E sobre a razoabilidade diz o autor que "há casos em que é analisada a constitucionalidade da aplicação de uma medida não com base em uma relação meio-fim, mas com fundamento na situação pessoal do sujeito envolvido. Trata-se de um exame concreto individual dos bens envolvidos. A razoabilidade determina que as condições pessoais e individuais dos sujeitos envolvidos sejam consideradas na decisão".

205. José Joaquim Gomes Canotilho, *apud* Eros Roberto Grau, *Ensaio e Discurso sobre a Interpretação/Aplicação do Direito*, 5ª ed., São Paulo, Malheiros Editores, 2009, p. 103.
206. Paulo Bonavides, *Curso de Direito Constitucional*, 26ª ed., São Paulo, Malheiros Editores, 2011, pp. 396 e ss.
207. Humberto Bergmann Ávila, "A distinção entre princípios e regras e a redefinição do dever de proporcionalidade", *RDA* 215/169, 1999.

Por tais ditames, deve o juiz eleger as normas jurídicas que se coadunam com um desfecho equitativo para o caso, tanto em razão dos fins almejados pelo sistema como em razão das condições pessoais dos sujeitos envolvidos.[208] Realiza o julgador uma escolha daquelas normas que, concomitantemente, se compatibilizam com os fatos provados e são capazes de fundamentar uma decisão justa perante o caso litigioso.

Ensina o professor italiano Mauro Cappelletti: "Essa escolha significa valoração e balanceamento; significa ter presentes os resultados práticos e as implicações morais da própria escolha; significa que devem ser empregados não apenas os argumentos da Lógica abstrata, ou talvez os decorrentes da análise linguística puramente formal, mas também e sobretudo aqueles da História e da Economia, da Política e da Ética, da Sociologia e da Psicologia. E assim o juiz não pode mais se ocultar, tão facilmente, detrás da frágil defesa da concepção do Direito como norma preestabelecida, clara e objetiva, na qual pode basear sua decisão de forma neutra. É envolvida sua responsabilidade pessoal, moral e política, tanto quanto jurídica, sempre que haja no Direito abertura para escolha diversa. E a experiência ensina que tal abertura sempre e quase sempre está presente".[209]

Portanto, munido de poderes e garantias especiais, o juiz, com prudência, razoabilidade e consciente de seu dever de politização do Direito, elabora a norma de decisão definitiva, restaurando, dessa forma, a paz social.

Em materialização do raciocínio de razoabilidade, importante a citação do julgado do STJ no AgR nos ED no REsp 1.094.873-SP,[210] cujo âmago da questão se refere ao conflito entre o ideal de progresso

---

208. O art. 46, parágrafo único, do Projeto de Lei 5.139/2009 dispõe que: "Parágrafo único. No caso de concurso de créditos decorrentes de ações em defesa de direitos ou interesses individuais homogêneos, coletivos e difusos, a preferência com relação ao pagamento será decidida pelo juiz, aplicando os princípios da proporcionalidade e da razoabilidade".

209. Mauro Cappelletti, *Acesso à Justiça*, cit., p. 36.

210. "Os estudos acadêmicos ilustram que a queima da palha de cana-de-açúcar causa grandes danos ambientais e que, considerando o desenvolvimento sustentado, há instrumentos e tecnologias modernos que podem substituir tal prática sem inviabilizar a atividade econômica.

"A exceção do parágrafo único do art. 27 da Lei n. 4.771/1965 deve ser interpretada com base nos postulados jurídicos e nos modernos instrumentos de Linguística, inclusive com observância – na valoração dos signos (Semiótica) – da Semântica, da Sintaxe e da Pragmática.

econômico e a necessidade de proteção ao meio ambiente, sendo que este último restou protegido naquela ocasião, especificamente no que se refere à queima da cana-de-açúcar.

Portanto, conclui-se ser indispensável a ponderação de valores no trato das ações coletivas, que, em geral, se inserem em questões de macrolitigiosidade de agudos conflitos de interesses, devendo prevalecer aqueles que melhor atendem aos interesses da coletividade.

1.3.2.10 Princípio da participação pelo processo

A questão que nos propomos a debater envolve questionamento sobre a amplitude participativa do debate judicial, se é ínsito a todo e qualquer processo ou se adquire contornos específicos nas ações coletivas.

Ada Pellegrini Grinover afirma que este princípio guarda pertinência com o objetivo político das ações e do processo, mas que, "enquanto no processo civil individual a participação se resolve na garantia constitucional do contraditório (*participação no processo*), no processo coletivo a participação se faz também *pelo processo*".[211] Nesse sentido, cresce o dever de participação do juiz, que o faz, também, por meio do diálogo. Muita confusão tem sido feita entre as noções de neutralidade e imparcialidade do magistrado – confusão, esta, que acarretou uma visão errônea ou, no mínimo, deturpada da real função da figura do juiz no processo. O juiz, como julgador, não pode ser um mero expectador, inerte e apático diante dos conflitos que lhes são postos à apreciação.

Este princípio tem lastro na concepção processual cooperativa[212] – modelo, este, que será tratado no próximo tópico, que versa sobre o ativismo judicial e institucional.

"A exceção apresentada (peculiaridades locais ou regionais) tem como objetivo a compatibilização de dois valores protegidos na Constituição Federal de 1988: o meio ambiente e a cultura (modos de fazer). Assim, a sua interpretação não pode abranger atividades agroindustriais ou agrícolas organizadas, ante a impossibilidade de prevalência do interesse econômico sobre a proteção ambiental quando há formas menos lesivas de exploração" (AgR nos ED no REsp 1.094.873-SP, rel. Min. Humberto Martins, j. 4.8.2009).

211. Ada Pellegrini Grinover, *Direito Processual Coletivo*, p. 304, *apud* Fredie Didier Jr. e Hermes Zaneti Jr., *Curso de Direito Processual Civil*, cit., 1ª ed., vol. 4 ("Processo Coletivo"), p. 115.

212. O art. 9º do Projeto de Lei 5.139/2009 traz disposição que revela a adoção do princípio da cooperação: "Art. 9º. Não haverá extinção do processo coletivo por ausência das condições da ação ou de pressupostos processuais, sem que seja

1.3.2.11 Princípio do ativismo judicial e institucional

Cândido Rangel Dinamarco afirma, em uma de suas obras dedicada ao estudo das *Instituições de Direito Processual Civil*, que o "juiz *mudo* tem também algo *do juiz Pilatos* e, por temor ou vaidade, afasta-se do compromisso de fazer justiça".[213]

Utilizada pela primeira vez em 1947 pelo jornalista americano Arthur Schlesinger numa reportagem sobre a Suprema Corte dos Estados Unidos, a expressão "ativismo judicial" denotou, naquela oportunidade, a postura do juiz que se incumbe do dever de interpretar a Constituição no sentido de garantir direitos. Na visão de Luiz Flávio Gomes, "se a Constituição prevê um determinado direito e ela é interpretada no sentido de que esse direito seja garantido, para nós, isso não é ativismo judicial; sim, judicialização do direito considerado. O ativismo judicial vai muito além disso: ocorre quando o juiz inventa uma norma, quando cria um direito não contemplado de modo explícito em qualquer lugar, quando inova o ordenamento jurídico. É preciso distinguir duas espécies de ativismo judicial: há o ativismo judicial inovador (criação, *ex novo*, pelo juiz de uma norma, de um direito) e há o ativismo judicial revelador (criação pelo juiz de uma norma, de uma regra ou de um direito a partir dos valores e princípios constitucionais ou a partir de uma regra lacunosa, como é o caso do art. 71 do CP, que cuida do crime continuado). Neste último caso o juiz chega a inovar o ordenamento jurídico, mas não no sentido de criar uma norma nova, sim no sentido de complementar o entendimento de um princípio ou de um valor constitucional ou de uma regra lacunosa".[214]

---

dada oportunidade de correção do vício em qualquer tempo ou grau de jurisdição ordinária ou extraordinária, inclusive com a substituição do autor coletivo, quando serão intimados pessoalmente o Ministério Público e, quando for o caso, a Defensoria Pública, sem prejuízo de ampla divulgação pelos meios de comunicação social, podendo qualquer legitimado adotar as providências cabíveis em prazo razoável a ser fixado pelo juiz".

213. Cândido Rangel Dinamarco, *Instituições de Direito Processual Civil*, 6ª ed., vol. I, São Paulo, Malheiros Editores, 2009, p. 230.

214. Luiz Flávio Gomes analisou o ativismo judicial sob o prisma do STF, como assunção de uma nova função ou, no mínimo, de uma nova postura: "Vamos aos conceitos: judicialização não se confunde com ativismo judicial. A judicialização nada mais expressa que o acesso ao Judiciário, que é permitido a todos, contra qualquer tipo de lesão ou ameaça a um direito. É fenômeno que decorre do nosso modelo de Estado e de Direito. Outra coisa bem distinta é o 'ativismo judicial (que retrataria uma espécie de intromissão indevida do Judiciário na função legislativa,

O incremento da aplicação do ativismo judicial ganha contornos bem específicos em termos de tutela coletiva. Contornos, esses, essenciais – diga-se de passagem –, uma vez que com eles entra em cena uma maior participação do juiz nos processos coletivos, resultante da presença de forte interesse público primário nessas causas. Analisado por outro ângulo, Didier afirma tratar-se de uma faceta saudável do princípio inquisitivo ou impulso oficial, que não se confunde com a instauração de processos *ex officio* pelo juiz. Nesse sentido, o jurista resgata importante lição de Cândido Rangel Dinamarco: "(...). Não há oposição, contraste ou conflito entre a *disponibilidade da tutela jurisdicional*, que repudia a instauração de processos de ofício pelo juiz, e o *princípio inquisitivo*, responsável pela efetividade do próprio poder jurisdicional estatal a ser exercido sempre que provocado".[215]

José Roberto Bedaque,[216] em obra destinada ao estudo dos poderes instrutórios do juiz, explica que a doutrina processual brasileira apresenta uma certa resistência à iniciativa probatória do juiz e que esta postura talvez tenha origem remota, identificada no período de vigência das Ordenações Portuguesas no Brasil. Nesse período a iniciativa oficial era meramente supletiva da iniciativa das partes. Estudos históricos poderiam aprofundar as raízes romano-germânicas desta concepção de processo e atuação magistral, no sentido de que nesse passado longínquo o ônus da prova cabia exclusivamente ao réu.

Bedaque aponta Alexandre Gusmão como precursor doutrinário do embate contra o imobilismo judicial. Já em 1922 o jurista invocava estudos das legislações alemã, austríaca e húngara para defender a possibilidade de o juiz ordenar, de ofício, qualquer diligência necessária à apuração dos fatos sempre que disso dependesse a resolução do processo. Essas ideias foram incorporadas na "Exposição de Motivos" do Código de Processo Civil de 1939, que afirmou caber ao juiz a direção do processo, podendo, inclusive, "intervir no processo de maneira a que

ou seja, ocorre ativismo judicial quando o juiz 'cria' uma norma nova, usurpando a tarefa do legislador, quando o juiz inventa uma norma não contemplada nem na lei, nem dos tratados, nem na Constituição)" ("O STF está assumindo um 'ativismo judicial' sem precedentes?", revista eletrônica *Universo Jurídico*, disponível em *www.uj.com.br*, acesso em 2.11.2009).

215. Cândido Rangel Dinamarco, *Instituições de Direito Processual Civil*, cit., 6ª ed., vol. I, pp. 238-239 (*apud* Fredie Didier Jr. e Hermes Zaneti Jr., *Curso de Direito Processual Civil*, cit., 1ª ed, vol. 4 ("Processo Coletivo"), p. 118).

216. José Roberto dos Santos Bedaque, *Poderes Instrutórios do Juiz*, 4ª ed., São Paulo, Ed. RT, 2009, p. 73.

este atinja, pelos meios adequados, o objetivo de investigação dos fatos e descoberta da verdade".[217]

A temática é desafiadora, e inclusive suscita manifestações jurisprudenciais diversas.[218] O ativismo demanda prudência em ponderação e impõe a observação do contraditório em sua aplicação, mormente quando contextualizamos sua existência em um modelo processual

217. Na "Exposição de Motivos" do Código de 1939 encontramos a seguinte disposição "A direção do processo deve caber ao juiz; a este não compete apenas o papel de zelar pela observância formal das regras processuais por parte dos litigantes, mas também o de intervir no processo de maneira a que este atinja, pelos meios adequados, o objetivo de investigação dos fatos e descoberta da verdade. Daí a largueza com que lhe são conferidos poderes, que o processo antigo, cingido pelo rigor de princípios privatísticos, hesitava em reconhecer. Quer na direção do processo, quer na formação do material submetido a julgamento, a regra que prevalece, embora temperada e compensada como manda a prudência, é a de que o juiz ordenará quanto for necessário ao conhecimento da verdade".

218. Exemplificaremos a divergência jurisprudencial quanto à aceitação do ativismo judicial por meio dos seguintes julgados:

(a) *Contra o ativismo:* "(...). No Brasil, ao contrário de outros Países, o juiz não cria obrigações de proteção do meio ambiente. Elas jorram da lei, após terem passado pelo crivo do Poder Legislativo. Daí não precisarmos de juízes ativistas, pois o ativismo é da lei e do texto constitucional. Felizmente nosso Judiciário não é assombrado por um oceano de lacunas ou um festival de meias-palavras legislativas. Se lacuna existe, não é por falta de lei, nem mesmo por defeito na lei; é por ausência ou deficiência de implementação administrativa e judicial dos inequívocos deveres ambientais estabelecidos pelo legislador (...)" (STJ, 2ª Turma, REsp 650.728-SC, rel. Min. Herman Benjamin, *DJU* 23.10.2007; *DJe* 2.12.2009).

(b) *A favor do ativismo:* "Mandado de injunção – Aposentadoria especial de servidor público, que trabalha em hospital de universidade estadual – Ausência de lei complementar nacional disciplinando os requisitos e critérios para sua concessão, conforme reclamado pelo art. 40, § 4º, da CF de 1988 – Lei complementar que encerra norma geral, a exemplo do que se passa com o Código Tributário Nacional – Hipótese de competência concorrente, nos termos do art. 24, XII, da CF de 1988, sendo ela conferida supletivamente aos Estados e ao Distrito Federal, que, na falta de norma geral editada pelo Congresso Nacional, podem exercer competência plena para fixar normas gerais e, em seguida, normas específicas destinadas a atender a suas peculiaridades (...). Mandado de injunção – Natureza jurídica de ação mandamental, e não de mera declaração de mora legislativa – Necessidade de se dar efetividade ao texto constitucional – Judiciário que, ao conceder a injunção, apenas remove obstáculo decorrente da omissão, definindo a norma adequada ao caso concreto, não se imiscuindo na tarefa do legislador – Existência de um poder-dever do Judiciário de formular, em caráter supletivo, a norma faltante – Aplicada, por analogia, para o fim de contagem de tempo para aposentadoria especial (...) – Necessidade de superação do postulado kelseniano segundo o qual as Cortes constitucionais devem atuar como legislador negativo – Ativismo judicial que se justifica, no caso – Injunção concedida" (TJSP, Órgão Especial, MI 1681520000, rel. Des. A.C. Mathias Coltro, *DJE* 1.4.2009).

cooperativo,[219] no qual o juiz assume dupla posição: paritária no diálogo e assimétrica na decisão. "O modelo cooperativo parte da ideia de que o Estado tem como dever primordial propiciar condições para a organização de uma sociedade livre, justa e solidária, fundado que está na dignidade da pessoa humana. Indivíduo, sociedade civil e Estado acabam por ocupar, assim, posições coordenadas (...) o contraditório acaba (...) sendo instrumento ótimo para a viabilização do diálogo e da cooperação no processo, que implica, de seu turno, necessariamente a previsão de deveres de conduta tanto para as partes como para o órgão jurisdicional (deveres de esclarecimento, consulta, prevenção e auxílio). O juiz tem seu papel redimensionado, assumindo uma dupla posição: mostra-se paritário na condução do processo, no diálogo processual, sendo, contudo, assimétrico quando da decisão da causa".[220]

Imantado pelo princípio cooperativo, o processo adquire contornos específicos, de ampla atividade das partes pela resolução do conflito. Nesse sentido, defendemos a existência não apenas do ativismo judicial, mas também do ativismo institucional.

O Poder Judiciário, no exercício da atividade jurisdicional, tem não só um poder, mas também uma responsabilidade (dever) na jurisdição. Nas ações coletivas os entes legitimados têm igualmente um poder/dever, consubstanciado na regra constitucional de legitimidade para agir (autônoma para a condução da solução da lide coletiva).

Os entes legitimados não têm mera faculdade de ajuizar ações coletivas e, assim, solucionar conflitos coletivos. Na verdade, este "poder" impõe, sobretudo, o dever de exercício de uma função: buscar, na maior medida possível, a efetivação dos direitos coletivos. Esse posicionamento justifica-se na medida em que somente os legitimados ativos podem judicializar pretensões coletivas. Essa restrição, inclusive constitucional, impõe que os entes atuem com destreza, lhaneza, celeridade e máximo empenho funcional.

A atuação dos entes legitimados é de suma importância para a realização dos direitos coletivos, seja em fase extrajudicial, pré-judicial ou

219. Sobre o *princípio cooperativo*, cf. Daniel Mitidiero, "Colaboração no processo civil", in Luiz Guilherme Marinoni e José Roberto dos Santos Bedaque (coords.), Coleção *Temas Atuais de Direito Processual Civil*, vol. 14, São Paulo, Ed. RT, 2009.

220. Daniel Mitidiero, "Colaboração no processo civil", cit., in Luiz Guilherme Marinoni e José Roberto dos Santos Bedaque (coords.), Coleção *Temas Atuais de Direito Processual Civil*, vol. 14, p. 102.

judicial. O Ministério Público, enquanto legitimado ativo, destaca-se em todos estes momentos, e até mesmo naqueles casos em que sua atuação se pauta por sua função de fiscal da lei, e não necessariamente enquanto parte processual.

Em procedimento extra e pré-judicial o Ministério Público pode instaurar inquérito civil, cuja gênese é administrativa e cuja iniciativa é facultativa. Embora facultativo, o inquérito civil apresenta-se como importante meio de colheita de provas e de outros elementos formadores de convicção, seja sobre os fatos ou sobre autoria de crimes que demandem a atuação do Ministério Público. A instauração do inquérito civil não vincula o *Parquet* ao ajuizamento da ação coletiva e nem é requisito indispensável para tanto. Prova disso é que os demais colegitimados podem, a despeito do inquérito civil, ajuizar a ação coletiva, inclusive de forma autônoma e concorrente. Finda as investigações em sede de inquérito civil, o Ministério Público poderá tomar uma das seguintes medidas: (a) firmar Termo de Compromisso de Ajustamento de Conduta; (b) fazer recomendações; (c) arquivar o inquérito civil; ou (d) ajuizar a ação civil pública. A promoção do arquivamento deve ser fundamentada e encaminhada, no prazo de três dias, ao Conselho Superior, que, apreciando a medida, homologará o pedido, deliberará sobre a necessidade de realização de novas diligências ou, entendendo incabível o arquivamento, comunicará ao Procurador-Geral para que este designe outro membro do Ministério Público para ajuizar a ação civil pública. Neste caso, a atuação do membro designado será vinculada pelo ajuizamento da ação civil pública questionada.

A hipótese de atuação vinculada não se restringe aos casos de designação pelo Procurador-Geral. Também naqueles casos em que um ente legitimado abandona ou desiste, infundadamente, da ação durante o seu curso deverá o Ministério Público assumir o respectivo polo da demanda.

Entendemos ser pertinente revelar a atuação da Defensoria Pública, por sua vez, na concretização dos direitos e interesses coletivos. A Defensoria Pública é "instituição essencial à função jurisdicional do Estado, incumbindo-lhe a orientação jurídica e a defesa, em todos os graus, dos necessitados, na forma do art. 5º, LXXIV".[221] Ela representa a forma pela qual o Estado Democrático de Direito promove a ação afirmativa,

---

221. CF, art. 134. O art. 1º da Lei Complementar 80/1994 assim dispõe: "A Defensoria Pública é instituição essencial à função jurisdicional do Estado, incum-

ou discriminação positiva, visando à inclusão jurídica daqueles econômica e culturalmente hipossuficientes, em observância ao disposto no art. 5º, LXXIV, da CF, que prevê o direito fundamental à assistência jurídica, cujos titulares são aqueles que comprovarem insuficiência de recursos, na forma prevista na Lei 1.060/1950, que estabelece o conceito jurídico de "necessitado".

Portanto, não se pode olvidar que a Defensoria Pública, como instrumento de ação afirmativa, visa à concretização do princípio da isonomia ou igualdade, na medida em que o Estado, por meio dela, trata desigualmente os desiguais (necessitados), almejando a igualdade de condições. Nas palavras da professora Cármen Lúcia Antunes Rocha: "A definição jurídica objetiva e racional de desigualdade dos desiguais, histórica e culturalmente discriminados, é concebida como forma de promover a igualdade daqueles que foram e são marginalizados por preconceitos encravados na cultura dominante da sociedade. Por esta desigualação positiva promove a igualação jurídica efetiva; por ela afirma-se uma fórmula jurídica para se provocar uma efetiva igualação social, política e econômica no e segundo o Direito, tal como assegurado formal e materialmente no sistema constitucional democrático. A ação afirmativa é, então, uma forma jurídica para se superar o isolamento ou a diminuição social a que se acham sujeitas as minorias".[222]

Em outras palavras, a Defensoria Pública é o instrumento pelo qual se garante o acesso à Justiça aos necessitados, desprovidos de recursos financeiros para custear o processo. De fato, "não se adentram as portas do Judiciário sem o cumprimento de ritos e a obediência a procedimentos. Entre estes está a necessidade de defesa por profissionais especializados – os advogados. Ora, o acesso aos advogados, por sua vez, depende de recursos, que na maior parte das vezes os mais carentes não possuem. Assim, para que a desigualdade social não produza efeitos desastrosos sobre a titularidade de diretos, foi concebido um serviço de assistência jurídica gratuita – a Defensoria Pública".[223]

Entretanto, a Defensoria Pública não é apenas um órgão patrocinador de causas judiciais. É muito mais. É a instituição democrática que

bindo-lhe prestar assistência jurídica, judicial e extrajudicial, integral e gratuita, aos necessitados, assim considerados na forma da lei".
222. Cármen Lúcia Antunes Rocha, "Ação afirmativa – O conteúdo democrático do princípio da igualdade jurídica", *RDP* 15/85.
223. Maria Tereza Sadek, *Acesso à Justiça*, São Paulo, Fundação Konrad Adenauer, 2001.

promove a inclusão social, cultural e jurídica das classes historicamente marginalizadas, visando à concretização e à efetivação dos direitos humanos no âmbito nacional e internacional, à prevenção dos conflitos, em busca de uma sociedade livre, justa e solidária, sem preconceitos de origem, raça, sexo, cor, idade, com a erradicação da pobreza e da marginalização, em atendimento aos objetivos fundamentais da República Federativa do Brasil, previstos no art. 3º da CF.[224]

Realmente, nas palavras de Márcio Thomaz Bastos: "As instituições sólidas são os instrumentos que as democracias têm para se realizar enquanto tais. E as democracias, para abandonarem o rótulo de democracias formais, se tornando verdadeiras democracias de massas, devem construir instituições que consigam garantir a todos, sem discriminações, os direitos previstos nas Constituições democraticamente escritas. (...). Não mais podemos nos preocupar só com o Estado-julgador e com o Estado-acusador, em detrimento do Estado-defensor".[225]

Outrossim, a atuação da Defensoria Pública torna-se ainda mais relevante em um Estado como o Brasil, que tem uma Carta Magna de caráter social mas que carece de efetividade e concretude em razão das forças neoliberais, que fazem dos princípios constitucionais dispositivos meramente programáticos, despidos de normatividade.[226] "A herança do

224. Aliás, o art. 3º da Lei Complementar estadual paulista 988/2006 dispõe que: "A Defensoria Pública do Estado, no desempenho de suas funções, terá como fundamentos de atuação a prevenção de conflitos e a construção de uma sociedade livre, justa e solidária, a erradicação da pobreza e da marginalidade, e a redução das desigualdades sociais e regionais".

225. Márcio Thomaz Bastos, in *II Diagnóstico da Defensoria Pública no Brasil* promovido pelo Ministério da Justiça e pelo Programa das Nações Unidas pelo Desenvolvimento, 2006.

226. "No último domingo, 13 de junho [*2010*], completei 20 anos de judicatura no Supremo. A experiência, grandiosa em todos os aspectos, mostra-se também reveladora no que permite constatar a evolução brasileira no tempo e no espaço, considerados aspectos jurídicos, econômicos, sociais e políticos. Ao apreciar e julgar causas originadas nos mais distantes pontos do País, relativas a diversos temas, deparei com realidades cuja existência contraria o mínimo de racionalidade; percebi a diversidade do povo, em costumes e crenças, de grandeza suficiente a indicar a formação nacional a partir de várias etnias; verifiquei até que ponto pode chegar o descaso com a vida humana, mediante comportamentos que denotam apenas o interesse no lucro fácil, desconsiderada qualquer preocupação com o bem-estar do semelhante. Ouvi a defesa de teses que fazem corar os mais céticos...

"Ante a maturidade, não mais imagino ser possível livrar o mundo da ocorrência de atrocidades, convencido de que, enquanto houver homens, haverá erros. O livre arbítrio inclui a possibilidade de opção por atos e omissões em prejuízo dos

neoliberalismo é uma sociedade profundamente desagregada e distorcida, com gravíssimas dificuldades em se construir, do ponto de vista da demais. O passar do tempo levou-me a perceber, também, que jamais se calarão as vozes em defesa dos necessitados. Por mais tumultuada que possa ser a quadra vivida, presentes estarão aqueles que não se deixam contaminar pela futilidade, ganância e vaidade, permanecendo fiéis aos ideais de Justiça. Para cada grito de dor será ouvido, ainda mais alto, o clamor dos abnegados intercessores dos menos afortunados.

"Chegar aos mais de 30 anos de magistratura permitiu-me constatar de perto as mudanças implementadas em nossa sociedade. Ao longo dessa jornada, noto, tanto na produção legislativa quanto na atuação jurisdicional, a transformação havida. Comportamentos até então tolerados foram banidos! Os reclamos das minorias foram acolhidos e passaram a ser protegidos ao nível constitucional, de tal sorte a conferir efetivo impedimento a que se legisle, julgue ou atue de forma preconceituosa, respeitando-se o indivíduo em sua integralidade. A todos assegurou-se ampla proteção, superadas questões de raça, sexo, idade e condição financeira.

"Essas conquistas não teriam sido alcançadas sem a luta dos que viram na superação das necessidades alheias a própria razão de existir. E não seriam eficazes não fossem os virtuosos homens e mulheres que se dedicam inteiramente a promover, com destemida atuação profissional, a defesa dos que se encontram em situação de flagelo social.

"A carência de meios econômicos dificulta o acesso à educação, ao emprego, à obtenção de dignas condições de moradia, terminando por minar a confiança do ser humano em si mesmo, reduzindo-lhe a autoestima e confinando ao círculo vicioso da pobreza e da ignorância. O desconhecimento dos direitos a que tem jus, ou os meios de auferi-los, cega o homem, levando-o a caminhar cabisbaixo e inseguro, temeroso de tropeçar e cair.

"Eis que se fez a luz com o surgimento da Defensoria Pública no Brasil. Ciente de que a mera previsão não garante a efetividade do direito, o legislador constitucional inseriu a Defensoria Pública, ao lado do Ministério Público, da Advocacia Pública e Privada, no capítulo das funções essenciais à Justiça, estabelecendo os parâmetros distintivos do cargo e as atribuições que lhe são imanentes. (...).

"É a atuação do defensor público que efetivará as garantias concedidas pelo legislador aos necessitados, em todos os graus, perante o Poder Judiciário, perante a Administração Pública (...) promovendo os direitos humanos e a defesa dos direitos individuais e coletivos, agindo tanto na esfera coletiva quanto na individual, em prol, por exemplo, dos portadores de necessidades especiais e consumidores, fazendo-o na esfera cível, criminal, trabalhista, previdenciária etc.

"Inerentes ao cargo de defensor público são o desprendimento e o altruísmo. A vitória do defensor público está em dar voz aos necessitados, conduzindo-os à verdadeira cidadania. Está em servir e bem servir aos concidadãos. Neste País de dimensões continentais, inclusive quanto às diferenças socioeconômicas, não lhes faltará serviço, caríssimos Defensores" (Mensagem do Min. Marco Aurélio Mendes de Faria Mello por ocasião da posse dos novos Defensores Públicos do Estado de São Paulo) disponível em *http://www.defensoria.sp.gov.br/dpesp/Conteudos/Noticias/NoticiaMostra.aspx?idItem=9002&idPagina=1&flaDestaque=V*).

integração social, e com uma agressão permanente ao conceito e prática da cidadania. Talvez a Defensoria Pública tenha vindo para 'organizar esta cidadania'".[227]

Em suma, a Defensoria Pública apresenta-se como a Instituição garantidora do acesso à Justiça não apenas no âmbito jurídico, mas também no social, cultural e político, a partir de uma concepção pluralista de justiça.

Entretanto, para que esta Instituição cumpra satisfatoriamente seu papel, é preciso conquistar certos meios ou condições de atuação. Dentre tais meios insere-se a legitimidade ativa para a propositura de ações coletivas, e o processo de concretização desta legitimidade passou por uma evolução histórica, composta por três fases sucessivas.

A primeira fase foi marcada pela negação da legitimidade ativa da Defensoria Pública.[228] Nesse período considerava-se que a Defensoria Pública não era um ente público destinado especificamente à proteção

---

227. Atílio Borón, in Paulo Galliez, *A Defensoria Pública. O Estado e a Cidadania*, 3ª ed., Rio de Janeiro, Lumen Juris, 2006.

228. "Constitucional e processual civil – Ação civil pública – Defesa dos interesses dos consumidores de energia elétrica – Ilegitimidade ativa da Defensoria Pública – Código de Defesa do Consumidor – Inaplicabilidade – Nulidade do acórdão recorrido – Inocorrência – Embargos de declaração – Omissão – Contradição – Inexistência.

"I – Os embargos de declaração constituem recurso de rígidos contornos processuais, consoante disciplinamento imerso no art. 535 do CPC, exigindo-se, para seu acolhimento, que estejam presentes os pressupostos legais de cabimento. Inocorrentes as hipóteses de obscuridade, contradição, omissão ou, ainda, erro material, não há como prosperar o inconformismo, cujo real intento é a obtenção de efeitos infringentes.

"II – Não há que se falar em omissão nem contradição no julgado vergastado, eis que o Pretório Excelso, por meio da ADI n. 558-8-MC, não determinou que caberia à Defensoria Pública a promoção de ações coletivas, em nome próprio, na defesa dos interesses dos consumidores; tão somente manteve a constitucionalidade do dispositivo estadual que permitia àquele Órgão a tutela dos direitos coletivos dos necessitados.

"III – Ademais, a aplicabilidade dos ditames do Código de Defesa do Consumidor à Lei de Ação Civil Pública, a teor do art. 21 desta última norma, somente ocorre quando for cabível, o que não se vislumbra *in casu*, mormente a Defensoria Pública não estar presente no rol taxativo do art. 5º da Lei n. 7.347/1985 e, ainda, não ter sido especificamente destinada à tutela dos interesses consumeristas, conforme prevê o art. 82, III, do CDC.

"IV – Embargos de declaração rejeitados" (STJ, 1ª Turma, ED no REsp 743.176-RJ, rel. Min. Francisco Falcão, j. 17.8.2006).

dos direitos dos consumidores e, por isso, negava-se-lhe a legitimidade, por se entender inaplicável o art. 82, III, do CDC.

Em um segundo período passou-se a admitir a legitimidade ativa da Defensoria Pública apenas para as ações coletivas que visavam à defesa dos direitos dos consumidores, em aplicação ao dispositivo legal acima citado. "A Defensoria Pública tem legitimidade, a teor do art. 82, III, da Lei n. 8.078/1990 (Código de Defesa do Consumidor), para propor ação coletiva visando à defesa dos interesses difusos, coletivos e individuais homogêneos dos consumidores necessitados. A disposição legal não exige que o órgão da Administração Pública tenha atribuição exclusiva para promover a defesa do consumidor, mas específica, e o art. 4º, XI, da Lei Complementar n. 84/1990 bem como o art. 3º, parágrafo único, da Lei Complementar n. 11.795/2002-RS estabelecem como dever funcional da Defensoria Pública a defesa dos consumidores".[229]

O STJ também se pronunciara nesse sentido: "O NUDECON [*Núcleo de Defesa do Consumidor do Rio de Janeiro*], órgão especializado, vinculado à Defensoria Pública do Estado do Rio de Janeiro, tem legitimidade ativa para propor ação civil pública objetivando a defesa dos interesses da coletividade de consumidores que assumiram contratos de arrendamento mercantil, para aquisição de veículos automotores, com cláusula de indexação monetária atrelada à variação cambial".[230]

Por derradeiro, chegamos à fase da legitimidade ativa positivada. Destarte, a Lei Complementar 988/2006 do Estado de São Paulo dispõe que "a Defensoria Pública do Estado é instituição permanente, essencial à função jurisdicional do Estado, e tem por finalidade a tutela jurídica integral e gratuita, individual e *coletiva*, judicial e extrajudicial, dos necessitados, assim considerados na forma da lei" (art. 2º) (grifo nosso).

Estabelece, ainda, a aludida lei, em seu art. 4º, como atribuições institucionais da Defensoria Pública do Estado, "representar em juízo os necessitados, na tutela de seus interesses individuais ou *coletivos*, no âmbito civil ou criminal, perante os órgãos jurisdicionais do Estado e em todas as instâncias, inclusive os Tribunais Superiores" (inciso III); "promover a tutela individual e *coletiva* dos interesses e direitos da criança e do adolescente, do idoso, das pessoas com necessidades espe-

---

229. TJRS, 4ª Câmara Cível, ACi 70014404784, Erechim, rel. Des. Araken de Assis, *DJE* 12.4.2006.
230. STJ, REsp 555.111-RJ, rel. Min. Castro Filho, j. 5.9.2006.

ciais e das minorias submetidas a tratamento discriminatório" (inciso VI, "c"); "promover a tutela individual e *coletiva* dos interesses e direitos do consumidor necessitado" (inciso VI, "d"); "promover a tutela do meio ambiente, no âmbito de suas finalidades institucionais (inciso VI, "e"); "promover ação civil pública para tutela de interesse difuso, coletivo e individual homogêneo" (inciso VI, "g").

Nesse processo de positivação legal, a Lei federal 11.448/2006 alterou a Lei da Ação Civil Pública (Lei 7.347/1985) e, em seu art. 5º, II, passou a prever expressamente a legitimidade ativa da Defensoria Pública.

1.3.2.12 Princípio da ampla divulgação da demanda e da devida informação

Segundo os autores Didier Jr. e Zaneti Jr.,[231] por este princípio revela-se uma importante faceta da tutela coletiva: sua característica democrática. O postulado da divulgação ampla tem lastro no *fair notice* do Direito Norte-Americano e realiza não só o direito dos cidadãos de serem informados de situações que lhes digam respeito, mas também permite que os interessados individuais, e também os demais entes legitimados, optem pela ação coletiva em detrimento da via processual individual. Quanto ao princípio da informação aos órgãos competentes, encontramos na Lei da Ação Civil Pública seu embasamento legal (arts. 6º e 7º), que impõe informar ao Ministério Público (e à Defensoria Pública, a partir de uma interpretação sistêmica) sobre fatos que constituam objeto de ação civil pública. "Estes dispositivos traduzem um dever cívico, não sendo novidade no sistema, pois já se apresentavam quanto à tutela penal (art. 15 da Lei de Ação Popular; art. 40 do CPC). A novidade está em serem objeto de tutela civil, consequência clara da forte presença do interesse público primário nas demandas coletivas".[232]

Na verdade, o direito à informação depende, muito, da efetiva divulgação da demanda. A realização desse preceito é imperiosa e repercute de modo direto sobre o interesse das partes, principalmente tratando-se de direitos individuais homogêneos. Mais precisamente, no tocante à coisa julgada coletiva e seus efeitos.

---

231. Fredie Didier Jr. e Hermes Zaneti Jr., *Curso de Direito Processual Civil*, cit., 1ª ed., vol. 4 ("Processo Coletivo"), pp. 122-123.

232. Idem, p. 123.

A coisa julgada coletiva é matéria que suscita fervorosas discussões tanto no campo teórico como no prático. Discutem-se, sobre as técnicas de adoção da coisa julgada, pelo menos três diferentes critérios: o *opt in*, o *opt out* e o *secundum eventum litis*. Em linhas gerais, o critério *opt out* consiste em "permitir que cada indivíduo, membro de classe, requeira em juízo sua exclusão da demanda coletiva, de modo a ser considerado terceiro, não sujeito à coisa julgada".[233] O critério *opt in*, por sua vez, possibilita aos mesmos sujeitos que, uma vez "devidamente notificados, ingressem voluntariamente na demanda coletiva, tornando-se partes e sendo, assim, colhidos pela coisa julgada, favorável ou desfavorável".[234] Notamos que em ambos os casos a divulgação ampla e efetiva da demanda é crucial para que os interessados travem conhecimento da existência do processo coletivo e, querendo, se manifestem conforme seu interesse. Inclusive aqueles que não têm interesse imediato na demanda têm o direito à informação, já que as ações coletivas dizem respeito a um sem-número de sujeitos, de difícil ou impossível precisão.

1.3.2.13 *Princípio da subsidiariedade ou do microssistema coletivo*

Outro princípio basilar do direito processual coletivo diz respeito à aplicação integrada das leis para a tutela coletiva.[235] Como afirmamos, o processo coletivo tem nuança própria, que demanda a ereção de institutos e princípios específicos, pensados à luz de suas especificidades. Sendo assim, o Código de Processo Civil deve ser aplicado somente de modo residual, quando não houver regramento específico na legislação processual coletiva.[236]

---

233. Ada Pellegrini Grinover, Kazuo Watanabe e Linda S. Mullenix, *Os Processos Coletivos nos Países de **Civil Law** e **Commom Law**: uma Análise do Direito Comparado*, São Paulo, Ed. RT, 2008, pp. 241-242.

234. Idem, p. 242.

235. Fredie Didier Jr. e Hermes Zaneti Jr., *Curso de Direito Processual Civil*, cit., 1ª ed., vol. 4 ("Processo Coletivo"), pp. 123-124.

236. "Processual civil – Ação civil pública – Reparação de danos ao erário – Sentença de improcedência – Remessa necessária – Art. 19 da Lei n. 4.717/1965 – Aplicação. 1. Por aplicação analógica da primeira parte do art. 19 da Lei n. 4.717/1965, as sentenças de improcedência de ação civil pública sujeitam-se indistintamente ao reexame necessário – Doutrina. 2. Recurso especial provido" (STJ, 2ª Turma, REsp 1.108.542-SC, rel. Min. Castro Meira, j. 19.5.2009, *DJe* 29.5.2009; *RePro* 177/268).

A particularidade do processo coletivo é que ele conta com um microssistema de regramento, no qual duas leis são aplicadas simultaneamente: Código de Defesa do Consumidor e Lei da Ação Civil Pública. Nesse movimento, ambas encontram-se em patamares hierárquicos idênticos, servindo como base de referência mútua e harmoniosa. Na Capítulo 2 deste trabalho, iremos tratar do sistema integrado coletivo de modo mais detalhado, ao qual remetemos o leitor.

1.3.2.14 Princípio da tutela coletiva adequada

Este princípio guarda estreita relação com os demais até aqui expostos, e abre perspectivas amplas para a efetivação do processo coletivo.

A partir de uma interpretação constitucional dos temas fundantes ou estruturantes do processo civil (ação, defesa, processo e procedimento) é possível identificar um novo sentido ou alcance para a noção de tutela jurisdicional. "Tutela", como o próprio termo designa, implica "proteção", "amparo", "cuidado". Implica concretizar o direito ou interesse, no melhor e mais amplo meio possível. Sob inspiração constitucional, o conceito de "tutela" traz em seu bojo o pressuposto de efetividade e adequação, pois não se há de falar em tutela se esta não se realizar de fato e a contento.

Na esteia processual a discussão ganha relevo, pois pressupõe a interpretação do direito de ação como direito ao procedimento próprio à participação e ao plano do direito material. Processo e procedimento devem, então, ser adequados a amparar os interesses judicializados, sob pena de ter esvaída a sua finalidade.

Sobre o princípio da adequação lembramos o estudo realizado por Fredie Didier Jr. e Hermes Zaneti Jr.[237] Os autores dividem este princípio em dois subprincípios: o da adaptação e o da adaptabilidade. O subprincípio da adaptação refere-se à atividade do legislador ao prever procedimentos e ritos diversos para os variados tipos de direitos a serem tutelados. Nesse sentido, identificamos na previsão de ritos específicos para a tutela de interesses coletivos um meio de atender a este subprincípio. Já, o subprincípio da adaptabilidade destina-se ao operador e construtor do Direito, vislumbrando hipótese para que ele molde e lapide o rito legal à hipótese concreta, atendendo, assim, às peculiaridades do interesse

237. Fredie Didier Jr. e Hermes Zaneti Jr., Curso de Direito Processual Civil, 1ª ed., vol. 1, Salvador/BA, JusPodivm, 2007.

coletivo a ser tutelado e, com isso, garantindo a máxima efetividade da ação coletiva. Nesse segundo sentido encontramos o fenômeno da flexibilização procedimental.

Interessante citarmos decisão do Magistrado da Comarca de Patrocínio Paulista/SP Fernando da Fonseca Gajardoni que, em ação civil pública promovida pelo Ministério Público Estadual para a ampliação dos quadros das Polícias Civil e Militar da localidade, contra a Fazenda Pública Estadual, aplica a principiologia em questão: "Se em sede de processo individual já se reconhecem amplos poderes instrutórios ao juiz (art. 130 do CPC), no âmbito do processo coletivo estes poderes são potencializados. Trata-se do movimento conhecido como ativismo judicial (*judicial activism*), que propicia uma maior participação do juiz na condução do processo coletivo, resultante da forte presença de interesse público primário na demanda (no caso, a segurança pública). Por conta desta forma de conduzir o feito, erigido a *status* de princípio pelos estudiosos do processo coletivo, é perfeitamente lícito ao magistrado, além de produzir provas oficiosamente, flexibilizar a técnica processual, admitindo idas e vindas do procedimento, franqueando o ingresso de colegitimados na demanda, convidando interessados a ministrar elementos importantes para o julgamento da causa, e até mesmo sugerindo alterações do pedido e da causa de pedir formulada (Fredie Didier Jr. e Hermes Zaneti Jr., *Processo Coletivo*, Salvador, JusPodivm, 2006, pp. 118 e ss.). Eu mesmo, em recente trabalho acadêmico, já me debrucei sobre este tema a considerar, em sede de processo coletivo, que: '(...) pese à inexistência de previsão legal, de rigor que judicialmente se flexibilize o procedimento, seja ele qual for o empregado, para permitir que no curso do feito coletivo seja alterado o pedido ou a causa de pedir, mesmo sem concordância da parte adversa ou após o saneamento do processo (art. 264, parágrafo único, do CPC). Nestes casos, o procedimento literalmente seria revertido, tornando a fases anteriores, tudo sem prejuízo do amplo contraditório deferido à parte contrária. Poderia se objetar que o interesse público é no sentido de que a Justiça se realize com presteza e funcionalidade, algo que fica de certa forma comprometido com a admissão da alteração da causa de pedir ou do pedido, com retorno a fases anteriores. Contudo, ao menos em tema de direito coletivos há de prevalecer o interesse público maior de se tutelar de forma rápida e eficaz a situação jurídica de um sem-número de interessados em detrimento da regra formal estabilizadora. Valendo-se do mesmo fundamento de repercussão e alcance do direito tutelado em sede coletiva, é conveniente que o juiz, a fim de ampliar a representação e estimular a participação da sociedade no destino da ação coletiva, manipule o procedimento, à míngua de previsão legal, a fim de incentivar a formação de assistência litisconsorcial ativa entre os colegitimados em certas ações coletivas, e até mesmo convide entidades a participarem do feito como *amicus curiae* (art. 89 da Lei n. 8.884/1994)' (Fernando da Fonseca Gajardoni, *Flexibilidade do Procedimento: um Novo Enfoque para o Estudo do Procedimento em Matéria Processual*, tese de Doutoramento, Faculdade de Direito da USP, São Paulo, 2007, pp. 191-192). Daí por que, na esteira do que já consignei a fls. 60, determinei que fossem intimados sobre a pretensão ministerial os Poderes Executivo e Legislativo das cidades que compõem a Comarca (art. 7º, § 2º, da Lei n. 9.868/1999 c/c o art. 5º, § 2º, da Lei n. 7.347/1985), os quais, ao menos em parte, efetivamente ministraram importantes elementos para o debate relevante (fls. 100-115). A conduta, tachada de 'sintomática' pelo órgão fazendário (fls. 237), só potencializa o contraditório e permite a representação adequada dos interesses que aqui estão em debate, legitimando, ainda, o produto da prestação jurisdicional (Nicklas Luhmann, *Legitimação pelo Procedimento*, trad. de Maria da Conceição Corte Real, Brasília, UnB, 1980)".[238]

Aliás, o Projeto de Lei 5.139/2009 adota expressamente o princípio da flexibilidade em ao menos dois momentos: no arrolamento principiológico contido no art. 3º, mais precisamente no inciso III ("III – isono-

---

238. "Aliás, o ativismo judicial, *data venia*, não tem nada a ver com parcialidade positiva do juiz, tampouco com interesse em garantir o sucesso da ação. Primeiro porque não se sabe, ao ordenar a prova oficiosa, qual será o seu produto, ou como os convidados a participar da demanda se comportarão (José Roberto dos Santos Bedaque, *Poderes Instrutórios do Juiz*, 3ª ed., São Paulo, Ed. RTde , 2001, pp. 107-108). E segundo porque pouco importante a hipossuficiência de uma das partes para que o magistrado atue oficiosamente, ou que determine a integração ao contraditório de interessados, eis que aqui não se está preocupado com a tutela do tecnicamente necessitado, mas sim com os interesses maiores da coletividade, que certamente não equivalem, no caso, aos interesses do Estado. Afinal, esta postura contribui para a efetividade do processo, possibilitando que o instrumento estatal de solução das controvérsias seja meio real de acesso à ordem jurídica justa. Como também nada tem a postura até aqui adotada de alternativa (no sentido odioso do termo), como aduz o advogado público atuante no feito (fls. 237). Todas as decisões tomadas têm amparo na correta interpretação do texto legal e constitucional (art. 130 do CPC; art. 7º, § 2º, da Lei n. 9.868/1999 c/c o art. 5º, § 2º, da Lei n. 7.347/1985), bem como na boa doutrina que já existe no Brasil sobre processo coletivo" (Fernando da Fonseca Gajardoni, Processo 98/2007, Vara Judicial da Comarca de Patrocínio Paulista, Seção Cível).

mia, economia processual, flexibilidade procedimental e máxima eficácia"); e no § 1º do art. 10, momento em que o princípio da flexibilidade é adotado em sua faceta "adaptabilidade", ao dispor que, até a prolação da sentença, "o juiz poderá adequar as fases e atos processuais às especificidades do conflito, de modo a conferir maior efetividade à tutela do bem jurídico coletivo, assegurados o contraditório e a ampla defesa".[239] Não obstante a rejeição do citado projeto de lei, a flexibilidade e a adaptabilidade procedimental não podem ser afastadas do processo coletivo, sob pena de comprometer sua efetividade.

---

239. Cf. art. 16 do Projeto de Lei 5.139/2009, que dispõe "Art. 16. Nas ações coletivas, a requerimento do autor ou do Ministério Público, até o momento da prolação da sentença, o juiz poderá permitir a alteração do pedido ou da causa de pedir, desde que realizada de boa-fé e que não importe em prejuízo para a parte contrária, devendo ser assegurado o contraditório, mediante possibilidade de manifestação do réu no prazo mínimo de 15 (quinze) dias, facultada prova complementar".

2

O PROCEDIMENTO COMUM COLETIVO

2.1 O sistema integrado coletivo: 2.1.1 Os procedimentos coletivos brasileiros. 2.2 O modo de ser do processo coletivo: 2.2.1 Do objeto da ação civil pública – 2.2.2 Da competência: 2.2.2.1 Das regras de conexão, continência e litispendência – 2.2.2.2 Da relação entre as ações individuais e coletivas – 2.2.3 Da legitimação ativa: 2.2.3.1 Da pertinência temática – 2.2.3.2 Do juízo de admissibilidade – 2.2.4 Da assistência e da intervenção de terceiros – 2.2.5 Da atuação do Ministério Público: 2.2.5.1 Do inquérito civil público – 2.2.5.2 Do Termo de Compromisso de Ajustamento de Conduta. 2.3 Do procedimento comum coletivo: 2.3.1 Dos requisitos da petição inicial: 2.3.1.1 Da concessão de liminares e da antecipação da tutela – 2.3.1.2 Do pedido e da causa de pedir – 2.3.2 Dos recursos e seus efeitos – 2.3.3 Do abandono, da desistência e da extinção do processo – 2.3.4 Da coisa julgada coletiva – 2.3.5 Ações coletivas passivas.

Atualmente o procedimento comum coletivo forma-se pela relação entre a ação civil pública e o Código de Defesa do Consumidor, integrada pelas leis especiais de ações coletivas, em criação do chamado "microssistema coletivo", com intervenção apenas excepcional e subsidiária das regras de processo civil individual.

Como dissemos alhures, há um intenso movimento legislativo para a edição de um código coletivo ou uma nova lei, cuja tendência demonstra a adoção da ação civil pública como a ação coletiva ordinária, com procedimento coletivo comum.

2.1 O sistema integrado coletivo

Inicialmente, cumpre-nos consignar que a definição de um microssistema é útil e necessária na medida em que serve como fonte normativa processual para a definição das regras que regerão determinado procedimento, judicial (comum ou especial) ou extrajudicial.

Convivem na legislação em vigor duas espécies de procedimentos coletivos: o procedimento coletivo comum, consubstanciado no rito da ação civil pública; e os procedimentos coletivos especiais, detectáveis nas ações coletivas específicas (ação popular, mandado de segurança coletivo, ações de controle de constitucionalidade, entre outras). Em razão dessa divergência procedimental, a funcionalidade do microssistema difere em cada espécie de procedimento coletivo.

No procedimento coletivo comum (ação civil pública) a integração entre a Lei da Ação Civil Pública e o Código de Defesa do Consumidor constitui fonte normativa principal. De forma secundária, e nessa ordem, aplicam-se as regras específicas do procedimento comum (Estatuto da Criança e do Adolescente, Estatuto do Idoso etc.); após, as regras das ações coletivas especiais; e, finalmente, as regras processuais do direito processual civil individual (Código de Processo Civil). De fato, o Código de Processo Civil é a ultima fonte integrativa do sistema coletivo, somente aplicável quando este não contiver norma específica sobre determinado tema ou instituto.

É importante salientar que a ação civil pública pode veicular pedidos que ordinariamente podem ser feitos por meio de ações especiais, conforme autoriza o CDC, em seu art. 83; porém, observando o seu próprio rito (comum). A título de exemplificação, determinado legitimado ativo – *v.g.*, o Ministério Público – pode propor uma ação civil pública com objeto mandamental. É preciso, porém, observar o rito procedimental comum, aliás, por limitações de legitimidade ativa (restrita) no mandado de segurança coletivo.

Já, nos procedimentos coletivos especiais (ação popular, mandado de segurança coletivo etc.) o microssistema tem diversa roupagem. Inicialmente aplicam-se as regras específicas previstas em cada diploma normativo (Lei da Ação Popular, Lei do Mandado de Segurança etc.); após, as regras integradas da Lei da Ação Civil Pública e do Código de Defesa do Consumidor, as regras de outras ações coletivas[1] e, final-

---

1. A título de exemplo desse sistema difuso, doutrinariamente esboçado, afirmam dois dos principais idealizadores do projeto em comento, ao analisar a atual Lei do Mandado de Segurança (Lei 12.016/2009), que "não se deve aplicar no mandado de segurança coletivo a remessa obrigatória prevista no § 1º do art. 14 da Lei 12.016/2009, mas sim a do art. 19, *caput*, da Lei 4.717/1965 – Lei da Ação Popular –, ou seja, somente haverá necessidade de obrigatória revisão pelo tribunal competente quando for julgado improcedente o pedido inicial ou extinto o feito, sem julgamento de mérito". Com a aprovação deste projeto de lei, a regra da remessa

mente, as regras do processo civil individual. De modo que, ao ajuizar uma ação popular, por exemplo, o rito procedimental a ser observado é aquele contido na Lei da Ação Popular. Após, em caso de lacuna legal, deve-se observar o regramento integrado Lei da Ação Civil Pública/Código de Defesa do Consumidor, seguido, residualmente, pelas normas contidas na legislação processual civil comum ou individual.

2.1.1 Os procedimentos coletivos brasileiros

Pelo preliminarmente exposto, defendemos a existência de duas categorias procedimentais coletivas no ordenamento brasileiro: a comum, que é a da ação civil pública, e a especial, que emana das demais ações coletivas.

Gregório Assagra de Almeida, por sua vez, defende sistematização diversa. O autor afirma que para uma adequada tutela "de um interesse ou direito coletivo é imprescindível a existência de um *direito processual coletivo*. Caso contrário a *forma* e precisamente o *instrumento* não corresponderão aos anseios e às necessidades do objeto".[2] No bojo do objeto é que Assagra identifica a divisão do direito processual coletivo em especial e comum. Em seu estudo,[3] afirma: "Quanto ao *objeto formal*, observa-se que existe um conjunto de instrumento, princípio e regras processuais próprios para o *direito processual coletivo especial*, que se diferencia peculiarmente por se destinar à tutela jurisdicional exclusivamente do *direito objetivo*. (...). Da mesma forma, existe um conjunto de instrumentos, princípios e regras processuais próprios para o *direito processual coletivo comum*, que se destina à tutela jurisdicional do direito subjetivo coletivo em sentido amplo".[4]

---

obrigatória a ser aplicada no mandado de segurança coletivo será a contida no art. 32 deste, em respeito ao § 1º do art. 1º, e não mais a regra contida na Lei da Ação Popular. Por outro lado, segundo o projeto de lei, as "ações coletivas" referidas no § 1º do art. 1º do projeto são as ações especiais de tutela coletiva, como, por exemplo, a ação popular e o mandado de segurança coletivo, de procedimentos coletivos específicos, regidos pelas leis próprias (respectivamente, Lei 4.717/1965 e Lei 12.016/2009, apenas nos dispositivos específicos do *writ* coletivo), em seguida pela futura Lei da Ação Civil Pública e, subsidiariamente, pelo Código de Processo Civil (Lei 5.869/1973).

2. Gregório Assagra de Almeida, *Direito Processual Coletivo Brasileiro: um Novo Ramo do Direito Processual*, São Paulo, Saraiva, 2003, p. 139.
3. Idem, pp. 137-156.
4. Idem, pp. 139-140.

Segundo o autor, a primeira diferença apontada é que pelas ações especiais o objeto material é o controle em abstrato da constitucionalidade das leis, ao passo que as ações do processo comum protegem direito coletivo subjetivo. Na primeira encontramos a jurisdição constitucional, em que se logra preservar a superioridade hierárquica da Constituição Federal e é instrumentalizada pelos procedimentos das ações de controle concentrado de constitucionalidade (ação direta de inconstitucionalidade, ação declaratória de constitucionalidade, arguição de descumprimento de preceito federal). Nos processos coletivos comuns – segundo ele – encontramos: a ação civil pública, a ação popular, as ações coletivas específicas trabalhistas (dissídio coletivo, ação de cumprimento), o mandado de segurança, o mandado de injunção, a ação de impugnação de mandato eletivo e a ação direta interventiva.[5]

Nosso estudo parte de uma premissa diversa, pois identificamos no microssistema coletivo a ação civil pública dotada do procedimento coletivo comum, entendendo que esta terminologia melhor expressa o real sentido e alcance da ação civil pública: servir como ação coletiva ordinária. As demais ações, com regramentos específicos em nível constitucional e infraconstitucional, têm procedimentos coletivos especiais, com regramentos próprios.

O procedimento coletivo comum é, então, o da ação civil pública, e as leis aplicáveis são, inicialmente, a integração Lei da Ação Civil Pública/Código de Defesa do Consumidor, seguida pelas regras específicas da legislação esparsa (Estatuto da Criança e do Adolescente, Estatuto do Idoso – por exemplo), pelas regras dos procedimentos especiais coletivos (ação popular,[6] ação de improbidade administrativa, mandado de segurança coletivo) e, por derradeiro, regras do processo civil individual.

5. Os diplomas legais apontados pelo autor como incidentes no direito processual coletivo comum são: Lei 7.347/1985 (Lei da Ação Civil Pública), Lei 8.078/1990 (Código de Defesa do Consumidor), Lei 4.717/1965 (Lei da Ação Popular), Lei 5.452/1943 (Consolidação das Leis do Trabalho), Lei 8.429/1992 (Lei da Improbidade Administrativa), Lei 8.069/1990 (Estatuto da Criança e do Adolescente), Lei 7.853/1989 (Proteção da Pessoa Portadora de Deficiência), Lei 8.842/1994 (Política Nacional do Idoso), Lei 7.913/1989 (Proteção dos Investidores do Mercado de Valores Imobiliários) e Lei 8.884/1994 (Prevenção e Repressão às Infrações Contra a Ordem Econômica).

6. "A ação civil pública e a ação popular compõem um microssistema de tutela dos direitos difusos, por isso que, não havendo previsão de prazo prescricional para a propositura da ação civil pública, recomenda-se a aplicação, por analogia, do prazo

As particularidades do objeto da ação civil pública impõem a observância da lei setorial correspondente, de modo que a mesma deverá atender ao regramento trazido em leis específicas, conforme o tema tratado – tais como o Estatuto da Criança e do Adolescente, o Estatuto do Idoso, a Lei de Improbidade Administrativa, a Lei de Proteção da Pessoa com Deficiência (Leis 7.853/1989 e 10.098/2000), a Lei de Defesa dos Investidores no Mercado de Valores Imobiliários (Lei 7.913/1989), a Lei de Defesa de Credores de Instituições Financeiras nos casos de liquidação extrajudicial (Lei 6.024/1974), a Lei de Defesa da Ordem Urbanística, a Lei de Parcelamento do Solo e o Estatuto da Cidade (Lei 6.766/1979 e Lei 10.257/2001), a Lei de Defesa da Livre Concorrência (Conselho Administrativo de Defesa Econômica/CADE – Lei 8.884/1994) e a Lei de Improbidade Administrativa.[7]

O procedimento coletivo especial, a seu turno, é composto por diversos regramentos distintos, conforme o objeto coletivo a ser adotado e a norma reguladora pertinente. Assim, mais adequado seria afirmar a existência de uma pluralidade de procedimentos especiais, os quais seguem a mesma sistemática normativa: inicialmente, com aplicação da respectiva lei setorial (Lei da Ação Popular, Lei de Improbidade Administrativa, Lei do Mandado de Segurança), seguida pelas regras da

quinquenal previsto no art. 21 da Lei n. 4.717/1965" (STJ, REsp 1.070.896-SC, rel. Min. Luís Felipe Salomão, j. 14.4.2010).

7. Segundo a doutrina e jurisprudência majoritárias, a ação de improbidade administrativa é ação civil pública, e não uma ação coletiva especial, não obstante o art. 17 da Lei 8.429/1992 dizer "rito ordinário" (podemos dizer que uma interpretação sistemática e progressiva da expressão nos faz concluir que é o rito ordinário coletivo, ou seja, a ação civil pública). Seria uma ação civil pública com algumas peculiaridades, dentre elas a limitação da legitimidade ativa (art. 17: Ministério Público e pessoa jurídica interessada), a vedação da transação (art. 17, § 1º), a possibilidade da opção da pessoa jurídica de se deslocar do polo passivo para o polo ativo da demanda, como ocorre na ação popular (art. 17, § 3º), a possibilidade da defesa preliminar (art. 17, § 7º), de rejeição preliminar (art. 17, § 8º), da interposição de agravo de instrumento da decisão que recebe a petição inicial (art. 17, § 10) e a destinação específica dos valores havidos com a condenação em ressarcimento dos danos, cuja quantia é revertida para a pessoa jurídica prejudicada, e não para o Fundo de Direitos Difusos/FDD. Vale transcrever entendimento jurisprudencial: "O entendimento majoritário da doutrina e da jurisprudência admite a adequação/compatibilidade do ajuizamento de ação civil pública (Lei n. 7.347/1985) nas hipóteses de atos de improbidade administrativa previstos na Lei n. 8.429/1992" (STJ, REsp 515.554-MA, rela. Min. Denise Arruda, *DJU* 19.6.2006). "É perfeitamente compatível a utilização de ação civil pública com fundamento na Lei de Improbidade Administrativa" (STJ, 2ª Turma, REsp 1.015.498-SC, rel. Min. Castro Alves Meira, *DJe* 30.4.2008).

integração Lei da Ação Civil Pública/Código de Defesa do Consumidor, pelas regras de outras leis de ações coletivas e, finalmente, aplicação residual do Código de Processo Civil. No ordenamento brasileiro é possível identificar diversas ações coletivas, e cada uma se realiza a partir de um procedimento coletivo especial.[8]

2.2 *O modo de ser do processo coletivo*

O processo coletivo tem particularidades processuais e procedimentais que devem ser analisadas com rigor científico, pois é a partir do questionamento dessas estruturas fundantes que identificamos seu delineamento e, fomentando o seu desenvolvimento, potencializaremos a efetivação dos direitos coletivos.

2.2.1 *Do objeto da ação civil pública*

O objeto da ação civil pública é tema que suscita debates intrigantes. Partiremos da observação de Rodolfo de Camargo Mancuso para, após, tentarmos identificar os bens jurídicos tutelados via ação civil pública, bem como as pretensões e provimentos dedutíveis em juízo. Sobre os elementos da ação, pondera Mancuso: "Se o processo é um *actum trium personarum* (autor, réu e juiz), a ação judicial também se *individualiza* através de um trinômio: *partes*, *objeto* e *causa de pedir*. Tal individualização é de grande importância e produz reflexos em mais de uma seara processual: na conexão das ações e, por consequência, como fator de prorrogação de competência (CPC, arts. 102 e ss.); na classificação das ações (reais, pessoais, *v.g.*), com reflexo na fixação do foro competente (CPC, arts. 94 e 95); na identificação das ações, para se saber, *v.g.*, se acontece o fenômeno da tríplice identidade entre os elementos de duas ações postas em confronto, interessando detectar se ocorre a litispendência ou se é possível a arguição da coisa julgada (CPC, art. 301, §§ 1º e 3º)".[9]

Nos termos do art. 3º da LACP, o objeto da ação civil pública poderá ser a condenação em dinheiro ou o cumprimento de obrigação de

---

8. Sobre as espécies de ações coletivas, remetemos à leitura do Capítulo 1, subseção 1.2.
9. Rodolfo de Camargo Mancuso, *Ação Civil Pública: em Defesa do Meio Ambiente, do Patrimônio Cultural e dos Consumidores*, 10ª ed., São Paulo, Ed. RT, 2007, p. 30.

fazer ou não fazer. O pedido imediato, portanto, será uma condenação *lato sensu* – expressão, essa, que, a partir da Lei 11.232/2005, passou a designar "a sentença proferida no processo civil que reconheça a existência de obrigação de fazer, não fazer, entregar coisa ou pagar quantia" (art. 475-N do CPC). O pedido mediato, por sua vez, seria a utilidade que se quer alcançar pela sentença ou providência jurisdicional (o bem pretendido pelo autor).

Vale a pena observar, preliminarmente, que o Brasil tem uma tradição de uso disseminado das ações condenatórias, o que reflete uma ideologia hegemônica no sentido de que os bens podem ser ressarcidos via condenação em dinheiro. A gênese das ações coletivas vai de encontro a essa prática, pois judicializa direitos e interesses que dificilmente podem ser substituídos, resgatados ou recuperados: "O consumidor já terá utilizado o bem inquinado com vício de fabricação; a publicidade enganosa já terá induzido em erro milhões de pessoas; a erosão, decorrente da monocultura e da não realização prévia das curvas de nível, já terá degradado o terreno; o manancial já terá secado porque foram cortadas as matas ciliares; o derradeiro exemplar da espécie ameaçada já terá sido morto; etc.".[10]

O ideal é que o direito ou interesse coletivo não seja lesado (tutela preventiva/inibitória), mas, sendo, o objeto primeiro da ação coletiva deve ser a obtenção da reparação específica (tutela reintegratória). Restando impossível a satisfação dessa modalidade de reparação, deve-se recorrer à condenação (ressarcimento *in pecunia*, indenização – tutela ressarcitória/genérica).

Ao lado dessa pretensão principal, que poderá ser consubstanciada em formulações (pedidos) simples, cumuladas, sucessivas, alternativas e eventuais (CPC, arts. 286 e ss.), o legitimado ativo poderá veicular pretensão cominatória, consubstanciada em pena pecuniária (*astreintes*) a incidir no caso de eventual descumprimento da sentença ou da decisão antecipatória de tutela. Segundo Rodolfo de Camargo Mancuso,[11] nessa hipótese o objetivo é penalizar e inibir que o sujeito perpetue sua atuação danosa, pois o que se pretende é que o poluidor, fraudador – vândalo, enfim –, repare o mal feito.

Por outro lado, para a proteção dos direitos coletivos admite-se todo e qualquer tipo de tutela jurisdicional (ações condenatórias, declarató-

10. Idem, p. 32.
11. Idem, p. 33.

rias, constitutivas, mandamentais, executivas). Quanto ao objeto material, são vários os bens jurídicos tutelados: o meio ambiente, o erário público, o patrimônio histórico e cultural, as relações de consumo, a saúde, a educação – entre outros. A título de exemplificação legal, apontamos a tutela: do patrimônio material e moral; da ordem econômica e da economia popular; da ordem urbanística; dos bens e direitos de valor artístico, estético, histórico, turístico e paisagístico (art. 1º da LACP).

Notamos, pois, que são várias as dimensões humanas que podem ser protegidas e concretizadas via ação civil pública, pois, não obstante haja um rol dos direitos tuteláveis, este não é exaustivo, sendo a enumeração meramente exemplificativa. Aliás, por expressas disposições constitucional e legal (art. 129, III, da CF e art. 1º, IV, da LACP), a ação civil pública pode amparar "qualquer outro interesse difuso ou coletivo" – de onde depreendemos que seu objeto é o mais amplo possível.

Importante frisar que a tutela em comento abrange todas as espécies de direitos coletivos, sejam eles difusos, sejam coletivos ou individuais homogêneos.[12]

Sobre o objeto da ação civil pública, Ada Pellegrini Grinover, em artigo intitulado "A ação civil pública refém do autoritarismo", atacou o uso arbitrário de medidas provisórias por parte do Poder Executivo. No artigo a jurista afirma que aquele Poder tem atacado a ação civil pública, logrando, através de medida provisória, "diminuir sua eficácia por intermédio da limitação do acesso à Justiça, da compreensão do momento associativo, da redução do papel do Poder Judiciário".[13] Especialmente, a autora faz referência às Medidas Provisórias 1.570, de

12. Por ser uma novidade legislativa ainda em tramitação, não obstante a recente rejeição, entendemos por bem transcrever aqui o art. 1º do Projeto de Lei 5.139/2009, o qual elenca o objeto tutelável via ação civil pública, a saber: "Art. 1º. Regem-se pelas disposições desta Lei as ações civis públicas destinadas à proteção: I – do meio ambiente, da saúde, da educação, da previdência e assistência social, do trabalho, do desporto, da segurança pública, dos transportes coletivos, da assistência jurídica integral e da prestação de serviços públicos; II – do consumidor, do idoso, da infância e juventude, das pessoas portadoras de deficiência e do trabalhador; III – da ordem social, econômica, urbanística, financeira, da economia popular, da livre concorrência, das relações de trabalho e sindicais, do patrimônio genético, do patrimônio público e do erário; IV – dos bens e direitos de valor artístico, cultural, estético, histórico, turístico e paisagístico; e V – de outros interesses ou direitos difusos, coletivos ou individuais homogêneos".

13. Ada Pellegrini Grinover, "A ação civil pública refém do autoritarismo", *RePro* 96/28-36, Ano 24, São Paulo, Ed. RT, outubro-dezembro/2009.

26.3.1997 (transformada na Lei 9.424/1997), e 1.798-1, de 11.2.1999. A hipótese levantada é a de que o Executivo adota uma postura autoritária ao lançar mão de um instrumento normativo excepcional para, com isso, legislar arbitrariamente. Agravada pelo fato de que as medidas provisórias editadas visam a limitar os efeitos da sentença e da coisa julgada coletiva, comprometendo, de forma lamentável, a efetividade do processo coletivo.

No caso da Medida Provisória 1.570, de 26.3.1997, o "legislador" lançou mão da própria estrutura democrática para alcançar interesses fazendários que não correspondem aos da coletividade. Trata-se de uma tentativa de restringir os efeitos *erga omnes* da sentença coletiva aos limites territoriais da competência do órgão prolator (art. 16 da LACP). Ao menos duas incongruências podem ser identificadas: primeiro, referida limitação é arbitrária, porque contraria diametralmente os princípios que norteiam a tutela coletiva (dentre eles, a homogeneização das sentenças e o combate à pulverização de processos individuais demandando os mesmos pedido e causa de pedir); segundo, a medida provisória, posteriormente convertida em lei, é ineficaz, pois alterou somente dispositivo da Lei da Ação Civil Pública, ignorando a integração desta com o Código de Defesa do Consumidor no microssistema de tutela coletiva – o que torna inoperante a tentativa do Executivo. No caso da Medida Provisória 1.798-1, de 11.2.1999, o ataque à ação civil pública deu-se pela limitação dos efeitos da sentença civil prolatada em ação coletiva proposta por entidade associativa, na defesa dos interesses e direitos dos associados, aos substituídos individualizados (e identificáveis). O dispositivo só teria aplicação aos direitos individuais homogêneos, já que os titulares de direitos difusos são, por sua natureza, indeterminados e indetermináveis. A outra tentativa de limitação introduzida pela medida provisória é a imposição no sentido de a petição inicial da ação civil pública contra entes públicos vir instruída com ata da assembleia da entidade associativa que autorizara tal propositura.

Essa postura do Poder Executivo pôde ser constatada no trâmite do Projeto de Lei 5.139/2009, em limitação prevista inicialmente no § 1º do art. 1º do projeto de lei original. A Casa Civil, após analisar o projeto de lei original, entendeu por bem impor vedação à utilização da ação civil pública para veicular pretensões que envolvam tributos, concessão, revisão ou reajuste de benefícios previdenciários ou assistenciais, contribuições previdenciárias, o Fundo de Garantia do Tempo de Serviço/FGTS ou outros fundos de natureza institucional cujos beneficiários podem ser individualmente determinados.[14] "A determinação contraria frontalmente a Constituição Federal de 1988, seja em relação ao direito fundamental de acesso à Justiça (art. 5º, XXXV), seja em relação ao princípio constitucional da não taxatividade ou da não limitação do objeto material da ação civil pública (art. 129, III)."

No entanto, em março/2010 o Projeto de Lei 5.139/2009, já livre da limitação material ao objeto da ação civil pública, foi rejeitado na Câmara dos Deputados, pois não se safou da força dos macrointeresses escusos e ilegítimos, porém evidentes, que já se enraizaram no Legislativo brasileiro.

14. Ocorre que, felizmente, tal dispositivo foi suprimido no trâmite legislativo junto à Câmara dos Deputados, por proposta de emenda do deputado José Genoíno (PT/SP), acolhida pelo deputado-relator Antônio Carlos Biscaia, no sentido de retirar odiosa vedação:

"Art. 1º, § 1º – Esse dispositivo veda a utilização da ação civil pública para 'veicular pretensões que envolvam tributos, concessão, revisão ou reajuste de benefícios previdenciários ou assistenciais, contribuições previdenciárias, o Fundo de Garantia do Tempo de Serviço/FGTS ou outros fundos de natureza institucional cujos beneficiários podem ser individualmente determinados'.

"A determinação contraria frontalmente a Magna Carta, seja em relação ao direito fundamental de acesso à Justiça, em seu art. 5º, XXXV, seja em relação ao princípio constitucional da não taxatividade ou da não limitação do objeto material da ação civil pública, consagrado expressamente em seu art. 129, III.

"Atualmente vigora a vedação imposta pelo art. 1º, parágrafo único, da Lei n. 7.347/1985, inserido pela Medida Provisória n. 2.180-35/2001.

"Essa vedação tem sido alvo constante de críticas por parte da doutrina e da jurisprudência. Contudo, o projeto de lei, além de manter a situação de inconstitucionalidade, ainda faz a sua ampliação para também constar a vedação para discutir pretensões que envolvam a concessão, revisão ou reajuste de benefícios previdenciários ou assistenciais.

"Se um dos elementos a motivar a iniciativa governamental para o estabelecimento de um novo regime processual das ações coletivas é a redução da massa de feitos submetidos ao Poder Judiciário, por intermédio da pulverização de conflitos, não faz sentido sustentar tal vedação.

"É fato notório que o Poder Público é o litigante que sustenta o maior número de ações em juízo, na maioria delas como réu, e relacionadas às matérias tratadas pela vedação. (...).

"Com a medida, resta favorecida a uniformidade das soluções judiciais sobre essas questões, o que diminuirá o volume de trabalho do Poder Judiciário, e permitirá a sua resolução em menor tempo.

"Com a alteração, é de se ter por acolhida a Emenda n. 2, e rejeitada a Emenda n. 3, ambas da lavra do deputado José Genoíno" (disponível em *http://www.camara.gov.br*).

2.2.2 Da competência

A noção de "competência" na Teoria Geral do Processo e no direito constitucional foi redimensionada a partir da Constituição Federal de 1988, e ainda hoje é trabalhada à luz das peculiaridades do Estado Democrático de Direito Brasileiro.[15]

Em linhas gerais, afirmamos – com Fredie Didier Jr. e Hermes Zaneti Jr. – que a competência é resultado de critérios para distribuir, entre vários órgãos, as atribuições relativas ao desempenho da jurisdição.[16] Contudo, afirmar seu núcleo conceitual como mero "resultado" implica um reducionismo que deve ser evitado, pois seu conteúdo constitucional, que invoca a atividade jurisdicional, permite o redimensionamento de seu sentido e de seu alcance. Sem pretender esvair seu histórico ou dimensão total, nos deteremos brevemente a analisar o modo pelo qual duas teorias processuais sobre a jurisdição encontram-se, hoje, superadas. Essa análise nos permite afirmar que a observação da competência adequada contribui para a concretização da efetividade da tutela jurisdicional.

A primeira teoria, que encontra em Chiovenda seu expoente, filia-se à afirmação de que o juiz representa a vontade concreta da lei. Esse entendimento tem um antecedente histórico identificável: o Código de Napoleão, que centrou seus esforços na construção de uma legislação completa e coerente para as relações sociais. A função jurisdicional reduzia a atividade do juiz ao trabalho de subsunção: diante do caso concreto (premissa menor), o magistrado apreciava os contornos jurídicos em questão, buscava na legislação (premissa maior) a norma pertinente e a aplicava. É a consubstanciação do juiz como mero aplicador da lei.

---

15. Sobre as peculiaridades do Estado Democrático de Direito Brasileiro, remetemos à leitura do Capítulo 1, que versa sobre o fenômeno da multiplicação de direitos (mais especificamente, subseções 1.1.1 e 1.1.2, que versam, respectivamente, sobre "Peculiaridades do Estado de Direito: do Estado Legal ao Constitucional" e "O Estado Democrático de Direito Brasileiro: Análise de seus Fundamentos"). Não é excessivo ressaltar as principais ideias que expusemos naquela ocasião: adoção de uma Constituição escrita como ato fundante do Estado (norma suprema que legitima e limita o poder), titularidade do poder ao povo, afirmação do princípio democrático, ereção da dignidade da pessoa humana como epicentro axiológico constitucional, positivação de direitos humanos como garantias fundamentais, declaração de princípios e objetivos fundamentais, redimensionamento das relações entre o Estado e os sujeitos com base na cidadania, justiça e valores sociais – dentre outros.

16. Fredie Didier Jr. e Hermes Zaneti Jr., *Curso de Direito Processual Civil*, 11ª ed., vol. 1 ("Teoria Geral do Processo e Processo de Conhecimento"), Salvador/BA, JusPodivm, 2009, p. 105.

A segunda teoria, sustentada por Carnelutti e justificada em Kelsen, encontra no juiz o agente hábil a criar norma individual diante do caso concreto. Luiz Guilherme Marinoni[17] esclarece a distinção entre essas teorias, afirmando que na primeira a função do juiz é meramente declaratória (limita-se a aplicar a norma geral), enquanto na segunda sua função é "compor a lide". O autor é incisivo ao configurar a jurisdição no Estado contemporâneo: "Se nas teorias clássicas o juiz apenas *declarava a lei* ou *criava a norma individual a partir da norma geral*, agora ele constrói a *norma jurídica* a partir da interpretação de acordo com a Constituição, do controle de constitucionalidade e da adoção da regra do balanceamento (ou da regra da proporcionalidade em sentido estrito) dos direitos fundamentais no caso concreto".[18]

Mais que interpretar a lei ou aplicá-la ao caso concreto, a jurisdição no Estado contemporâneo adquire contornos específicos, de realização fundamentada do direito material. Com isso, queremos dizer que a jurisdição no Estado Constitucional comporta dimensão diferenciada e se ocupa antes em efetivar a tutela dos direitos do que em pacificar conflitos, dizer ou aplicar a lei. Assim, parece evidente a nova destinação jurisdicional (concretizar direitos fundamentais), a qual é redimensionada na tutela de direitos coletivos, objeto de nosso estudo.

As ações coletivas são instrumentos de efetivação dos direitos fundamentais por excelência. Por meio desse tipo de tutela é possível demandar frente aos mais diversos sujeitos a observação dos direitos coletivos e sua respectiva proteção e efetivação. Com Marinoni, afirmamos que as ações coletivas "têm importante relação com os direitos fundamentais prestacionais. Tais ações permitem a tutela jurisdicional dos direitos fundamentais que exigem prestações sociais (direito à saúde etc.) e adequada proteção – inclusive contra os particulares (direito ambiental etc.) –, mas, além disso tudo, constituem condutos vocacionados a permitir ao povo reivindicar os seus direitos fundamentais".[19]

A competência, como parcela dessa jurisdição, é regrada por um princípio constitucional norteador da Teoria Geral do Processo: o devido processo legal. A interpretação da competência, imantada por esse valor,

---

17. Luiz Guilherme Marinoni, *Teoria Geral do Processo*, 3ª ed., São Paulo, Ed. RT, 2008, p. 94.
18. Idem, p. 103.
19. Idem, p. 114.

aponta no sentido de que a mesma deve ser "adequada", para, então, poder cumprir a contento sua destinação constitucional.

As regras de competência estão dispostas em instrumentos normativos constitucionais e infraconstitucionais, tais como as leis processuais e as de organização judiciária. Em linhas gerais, a Constituição Federal de 1988 distribui a competência entre os seguintes órgãos judiciais: STF, STJ, Justiça Federal, Justiça Militar, Justiça do Trabalho, Justiça Eleitoral e Justiça Estadual – compreendendo, sempre, seus respectivos tribunais e juízes.

Está disposto no art. 1º do CPC que: "A jurisdição civil, contenciosa e voluntária, é exercida pelos juízes, em todo o território nacional, conforme as disposições que este Código estabelece". Os magistrados, munidos que são de parcela do poder estatal, são órgãos legítimos a exercer a jurisdição. Para "organizar" a atividade jurisdicional foi editado um conjunto de regras e preceitos, os quais devem servir de norte para identificar o juízo e o juiz competentes para apreciar cada demanda judicial. Foram, então, tecidos os seguintes parâmetros: natureza da demanda (ou do direito discutido); pessoas envolvidas; território; e grau judicial em que a demanda deve ser apreciada.

Segundo a doutrina processual civil, a competência é distribuída segundo os seguintes critérios: critério funcional ou hierárquico, critério material, critério valorativo e critério territorial.

Pois bem. No âmbito do primeiro critério pode-se concluir que na ação civil pública não há foro por prerrogativa de função, salvo em um único caso. De fato, serão processadas perante o STF todas as ações contra o CNJ e contra o Conselho Superior do Ministério Público/CSMP (art. 102, I, "r", da CF).

Quanto ao critério material, deve-se ter em mente que são possíveis ações coletivas perante as Justiças Eleitoral, do Trabalho e Federal – neste último caso, quando envolverem interesses da União ou da Administração indireta Federal, salvo de sociedade de economia mista federal, dentre outros, segundo dispõe o art. 109 da CF. Nesse ponto, vale a pena destacar o cancelamento da Súmula 183 do STJ, que delegava à Justiça Estadual local a competência para julgar, em primeira instância, ações de competência federal se na localidade não houvesse sede da Justiça Federal. Tal cancelamento se deu em razão da interpretação do disposto no art. 109, § 3º, da CF, que exige expressa autorização legal para tal delegação. O STF, em decisão prolatada aos 10.2.2000, entendeu que o art. 2º da LACP não é hipótese que autoriza a Justiça Estadual (do local do dano) a processar e julgar causas da Justiça Federal (competente para a causa, porém ausente no local do dano). Segundo relatado pelo Min. Ilmar Galvão (RE 228.955-9-RS), o juiz federal tem competência territorial e funcional sobre o local de qualquer dano, motivo pelo qual "impõe-se a conclusão de que o afastamento da jurisdição federal, no caso, somente poderia dar-se por meio de referência expressa à Justiça Estadual, como a que fez o constituinte na primeira parte do mencionado § 3o em relação às causas de natureza previdenciária".

Ainda quanto ao critério material, destaca-se que a competência da Justiça Estadual é residual.

No tocante ao critério valorativo, frisa-se apenas a impossibilidade de propositura de ações coletivas perante os Juizados Especiais Cíveis (art. 3º, § 1º, I, da Lei 10.529/2001).

Por derradeiro, o critério territorial define, como regra geral, a competência do foro do local do dano.[20] No âmbito doutrinário debate-se acerca do melhor critério para a definição do "local do dano" e, por consequência, do "dano local". *Data venia* das posições divergentes, ainda que criativas e inovadoras, preferimos acolher regra de simples aplicação e já manuseada pelo operador do Direito brasileiro: a *teoria da asserção*, utilizada na análise das condições da ação no processo civil, segundo a qual a questão é analisada segundo o conteúdo da petição inicial, sem contraditório ou maiores investigações probatórias.[21]

Pois bem, o art. 2º da LACP prevê que a ação civil pública será proposta no foro do local do dano, cujo juízo terá a competência funcional (absoluta) para processar e julgar a causa.

20. Vale aqui a observação de que esse dano pode ser real ou em potencial, mormente quanto pertinente à adoção de tutelas preventivas/inibitórias. Imagine-se a situação de uma indústria poluidora do ar atmosférico, cujos efeitos maléficos da conduta estejam se ampliando em determinada região. Neste caso, pensamos que haverá concorrência dos foros já atingidos pela poluição e dos que ainda não foram atingidos, mas ameaçados, resolvendo a questão pela via da prevenção.

21. O Projeto de Lei 5.139/2009 acolhia essa opção:

"Art. 4º. É competente para a causa o foro do local onde ocorreu ou deva ocorrer o dano ou o ilícito, aplicando-se as regras da prevenção e da competência absoluta.

"(...).

"§ 2º. *A extensão do dano será aferida, em princípio, conforme indicado na petição inicial*" (grifos nossos).

A opção por caracterizar essa competência como funcional, e não como territorial absoluta, pode ser problematizada a partir da análise das leis setoriais Estatuto da Criança e do Adolescente (art. 209[22]) e Estatuto do Idoso (art. 80[23]), sendo certo que outras leis também contêm regramento quanto à competência: art. 93 do CDC e art. 5º da LAP. É importante ressaltar que, por se tratar de um microssistema, mesmo na ausência de regramento específico em legislação setorial aplica-se a norma contida na Lei da Ação Civil Pública e no Código de Defesa do Consumidor. Do mesmo modo, no silêncio deste aplicam-se as regras das leis setoriais (como no caso do art. 209 do ECA, que prevê a competência para as ações preventivas) a todo o microssistema.

Por oportuno, vale lembrar que tanto o Estatuto da Criança e do Adolescente como o Estatuto do Idoso consagram exceções à regra do local do dano, não obstante haja igualdade no tocante à natureza absoluta dessa competência. O primeiro estabelece que a ação será proposta no local da ação ou omissão, efetiva ou em potencial (art. 209), sendo que quanto ao segundo a ação deve ser proposta no domicílio do idoso ou idosos interessados (art. 80).

Quanto aos casos em que o dano ou ilícito possa atingir mais de uma localidade (regional ou nacional), a Lei da Ação Civil Pública silencia, devendo o intérprete recorrer ao Código de Defasa do Consumidor, em análise integradora. Segundo o art. 93 do CDC, ressalvada a competência da Justiça Federal, o foro do local do dano ou ilícito será competente quando este for pontual. Já, nos casos em que os danos forem de âmbito regional ou nacional será competente o foro da Capital do Estado ou o do Distrito Federal.[24]

---

22. ECA, art. 209: "Art. 209. As ações previstas neste Capítulo serão propostas no foro do local onde ocorreu ou deva ocorrer a ação ou omissão, cujo juízo terá *competência absoluta* para processar a causa, ressalvadas a competência da Justiça Federal e a competência originária dos Tribunais Superiores" (grifos nossos).

23. Estatuto do Idoso, art. 80: "Art. 80. As ações previstas neste Capítulo serão propostas no foro do domicílio do idoso, cujo juízo terá *competência absoluta* para processar a causa, ressalvadas as competências da Justiça Federal e a competência originária dos Tribunais Superiores" (grifos nossos).

24. CDC, art. 93: "Art. 93. Ressalvada a competência da Justiça Federal, é competente para a causa a Justiça local: I – no foro do lugar onde ocorreu ou deva ocorrer o dano, quando de âmbito local; II – no foro da Capital do Estado ou no do Distrito Federal, para os danos de âmbito nacional ou regional, aplicando-se as regras do Código de Processo Civil aos casos de competência concorrente".

A questão é acirrada quanto aos parâmetros para estabelecer quando um dano é somente local, regional ou nacional.[25] A dúvida maior paira sobre as seguintes indagações: um dano regional não é também local? Um dano nacional não é também regional e local? Não seria mais adequado manter uma ação coletiva em processamento no local em que houve o dano imediato, ao invés de permitir que a Capital do Estado, por vezes longínqua, sirva de sede para a mesma, apesar de nesta haver repercussões daquele dano?

Não há limitação quantitativa (extensão territorial ou quantidade de Cidades, Municípios e Estados afetados) para a constatação de que um dano é local, regional ou nacional. Por essa razão, Fredie Didier Jr. e Hermes Zaneti Jr. ressaltam "a importância de aplicar-se o princípio da competência adequada, devendo prestigiar-se ao máximo o juízo de uma das comarcas envolvidas na situação".[26] É que a determinação legal de competência do local do dano logra facilitar a instrução probatória, contando com a sensibilidade do juízo (e também do juiz e do promotor natural) para os fatos ocorridos em sua proximidade. O objetivo é que essa disposição contribua para uma tutela mais efetiva e adequada.

Outra questão refere-se à definição do juízo prevento em casos de foros concorrentes. Por exemplo, pode ocorrer, em caso de dano nacional, a concorrência dos juízos das Capitais dos Estados envolvidos e do juízo do Distrito Federal. Nesse caso fixa-se a competência territorial pela prevenção, que na ação civil pública tem critério diverso daquele adotado no Código de Processo Civil. Na verdade, um terceiro critério. De fato, se nas ações individuais a prevenção ocorre com o despacho inicial (art. 106 do CPC) ou com a citação válida (art. 219 do CPC), na ação

---

25. Conforme disposição do Projeto de Lei 5.139/2009 (art. 4º, § 2º), é acolhida a *teoria da asserção*, conforme a qual a questão é analisada segundo o conteúdo da petição inicial, sem contraditório ou maiores investigações probatórias. A regra consagra o critério abstrato de fixação da extensão do dano para fins de definição da competência:

"Art. 4º. É competente para a causa o foro do local onde ocorreu ou deva ocorrer o dano ou o ilícito, aplicando-se as regras da prevenção e da competência absoluta.

"(...).

"§ 2º. A extensão do dano será aferida, em princípio, conforme indicado na petição inicial."

26. Fredie Didier Jr. e Hermes Zaneti Jr., *Curso de Direito Processual Civil*, 4ª ed., vol. 4 ("Processo Coletivo"), Bahia, JusPodivm, 2009, p. 140.

civil pública ela se realiza com a propositura da ação, segundo dispõe o art. 2º, parágrafo único, da LACP.[27]

No entanto, a definição do momento em que a ação é considerada proposta não dispensa o apelo ao Código de Processo Civil (art. 263): "Considera-se proposta a ação, tanto que a petição inicial seja despachada pelo juiz, ou simplesmente distribuída, onde houver mais de uma Vara. (...)".

2.2.2.1 Das regras de conexão, continência e litispendência

Em termos gerais, os fenômenos da conexão e continência ligam-se ao tema relação de ações, enquanto a litispendência diz respeito à identidade delas. Porém, no sistema das ações coletivas, em regra, ensejam o mesmo efeito – qual seja, a reunião dos processos.

A *conexão* é fenômeno que designa uma relação de semelhança entre demandas – semelhança, essa, que surte efeitos processuais relevantes. Fredie Didier Jr. e Hermes Zaneti Jr. afirmam que "cabe ao direito positivo de cada País estabelecer qual o tipo de vínculo considerado como relevante e quais são os seus efeitos jurídicos. Não há um conceito universal (lógico-jurídico) de conexão".[28]

A conexão é fato processual que normalmente produz o efeito jurídico de determinar a modificação da competência, de modo a que um único juízo tenha competência para processar e julgar todas as causas conexas. A reunião das causas em um mesmo juízo é o efeito jurídico tradicional da conexão.

No ordenamento brasileiro "reputam-se conexas duas ou mais ações, quando lhes for comum o objeto ou a causa de pedir" (CPC, art. 103). Fenômeno correlato é retratado no art. 104 do CPC, ao dispor que ocorre a *continência* "entre duas ou mais ações sempre que há identidade quanto às partes e à causa de pedir, mas o objeto de uma, por ser mais amplo, abrange o das outras". Nosso sistema adota, portanto, a *continência* como espécie do gênero "conexão".

---

27. LACP, art. 2º, parágrafo único: "Parágrafo único. A propositura da ação prevenirá a jurisdição do juízo para todas as ações posteriormente intentadas que possuam a mesma causa de pedir ou o mesmo objeto".
28. Fredie Didier Jr. e Hermes Zaneti Jr., *Curso de Direito Processual Civil*, cit., 4ª ed., vol. 4 ("Processo Coletivo"), p. 161.

A conexão serve à efetivação da tutela jurisdicional e, também, do processo coletivo, pois seu escopo, ao viabilizar a modificação de competência, é promover a economia processual e a justiça das decisões judiciais, pois concentra a atividade jurisdicional em torno do mesmo objeto em um mesmo órgão e, com isso, evita a prolação de sentenças e decisões contraditórias.[29] É a instrumentalização da adequada tutela da demanda.

No entanto, a conexão e a continência não foram institutos bem tratados pelo legislador pátrio. De fato, a definição legal de tais fenômenos é insuficiente. Na verdade, a conexão de causas é circunstancial e exige um parâmetro legal aberto e flexível, sob pena de restar obsoleto, como ocorreu com a definição legal brasileira. Por exemplo, hoje não se nega o fenômeno da conexão por prejudicialidade, porém carente de previsão legal. Na ação civil pública a angústia se repete, restando-nos um simples norte a ser seguido: o princípio da máxima conexão. Ou seja, sempre que concorrerem, em ações distintas, os mesmos "interessados" (e não simples "partes"), diante do mesmo bem jurídico ou da mesma causa de pedir, presente está a conexão, ou a continência, conforme a amplitude dos respectivos pedidos.

Nesses casos, de rigor a reunião das ações coletivas junto ao juízo prevento, conforme os critérios de prevenção acima expostos. Note-se que, enquanto na tutela individual a relação de ações modifica a competência relativa (territorial), nas ações coletivas a alteração se dá mesmo tratando-se de competência absoluta.

Em resumo, quando os entes legitimados, ainda que distintos, fundam suas ações na mesma causa de pedir, diz-se ocorrer *conexão*, embora os pedidos que um e outro veiculem possam diferir. Já, naqueles casos em que as ações coletivas veiculam a mesma causa de pedir, contudo o pedido de uma delas engloba o pedido da outra, deparamo-nos com o fenômeno da continência.[30]

29. Arruda Alvim, em análise do tema "litisconsórcio", ressalta o viés da efetividade na conexão das demandas: "O sentido real do texto de lei é o de que, havendo identidade parcial dos fundamentos da ação (= lide), seja de fato, seja de direito, de um litisconsorte com a do outro, justifica-se o processo com pluralidade de partes, justamente porque haverá comunidade na produção e realização da prova, bem como no próprio exame da causa pelo juiz, e, em síntese, estar-se-á atendendo ao princípio da economia processual" (*Manual de Direito Processual Civil*, 8ª ed., vol. 2 ("Processo de Conhecimento"), São Paulo, Ed. RT, 2003, p. 91).

30. Arruda Alvim exemplifica as três hipóteses da seguinte maneira: se uma associação civil ajuíza a competente ação coletiva para que uma empresa seja inter-

Na litispendência, como o próprio termo designa, deve necessariamente haver a pendência da lide, ou seja, é quando o conflito já está sendo questionado, já foi judicializado. O legislador não foi feliz ao definir o fenômeno da identidade de ações, pois, pensando nas lides única e exclusivamente individuais, nas quais as partes são únicas e identificadas (embora possam ser plurais), afirmou que uma ação é idêntica à outra quando têm as mesmas partes, a mesma causa de pedir e o mesmo pedido (CPC, art. 301, § 2º). À primeira vista, poderíamos, então, pensar que duas ações coletivas que veiculem o mesmo pedido e a mesma causa de pedir opostas em face do mesmo sujeito não seriam ações idênticas se os autores[31] não forem os mesmos. Ora, é preciso pensar na particularidade do processo coletivo. Nessa gama de ações há um rol de legitimados que judicializam os interesses coletivos e, mesmo sendo entes legitimados diferentes, falam em nome dos mesmos interessados (não identificáveis, metaindividualizados). Assim, se, por exemplo, duas ações civis públicas forem propostas em face de uma mesma empresa devido ao cometimento, por esta, de dano ambiental e o pedido dessas ações for o mesmo (*v.g.*, a interdição da empresa), elas serão consideradas idênticas mesmo que uma seja ajuizada pelo Ministério Público e a outra por uma associação civil.

De fato, a definição da litispendência nas ações coletivas é mais ampla que nas ações individuais. Haverá litispendência entre ações coletivas quando elas tiverem os mesmos "interessados" (não "partes"), o mesmo "bem jurídico" tutelado (e não o mesmo "pedido") e, finalmente, a mesma "causa de pedir".

Os efeitos que esses fenômenos acarretam variam no processo civil individual: na litispendência, extingue-se o processo superveniente sem julgamento de mérito; na continência, o juiz é obrigado a reunir os

---

ditada devido à poluição do meio ambiente e o Ministério Público, paralelamente, ajuíza a mesma ação, ocorre litispendência, pois ambas veiculam a mesma pretensão (pedido) e a partir do mesmo fato lesivo (causa de pedir); se essa associação pede a interdição mas o Ministério Público pede a imposição de uma obrigação de fazer, ocorre conexão, porque ambas se originam do mesmo fato lesivo (causa de pedir) mas veiculam pretensões (pedidos) diferentes; se, ainda nesse caso, a associação pede a interdição e o Ministério Público, além da interdição, requer uma condenação em dinheiro, ocorre a continência, pois o pedido do Ministério Público contém o da associação (*Manual de Direito Processual Civil*, cit., 8ª ed., vol. 2 ("Processo de Conhecimento"), pp. 216-217).

31. O Projeto de Lei 5.139/2009, em seu art. 5º, utiliza o termo "interessados", e não "partes".

processos, para decidir simultaneamente as ações; na conexão, a reunião dos processos é facultativa, devendo o juiz da causa deliberar e, numa atuação discricionária, decidir se deve, ou não, reuni-los. Porém, no processo civil coletivo o efeito decorrente desses fenômenos é único: a reunião dos processos.

No entanto, alguns cuidados devem ser tomados. De fato, para preservar o duplo grau de jurisdição e evitar inovações inoportunas perante os tribunais, deve-se ter por vedada a reunião dos processos nas instâncias superiores. Mas isso não é o bastante. Caso uma das ações coletivas esteja em grau avançado de tramitação também parece inviável a reunião das demandas, para não prejudicar o bom andamento da primeira ação e preservar a efetividade daquela tutela. Como critério ou marco objetivo, somos adeptos da ideia de que o início da fase de instrução da ação mais avançada impede reuniões posteriores.[32]

Nessas hipóteses de não reunião, a solução varia conforme o tipo de relação em questão. No caso de conexão e continência parece viável o prosseguimento autônomo das ações supervenientes. No entanto, ocorrendo a litispendência e a não reunião das demandas, viável a suspensão da ação posterior, pois, diante da identidade de causas, denota-se certa relação de prejudicialidade entre elas,[33] em virtude da amplitude *erga omnes* da futura coisa julgada. De fato, e em termos gerais, se a ação prevanta for julgada procedente ou improcedente com suficiência probatória, tal coisa julgada atingirá inevitavelmente a ação superveniente ainda em tramitação.

---

32. O Projeto de Lei 5.139/2009 trazia importante regulamentação da matéria: "Art. 5º. A distribuição de uma ação coletiva induzirá litispendência para as demais ações coletivas que tenham o mesmo pedido, causa de pedir e interessados e prevenirá a competência do juízo para todas as demais ações coletivas posteriormente intentadas que possuam a mesma causa de pedir ou o mesmo objeto, ainda que diferentes os legitimados coletivos, quando houver: I – conexão, pela identidade de pedido ou causa de pedir, ainda que diferentes os legitimados; II – conexão probatória; ou III – continência, pela identidade de interessados e causa de pedir, quando o pedido de uma das ações for mais abrangente que o das demais.

"§ 1º. Na análise da identidade da causa de pedir e do objeto, será preponderantemente considerado o bem jurídico a ser protegido.

"§ 2º. Na hipótese de litispendência, conexão ou continência entre ações coletivas a versar sobre o mesmo bem jurídico, a reunião dos processos poderá ocorrer até o julgamento em primeiro grau.

"§ 3º. Iniciada a instrução, a reunião dos processos somente poderá ser determinada se não houver prejuízo para a duração razoável do processo."

33. Art. 265 do CPC.

Em conclusão, a relação ou identidade de ações coletivas gera, em regra, a reunião dos processos, exceto se tal efeito gerar prejuízo à efetividade da tutela coletiva em questão.

2.2.2.2 Da relação entre as ações individuais e coletivas

Sobre o tema, é importante frisar que deve ser abordado sob três aspectos, quais sejam: quanto à conexão, à continência e à litispendência. Quanto à conexão entre ação coletiva e ação individual, não podemos afastar sua possível ocorrência quando, por exemplo, estivermos diante da mesma causa de pedir. Porém, o efeito não será a reunião das ações, como ocorre entre ações individuais, pois isso acarretaria prejuízo ou retardo à ação coletiva.

No que toca à continência entre ação civil pública e ação individual, acreditamos não existir possibilidade de configuração, diante das relevantes diferenças entre tais relações processuais. De fato, é estranho imaginar que uma ação individual esteja inserida no bojo de uma ação coletiva. Portanto, pode-se concluir pela impossibilidade da continência, salvo na hipótese de haver uma ação coletiva de tutela de interesse individual homogêneo e uma ação individual condenatória sobre a mesma causa de pedir, pois são idênticos os bens jurídicos, o interesse divisível dos particulares. Porém, ainda nessa hipótese parece inviável a reunião dos processos, pelo prejuízo que isso acarretaria à ação coletiva.

Por derradeiro, a litispendência entre ação coletiva e ação individual é tema de maiores debates.

Ada Pellegrini Grinover,[34] comentando o art. 104 do CDC, afirma que o fenômeno da identidade total ou parcial de demandas pode ocorrer no âmbito das ações coletivas. Esse fenômeno é potencializado não só pelas repercussões (metaindividuais, diga-se de passagem) dessas ações (cujos interessados são indeterminados), mas também pelo fato de que há uma pluralidade de legitimados que podem ajuizar a ação coletiva. Não é excessivo lembrar que cada legitimado poderia, em tese, compreender e judicializar a demanda coletiva de uma maneira diferente, todos em concorrência. A celeuma maior cinge aos efeitos da demanda, em especial a coisa julgada coletiva, pois é preciso cuidado para que um

---

34. Ada Pellegrini Grinover e outros, *Código Brasileiro de Defesa do Consumidor: Comentado pelos Autores do Anteprojeto*, 7ª ed., Rio de Janeiro, Forense, 2001, p. 861.

mesmo litígio não seja apreciado mais de uma vez pelo Judiciário (casos em que há identidade total das demandas) e que as decisões prolatadas sejam harmônicas e consonantes à economia processual.

Antônio Gidi,[35] em obra dedicada ao estudo da litispendência e da coisa julgada coletiva, remete à leitura do art. 104 do CDC para evidenciar a não ocorrência de litispendência entre as ações individuais e coletivas, pois na verificação da identidade dessas ações, ao contrário do que ocorre na interpretação dos entes legitimados coletivos, verifica-se que o autor individual difere do autor coletivo e sua pretensão é, mesmo, diversa. O autor aprofunda a discussão, afirmando que sequer os outros elementos que caracterizam a identidade de ações são satisfeitos, pois no âmbito individual a causa de pedir e o pedido, por si, já têm novos delineamentos. É que na ação individual, como o próprio nome indica, a pretensão já diz respeito a um direito individualizado, enquanto nas ações coletivas o direito em questão tem outra gênese: a meta ou transindividualidade. "A 'lide coletiva', se assim a pudermos chamar, e a 'lide individual' são duas lides diferentes: através do pedido das ações coletivas em defesa de direitos superindividuais se requer a tutela de um direito superindividual, indivisivelmente considerado, de que é titular uma comunidade ou uma coletividade de pessoas: a retirada de circulação de produtos perigosos ou a inclusão de um serviço em determinado plano de saúde para todos os associados, *v.g*. O pedido na ação individual visa à tutela de um direito individual e divisível, cujo titular é o próprio autor: a indenização pelos danos causados ao autor pelo produto defeituoso ou a inclusão do serviço somente para o plano do autor da ação individual".[36]

Uma vez que inexiste litispendência entre a ação individual e a coletiva, o art. 104 do CDC abre oportunidade para o interessado, a título individual, tomar uma das seguintes decisões: (a) suspender *sine die* o processo individual, em requerimento que deve ser feito no prazo de 30 dias contados a partir da ciência do curso da ação coletiva; e, nesse caso, o autor individual será beneficiado pela coisa julgada coletiva, se esta lhe for favorável; (b) prosseguir sua ação individual, a despeito da coletiva em andamento; caso em que será excluído da extensão subjetiva da coisa julgada coletiva, inclusive se esta for favorável.[37] Entende-se que é

---

35. Antônio Gidi, *Coisa Julgada e Litispendência em Ações Coletivas*, São Paulo, Saraiva, 1995, p. 188.
36. Idem, p. 189.
37. Art. 38 do Projeto de Lei 5.139/2009.

atribuído ao demandado na ação coletiva e na ação individual o ônus de informar, nesta última, a propositura da ação coletiva, sob pena de, não o fazendo, não se afastar o benefício da coisa julgada coletiva ao indivíduo demandante que não suspendeu sua ação.

Nesse ponto, vale o destaque à importante decisão do STJ no REsp 1.110.549,[38] que, por meio de uma interpretação sistemática do processo civil individual, em fase de coletivização (art. 543-C do CPC), e do processo civil coletivo (art. 104 do CDC), ainda em construção, determina a suspensão obrigatória das ações individuais: "1. Ajuizada ação coletiva atinente à macrolide geradora de processos multitudinários, suspendem-se as ações individuais, no aguardo do julgamento da ação coletiva. 2. Entendimento que não nega vigência aos arts. 51, IV e § 1º, 103 e 104

---

[38]. STJ, REsp 1.110.549-RS, rel. Min. Sidnei Beneti, j. 28.10.2009. Segundo inédito voto do Ministro-Relator:

"No atual contexto da evolução histórica do sistema processual relativo à efetividade da atividade jurisdicional nos Tribunais Superiores e nos próprios Tribunais de origem, as normas processuais infraconstitucionais devem ser interpretadas teleologicamente, tendo em vista não só a realização dos direitos dos consumidores mas também a própria viabilização da atividade judiciária, de modo a efetivamente assegurar o disposto no art. 81 do CDC, de forma que se deve manter a orientação firmada no Tribunal de origem, de aguardo do julgamento da ação coletiva, prevalecendo, pois, a suspensão do processo, tal como determinado pelo Juízo de primeiro grau e confirmado pelo acórdão ora recorrido. Atualizando-se a interpretação jurisprudencial, de modo a adequar-se às exigências da realidade processual de agora, deve-se interpretar o disposto no art. 81 do CDC preservando o direito de ajuizamento da pretensão individual na pendência de ação coletiva, mas suspendendo-se o prosseguimento desses processos individuais, para o aguardo do julgamento de processo de ação coletiva que contenha a mesma macrolide.

"A suspensão do processo individual pode perfeitamente dar-se já ao início, assim que ajuizado, porque, diante do julgamento da tese central na ação civil pública, o processo individual poderá ser julgado de plano, por sentença liminar de mérito (CPC, art. 285-A), para a extinção do processo, no caso de insucesso da tese na ação civil pública, ou, no caso de sucesso da tese em aludida ação, poderá ocorrer a conversão da ação individual em cumprimento de sentença da ação coletiva.

"Não há incongruência, mas, ao contrário, harmonização e atualização de interpretação, em atenção à Lei de Recursos Repetitivos, com os julgados que asseguraram o ajuizamento do processo individual na pendência de ação coletiva – o que, de resto, é da literalidade do aludido art. 81 do CDC, cujo *caput* dispõe que 'a defesa dos interesses e direitos dos consumidores e das vítimas poderá ser exercida em juízo individualmente, ou a título coletivo'. O direito ao ajuizamento individual deve também ser assegurado no caso de processos multitudinários repetitivos, porque, se não o fosse, o autor poderia sofrer consequências nocivas ao seu direito, decorrentes de acidentalidades que levassem à frustração circunstancial, por motivo secundário, do processo principal; mas esse ajuizamento não impede a suspensão."

do CDC; 122 e 166 do CC; e 2º e 6º do CPC, com os quais se harmoniza, atualizando-lhes a interpretação extraída da potencialidade desses dispositivos legais ante a diretriz legal resultante do disposto no art. 543-C do CPC, com a redação dada pela Lei dos Recursos Repetitivos (Lei n. 11.672, de 8.5.2008)".

No entanto, tal decisão não pode ficar imune a críticas. De fato, o sistema coletivo vigente tem como norte a independência das ações coletivas e individuais, com trâmites paralelos e autônomos. Ao decidir de forma diversa, o STJ altera um dos pilares do sistema processual coletivo, cuja mudança, não obstante seus bons propósitos, relativos à economia e à celeridade processual, exige maior reflexão e debate, principalmente por estarmos diante de um direito fundamental: o direito de ação (art. 5º, XXXV, da CF).

2.2.3 Da legitimação ativa

O tema da legitimidade de agir nas ações coletivas causa grande aflição à doutrina que o aborda. A complexidade aumenta quando se adentra a questão da pertinência temática.

Isso se deve a dois fatores principais. O primeiro fator, como já enfatizamos, de natureza hermenêutica, é a pretensão de se compreender os institutos do direito processual coletivo pelo prisma dos tradicionais dogmas do processo civil individual. "Essa recorrente insistência de considerável parcela dos juízes (e demais operadores do Direito) em interpretar dispositivos e institutos repousantes na legislação relativa a direitos metaindividuais exclusivamente à luz da caracterização/concepção desses institutos segundo a sistemática – individualista, registre-se *en passant* – do Código de Processo Civil, olvidando-se da necessidade de levar em consideração, sobretudo, os princípios relativos aos direitos metaindividuais, revela uma evidente deficiência técnica na aplicação da legislação metaindividual. Urge, pois, sedimentar no meio forense uma principiologia própria e inerente aos direitos metaindividuais".[39]

O outro fator responsável por tornar o tema tão controvertido é a oposição entre a origem teleológica do instituto da pertinência temática, ligada à ideia de limitação, legado da doutrina individual-liberalista, e a

39. Daniel Mota Gutiérrez, in Luiz Manoel Gomes Jr., *Curso de Direito Processual Coletivo*, 2ª ed., São Paulo, SRS, 2008, p. 84.

atual tendência no sentido de flexibilizar tal pressuposto de legitimidade, como forma de ampliar a efetivação do direito de ação coletiva.

Portanto, tais antinomias fazem da matéria campo fértil para enérgicos debates sobre variados aspectos, dentre eles o da natureza jurídica da pertinência temática, o de seu juízo de admissibilidade. Tais questões, embora eminentemente teóricas, geram indiscutíveis efeitos práticos, pois integram os caminhos obrigatoriamente trilhados pelo julgador quando da análise inicial da ação e condicionam seu prosseguimento.

Quanto à natureza jurídica dessa legitimidade ativa, diante do exaustivo debate doutrinário já em fase de exaurimento,[40] nos limitaremos a aceitar a tese da legitimidade coletiva autônoma ou – nos dizeres de Nelson Nery Jr. e Rosa Maria de Andrade Nery – "legitimação autônoma para a condução do processo".[41]

No tocante à formação, a legitimidade ativa coletiva é formada por três elementos integrantes, quais sejam: o objetivo (ou seja, a previsão legal), o formal (ou elemento especial) e o subjetivo (a pertinência temática).

O primeiro não mais significa que a previsão legal de determinado ente ou instituição dotados de legitimação coletiva ativa (art. 5º da LACP e art. 82 do CDC). Vale a pena destacar que essa escolha do legislador não é aleatória, mas exige certa qualificação daquele "órgão" para ostentar o poder de representar a coletividade. Segundo Mauro Cappelletti: [*esse*] "difensore della categoria, questo 'campione' del gruppo, dev'essere un buon campione, un buon paladino, sia esso un'associazione, sia esso un individuo che agisce non soltanto per sé, come attore o parte individualistica, ma come rappresentante di una collettività. È inevitabile

40. Dentre as teses doutrinárias, podemos destacar as seguintes correntes: parte da doutrina – minoritária, porém – entende tratar-se de legitimidade ordinária, pois os entes legitimados defenderiam interesses próprios ou institucionais; a outra parte – a maioria dela – entende que a legitimidade coletiva é extraordinária, pois os legitimados defenderiam interesses alheios, conforme ditames do processo civil individual, mais especificamente segundo estudos acerca do art. 6º do CPC. Preferimos não adentrar essa discussão e aceitar que a legitimidade ou legitimação (termos utilizados como sinônimos neste trabalho) coletiva tem características próprias e não se liga aos conceitos do processo civil tradicional.

41. Nelson Nery Jr. e Rosa Maria de Andrade Nery, *Código de Processo Civil Comentado e Legislação Processual Civil Extravagante em Vigor*, São Paulo, Ed. RT, 2003, p. 1.319. Os professores propõem uma classificação própria, desvinculada da divisão contida no direito processual civil individual.

quindi una selezione, sotto forma di richiesta di determinati requisiti di legittimazione".[42]

Em outros termos, o professor italiano quer dizer que o ente legitimado é escolhido por ter condições de tutelar o interesse da categoria ou coletividade; e, por isso, é dotado de uma representatividade adequada presumida.

O segundo elemento, dito formal, refere-se a alguns requisitos especiais, exigíveis apenas de certos legitimados. Por exemplo, a associação deve ser constituída há pelo menos um ano, em certos casos sendo dispensada tal exigência temporal.[43]

Pois bem. No que tange ao elemento subjetivo – a pertinência temática –, necessários maiores apontamentos.

2.2.3.1 Da pertinência temática

A pertinência temática significa o nexo material entre os fins institucionais do legitimado ativo e a tutela pretendida na ação coletiva.

Segundo Fredie Didier Jr., é o "vínculo de afinidade temática entre o legitimado e o objeto litigioso".[44] Pedro da Silva Dinamarco assevera que consiste na "proteção específica daquele bem que é objeto da ação civil pública ajuizada pela associação, ou com ela compatível".[45] Nas palavras de Motauri Ciocchetti de Souza, representa a "harmonização

---

42. Mauro Cappelletti, in Aluísio Gonçalves de Castro Mendes, *Ações Coletivas no Direito Comparado e Nacional*, 2ª ed., São Paulo, Ed. RT, 2009, p. 101. Tradução: "defensor da categoria, este campeão do grupo, deve ser um bom campeão, um bom paladino, seja ele uma associação, seja ele um indivíduo que age não apenas por si, como autor ou parte individualista, mas como representante de uma coletividade. É inevitável, portanto, uma seleção, sob a forma de apresentação de determinados requisitos de legitimação".

43. Art. 5º, V e § 1º, da LACP:

"(...) V – a associação que, concomitantemente: a) esteja constituída há pelo menos 1 (um) ano nos termos da lei civil; (...).

"(...).

"§ 4º. O requisito da pré-constituição poderá ser dispensado pelo juiz, quando haja manifesto interesse social evidenciado pela dimensão ou característica do dano, ou pela relevância do bem jurídico a ser protegido."

44. Fredie Didier Jr. e Hermes Zaneti Jr., *Curso de Direito Processual Civil*, 1ª ed., vol. 4 ("Processo Coletivo"), Salvador/BA, JusPodivm, 2007, p. 212.

45. Pedro da Silva Dinamarco, *Ação Civil Pública*, São Paulo, SRS, 2008, p. 244.

entre as finalidades institucionais das associações civis ou órgãos públicos legitimados e o objeto a ser tutelado na ação civil pública".[46]

Para Hugo Nigro Mazzilli "significa que as associações civis devem incluir entre os seus fins institucionais a defesa dos interesses objetivos na ação civil pública ou coletiva por elas propostas, dispensada, embora, a autorização de assembleia. Em outras palavras, a pertinência temática é a adequação entre o objeto da ação e a finalidade institucional".[47]

A pertinência temática não se confunde com a representatividade adequada, muito embora alguns autores insistam em incluir a primeira como requisito da segunda. Por exemplo, Hugo Nigro Mazzilli, quando analisa a legitimidade das associações civis, ensina que essa representatividade é aferida à vista do preenchimento de dois requisitos: (a) a pertinência temática e (b) a pré-constituição há mais de um ano.

No mesmo equívoco incide o autor Elton Venturi quando trata do tema "representatividade adequada", expondo que "tal controle revela-se, na prática, muito mais de ordem formal que propriamente substancial, incidindo, para além da constatação da constituição válida e regular da entidade autora, também sobre a verificação do nexo de pertinência temática existente entre suas finalidades estatutárias ou institucionais e o objeto da tutela instrumentalizado pela demanda coletiva".[48]

Alguns tribunais também não têm acertado nos seus posicionamentos. Se não, vejamos: "Ausência de representatividade adequada do grupamento substituído processualmente pela Associação de Moradores e Amigos do Jardim Botânico, diante da não ocorrência de congruência entre o objeto pretendido e os fins estatutários da entidade civil, sendo imprescindível o requisito da pertinência temática".[49]

Realmente, a representatividade adequada é um dos requisitos da *class action* norte-americana, que significa a aptidão técnica, institucional e financeira do órgão ou entidade que se vale da tutela coletiva. Sua finalidade é qualificar o polo ativo para fins de evitar demandas coletivas

46. Motauri Ciocchetti de Souza, *Ação Civil Pública e Inquérito Civil*, São Paulo, Saraiva, 2001, p. 46.
47. Hugo Nigro Mazzilli, *A Defesa dos Interesses Difusos em Juízo*, 16ª ed., São Paulo, Saraiva, 2003, p. 260.
48. Elton Venturi, *Processo Civil Coletivo (A Tutela Jurisdicional dos Direitos Difusos, Coletivos e Individuais Homogêneos no Brasil – Perspectivas de um Código Brasileiro de Processos Coletivos)*, São Paulo, Malheiros Editores, 2007, p. 222.
49. TRF-2ª Região, 3ª Turma, ACi 159.652-RJ.

precárias, que poderiam prejudicar a coletividade, eis que a coisa julgada naquele sistema não é *secundum eventum litis*. No sistema brasileiro, ao contrário, não se cogita de representatividade adequada,[50] eis que há um rol legal de legitimados e a coisa julgada coletiva não prevalece para prejudicar qualquer interessado. "Esta uma das notas distintivas entre o modelo norte-americano puro e a recepção brasileira, aqui a coisa julgada terá extensão *erga omnes* ou *ultra partes secundum eventum litis*, estendendo seus efeitos apenas para beneficiar os titulares dos direitos individuais. Muito embora não se possa repetir a demanda coletiva, nem mesmo com a propositura por outro legitimado, as demandas individuais não ficam prejudicadas em caso de improcedência (mérito) das ações coletivas".[51]

No sistema norte-americano a coisa julgada vincula qualquer interessado, ainda que não tenha participado da ação coletiva, seja para beneficiar, seja para prejudicar (coisa julgada *pro et contra*). Portanto, a adequada representação significa exigir que o autor seja potencialmente apto a defender direitos alheios, como corolário dos princípios do devido processo legal, da ampla defesa e do contraditório. "Esse requisito é essencial para que haja o respeito ao devido processo legal em relação aos membros ausentes e, consequentemente, indispensável para que eles possam ser vinculados pela coisa julgada produzida na ação coletiva. Afinal, se os membros ausentes serão vinculados pelo resultado de uma ação conduzida por uma pessoa que se declara representante dos seus

50. No entanto, o Anteprojeto de Código de Processo Civil Coletivo de Antônio Gidi prevê que "a ação somente poderá ser conduzida na forma coletiva se: (...) II – o legitimado coletivo e o advogado do grupo puderem representar adequadamente os direitos do grupo e de seus membros" (art. 3º). Em compensação, a coisa julgada coletiva não vinculará o grupo e seus membros se a improcedência for causada por representação inadequada (art. 18). Por sua vez, o Anteprojeto de Código Brasileiro de Processos Coletivos elaborado pelo IBDP dispõe que "são legitimados concorrentemente à ação coletiva: I – qualquer pessoa, para defesa dos interesses ou direitos difusos, desde que o juiz reconheça sua representatividade adequada, demonstrada por dados como: a) a credibilidade, capacidade e experiência do legitimado; b) seu histórico na proteção judicial e extrajudicial dos interesses ou direitos difusos e coletivos; c) sua conduta em eventuais processos coletivos em que tenha atuado; II – o membro do grupo, categoria ou classe, para a defesa dos interesses ou direitos coletivos e individuais homogêneos, desde que o juiz reconheça sua representatividade adequada, nos termos do inciso I deste artigo" (art. 20).

51. Fredie Didier Jr. e Hermes Zaneti Jr., *Curso de Direito Processual Civil*, cit., 1ª ed., vol. 4 ("Processo Coletivo"), p. 57.

interesses, conceitos básicos de justiça impõem que essa representação seja adequada."[52]

Aqui no Brasil o que se exige é apenas o nexo entre a finalidade ou os objetivos institucionais do ente que figura no polo ativo e o objeto da demanda, seja como uma forma de limitar o elenco de legitimados ativos, tendo em vista que a tutela coletiva representava, quando de sua criação, uma quebra de paradigmas, seja para tentar adequar a legitimidade da tutela coletiva ao conceito geral de legitimidade *ad causam* do processo civil tradicional, como uma espécie de adaptação às regras gerais previstas nos arts. 6º do CPC.[53]

Essa ideologia individualista, tida como uma das fontes inspiradoras da pertinência temática, é facilmente observada nas palavras de Clóvis Beviláqua, que almejava um utópico "direito privado puro", livre dos interesses públicos ou coletivos: "Outra controvérsia, a que pôs termo, foi referente à persistência das ações populares, que, no Direito Romano, tinham por objeto a defesa dos bens públicos. Na organização jurídica 'moderna', os atos que davam causa às ações populares passaram a constituir crimes reprimidos pelo Código Penal, sendo a matéria ora de leis de polícia, ora de posturas municipais, e algumas vezes ofensas a direitos individuais".[54]

Atualmente, como analisaremos, a doutrina e a jurisprudência, já livres dos grilhões desse ideal de pureza, têm flexibilizado a análise desse requisito de admissibilidade da legitimidade ativa, em contemplação ao princípio da máxima efetividade dos direitos individuais e coletivos e ao direito de amplo acesso à Justiça.

Portanto – para concluir –, há notável diferença entre as origens teleológicas dos institutos da pertinência temática e da representatividade adequada, pois aquela liga-se à ideia liberal-individualista de limitação, enquanto esta se aproxima do conceito de viabilidade da legitimidade, como forma de assegurar o devido processo legal.

---

52. Antônio Gidi, *A **Class Action** como Instrumento de Tutela Coletiva dos Direitos: as Ações Coletivas em uma Perspectiva Comparada*, São Paulo, Ed. RT, 2007, p. 99.
53. CPC, art. 6º: "Art. 6º. Ninguém poderá pleitear, em nome próprio, direito alheio, salvo quando autorizado por lei".
54. Clóvis Beviláqua, in Fredie Didier Jr. e Hermes Zaneti Jr., *Curso de Direito Processual Civil*, cit., 1ª ed., vol. 4 ("Processo Coletivo"), p. 26.

A questão nevrálgica do tema ora em análise refere-se à natureza jurídica da pertinência temática. Estaria ela no âmbito da legitimidade *ad causam* ou do interesse de agir? A doutrina tradicional insere-a no campo de legitimidade, enquanto autores modernos a colocam no campo do interesse de agir.

Arruda Alvim, quando discorre acerca das associações na defesa dos direitos dos consumidores, pondera que "a entidade associativa, por exemplo, ao utilizar o direito de ação para a proteção de interesse ou direito coletivo (art. 81, parágrafo único, II), tal como conceituado por este Código, deve ser considerada *parte legítima*, tendo-se presente o disposto no art. 5º, XX, da CF, desde que, dentre as *suas finalidades* esteja inserida a defesa dos consumidores".[55]

De outra parte, Luiz Manoel Gomes Jr. anota que "a pertinência temática possui uma maior relação com o interesse processual do que com a legitimidade *ad causam*, apesar da dificuldade em efetuar uma separação precisa, já que analisada frente a uma determinada situação *in concreto*".[56]

Embora a divergência esteja clara, o entendimento da questão requer a pré-compreensão de alguns conceitos.

A legitimidade para agir em juízo é a "pertinência subjetiva da ação".[57] Para José Carlos Barbosa Moreira consiste na "coincidência entre a situação jurídica de uma pessoa, tal como resulta da postulação formulada perante o órgão judicial, e a situação legitimante prevista na lei para a posição processual que a essa pessoa atribui, ou que ela pretende assumir".[58] Portanto, legitimidade *ad causam* é a relação entre as condições subjetivas da parte e o objeto da tutela jurídica.

O interesse de agir tem definição pragmática, ligada à ideia de proveito e analisada *in concreto*. É dizer: a tutela jurisdicional pretendida deve satisfazer os requisitos da necessidade e da utilidade, sem os quais se configurará a carência da ação, por falta de interesse processual.

---

55. Arruda Alvim, *Código do Consumidor Comentado*, São Paulo, RT, p. 387.
56. Luiz Manoel Gomes Jr., *Curso de Direito Processual Coletivo*, cit., 2ª ed., p. 158.
57. Alfredo Buzaid, in Fredie Didier Jr., *Curso de Direito Processual Civil*, 6ª ed., Salvador/BA, Juspodivm, 2006, p. 173.
58. José Carlos Barbosa Moreira, *Comentários ao Código de Processo Civil*, 6ª ed., Rio de Janeiro, Forense, 1993.

Liebman, cuja lição fora referida em decisão do STJ,[59] assevera que "o interesse processual ou interesse de agir existe quando há para o autor *utilidade e necessidade* de conseguir o recebimento do pedido para obter, por este meio, a satisfação do interesse (material) que ficou insatisfeito pela atitude de outra pessoa".

Diante dessas definições, parece-nos que a questão da pertinência temática liga-se à legitimidade de agir, considerando o subjetivismo inserido em ambos os institutos. De fato, a relação entre o sujeito da ação e o objeto da tutela é inerente a ambos os conceitos.

A própria celeuma acerca das teorias da legitimidade nas ações coletivas volta-se para a questão da pertinência temática. Ora, se adotarmos a teoria da legitimidade extraordinária, desnecessária a análise acerca dos fins institucionais do sujeito ativo, pois, de qualquer forma, age em juízo para a tutela de interesses alheios. Agora, caso seja acolhida a teoria da legitimidade ordinária, a questão da pertinência temática torna-se de indispensável verificação, pois o legitimado atuaria em defesa dos interesses próprios, dos fins institucionais que lhe são inerentes.

Fredie Didier Jr. e Hermes Zaneti Jr. ponderam que, "ocorrendo um reconhecimento, pelo Direito, da posição de titular de direito subjetivo ao sindicato, entidade de classe ou associação, em decorrência da sua *afinidade temática* com o direito objetivo violado, dar-se-á a legitimação ordinária (...)".[60] E na adoção dessa teoria – nas palavras de Cássio Scarpinella Bueno – resultaria "irrefutável a necessidade da pesquisa em torno das finalidades estatutárias dos entes que se afirmaram legitimados para agir em juízo, eis que é de sua constatação que ressalta a afirmada titularidade da lide, e, portanto, a legitimação ordinária".[61]

Não é por acaso que parte da doutrina – como, por exemplo, os autores Kazuo Watanabe[62] e Ada Pellegrini Grinover – defende tratar-se de

---

59. STJ, REsp 215.137-ES, in Luiz Manoel Gomes Jr., *Curso de Direito Processual Coletivo*, cit., 2ª ed., p. 155.
60. Fredie Didier Jr. e Hermes Zaneti Jr., *Curso de Direito Processual Civil*, cit., 1ª ed., vol. 4 ("Processo Coletivo"), 2007.
61. Cássio Scarpinella Bueno, "A legitimidade ativa no mandado de segurança coletivo. CF de 1988, art. 5º, LXX", *RePro* 88/195, São Paulo, Ed. RT, 1997.
62. Kazuo Watanabe, "Tutela Jurisdicional dos Interesses Difusos: a Legitimação para Agir", *RePro* Abril/Junho 1984, pp.197-206. O autor utiliza-se da doutrina da "presentação" de Pontes de Miranda para discorrer acerca da legitimação ordinária nas ações coletivas.

legitimidade ordinária a atuação das associações civis quando o objeto da tutela pretendida mantém nexo com os fins institucionais da entidade autora. É dizer: quando a lei exige a pertinência temática, a legitimidade deixa de ser extraordinária, que é a regra geral,[63] e passa a configurar legitimidade ordinária.

Além dessa afinidade entre esses conceitos, outro fundamento, de ordem cronológica, justifica nossa posição. A legitimidade de agir bem como a pertinência temática são requisitos verificados *a priori*, inicialmente, previamente. A análise do interesse de agir, que é *a posteriori*, pressupõe o juízo positivo da legitimidade. Somente se pode verificar a utilidade e a necessidade de um provimento jurisdicional em relação a determinada pessoa, dotada de certos atributos e inserida em determinado contexto.

Para Clayton Maranhão e Eduardo Cambi a "pertinência temática da questão, por força do art. 5º, II, da LACP, deve ser analisada pelo Judiciário para afastar a legitimidade ativa das associações, evitando que demandas mal propostas gerem, por absoluta falta de condições técnicas adequadas, decisões inconsistentes que, ao não conseguirem tutelar efetivamente os direitos transindividuais, também possam vir a comprometer a sua defesa, dando margem a decisões acobertadas pela coisa julgada *erga omnes*".[64]

Outrossim, o STF tem inserido a questão da pertinência temática no bojo da legitimidade de agir:

"Ação direta de inconstitucionalidade – Confederação Nacional das Profissões Liberais/CNPL – Falta de legitimidade ativa.

"Na ADI n. 1.792 a mesma Confederação Nacional das Profissões Liberais/CNPL não teve reconhecida sua *legitimidade* para propô-la por falta de *pertinência temática* entre a matéria disciplinada nos dispositivos então impugnados e os objetivos institucionais específicos dela, por se ter entendido que os notários e registradores não podem enquadrar-se no conceito de profissionais liberais.

"Sendo a pertinência temática requisito implícito da legitimação, entre outros, das confederações e entidades de classe, e requisito que não

---

63. Admitem a tese da legitimidade extraordinária, em regra, autores como José Carlos Barbosa Moreira, Rodolfo de Camargo Mancuso, Hugo Nigro Mazzilli, Pedro da Silva Dinamarco, Araken de Assis – dentre outros.

64. Clayton Maranhão e Eduardo Cambi, artigo "Partes e terceiros na ação civil pública por dano ambiental", *RePro*.

decorreu de disposição legal, mas da interpretação que esta Corte fez diretamente do texto constitucional, esse requisito persiste não obstante ter sido vetado o parágrafo único do art. 2º da Lei n. 9.868/1999. É de se aplicar, portanto, no caso, o precedente acima referido."[65]

O STJ[66] também ratifica esta colocação.

Pois bem. Necessário que se faça, neste momento, importante diferenciação entre duas questões que, por serem tão parecidas, são tratadas indistintamente pela maioria dos autores que abordam o tema. Analisar a relação entre os fins previstos nos estatutos das entidades legitimadas e o objeto da ação coletiva (pertinência temática) não se confunde com a verificação da relação entre a satisfação dos interesses de parte considerável do grupo ou categoria e o objeto da tutela coletiva pretendida (interesse processual).

A primeira análise precede a segunda. Aquela é feita *in abstrato*; esta, *in concreto*. Todo o acima exposto refere-se à primeira questão, à pertinência temática. Quanto à segunda questão, o magistrado analisará, como condição da ação, se presente o interesse processual. Se a tutela pretendida pelo autor da ação satisfaz o interesse de todo o grupo ou categoria ou de parte considerável dele. Se a medida judicial será efetivamente útil aos interessados, considerados num todo ou em partes, mesmo que já tenha sido detectada a pertinência temática. Em outras palavras, verifica-se qual é a proporção ideal do grupo que se beneficiará com a medida, e se esta parcela faz da ação coletiva uma tutela útil.

Imagine-se que o Poder Público pretenda construir um aeroporto internacional em determinado bairro. Tal empreendimento causará muitos transtornos aos moradores que residem em torno do futuro terminal. Porém, sob outra ótica, o aeroporto levará muito progresso, desenvolvimento e empregos aos moradores daquele bairro como um todo. A associação de moradores do local tem como fim institucional a proteção do bem-estar daquela comunidade e, por isso, tem legitimidade para

---

65. STF, Pleno, ADI 2.482-MG, rel. Min. Moreira Alves, j. 2.10.2002.

66. "Processo civil – Recurso Especial – Ação civil pública – Associação de proteção aos consumidores – Legitimidade – Cadernetas de poupança – Planos Collor I e II. 1. As associações que tenham como finalidade institucional a proteção de consumidores possuem legitimidade para propor ação civil pública visando ao pagamento de diferenças de correção monetária que porventura, em virtude dos Planos Econômicos Collor I e II, não tenham sido depositadas em contas de cadernetas de poupança. 2. Recurso especial não provido" (STJ, 2ª Turma, REsp 416.448-PR, rel. Min. João Otávio de Noronha, j. 2.2.2006).

interpor ação coletiva para embargar a obra, porque inquestionável a presença da pertinência temática.

Porém, em uma análise concreta, *a posteriori*, teria esta associação interesse processual em impugnar o projeto, tendo em vista os benefícios que a obra trará aos moradores em geral? Portanto, o magistrado terá que verificar, segundo um juízo de ponderação de valores, o que é mais útil aos moradores: o embargo da obra, por meio da tutela coletiva, ou a efetiva instalação do aeroporto, com todo o progresso que ela acarretará. Este juízo é de interesse processual, e não de legitimidade de agir ou pertinência temática.

Sobre esta questão, o STJ considera a carência da coletiva quando parcela do grupo ou categoria tenha interesse divergente do restante.[67] O STF,[68] a seu turno, entende que o interesse processual deve ser analisado como um todo, devendo processar-se a ação coletiva mesmo que parte da categoria possa ser prejudicada com a medida pleiteada.

No entanto, embora tais entendimentos possam auxiliar o intérprete, somente após a análise do caso concreto, com suas peculiaridades, estará ele autorizado a concluir pela presença, ou não, do interesse de agir. Em suma, não podemos confundir a análise abstrata da legitimidade/pertinência temática com a questão concreta do interesse processual.

Por isso, *data venia*, não procede o argumento de que a pertinência temática é analisada *in concreto* e, por isso, deve ser verificada no âmbito do interesse de agir. Destarte, o juízo de admissibilidade da pertinência não pode ser específico e pontual, mas genérico e sutil, sob pena limitar sobremodo o acesso à Justiça.

2.2.3.2 *Do juízo de admissibilidade*

Em princípio, a tendência atual da doutrina e da jurisprudência pátria é no sentido de tornar a verificação da pertinência temática um juízo flexível e amplo, livre das peculiaridades do caso concreto.[69]

67. STJ, RMS 15.703-RJ, rela. Min. Eliana Calmon, j. 18.3.2003, in Luiz Manoel Gomes Jr., *Curso de Direito Processual Coletivo*, cit., 2ª ed., p. 118.
68. STF, RE 284.993-ES, rela. Min. Ellen Gracie, j. 15.2.2005, in Luiz Manoel Gomes Jr., *Curso de Direito Processual Coletivo*, cit., 2ª ed., p. 118.
69. "Processo civil – Ação civil pública – Legitimidade ativa – Associação de bairro. A ação civil pública pode ser ajuizada tanto pelas associações exclusivamente constituídas para a defesa do meio ambiente quanto por aquelas que, forma-

O STJ confirmou essa posição acerca do tema: "Processual civil – Ação civil pública – Legitimidade de associação de moradores. 1. Legitimidade ativa, para propor ação civil pública, de associação cujo um dos objetivos estatutários é a proteção dos interesses dos moradores de bairro, encontrando-se abrangida neste contexto a defesa ao meio ambiente saudável, a qualidade de vida (...)".[70]

Em junho/2005 o STJ afirmou que "os interesses individuais homogêneos são considerados relevantes por si mesmos, sendo desnecessária a comprovação desta relevância",[71] para reconhecer a legitimidade ativa do Ministério Público.

Merece destaque também o entendimento exposto pela Min. Eliana Calmon no REsp 667.939-SC, julgado em 20.3.2007. No seu voto a Relatora deixa claro a atual tendência de se flexibilizar a verificação da pertinência temática.[72]

---

das por moradores de bairro, visam ao bem-estar coletivo, incluída evidentemente nessa cláusula a qualidade de vida, só preservada enquanto favorecida pelo meio ambiente" (STJ, 2ª Turma, REsp 31.150-SP, rel. Min. Ari Pargendler, j. 20.5.1996, in Clayton Maranhão e Eduardo Cambi, "Partes e terceiros na ação civil pública por dano ambiental", cit.

Em outra oportunidade o STJ manifestou-se no seguinte sentido: "Ação civil pública – Legitimidade – Fundação de assistência social à comunidade de pescadores – Defesa do meio ambiente – Construção – Fábrica de celulose. Embora não constando expressamente em suas finalidades institucionais a proteção do meio ambiente, é a fundação de assistência aos pescadores legitimada a propor ação civil pública para evitar a degradação ao meio ambiente em que vive a comunidade por ela assistida (...)" (STJ, 1ª Seção, AR 497-BA, rel. Min. Garcia Vieira, j. 12.8.1998, in Clayton Maranhão e Eduardo Cambi, "Partes e terceiros na ação civil pública por dano ambiental", cit.

70. STJ, 2ª Turma, REsp 332.879-SP, rela. Min. Eliana Calmon, j. 17.12.2002.

71. STJ, REsp 635.807-CE, rela. Min. Nancy Andrighi, *DJU* 20.6.2005.

72. "Processo civil – Recurso especial – Ação civil pública – Legitimidade ativa – Associação – Cobrança de taxa de ocupação sobre benfeitorias – Imóveis situados em terrenos de marinha – Concessão de liminar sem a oitiva do Poder Público – Art. 2º da Lei n. 8.437/1992." Voto:

"A questão a ser analisada no recurso especial diz respeito à legitimidade ativa da Associação Catarinense de Defesa do Consumidor/ACADECO para propor ação civil pública em que se questiona o pagamento da taxa de aforamento, da taxa de ocupação e do laudêmio sobre os valores correspondentes às benfeitorias existentes nos imóveis dos substituídos, foreiros de terrenos de marinha de propriedade da União. (...).

"Afastada essa premissa, resta saber se (1) dentre as finalidades previstas no estatuto da ACADECO figuram outras hipóteses que legitimam a propositura da ação civil pública, na forma da Lei n. 7.347/1985, e (2) se é possível às associações agir como substituto processual em ação civil pública para defender os interesses em discussão no caso concreto, análise que é possível a esta Corte diante da necessidade de aplicação do Direito à espécie, conforme a [*Súmula n.*] 456/STF.

"Pois bem, no estatuto da ACADECO, anexado a fls. 44 dos autos, estão incluídas entre as finalidades dessa entidade as seguintes: '**Fins:** Promover a defesa do consumidor, de acordo com o preconizado na Lei n. 8.078/1990, legislação correlata e afim, a educação e informação sobre os seus direitos e deveres, para a consecução da Política Nacional de Relação de Consumo, com também dos contribuintes e quaisquer outras pessoas, físicas ou jurídicas, relativamente aos danos causados ao meio ambiente, ao patrimônio artístico, estético, histórico, turístico e paisagístico, ou a qualquer outro interesse difuso e coletivo e/ou individual, com base no permissivo legal vigente. (...)'.

"Por outro lado, a legitimação das associações para o manuseio das ações civis públicas está normatizada na Lei n. 7.347/1985, sendo pertinentes e relevantes os seguintes dispositivos: 'Art. 5º. A ação principal e a cautelar poderão ser propostas pelo Ministério Público, pela União, pelos Estados e Municípios. Poderão também ser propostas por autarquia, empresa pública, fundação, sociedade de economia mista ou por associação que: I – esteja constituída há pelo menos 1 (um) ano, nos termos da lei civil; II – inclua entre suas finalidades institucionais a proteção ao meio ambiente, ao consumidor, à ordem econômica, à livre concorrência, ou ao patrimônio artístico, estético, histórico, turístico e paisagístico; (...)'. Na situação jurídico-processual retratada nos autos, a ACADECO aparece pleiteando, em nome próprio, o direito de terceiros, o que determina a figura típica da substituição processual, que envolve legitimação extraordinária para agir em ação civil pública na qual se busca a defesa do interesse público primário de uma coletividade.

"Na hipótese em análise, dúvida poderia ocorrer apenas quanto ao fato de estar a Associação, eventualmente, defendendo direitos que extravasem os de seus próprios associados.

"A questão, não obstante, é respondida, novamente, por Hugo Nigro Mazzilli, ob. cit., pp. 278-279:

"'Pode uma associação defender interesses transindividuais que ultrapassem os de seus próprios associados?

"'Em tese, a resposta também é positiva.

"'Quando uma associação civil se ponha a litigar em defesa de interesses difusos ou coletivos, tem-se reconhecido facilmente possa buscar um proveito que favoreça todo o grupo lesado, ainda que acabem sendo beneficiadas pessoas que dela não sejam associadas. Isso é até mesmo inevitável, dada a característica indivisível dos interesses difusos e coletivos. Assim, se uma associação de defesa do meio ambiente ou de defesa do consumidor ajuíza uma ação civil pública ou coletiva para zelar pela qualidade do ar que respiramos, ou para combater uma propaganda enganosa divulgada pela televisão, está claro que eventual procedência beneficiará não apenas seus associados (interesses difusos). Da mesma forma, se uma associação civil de defesa dos moradores de um bairro pretende impedir o lançamento de poluentes numa represa que abasteça de água potável não só o próprio bairro, mas toda a cidade, é inegável que ela pode fazer um pedido que beneficie associados e não associados (interesses difusos). E, mesmo quando ajuíze uma ação coletiva com o escopo de anular uma cláusula em contrato de adesão, pode estar a beneficiar outras pessoas que se encontram na mesma condição (interesses coletivos).'

Assim, conclui-se que o juízo de verificação da pertinência temática há de ser o mais flexível e amplo possível, em contemplação ao princípio constitucional do acesso à Justiça, mormente se considerarmos a máxima efetividade dos direitos fundamentais. Aliás, Mauro Cappelletti e Bryant Garth detectaram três ondas renovatórias da Era Instrumentalista do direito processual, no sentido de assegurar o acesso à Justiça; e a segunda onda, especificamente, representa exatamente a consagração das formas coletivas de se promover a tutela jurisdicional. "O acesso à Justiça pode, portanto, ser encarado como o requisito fundamental – o mais básico dos direitos humanos – de um sistema jurídico e igualitário que pretenda garantir, e não apenas proclamar, os direitos de todos."[73]

Ademais, não podemos pensar o processo como mero instrumento, dotado de formas e métodos preconcebidos, mas como meio de transformação social, envolvido por valores, e veículo garantidor da eficácia e efetividade dos direitos fundamentais – dentre eles, os de terceira geração, de índole difusa e coletiva. Segundo J. J. Calmon de Passos: "(...) sem o processo, não há produto e só enquanto há processo há produto. A excelência do processo é algo que diz, necessariamente, com a excelência do produto, e o produto só adquire entificação enquanto é processo, um querer dirigido para o criar o produto e mantê-lo sendo. Destarte, se o Direito é apenas depois de produzido, o produzir tem ca-

"Comungando deste entendimento, considero perfeitamente possível a atuação das associações em ações civis públicas na defesa de direitos e interesses transindividuais.
"Trago à colação julgados desta Corte que se posicionam, de um modo geral, favoravelmente à legitimidade ativa das associações para compor o polo ativo dessa espécie de ação:
"'Previdenciário – Recurso especial – Associação civil – Legitimidade – Ação coletiva – Possibilidade. A Lei n. 8.078/1990, ao alterar o art. 21 da Lei n. 7.347/1985, ampliou o alcance da ação civil pública e das ações coletivas para abranger a defesa de interesses difusos, coletivos e individuais homogêneos, desde que presente o interesse social relevante na demanda.
"'*In casu*, os interesses são homogêneos, tendo em vista o debate de uma ampla classe de segurados da Previdência Social, onde se tem um universo indeterminado de titulares desses direitos.
"'De acordo com a inteligência do art. 21 do CDC, a Associação é legítima para propor ações que versem sobre direitos comunitários dos associados – Recurso desprovido' (REsp 702.607-SC, rel. Min. José Arnaldo da Fonseca, 5ª Turma, j. 9.8.2005, *DJU* 12.9.2005, p. 360) (...)."
73. Mauro Cappelletti e Bryant Garth, *Acesso à Justiça*, trad. de Ellen Gracie Northfleet, Porto Alegre/RS, Sérgio Antônio Fabris Editor, 1988.

ráter integrativo, antes que instrumental, e se faz tão substancial quanto o próprio dizer o Direito, pois que o produto é, aqui, indissociável do processo de sua produção, que sobre ele influi em termos de resultado. O produto também é processo, um permanente fazer, nunca definitivamente feito".[74]

Pois bem. Na ação civil pública exige-se a pertinência temática das associações, conforme previsto nos arts. 5º da LACP, 82 do CDC, art. 210, III, do ECA e 81 do Estatuto do Idoso. Nesses casos exige-se o nexo entre os fins institucionais da entidade e o objeto da tutela.

Quanto aos partidos políticos, que representam uma espécie de associação, entendia-se que a pertinência temática era geral para todos eles, devendo a ação coletiva se referir à defesa do regime democrático, à autenticidade do sistema representativo e à tutela dos direitos humanos fundamentais, conforme previsão da Lei Orgânica dos Partidos Políticos (art. 2º da Lei 5.682/1971). Ocorre que, hodiernamente, conforme a tendência acima analisada, não mais se questiona acerca da pertinência temática dos partidos políticos. Destarte, o STF já reconhecera assistir a "essas instituições condição de legitimadas ativas universais"[75] para toda espécie de ação coletiva.

Na Administração Pública direta a questão da pertinência temática tangencia a divisão constitucional das competências, devendo o Município se voltar para a defesa de interesses locais, o Estado para a tutela de interesses de âmbito regional e a União para interesses nacionais, segundo suas prioridades. Porém, essa pertinência temática territorial deve ser verificada com flexibilidade, sob pena de suprimir a tutela coletiva dos direitos dos administrados. "Ademais, ninguém recusa ao Município o poder de legislar sobre 'assuntos de interesse local' (art. 30, I, da Constituição da República). Lembre-se de que 'o interesse local' se caracteriza pela predominância e não pela exclusividade do interesse para o Município, em relação ao do Estado e da União. Isso porque não há assunto municipal que não seja reflexamente de interesse estadual ou nacional. A diferença é apenas de grau, e não de substância".[76]

---

74. J. J. Calmon de Passos, "Processo e hermenêutica: a produção do Direito como compreensão", in Walber Araújo Carneiro.

75. STF, ADI 1.407-2-DF, rel. Min. Celso de Mello.

76. TJSP, ACi 115.888-5/3-00, in Luiz Manoel Gomes Jr., *Curso de Direito Processual Coletivo*, cit., 2ª ed., p. 104.

Quanto à Administração Pública indireta não se requer o vínculo da pertinência temática. Porém, o mesmo não ocorre com os entes e órgãos públicos despersonalizados, que, embora dotados de personalidade judiciária, devem demonstrar o nexo entre seus fins institucionais e a tutela judicial pretendida, conforme o art. 82, III, do CDC. Porém, pela leitura do citado dispositivo legal, poder-se-ia supor que tais entes ou órgãos somente estariam autorizados a pleitear tutelas ligadas aos direitos dos consumidores – o que, na verdade, é inconcebível.

Destarte, o legislador, quando disse "interesses e direitos protegidos por este Código", não visava a limitar a legitimidade de tais entes, mas a ressaltar, naquela ocasião, a defesa do consumidor. Mas isso não significa que outros interesses não possam ser tutelados por aludidos órgãos, uma vez que esse dispositivo legal é digno de interpretação extensiva, em respeito à atual tendência doutrinária no sentido de ampliar as formas de exercício do direito de ação coletiva. Aliás, os projetos de leis de códigos coletivos[77] não fazem qualquer limitação.

Realmente, como negar, por exemplo, legitimidade ativa ao Conselho Tutelar para tutelar algum direito coletivo *lato sensu* em benefício das crianças e adolescentes de determinado Município?

A Defensoria Pública,[78] como instituição essencial à função jurisdicional do Estado, incumbindo-lhe a orientação jurídica e a defesa, em

---

77. Anteprojeto de Código de Processo Civil Coletivo de Antônio Gidi, art. 2º, III, c/c o item 2.4:
"Art. 2º. São legitimados concorrentemente para a propositura da ação coletiva: (...) III – as entidades e órgãos da Administração Pública, ainda que sem personalidade jurídica.
"(...).
"2.4 As associações e as entidades da Administração Pública somente poderão propor ações coletivas relacionadas como os seus fins institucionais (pertinência temática)."
Anteprojeto de Código Brasileiro de Processos Coletivos do IBDP, art. 20, VI: "Art. 20. São legitimados concorrentemente à ação coletiva ativa: (...) VI – as entidades e órgãos da Administração Pública, direta ou indireta, bem como os órgãos do Poder Legislativo, ainda que sem personalidade jurídica, especificamente destinados à defesa dos interesses e direitos indicados neste Código".
78. Art. 4º da Lei Complementar 80/1994, com redação dada pela Lei Complementar 132/2009: "Art. 4º. É atribuição da Defensoria Pública: (...) VII – promover ação civil pública e todas as espécies de ações capazes de propiciar a adequada tutela dos direitos difusos, coletivos ou individuais homogêneos quando o resultado da demanda puder beneficiar grupo de pessoas hipossuficientes". Em tese, esse bene-

todos os graus, dos necessitados,[79] tem, agora, expressa legitimidade para propor ações civis públicas, conforme a alteração legislativa promovida pela Lei 11.448/2007, após intermináveis debates sobre o tema, fomentados por parcela conservadora da jurisprudência,[80] que não aceitava essa legitimidade.

De fato, "a Defensoria Pública é Instituição permanente, essencial à função jurisdicional do Estado, incumbindo-lhe, como expressão e instrumento do regime democrático, fundamentalmente, a orientação jurídica, a promoção dos direitos humanos e a defesa, em todos os graus, judicial e extrajudicial, dos direitos individuais e coletivos, de forma

fício pode ser direto ou indireto. E, ademais, essa hipossuficiência não se limita ao âmbito econômico, mas se estende para o campo social como um todo, envolvendo praticamente todas as "minorias" historicamente marginalizadas e excluídas do sistema. Como se não bastasse, reforça a citada lei caber à Defensoria Pública: "VIII – exercer a defesa dos direitos e interesses individuais, difusos, coletivos e individuais homogêneos e dos direitos do consumidor, na forma do inciso LXXIV do art. 5º da Constituição Federal; (...) X – promover a mais ampla defesa dos direitos fundamentais dos necessitados, abrangendo seus direitos individuais, coletivos, sociais, econômicos, culturais e ambientais, sendo admissíveis todas as espécies de ações capazes de propiciar sua adequada e efetiva tutela; XI – exercer a defesa dos interesses individuais e coletivos da criança e do adolescente, do idoso, da pessoa portadora de necessidades especiais, da mulher vítima de violência doméstica e familiar e de outros grupos sociais vulneráveis que mereçam proteção especial do Estado" (art. 4º).

79. CF, art. 134.

80. "Constitucional e processual civil – Ação civil pública – Defesa dos interesse dos consumidores de energia elétrica – Ilegitimidade ativa da Defensoria Pública – Código de Defesa do Consumidor – Inaplicabilidade – Nulidade do acórdão recorrido – Inocorrência – Embargos de declaração – Omissão – Contradição – Inexistência. I – Os embargos de declaração constituem recurso de rígidos contornos processuais, consoante disciplinamento imerso no art. 535 do CPC, exigindo-se, para seu acolhimento, que estejam presentes os pressupostos legais de cabimento. Inocorrentes as hipóteses de obscuridade, contradição, omissão ou, ainda, erro material, não há como prosperar o inconformismo, cujo real intento é a obtenção de efeitos infringentes. II – Não há que se falar em omissão nem contradição no julgado vergastado, eis que o Pretório Excelso, por meio da ADI n. 558-8/MC não determinou que caberia à Defensoria Pública a promoção de ações coletivas, em nome próprio, na defesa dos interesses dos consumidores, tão somente manteve a constitucionalidade do dispositivo estadual que permitia àquele Órgão a tutela dos direitos coletivos dos necessitados. III – Ademais, a aplicabilidade dos ditames do Código de Defesa do Consumidor à Lei de Ação Civil Pública, a teor do art. 21 desta última norma, somente ocorre quando for cabível, o que não se vislumbra *in casu*, mormente a Defensoria Pública não estar presente no rol taxativo do 5º da Lei n. 7.347/1985 e, ainda, não ter sido especificamente destinada à tutela dos interesses consumeristas, conforme prevê o art. 82, III, do CDC. IV – Embargos de declaração rejeitados" (STJ, 1ª Turma, ED no REsp 743.176-RJ, rel. Min. Francisco Falcão, j. 17.8.2006).

integral e gratuita, aos necessitados, assim considerados na forma do inciso LXXIV do art. 5º da CF".[81]

Nesse específico aspecto, muito bem expõe o tema José Augusto Garcia de Souza: "Quais os grandes traços da *Defensoria Pública constitucional*? Em primeiro lugar, a essencialidade. Ao lado do Ministério Público, da Advocacia Pública e da Advocacia (liberal), a Defensoria Pública foi incluída no rol das 'Funções Essenciais à Justiça'. O que significa tal essencialidade? Não se trata, obviamente, de uma compulsoriedade de atuação em qualquer procedimento judicial – as demais funções essenciais também não operam sempre. Muito acima disso, a essencialidade constitucional da Defensoria transmite dignidade e transcendência à Instituição, significando o reconhecimento da relevância, no Brasil, da Advocacia voltada para os necessitados, que compõem a grande maioria da população. Consequentemente, recai sobre a União e os Estados o indeclinável dever jurídico de manterem Defensorias Públicas fortes e bem equipadas, aptas ao eficiente desempenho das suas atividades constitucionais".[82]

No tocante à pertinência temática a questão é mais simples em relação aos direitos coletivos e individuais homogêneos, eis que indispensável que a tutela pretendida seja em benefício dos hipossuficientes. Em relação aos direitos difusos a questão ainda é controvertida, existindo fortes indícios de que a pacificação seja no sentido da ampla legitimidade. "Temos, em princípio, que deve ser assegurada a legitimidade ampla da Defensoria Pública, não apenas para a defesa dos necessitados, considerando ser esta parte da Administração Pública, cuja legitimidade não possui restrições, e, ainda, pelo fato de que na disciplina normativa da Lei da Ação Civil Pública, ao contrário das associações (art. 5º, V, 'a' e 'b'), não há qualquer limitação com relação à extensão da legitimidade".[83]

Aliás, o Anteprojeto de Código Brasileiro de Processos Coletivos do IBDP elenca o rol de legitimados ativos, dentre eles (art. 20, IV)

---

81. Art. 1º da Lei Complementar 80/1994, com redação dada pela Lei Complementar 132/2009.

82. José Augusto Garcia de Souza, "A nova Lei 11.448/2007, os escopos extrajurídicos do processo e a velha legitimidade ativa para ações coletivas", in *A Defensoria Pública e os Processos Coletivos*, 1ª ed., Rio de Janeiro, Lumen Juris, 2008, p. 228.

83. Luiz Manoel Gomes Jr., *Curso de Direito Processual Coletivo*, cit., 2ª ed., p. 138.

"a Defensoria Pública, para a defesa dos interesses ou direitos difusos e coletivos, quando a coletividade ou os membros do grupo, categoria ou classe forem necessitados do ponto organizacional, e dos individuais homogêneos, quando os membros do grupo, categoria ou classe forem, ao menos em parte, hipossuficientes".

Note-se que quando se fala em direitos difusos não há qualquer limitação. Outrossim, nas palavras da Min. Fátima Nancy Andrighi: "Não se pode desconhecer a tendência cada vez mais acentuada em todo mundo no sentido de facilitar o acesso à Justiça, desimpedindo-o de obstáculos de ordem patrimonial. Portanto, se atuação da Defensoria Pública ficar limitada, pela vedação (ou limitação) ao uso da ação civil pública, a parcela da população que não tiver condições de arcar com os custos do processo não terá acesso pleno ao Judiciário, direito constitucionalmente garantido".[84]

Em conclusão, no tocante aos direitos difusos não se pode admitir qualquer limitação, sob pena de ofensa ao direito de acesso à Justiça.[85]

Neste ponto vale a pena expormos uma constatação oriunda da experiência prática no manejo da ação civil pública junto à Defensoria Pública no período pós-legalização de sua legitimidade ativa, em comparação com a atuação do Ministério Público. Realmente, a realidade tem demonstrado que a Defensoria Pública terá atuação de destaque na defesa dos direitos sociais (moradia, saúde e educação), enquanto o Ministério Público se preocupará, em preponderância, com a defesa do patrimônio público e do meio ambiente. Essa concentração irá, inevitavelmente, ocorrer, em razão de dois importantes fatores. Enquanto a primeira faz, diariamente, um atendimento ao público com carga, quantitativa e qualitativamente, densa, o segundo legitimado tem-se preocupado com a atuação dos administradores públicos, especialmente no trato do orçamento, e com as grandes empresas potencialmente poluidoras e degradantes do ambiente. Além disso, a Defensoria Pública tem demonstrado forte diálogo com a sociedade civil e o Ministério Público, por sua vez, tem muito bem manejado os instrumentos de combate à improbidade administrativa e o inquérito civil investigativo. Em suma,

---

84. STJ, REsp 555.111-RJ, in Luiz Manoel Gomes Jr., *Curso de Direito Processual Coletivo*, cit., 2ª ed., p. 136.

85. Cf. nosso artigo intitulado "A titularidade ativa da Defensoria Pública na tutela coletiva do meio ambiente", disponível em *http://jus2.uol.com.br/doutrina/texto.asp?id=11409&p=2* (acesso em 13.3.2010).

desenha-se o seguinte panorama: a Defensoria Pública concentraria sua atuação na tutela inibitória e de promoção social, em sentido lato, e o Ministério Público, a seu turno, na busca pela tutela coletiva repressiva e ressarcitória.[86]

Por derradeiro, deve-se destacar que o Estatuto da OAB – Lei 8.906/1994 –, em seu art. 54, XIV, confere ao Conselho Federal da OAB legitimidade ativa para a propositura de ação civil pública, dentre outras, cuja pertinência temática não se pode exigir, diante da ampla finalidade do OAB, descrita no art. 44 do mesmo diploma normativo.[87]

2.2.4 Da assistência e da intervenção de terceiros

Estabelecidas as premissas para a legitimação ativa nas ações coletivas, analisemos fenômeno relevante no tocante ao andamento e atuação na demanda: a intervenção de terceiros – que se desdobra em diversas modalidades (oposição, nomeação à autoria, denunciação à lide, chamamento ao processo, litisconsórcio, assistência e *amicus curiae*). Lastreados na análise de Luiz Manoel Gomes Jr.,[88] realizaremos uma breve digressão sobre tais institutos, com o fito de não ignorá-los no processo coletivo e, mais, entendendo-os como fenômenos ocorrentes no procedimento comum coletivo, real objeto de nosso estudo.

Quanto ao *litisconsórcio*, não vemos dificuldades em admitir a atuação conjunta de entes legitimados, cujas características são ativo, facultativo e unitário, pois impossíveis soluções diversas. No entanto, mais tormentoso torna-se o tema do litisconsórcio entre o ente legitimado e o particular. Nesse caso, a regra é a não admissão, salvo nos casos de tutela de interesses individuais homogêneos, por expressa autorização legal (art. 94 do CDC), cuja natureza será ativo, facultativo e

---

86. Note, por exemplo, a ação civil pública promovida pela Defensoria Pública do Estado para exigir do Município a abertura das creches e pré-escolas durante as férias escolares e, por sua vez, a atuação do Ministério Público Estadual para responsabilizar os administradores públicos municipais na Comarca de Ribeirão Preto/SP.

87. Lei 8.906/1994, art. 44: "Art. 44: A Ordem dos Advogados do Brasil, serviço público, dotada de personalidade jurídica e forma federativa, tem por finalidade: I – defender a Constituição, a ordem jurídica do Estado Democrático de Direito, os direitos humanos, a justiça social, e pugnar pela boa aplicação das leis, pela rápida administração da justiça e pelo aperfeiçoamento da cultura e das instituições jurídicas (...)".

88. Luiz Manoel Gomes Jr., *Curso de Direito Processual Coletivo*, cit., 2ª ed., 2008.

simples, em razão das possíveis decisões diversas. De fato, o juiz pode reconhecer a existência de violação a interesses individuais homogêneos mas não vislumbrar lesão ou dano específico a determinado particular.

Outra exceção, que não podemos ignorar, consiste na possibilidade de litisconsórcio ativo, facultativo e unitário entre o ente legitimado e o cidadão, quando coincidirem os objetos da ação civil pública e da ação popular.

A *oposição*, por sua vez, caracteriza-se quando um terceiro tiver pretensão, total ou parcial, com relação a direito ou coisa objeto de demanda já ajuizada (CPC, arts. 56 e ss.). Entendemos ser incompatível referido instituto com as ações coletivas, em especial a ação civil pública, pois o objeto litigioso não tem titularidade individualizada, "inexistindo interessado ou entidade que seja seu titular exclusivo, até sob pena de perder sua natureza coletiva".[89] Realmente, a oposição é instituto processual de índole eminentemente individualista e patrimonialista. Em termos gerais, o opoente apresenta a seguinte pretensão: "Este bem não pertence às partes da demanda, mas a mim". Note-se que são realçadas as ideias de patrimônio e titularidade, valores não relevantes à tutela coletiva.

A *nomeação à autoria*, por sua vez, parece ser compatível com o procedimento comum coletivo, pois sua razão de ser – qual seja, a correção do polo passivo – vai justamente ao encontro da pretensão coletiva, pois instrumentaliza a regular realização do feito. Nesse sentido, podemos afirmar que se trata de instrumento que contribui para a efetivação dos interesses e do processo coletivo, posto que assegura meio procedimental para que o demandado indique (nomeie) o real responsável pelo ato (dano ou lesão) impugnado. Por esta razão, vislumbramos não só oportunidade para sua realização via coletiva como, também, entendemos ser sua manutenção vital para o processamento adequado e útil da demanda.

A *denunciação à lide* suscita discussão, pois a partir desse instituto, conforme previsão do Código de Processo Civil (art. 70), o denunciante promove uma ação regressiva contra o denunciado no bojo da ação principal. A doutrina aponta como seus requisitos "(a) a pretensão própria do denunciante contra o denunciado e (b) existência de direito de regresso do denunciante frente ao denunciado".[90] As características

89. Luiz Manoel Gomes Jr., *Curso de Direito Processual Coletivo*, cit., 2ª ed., p. 226.

90. Idem, p. 228.

das ações coletivas afastam a incidência deste instituto, que, utilizado nessas, criaria "vários incidentes, prejudicando o processamento mais célere de tal demanda, com prejuízos para os interessados". Isso porque, não obstante seu ideal primeiro de promover a economia processual,[91] no âmbito da tutela coletiva, essas lides transversais causariam efeitos colaterais, dentre eles a confusão processual e o retardamento da tutela almejada. Nesse caso, entre os valores economia e celeridade/efetividade, optemos pelo segundo.

Aliás, não é por acaso que já existe uma forte tendência limitadora bem perceptível no Código de Defesa do Consumidor.[92]

O *chamamento ao processo*, por sua vez, consiste em uma forma coativa de ingresso na demanda, na qual o demandado, como o próprio nome designa, chama ao processo outros devedores para, juntos, responderem à ação. Esse fenômeno é compatível com as ações coletivas, mormente porque indica os devedores solidários da obrigação judicializada, garantindo, em termos, a destreza do processo. Portanto, não se pode afastar, *a priori*, o instituto do chamamento ao processo nas ações coletivas, mas desde que os demandados não se utilizem da ação principal para apresentar exceções egoísticas aplicáveis apenas entre eles, sob pena de comprometer o andamento da ação principal. Portanto, deve-se admitir o chamamento na ação coletiva apenas para compor o rol de obrigados, mas não para servir de campo para a divisão e separação de responsabilidades, cujas pretensões devem ser veiculadas em ações próprias.

91. O STJ confere interpretação restritiva aos dispositivos do Código de Defesa do Consumidor que limitam a denunciação da lide.
92. CDC, art. 88: "Art. 88. Na hipótese do art. 13, parágrafo único, deste Código, a ação de regresso poderá ser ajuizada em processo autônomo, facultada a possibilidade de prosseguir-se nos mesmos autos, *vedada a denunciação da lide*" (grifos nossos).
CDC, art. 101: "Art. 101. Na ação de responsabilidade civil do fornecedor de produtos e serviços, sem prejuízo do disposto nos Capítulos I e II deste Título, serão observadas as seguintes normas: (...) II – o réu que houver contratado seguro de responsabilidade poderá chamar ao processo o segurador, *vedada a integração do contraditório pelo Instituto de Resseguros do Brasil*. Nesta hipótese, a sentença que julgar procedente o pedido condenará o réu nos termos do art. 80 do Código de Processo Civil. Se o réu houver sido declarado falido, o síndico será intimado a informar a existência de seguro de responsabilidade, facultando-se, em caso afirmativo, o ajuizamento de ação de indenização diretamente contra o segurador, *vedada a denunciação da lide ao Instituto de Resseguros do Brasil* e dispensado o litisconsórcio obrigatório com este" (grifos nossos).

Quanto à *assistência* no processo coletivo, em primeiro lugar deve--se dizer que no polo passivo ela não apresenta maiores complexidades, adotando-se o sistema do processo civil individual. No entanto, no polo ativo a questão exige maior reflexão, devendo a análise se cindir conforme o tipo de interesse tutelado, ou seja, se são direitos coletivos em sentido estrito e difusos ou, de outra parte, se são direitos individuais homogêneos.

Quanto aos primeiros não vemos nenhuma dificuldades em admitir a assistência de algum colegitimado, cuja natureza será litisconsorcial. De fato, qualquer ente legitimado a atuar no polo ativo da ação coletiva tem interesse e legitimidade para intervir no processo; intervenção, esta, que se realiza via assistência litisconsorcial. Neste caso, o colegitimado passa a ser "litisconsorte unitário do autor, recebendo o processo no estado em que se encontra, mas com os mesmos poderes deste".[93] Esta afirmação encontra respaldo legal no art. 3º, § 5º, da Lei 7.853/1989[94] e na LACP, em seu art. 5º, §§ 2º e 3º.[95]

Agora, difícil é vislumbrar utilidade da assistência do particular nas ações coletivas de tutela de interesses indivisíveis, pois a coisa julgada apenas o beneficia, ou seja, é *in utilibus*. Nas palavras de Antônio Gidi: "Não se pode dizer que a influência seja decisiva porque, em caso de improcedência do pedido coletivo, o direito individual permanece intacto. Seria, como denomina a doutrina, uma 'influência relativa'".[96]

Sobre essa questão, ponderam Fredie Didier Jr. e Hermes Zaneti Jr.: "O problema há de ser investigado em duas frentes, todas elas relacionadas à assistência no polo ativo da demanda: (a) saber se é possível a intervenção do particular; (b) saber se é possível a intervenção de um colegitimado. Não há peculiaridades em relação à assistência no polo

---

93. Fredie Didier Jr. e Hermes Zaneti Jr., *Curso de Direito Processual Civil*, cit., 4ª ed., vol. 4 ("Processo Coletivo"), p. 240.
94. Lei 7.853/1989, art. 3º, § 5º: "§ 5º. Fica facultado aos demais legitimados ativos habilitarem-se como litisconsortes nas ações propostas por qualquer deles".
95. LACP, art. 5º, §§ 2º e 3º:
"§ 2º. Fica facultado ao Poder Público e a outras associações legitimadas nos termos deste artigo habilitar-se como litisconsortes de qualquer das partes.
"§ 3º. Em caso de desistência infundada ou abandono da ação por associação legitimada, o Ministério Público ou outro legitimado assumirá a titularidade ativa."
96. Antônio Gidi, *Coisa Julgada e Litispendência em Ações Coletivas*, cit., p. 54.

passivo. Não pode o particular intervir como assistente nas causas coletivas. Essa intervenção, que só poderia ser aceita na qualidade de assistência simples, além de problemas de ordem prática, não se justifica pela absoluta ausência de interesse, pois o resultado do processo jamais poderia prejudicar-lhe: a coisa julgada coletiva só é transportada para a esfera particular *in utilibus*".[97]

No entanto, diferente é a solução diante da tutela de direitos individuais homogêneos, pois o sistema admite expressamente a assistência do particular (CDC, art. 94[98]), porquanto a natureza divisível do objeto da demanda faz do indivíduo um interessado direto em seu êxito. Nesse caso, presente a intervenção, haverá coisa julgada para o assistente, ainda que improcedente a ação.[99]

Nesse ponto, relevante o pensamento de Antônio Gidi sobre o tema, que se coloca contrário à admissão da intervenção assistencial de particulares nas ações coletivas, entendendo que, com isso, "estar-se-ia negando a própria razão de ser das ações coletivas no Direito Brasileiro", pois "poderiam concorrer tanto particulares como assistentes, que inviabilizaria completamente a condução regular do processo, comprometendo o pleno exercício da jurisdição, da ação e da defesa. E é exatamente isso (...) que a ação coletiva visa a evitar".[100] O jurista aponta, além desse argumento pragmático, que logra evitar um eventual "tumulto processual", argumentos dogmáticos: inexiste relação do interessado com a pessoa a quem o assiste; o interessado carece de interesse processual para intervir na demanda; e o indivíduo, por fim, é destituído de legitimidade ativa. "Dizer que a intervenção das pessoas diretamente interessadas no direito superindividual afrontaria os princípios constitucionais do devido processo legal e da inafastabilidade do controle jurisdicional (CF, art. 5º, LIV e XXXV) não seria aceitável por duas razões básicas.

97. Fredie Didier Jr. e Hermes Zaneti Jr., *Curso de Direito Processual Civil*, cit., 4ª ed., vol. 4 ("Processo Coletivo"), p. 239.
98. CDC, art. 94: "Art. 94. Proposta a ação, será publicado edital no órgão oficial, a fim de que os interessados possam intervir no processo como litisconsortes, sem prejuízo de ampla divulgação pelos meios de comunicação social por parte dos órgãos de defesa do consumidor".
99. CDC, art. 103, § 2º: "§ 2º. Na hipótese prevista no inciso III, em caso de improcedência do pedido, os interessados que não tiverem intervindo no processo como litisconsortes poderão propor ação de indenização a título individual".
100. Antônio Gidi, *Coisa Julgada e Litispendência em Ações Coletivas*, cit., p. 54.

Em primeiro lugar, porque essas garantias constitucionais já estariam asseguradas pela 'adequada representação' (...). Em segundo lugar, porque, como vimos, o particular, individualmente, não é o titular do direito subjetivo em questão, mas a comunidade ou a coletividade indivisivelmente considerada (...)".[101]

Em sentido oposto, Hugo Nigro Mazzilli entende que nos casos de danos a interesses transindividuais "o lesado que deseje intervir na ação coletiva sequer poderia ser considerado *terceiro*: na verdade, ele faz parte do grupo em favor de quem foi proposta a ação".[102] Para ele, a melhor forma de intervenção que lhe cabe é a assistência litisconsorcial qualificada, "conquanto peculiar, porque o indivíduo em regra não é o colegitimado para a ação civil pública ou coletiva".[103]

No entanto, uma questão merece reflexão: seria admissível a intervenção do cidadão em ação civil pública que tem o mesmo objeto que uma ação popular, ou seja, a tutela do interesse difuso na lisura administrativa? Entendemos que sim, pois o cidadão-eleitor seria, nessa hipótese, um colegitimado, podendo, portanto, intervir no feito coletivo que tenha por objeto pretensão passível de tutela via ação popular. "Entretanto, embora possa intervir, não pode propor demanda coletiva, senão a ação popular, daí que, se o ente coletivo desistir do feito, não poderá nela prosseguir",[104] salvo se pleitear a conversão do rito em ação popular, quando poderá dar prosseguimento, eis que tal saída se coaduna com o ideal da efetividade e máximo esforço para análise do mérito.

O Projeto de Lei 5.139/2009, que consagraria em definitivo o chamado "Sistema Único Coletivo", disciplinaria a intervenção de terceiro em seu art. 7º, vedando-a expressamente nas ações coletivas, exceto diante da possibilidade de qualquer legitimado coletivo habilitar-se como assistente litisconsorcial em qualquer dos polos da lide.[105] Dispositivo semelhante é encontrado na Lei 9.868/1999, que regulamenta

---

101. Idem, p. 55.
102. Hugo Nigro Mazzilli, *A Defesa dos Interesses Difusos em Juízo*, cit., 16ª ed., p. 294.
103. Idem, p. 295.
104. Fredie Didier Jr. e Hermes Zaneti Jr., *Curso de Direito Processual Civil*, cit., 4ª ed., vol. 4 ("Processo Coletivo"), p. 241.
105. O § 1º do art. 7º do Projeto de Lei 5.139/2009 dispõe que: "A apreciação do pedido de assistência far-se-á em autos apartados, sem suspensão do feito, salvo quando implicar deslocamento de competência, recebendo o interveniente o processo no estado em que se encontre".

o procedimento das ações de controle concentrado de constitucionalidade.[106]

De fato, o objetivo é garantir a razoável duração do processo e evitar eventuais intervenções meramente protelatórias.

Em suma, partindo de uma análise geral sobre os temas "relação de ações" e "intervenção de terceiros", parece que o sistema coletivo, para potencializar sua efetividade, fomenta a relação de demandas coletivas, com a reunião proveitosa das ações e, em sentido contrário, busca inibir intervenções egoísticas, veiculáveis em ações próprias. Ou seja, é uma tendência inevitável que a ação coletiva atraia ações coletivas conexas ou idênticas, mas repila pretensões individuais protelatórias.

2.2.5 Da atuação do Ministério Público

O Ministério Público é a Instituição democrática incumbida da defesa da ordem jurídica, do regime democrático e dos interesses sociais e individuais indisponíveis (art. 127 da CF). Tais atribuições, delineadas pelo constituinte de 1988, acabaram por promover profunda alteração funcional do Ministério Público no Brasil, o que nos autoriza a dizer que a Constituição Federal vigente representa um divisor de águas na história do *Parquet* nacional.

Pois bem. No âmbito cível, podemos dividir a atuação do Ministério Público em duas frentes, quais sejam: a tutela de interesses individuais indisponíveis ou homogêneos e a tutela de interesses essencialmente coletivos.

De fato, em regra o *Parquet* não se legitima à defesa de interesses individuais disponíveis ou puros, salvo por expressa autorização legal,[107] mas se limita à tutela de interesses individuais mais relevantes, os chamados *indisponíveis*, cujo interesse público[108] prepondera em detrimento da vontade individual.[109]

---

106. Lei 9.868/1999, art. 7º: "Art. 7º. Não se admitirá intervenção de terceiros no processo de ação direta de inconstitucionalidade".

107. O Estatuto da Criança e do Adolescente, por exemplo, autoriza a atuação do Ministério Público, em ações individuais, na defesa de interesses individuais puros pertencentes a crianças e adolescentes: "Art. 201. Compete ao Ministério Público: (...) V – promover o inquérito civil e a ação civil pública para a proteção dos *interesses individuais*, difusos ou coletivos relativos à infância e à adolescência, inclusive os definidos no art. 220, § 3º, inciso II, da Constituição Federal" (grifos nossos).

108. Vale a pena anotar que esse interesse público que justifica a atuação do Ministério Público é o primário, não o interesse público secundário. O STJ faz im-

No âmbito coletivo a questão é mais tranquila no que toca aos direitos essencialmente coletivos. Porém, é intrigante o questionamento doutrinário e jurisprudencial existente sobre a atuação do Ministério Pú-

portante distinção: "Cinge-se a questão à obrigatoriedade de intervenção do Ministério Público na qualidade de *custos legis* em ação de indenização ajuizada por companhia de abastecimento contra o Estado e agente público, objetivando a condenação solidária dos demandados ao ressarcimento dos prejuízos advindos de supostas irregularidades na classificação de produto agrícola (algodão em pluma) adquirido do primeiro réu e classificado pelo segundo réu referente à safra 1997/1998. O Tribunal *a quo* anulou o processo, tendo em vista a ausência de intimação do Ministério Público. No julgamento do recurso especial, o Ministro-Relator destacou que a exegese do disposto no art. 82, III, do CPC impõe distinção jusfilosófica entre o interesse público primário e o interesse da Administração, cognominado "interesse público secundário". O Estado, quando atestada sua responsabilidade, revela-se tendente ao adimplemento da correspectiva indenização e coloca-se na posição de atendimento ao 'interesse público'. Ao revés, quando visa a evadir-se de sua responsabilidade, no afã de minimizar seus prejuízos patrimoniais, persegue nítido interesse secundário, subjetivamente pertinente ao aparelho estatal, em subtrair-se de despesas, engendrando locupletamento à custa do dano alheio. É assente na doutrina e na jurisprudência que indisponível é o interesse público, não o interesse da Administração. Na última hipótese não é necessária a atuação do *Parquet* no mister de *custos legis*, máxime porque a entidade pública empreende sua defesa mediante corpo próprio de profissionais da Advocacia da União. Há precedentes jurisprudenciais que o reforçam, na medida em que a atuação do Ministério Público não é exigível em várias ações movidas contra a Administração, como sói ocorrer com a ação de desapropriação prevista no Decreto-lei n. 3.365/1941 (Lei de Desapropriação). *In genere*, as ações que visam ao ressarcimento pecuniário contêm interesses disponíveis das partes, não necessitando, portanto, de um órgão a fiscalizar a boa aplicação das leis em defesa da sociedade. Ademais, a suposta nulidade somente pode ser decretada se comprovado o prejuízo para os fins de justiça do processo, em razão do princípio de que não há nulidade sem prejuízo (*pas des nullités sans grief*). Por fim, o interesse público justificador da intervenção do Ministério Público, nos moldes do art. 82, III, do CPC, não se confunde com o interesse patrimonial da Fazenda Pública ou mera presença de pessoa jurídica de direito público na lide. Diante disso, a Turma deu provimento ao recurso – Precedentes citados: REsp n. 465.580-RS, *DJU* 8.5.2006; REsp n. 466.500-RS, *DJU* 3.4.2006; e REsp n. 490.726-SC, *DJU* 21.3.2005" (STJ, REsp 1.149.416-RS, rel. Min. Luiz Fux, j. 4.3.2010, *Informativo* 425/2010).

109. Vale a pena, aqui, a informação de que parcela considerável do Ministério Público utiliza a ação civil pública para veicular pretensões individuais indisponíveis, subvertendo toda construção do sistema coletivo. De fato, a ação civil pública deve ser vista como instrumento de promoção de interesses coletivos, e não como instrumento particular do Ministério Público para veicular suas pretensões na área cível, em paralelo com a atuação criminal, por meio da ação penal pública. Ora, se por um lado a doutrina respeita, por questões culturais, a nomenclatura nascida no bojo da Instituição, por outro, não se deve confundir *autoria* com *titularidade*. De fato, ação civil pública é a demanda de interesses coletivos, e não uma propriedade institucional.

blico, mais especificamente sobre sua legitimidade, na tutela dos interesses individuais homogêneos.

De fato, em relação aos direitos difusos e coletivos não paira qualquer dúvida, pois essa gama metaindividual de direitos tem acentuado grau de relevância social.[110] Já, em relação aos direitos individuais homogêneos o Ministério Público atuará quando: "(a) haja manifesto interesse social, evidenciado pela dimensão ou pelas características do dano, ainda que potencial;[111] (b) seja acentuada a relevância social[112] do bem jurídico a ser defendido; (c) esteja em questão a estabilidade de um sistema social, jurídico ou econômico, cuja preservação aproveite à coletividade como um todo".[113]

110. Cf.: *STJ* – Súmula 329 ("O Ministério Público tem legitimidade para propor ação civil pública em defesa do patrimônio público"); *STF* – RE 379.495 ("O Ministério Público é parte legítima para propor ação civil pública voltada a infirmar o preço de passagem em transporte coletivo"); RE 441.318 ("O Ministério Público tem legitimidade ativa para propor ação civil pública para questionar relação de consumo resultante de ajuste a envolver cartão de crédito"); AgR no RE 244.217 ("O Ministério Público tem legitimidade ativa para propor ação civil pública com o objetivo de evitar lesão ao patrimônio público decorrente de contratação de serviço hospitalar privado sem procedimento licitatório").

111. Já decidiu o STJ: "O Ministério Público tem legitimidade ativa para ajuizar ação civil pública em defesa de direitos individuais homogêneos, desde que esteja configurado interesse social relevante" (REsp 58.682. Também no REsp 177.965).

112. Por exemplo, STJ já entendeu que havia relevância social em demandas fundadas no seguro obrigatório: "Não é da natureza individual, disponível e divisível que se retira a homogeneidade destes interesses, mas sim de sua origem comum. A pretensão deduzida pelo Ministério Público/GO, e aqui tomada *in statu assertionis*, revela que um grupo determinável de pessoas teria sido lesado por supostas práticas comerciais da ré, que lhes teria pago quantia inferior à indenização devida nos termos do Seguro Obrigatório de Danos Pessoais Causados por Veículos Automotores de Via Terrestre, ou por sua carga, a pessoas transportadas ou não – DPVAT. Se é certo que cada beneficiário tem um direito pessoal, individual e disponível de receber integralmente a indenização do seguro DPVAT, também é verdade que a afirmação do Ministério Público/GO, tomada em tese, revela que tais direitos podem ter sido violados por uma origem comum. Essa origem comum é a circunstância de fato que revela o caráter homogêneo dos interesses que o Ministério Público/GO buscou tutelar" (REsp 797.963-GO, rela. Min. Nancy Andrighi, j. 7.2.2008).

No entanto, recentemente, mudou seu entendimento, vindo a sumular a questão: "O Ministério Público não tem legitimidade para pleitear, em ação civil pública, a indenização decorrente do DPVAT em benefício do segurado" (Súmula n. 470, STJ).

113. Hugo Nigro Mazzilli, *apud* Pedro Lenza, *Teoria Geral da Ação Civil Pública*, 3ª ed., São Paulo, Ed. RT, 2008, p. 201. Cf., ainda, o teor da Súmula 7 do CSMP paulista: "O Ministério Público está legitimado à defesa de interesses ou di-

O viés de nosso trabalho impõe uma análise da atuação do Ministério Público na efetivação do processo coletivo, motivo pelo qual pedimos vênia para uma breve consideração a respeito.

Lastreados nos estudos de Marcelo Zenkner, percebemos que, no ordenamento jurídico brasileiro, desde 1988, com a promulgação da Constituição Federal, um aparato normativo vem sendo editado "para a tutela do direito das pessoas ou grupo de pessoas particularmente vulneráveis, que merecem uma proteção especial, reconhecendo-se as diferenças sociais e a necessidade da atuação do Estado para reduzir tais diferenças".[114] É que a Constituição Federal de 1988, apelidada de "cidadã", se destina a prover a igualdade material e substancial do Povo Brasileiro, declarando como alguns de seus fundamentos a cidadania e a dignidade da pessoa humana (art. 1º, II e III) e elencando dentre os objetivos fundamentais a construção de uma sociedade livre, justa e solidária (art. 3º, I). "À frente de tudo isso, aparece principalmente o Ministério

reitos individuais homogêneos que tenham expressão para a coletividade, tais como: (a) os que digam respeito a direitos ou garantias constitucionais, bem como aqueles cujo bem jurídico a ser protegido seja relevante para a sociedade (*v.g.*, dignidade da pessoa humana, saúde e segurança das pessoas, acesso das crianças e adolescentes à educação); (b) nos casos de grande dispersão dos lesados (*v.g.*, dano de massa); (c) quando a sua defesa pelo Ministério Público convenha à coletividade, por assegurar a implementação efetiva e o pleno funcionamento da ordem jurídica, nas suas perspectivas econômica, social e tributária" (Súmula 7).

Nesse sentido, o STJ tem pronunciado: "O Ministério Público tem legitimidade processual extraordinária para propor ação civil pública com o objetivo de que cesse a atividade tida por ilegal de, sem autorização do Poder Público, captar antecipadamente a poupança popular, ora disfarçada de financiamento para compra de linha telefônica, isso na tutela de interesses individuais homogêneos disponíveis. Anote-se que o conceito de homogeneidade pertinente aos interesses individuais homogêneos não advém da natureza individual, disponível e divisível, mas sim de sua origem comum, enquanto se violam direitos pertencentes a um número determinado ou determinável de pessoas ligadas por essa circunstância de fato (art. 81 do CDC). Outrossim, conforme precedente, os interesses individuais homogêneos possuem relevância por si mesmos, o que torna desnecessário comprová-la. A proteção desses interesses ganha especial importância nas hipóteses que envolvem pessoas de pouca instrução e baixo poder aquisitivo, que, mesmo lesadas, mantêm-se inertes, pois tolhidas por barreiras econômicas e sociais (justamente o caso dos autos). Essas situações clamam pela iniciativa estatal mediante a atuação do Ministério Público em salvaguarda de direitos fundamentais – Precedentes citados do STF: RE n. 163.231-SP, *DJU* 29.6.2001; do STJ: REsp n. 635.807-CE, *DJU* 20.6.2005" (STJ, REsp 910.192-MG, rela. Min. Nancy Andrighi, j. 2.2.2010, *Informativo* 421/2010).

114. Marcelo Zenkner, "Ministério Público e a efetividade do processo civil", in *Temas Fundamentais de Direito*, vol. 3, São Paulo, Ed. RT, 2006, p. 143.

Público brasileiro, eis que, como função essencial à Justiça, recebeu da Constituição justamente a tarefa de defender a ordem jurídica e o regime democrático e, especialmente, os direitos sociais e individuais indisponíveis (art. 127, *caput*), participando, assim, da efetivação da igualdade substancial, da democracia e dos direitos fundamentais, de tão grande importância para a nossa sociedade, e levando a tutela jurisdicional a todos aqueles que dela necessitam e, mais particularmente, aos menos favorecidos socialmente".[115]

Essa atuação do Ministério Público adquire contornos ainda mais relevantes tratando-se de direitos coletivos, pois sua atuação é, por excelência, a mais ativa em nossa sociedade. Embora sejam vários os legitimados ativos que podem ajuizar ações coletivas, o Ministério Público ocupa lugar de destaque no cenário nacional, por questões históricas, muito embora tenha crescido sobremodo a atuação da Defensoria Pública na seara coletiva, mormente após o reconhecimento legal de sua legitimidade ativa. De qualquer forma, impõe-se ao Ministério Público uma postura destacada na efetivação e promoção dos direitos coletivos, seja ela extraprocessual ou processual.

Nessa linha de raciocínio, e como forma de potencializar a tutela coletiva, admite-se o litisconsórcio entre Ministérios Públicos. A permissão legal original ocorre com a promulgação da Lei 8.069/1990 – o Estatuto da Criança e do Adolescente/ECA –, que, em seu art. 210, § 1º,[116] admite expressamente a atuação conjunta dessas Instituições, seja entre órgãos ministeriais estaduais, seja entre órgãos estaduais e o órgão federal.

Pouco tempo depois, o Código de Defesa do Consumidor também acolhe tal possibilidade, não obstante o veto aos §§ 2º e 3º do art. 82, pois o art. 113 permanece incólume e insere o litisconsórcio facultativo no bojo da Lei da Ação civil pública, com a inclusão do § 5º ao art. 5º da Lei 7.347/1985. Alguns anos depois, na edição da Lei 10.741/2003, o Estatuto do Idoso, seu art. 81, § 1º, prevê regra análoga.

Por oportuno, vale o registro de que parcela da doutrina não aceita o fenômeno do litisconsórcio entre Ministérios Públicos, em razão de variados argumentos; porém, sem razão. Alega-se, basicamente, que tal fenômeno afrontaria o sistema federativo e o princípio constitucional

---

115. Idem, p. 144.
116. ECA, art. 210, § 1º: "§ 1º. Admitir-se-á litisconsórcio facultativo entre os Ministérios Públicos da União e dos Estados na defesa dos interesses e direitos de que cuida esta Lei".

da unidade do Ministério Público. Porém – vale repetir –, sem mérito algum.[117]

De fato, cada Ministério Público, em regra, atua preponderantemente no âmbito de seu ente federativo. Em geral, o promotor de justiça atua perante a Justiça Estadual e o procurador da República perante a Justiça Federal. No entanto, excepcionalmente é possível que o Ministério Público Estadual atue perante a Justiça Federal, seja ela Comum ou Especial.[118] O que dizer da delegação de poderes aos promotores de justiça das funções eleitorais? Portanto, conclui-se que a estrutura do Poder Judiciário em nada ou muito pouco influencia a estrutura orgânica do Ministério Público. São organizações diferentes e independentes.

Agora, isso não quer dizer que não possa haver coincidências entre as atribuições de um Ministério Público e a competência material de determinada Justiça. De fato, em geral, o Ministério Público Federal tem atribuições de defesa de interesses da União e de sua Administração indireta, o que exige que suas pretensões sejam veiculadas perante a Justiça Federal, nos termos do disposto no art. 109, I, da Constituição da República.[119] Aliás, foi nesse sentido que se manifestou o STJ ao rela-

117. O STJ já se manifestou pela possibilidade da atuação conjunta: "O Ministério Público é órgão uno e indivisível, antes de ser evitada, a atuação conjunta deve ser estimulada. As divisões existentes na Instituição não obstam a trabalhos coligados. É possível o litisconsórcio facultativo entre órgãos do Ministério Público Federal e Estadual/Distrital" (REsp 382.659-RS, rel. Min. Humberto Gomes de Barros, j. 2.12.2003).

118. De fato, segundo pondera Hugo Nigro Mazzilli: "Embora seja tradicional que cada membro do Ministério Público atue dentro dos limites da competência dos órgãos jurisdicionais perante os quais oficia, esse excessivo paralelismo entre carreira ministerial e judicial há muito vem sendo abandonado. O Ministério Público tem hoje inúmeras atividades extrajudiciais, que pouco ou nada têm que ver com a atuação perante as Varas e os Tribunais. É hoje corriqueiro haver órgãos ministeriais com atuação totalmente desvinculada de Varas Judiciais específicas. Não desnatura o princípio federativo que a lei expressamente confira ao Ministério Público Estadual, por exemplo, algumas funções perante a Justiça Federal. Além da taxativa delegação ao Ministério Público Estadual para atuar em matéria de interesse da União, desde a legislação anterior já se admitiam delegações conferidas na legislação infraconstitucional (como perante a Justiça Eleitoral e Trabalhista; nas cartas precatórias ou de ordem; na ação penal por tráfico de entorpecentes para o Exterior; na avaliação de renda e prejuízos decorrentes de autorização para pesquisa mineral)" (*Regime Jurídico do Ministério Público*, 6ª ed., São Paulo, Saraiva, 2007).

119. CF, art. 109, I: "Art. 109. Aos juízes federais compete processar e julgar: I – as causas em que a União, entidade autárquica ou empresa pública federal forem interessadas na condição de autoras, rés, assistentes ou oponentes, exceto as de

cionar a atuação do Ministério Público Federal à competência material da Justiça Federal.[120]

falência, as de acidentes de trabalho e as sujeitas à Justiça Eleitoral e à Justiça do Trabalho; (...)".

120. "À luz do sistema e dos princípios constitucionais, nomeadamente o princípio federativo, é atribuição do Ministério Público da União promover as ações civis públicas de interesse federal e ao Ministério Público Estadual as demais. Considera-se que há interesse federal nas ações civis públicas que (a) envolvam matéria de competência da Justiça Especializada da União (Justiça do Trabalho e Eleitoral); (b) devam ser legitimamente promovidas perante os órgãos Judiciários da União (Tribunais Superiores) e da Justiça Federal (TRFs e juízes federais); (c) sejam da competência federal em razão da matéria – as fundadas em tratado ou contrato da União com Estado estrangeiro ou organismo internacional (CF, art. 109, III) e as que envolvam disputa sobre direitos indígenas (CF, art. 109, XI); (d) sejam da competência federal em razão da pessoa – as que devam ser propostas contra a União, suas entidades autárquicas e empresas públicas federais, ou em que uma dessas entidades figure entre os substituídos processuais no polo ativo (CF, art. 109, I); e (e) as demais causas que envolvam interesses federais em razão da natureza dos bens e dos valores jurídicos que se visa a tutelar. No caso dos autos, a causa é da competência da Justiça Federal porque nela figura como autor o Ministério Público Federal, órgão da União, que está legitimado a promovê-la, porque visa a tutelar bens e interesses nitidamente federais, e não estaduais, a saber: o meio ambiente em área de manguezal, situada em terrenos de marinha e seus acrescidos, que são bens da União (CF, art. 20, VII), sujeitos ao poder de polícia de autarquia federal, o IBAMA (Leis ns. 6.938/1981, art. 18, e 7.735/1989, art. 4º)" (REsp 440.002-SE, rel. Min. Teori Albino Zavascki, j. 18.11.2004). Concordamos inteiramente com o Ministro-Relator quando compara as atribuições do Ministério Público Federal a competência, em razão da matéria, da Justiça Federal: "É o que ocorre nas ações civis públicas em defesa do patrimônio público ou da probidade administrativa, cuja sentença condenatória reverte em favor das pessoas titulares do patrimônio lesado. Tais pessoas certamente compõem o rol dos substituídos processuais. Havendo, entre elas, ente federal, fica definida a legitimidade ativa do Ministério Público Federal. Mas outras hipóteses de atribuição do Ministério Público Federal para o ajuizamento de ações civis públicas são configuradas quando, por força do princípio federativo, ficar evidenciado o envolvimento de interesses nitidamente federais, assim considerados em razão dos bens e valores que se visa a tutelar". Porém, discordamos dele quando afirma que o simples fato de atuar nos autos o órgão do Ministério Público Federal já desloca automaticamente a competência, em razão do sujeito, à Justiça Federal, pois, em tese, o Ministério Público Federal seria órgão público da União. Veja-se, *data venia*, o equívoco do Ministro-Relator, em seu voto: "Figurando o Ministério Público Federal, órgão da União, como parte na relação processual, a um juiz federal caberá apreciar a demanda, ainda que seja para dizer que não é ele, e sim o Ministério Público Estadual, o que tem legitimação ativa para a causa. Para efeito de competência, como se sabe, pouco importa que a parte seja legítima, ou não. A existência, ou não, da legitimação deve ser apreciada e decidida pelo juiz considerado competente para tanto, o que significa que a questão competencial é logicamente antecedente e eventualmente prejudicial à da legitimidade das partes".

Porém, a recíproca não é totalmente verdadeira, ou seja, a Justiça Federal pode ter competência para decidir demandas que não veiculam exclusivamente fatos de interesse da União e, consequentemente, do Ministério Público Federal, o que justificaria a atuação, por exemplo, do Ministério Público Estadual.

Por outro lado, não há violação ao princípio da unidade do Ministério Público em razão de eventual duplicidade de atuação dos órgãos, conforme alega a doutrina contrária, pois a unidade é dentro de cada Instituição, e não no aspecto nacional. Portanto, prevalecem a autonomia e a independência de cada Ministério Público, seja Estadual ou Federal, sem qualquer unidade ou influência entre eles.[121]

De fato, segundo Hugo Nigro Mazzilli, "unidade significa que os membros de cada Ministério Público integram um só órgão, sob uma só direção; indivisibilidade quer dizer que seus membros podem ser substituídos uns pelos outros na forma estabelecida na lei. Assim, cada Ministério Público tem sua unidade: em vista das características de nosso Estado Federado, o Ministério Público de cada Estado é uno; e cada um dos ramos do Ministério Público da União também tem sua própria unidade. Uma unidade nacional do Ministério Público só existe abstratamente na lei quanto esta, por exemplo, confere uma atribuição à Instituição, como, por exemplo, ao lhe cometer a promoção da ação penal pública. Mas, funcionalmente, cada um dos Ministérios Públicos brasileiros tem sua própria unidade, e as substituições de seus membros só podem ser feitas dentro de cada um deles, sempre por integrantes da respectiva carreira".[122]

Portanto, falaciosos os argumentos daqueles que se posicionam contrariamente ao litisconsórcio entre Ministérios Públicos e também

---

121. Aliás, o texto constitucional não deixa dúvidas quanto à divisibilidade das instituições ministeriais no Brasil:

"Art. 128. O Ministério Público abrange: I – o Ministério Público da União, que compreende: a) o Ministério Público Federal; b) o Ministério Público do Trabalho; c) o Ministério Público Militar; d) o Ministério Público do Distrito Federal e Territórios; II – os Ministérios Públicos dos Estados.

"(...).

"§ 5º. Leis complementares da União e dos Estados, cuja iniciativa é facultada aos respectivos procuradores-gerais, estabelecerão a organização, as atribuições e o estatuto de cada Ministério Público, observadas, relativamente a seus membros: (...)."

122. Hugo Nigro Mazzilli, *Regime Jurídico do Ministério Público*, cit., 6ª ed., p. 116.

entre Defensorias Públicas, pois os fundamentos são idênticos, eis que o sistema não impede tal forma de atuação, que, inegavelmente, fomenta a tutela coletiva e lhe atribui maior efetividade.

Quanto ao princípio do promotor natural, deve-se dizer que tem atribuição para propor a ação civil pública o membro do Ministério Público com atribuições específicas para a questão em análise, sob pena de carecer de legitimidade ativa,[123] sem prejuízo da designação de outro membro em casos de não homologação de arquivamento do inquérito civil pelo órgão superior da Instituição.

2.2.5.1 Do inquérito civil público

O inquérito civil é procedimento público e de natureza administrativa instaurado, em princípio, pelo membro Ministério Público que, diante do conjunto probatório, terá a faculdade de instaurá-lo. Ele visa a prover o Ministério Público de provas e outros elementos de convicção que fundamentem posterior atuação judicial. A partir dele, o órgão público exerce seu poder-dever institucional de investigação em uma fase denominada pré-processual, já que ocorre antes da ação judicial.

Tal instrumento tem previsão constitucional (art. 127, III, da CF). O art. 8º, § 1º, da LACP inovou ao prever que: "O Ministério Público poderá instaurar, sob sua presidência, inquérito civil, ou requisitar, de qualquer organismo público ou particular, certidões, informações, exames ou perícias, no prazo que assinalar, o qual não poderá ser inferior a 10 (dez) dias úteis".

Em tese, o inquérito civil pode ser dividido em três fases distintas: a instauração, a instrução e a conclusão. A instauração, como fora dito, é facultativa, e normalmente é concretizada por meio de uma "portaria" editada pelo membro do Ministério Público no exercício de suas atribuições.

---

123. STJ, REsp 851.635-AC: "Preceitua o art. 29, VIII, da Lei n. 8.625/1993 que somente o Procurador-Geral de Justiça é competente, em princípio, para o ajuizamento de ação civil pública (art. 129, III, da Carta Magna) contra governador de Estado por ato praticado em razão de suas funções. Nem mesmo hipoteticamente o art. 29, IX, da Lei n. 8.625/1993 ('Além das atribuições previstas nas Constituições Federal e Estadual, na Lei Orgânica e em outras leis, compete ao Procurador-Geral de Justiça: ... delegar a membro do Ministério Público suas funções de órgão de execução') legitimaria no caso concreto a propositura da referida ação civil pública exclusivamente por membro do *Parquet* Estadual atuante em primeira instância, uma vez que a Corte de origem registrou expressamente a inexistência de qualquer delegação".

A instrução consiste na colheita de provas. Dentre os poderes atribuídos ao órgão investigador podemos destacar o poder de requisição, o poder de intimação e o poder de inspeção e vistoria. O poder de requisição consiste na emissão de uma ordem para a apresentação de documentos ou elaboração de outras provas.[124] O poder de intimação representa a atribuição de colher depoimentos, inclusive com a possibilidade de condução coercitiva.[125] Por derradeiro, o poder de inspeção consiste na possibilidade de visitação e presença em locais relevantes para as investigações.

Em tese, a instauração e a presidência do inquérito civil são prerrogativas institucionais do Ministério Público, muito embora acreditemos que nada impede sua instauração por outro ente público legitimado, dotado de autonomia e independência funcional, como a Defensoria Pública, por exemplo, como logo será examinado.

No que toca aos efeitos, o ajuizamento de ação coletiva independe da instauração prévia de inquérito civil. Do mesmo modo, os colegitimados podem, de forma autônoma, propor ação coletiva, a despeito da existência do procedimento preparatório. Nesse sentido, entendemos que o ajuizamento da ação coletiva poderá ocorrer sem a instauração de inquérito, após o término do inquérito e, inclusive, durante as investigações do *Parquet*. Não há limitação legal nesse sentido. Contudo, entendemos que o procedimento de investigação prévia é salutar para posterior intervenção judicial, pois mune o legitimado de um arcabouço considerável de elementos de convicção.

124. CF, art. 129: "Art. 129. São funções institucionais do Ministério Público: (...) VI – expedir notificações nos procedimentos administrativos de sua competência, requisitando informações e documentos para instruí-los, na forma da lei complementar respectiva; (...)".
Lei 8.625/1993, art. 26: "Art. 26. No exercício de suas funções, o Ministério Público poderá: I – instaurar inquéritos civis e outras medidas e procedimentos administrativos pertinentes e, para instruí-los: (...) b) requisitar informações, exames periciais e documentos de autoridades federais, estaduais e municipais, bem como dos órgãos e entidades da Administração direta, indireta ou fundacional, de qualquer dos Poderes da União, dos Estados, do Distrito Federal e dos Municípios; (...) II – requisitar informações e documentos a entidades privadas, para instruir procedimentos ou processo em que oficie; (...)".
125. Lei 8.625/1993, art. 26: " Art. 26. No exercício de suas funções, o Ministério Público poderá: I – instaurar inquéritos civis e outras medidas e procedimentos administrativos pertinentes e, para instruí-los: a) expedir notificações para colher depoimento ou esclarecimentos e, em caso de não comparecimento injustificado, requisitar condução coercitiva, inclusive pela Polícia Civil ou Militar, ressalvadas as prerrogativas previstas em lei; (...)".

Além da previsão no art. 129, III, da CF de 1988 e na Lei da Ação Civil Pública e no Código de Defesa do Consumidor, o inquérito civil está previsto nos arts. 6º, *caput*, da Lei 7.853/1989 (portadores de deficiência), 1º, *caput*, da Lei 7.913/1989 (investidores no mercado de capitais), 201, V, do ECA e 74, I, do Estatuto do Idoso.

Como foi dito, o inquérito civil destina-se a investigar determinado fato; e, findo seu processamento, o Ministério Público poderá: promover seu arquivamento, se entender que não é o caso de tomar nenhuma outra medida;[126] formular recomendações ao investigado, no sentido de inibir a prática de ato danoso ou lesivo; celebrar acordo com o investigado, através do Termo de Compromisso de Ajustamento de Conduta; ou, por fim, propor a adequada ação civil pública.

2.2.5.2 Do Termo de Compromisso de Ajustamento de Conduta

O Compromisso de Ajustamento de Conduta, que é materializado por meio de um Termo,[127] que leva o mesmo nome (TAC), foi inserido no ordenamento jurídico brasileiro a partir de uma lei setorial que trata de uma gama específica de direitos coletivos: o Estatuto da Criança e do

---

126. LACP, art. 9º:
"Art. 9º. "Se o órgão do Ministério Público, esgotadas todas as diligências, se convencer da inexistência de fundamento para a propositura da ação civil, promoverá o arquivamento dos autos do inquérito civil ou das peças informativas, fazendo-o fundamentadamente.

"§ 1º. Os autos do inquérito civil ou das peças de informação arquivadas serão remetidos, sob pena de se incorrer em falta grave, no prazo de 3 (três) dias, ao Conselho Superior do Ministério Público.

"§ 2º. Até que, em sessão do Conselho Superior do Ministério Público, seja homologada ou rejeitada a promoção de arquivamento, poderão as associações legitimadas apresentar razões escritas ou documentos, que serão juntados aos autos do inquérito ou anexados às peças de informação.

"§ 3º. A promoção de arquivamento será submetida a exame e deliberação do Conselho Superior do Ministério Público, conforme dispuser o seu Regimento.

"§ 4º. Deixando o Conselho Superior de homologar a promoção de arquivamento, designará, desde logo, outro órgão do Ministério Público para o ajuizamento da ação."

127. Eurico Ferraresi esclarece: "Comumente, o Compromisso de Ajustamento de Conduta é denominado 'Termo' de Compromisso de Ajustamento de Conduta. O vocábulo 'Termo' é utilizado porque o acordo celebrado entre o órgão público legitimado e o interessado é 'tomado por termo', vale dizer, subscrito e assinado pelas partes" (*Ação Popular, Ação Civil Pública e Mandado de Segurança Coletivo: Instrumentos Processuais Coletivos*, Rio de Janeiro, Forense, 2009, pp. 223-224).

Adolescente. Foi a partir do seu art. 211 que o Termo de Ajustamento de Conduta adquiriu o devido respaldo, inclusive com eficácia de título extrajudicial.[128] Após o Estatuto da Criança e do Adolescente, o art. 113 do CDC incorporou o Termo de Ajustamento de Conduta, com semelhante redação, na Lei da Ação Civil Pública (art. 5º, § 6º[129]). Notamos que seu regramento não advém, originalmente, da integração Lei da Ação Civil Pública/Código de Defesa do Consumidor, mas, antes, de uma lei específica (Estatuto da Criança e do Adolescente) que passa a ter aplicação sobre a tutela dos direitos coletivos.[130]

Eurico Ferraresi explica a importância do Termo de Ajustamento de Conduta: "A proteção dos direitos difusos e coletivos ocorre por diversos instrumentos. Ao lado das técnicas processuais, manifestadas pelas ações coletivas, existem mecanismos extraprocessuais, destinados a não só reparar o dano causado, mas também a prevenir a prática de condutas que ofendam direitos supraindividuais".[131]

Segundo ele, o Termo de Ajustamento de Conduta é forma extrajudicial de resolução de conflitos consubstanciada em um meio negociado célere, eficaz e econômico. "Talvez a maior importância do Ajuste de Conduta seja mesmo a de prevenir ofensa a direitos supraindividuais",[132] o que se coaduna melhor com as aspirações coletivas. De fato, o uso do Termo de Ajustamento de Conduta pode potencializar a efetividade dos direitos coletivos, pois abre oportunidade ao sujeito causador do dano ou lesão (atual ou iminente) para negociar os termos de sua conduta.[133]

128. ECA, art. 211: "Art. 211. Os órgãos públicos legitimados poderão tomar dos interessados compromisso de ajustamento de sua conduta às exigências legais, o qual terá eficácia de título executivo extrajudicial".

129. LACP, art. 5º, § 6º: "§ 6º. Os órgãos públicos legitimados poderão tomar dos interessados compromisso de ajustamento de sua conduta às exigências legais, mediante cominações, que terá eficácia de título executivo extrajudicial".

130. Outras leis preveem o Termo de Ajustamento de Conduta: art. 8º, VII, da Lei 8.884/1994 (infração da ordem econômica); e art. 79-A da Lei 9.605/1998 (condutas e atividades lesivas ao meio ambiente).

131. Eurico Ferraresi, *Ação Popular, Ação Civil Pública e Mandado de Segurança Coletivo: Instrumentos Processuais Coletivos*, cit., p. 224.

132. Idem, ibidem.

133. "Essa modalidade de heterocomposição de conflitos, fora e além da jurisdição contenciosa, atende a um dos princípios vetores de nossa República Federativa, qual seja, a busca da 'solução pacífica dos conflitos' (CF, art. 4º, VII), o que, obviamente, não se compadece com a clássica resolução das lides mediante sentença de mérito (que pressupõe a inviabilidade de auto ou heterocomposição), mas, ao contrário, abre caminho para os meios suasórios – espontâneos ou induzidos – assim

Se a resolução do conflito ocorre, por essa via, de forma negociada, dialogada, cremos que a probabilidade de seus termos serem cumpridos é maior do que se houvesse imposição judicial via sentença condenatória. E mais: como esse ajustamento destina-se, antes, à prevenção de danos ou lesão (atual ou iminente), a tutela que se realiza neste caso (preventiva) satisfaz melhor as pretensões coletivas, posto que atua *a priori*, pela incolumidade do bem, direito ou interesse coletivo em pauta – motivo pelo qual afirmamos que a tutela (proteção), nesse caso, é mais efetiva que em sede de ação coletiva condenatória (que impõe condenação em dinheiro pelo dano já causado), mormente quando consideramos o fato de que há uma ordem de bens (meio ambiente e patrimônio histórico, *v.g.*) cuja reparação é difícil, se não impossível, de ser realizada (a particularidade de determinada ordem de bens faz com que a indenização não consiga restaurar o *status quo ante*).

A natureza jurídica do Termo de Compromisso de Ajustamento de Conduta é debatida na doutrina.[134] Luiz Manoel Gomes Jr. leciona tratar-

aqueles tendentes a prevenir a formação de lides judiciais, como também aqueles voltados a propiciar a célere e antecipada resolução dos processos já formados" (Rodolfo de Camargo Mancuso, *A Resolução dos Conflitos e a FUNÇÃO Judicial no Contemporâneo Estado de Direito*, São Paulo, Ed. RT, 2009, p. 97).

134. "*O compromisso de Ajustamento de Conduta* é um meio consensual, extrajudicial, de prevenção ou resolução de conflitos envolvendo interesses metaindividuais, situando-se num ponto equidistante entre conciliação e mediação, não se identificando exatamente com cada qual dessas modalidades, mas ao mesmo tempo de cada uma delas haurindo algumas características, sempre ao pressuposto de que ao fim e ao cabo sobrevenha a *pacificação justa do conflito*. De fato, é controvertida a natureza jurídica desse ajuste: (i) se o definimos como um *acordo*, exsurge o óbice dos arts. 840 e 841 do CC, a configurarem *transação* quando os interessados previnem ou terminam o litígio 'mediante concessões mútuas', limitando o acordo 'a direitos patrimoniais de caráter privado', o que não se compadece com a temática de fundo social objeto de tal solução negociada: meio ambiente, tutela coletiva de consumidores, ordens urbanística e econômica, patrimônio cultural e outros interesses metaindividuais (§ 6º do art. 5º da Lei 7.347/1985, c/c o art. 1º e incisos dessa lei); (ii) se o definimos como *negócio jurídico bilateral*, exsurge o contra-argumento de que, no caso, as obrigações e prestações são unilateralmente assumidas pelo promitente, sob cominações. Poder-se-ia enquadrar o Compromisso de Ajustamento de Conduta (que, portanto, pressupões conduta anterior, ilícita ou contrária ao padrão estabelecido) numa sorte de transação especial, como o faz Geisa de Assis Rodrigues, 'diante da indisponibilidade intrínseca dos direitos transindividuais bem como da diversidade entre os legitimados a celebrar o ajuste e os titulares do direito material em questão'; ou ainda, como propõe José dos Santos Carvalho Filho, como um 'ato jurídico unilateral quanto à manifestação volitiva, e bilateral somente quanto à formalização, eis que nele intervêm o órgão público e o promitente'" (Rodolfo de

-se de "instrumento com eficácia de título executivo extrajudicial, cujo objetivo é evitar a propositura de demanda coletiva, de titularidade de quaisquer dos legitimados".[135] Não se trata de acordo, posto que destituído, dentre outras, da disponibilidade do direito pelo sujeito (o legitimado não é titular do direito em questão). Por outro lado, também não é transação. Para dimensionar sua natureza é preciso analisar sua gênese.

Emerson Garcia[136] ensina que o Termo de Ajustamento de Conduta pressupõe a realização de um "ajuste entre o Ministério Público e o violador (atual ou iminente) da norma, no qual, além de serem estabelecidas as obrigações a serem cumpridas para a recomposição da legalidade, são fixadas as respectivas penalidades para a sua inobservância".[137] O autor continua, defendendo a tese de que o Termo tem uma feição híbrida: "No que diz respeito ao direito material, atua como mero ato de reconhecimento de uma obrigação preexistente e que pode vir a ser reconhecida por sentença judicial (*v.g.*: o dever jurídico de reflorestar uma área, de cessar uma prática comercial abusiva etc.); quanto aos aspectos periféricos, consubstancia uma verdadeira transação".

Na tentativa de colocar fim ao debate, compartilhamos do entendimento de Eurico Ferraresi no sentido de que "o cerne do direito supraindividual é indisponível; contudo, a maneira como se dará a recuperação (...) ou a forma como ocorrerá a conservação (...) tudo isso poderá ser objeto de transação".[138]

Importante salientar que o Termo de Ajustamento de Conduta firmado por órgão público legitimado[139] não implica assunção de culpa;

Camargo Mancuso, *A Resolução dos Conflitos e a Função Judicial no Contemporâneo Estado de Direito*, cit., p. 94).

135. Luiz Manoel Gomes Jr., *Curso de Direito Processual Coletivo*, cit., 2ª ed., p. 262.

136. Emerson Garcia, *Ministério Público: Organização, Atribuições e Regime Jurídico*, 3ª ed., Rio de Janeiro, Lumen Juris, 2008, p. 291.

137. Importante ressaltar quais entes legitimados podem firmar Termo de Ajustamento de Conduta: o Ministério Público; a União, os Estados e o Distrito Federal; as entidades e órgãos da Administração pública, direta ou indireta, embora sem personalidade jurídica, destinados à defesa dos interesses difusos e coletivos; as empresas públicas e as sociedades de economia mista que tenham por escopo a prestação de serviços públicos.

138. Eurico Ferraresi, *Ação Popular, Ação Civil Pública e Mandado de Segurança Coletivo: Instrumentos Processuais Coletivos*, cit., p. 228.

139. "Dentre os meios alternativos tem-se destacado o CAC/Compromisso de Ajustamento de Conduta, por sua aptidão tanto para prevenir como para solucionar

porém, uma vez concluído, produz reflexos na atuação dos colegitimados para a ação coletiva. O Termo de Ajustamento de Conduta tem eficácia de título executivo extrajudicial e impede que qualquer colegitimado ajuíze ação coletiva sobre o objeto transacionado. Aliás, antes que impedir seu ajuizamento, impõe a extinção do processo coletivo em tramitação, sem resolução do mérito, por carência de interesse processual (CPC, art. 267, I, e art. 295, III), desde que – vale a pena destacar – o interesse coletivo esteja integralmente protegido.

Por oportuno, deve-se dizer que o Termo de Ajustamento de Conduta pode adquirir, excepcionalmente, natureza de título executivo judicial em dois casos: primeiro, se for realizado já no decorrer da ação coletiva, quando estará sujeito a homologação judicial, sendo que caberá ao juiz policiar a indisponibilidade do objeto, dispensando a fiscalização de caráter institucional; o segundo caso de formação de título executivo judicial ocorrerá se o acordo for levado a homologação, independentemente de ação coletiva em tramitação, conforme autoriza o Código de Processo Civil após a alteração operada pela Lei 11.232/2005.[140] Nesses casos, o acordo terá, inevitavelmente, maior efetividade.

controvérsias em áreas tendencialmente conflitivas, como o consumerismo, meio ambiente, patrimônio público etc. De salientar que, enquanto o Ministério Público costuma elaborar esses compromissos no bojo de um instrumento institucional, tal o inquérito civil – CF, art. 129, III; Lei 7.347/1985, art. 8º, § 1º; Lei 8.625/1993, art. 25, IV, e alíneas –, já os demais colegitimados, inseridos na rubrica genérica dos 'órgãos públicos', embora não disponham de igual instrumento, podem celebrar os Ajustamentos de Conduta no âmbito dos processos administrativos onde apuram as ameaças ou os danos aos interesses metaindividuais. Esclarece Susana Henriques da Costa que a tendência 'é se reconhecer a possibilidade de os entes da Administração indireta celebrarem Compromissos de Ajustamento, desde que voltados para a consecução do interesse público'" (Rodolfo de Camargo Mancuso, *A Resolução dos Conflitos e a Função Judicial no Contemporâneo Estado de Direito*, cit., p. 91).
140. CPC, art. 475-N: "Art. 475-N. São títulos executivos judiciais: (...) III – a sentença homologatória de conciliação ou de transação, ainda que inclua matéria não posta em juízo; (...) V – o acordo extrajudicial, de qualquer natureza, homologado judicialmente; (...)". Aliás, sobre o inciso V, merece destaque importante constatação doutrinária. "A propósito, comenta Fernanda Tartuce da Silva: 'Concordamos com a assertiva de que a formação de um título executivo extrajudicial poderia ser suficiente; todavia, em termos de eficiência, as partes podem precisar de um reforço, e para tanto parece relevante a nova previsão. Parece-nos que a intenção do legislador efetivamente corresponde a um esforço em dois sentidos: incentiva a verificação da autocomposição, revelando-a também vantajosa para as partes, e assegura maior força à transação homologada, conferindo aos acordos maior possibilidade de efetivação pelos reforços inerentes ao novo sistema de execução dos títulos executivos

2.3 Do procedimento comum coletivo

O procedimento comum coletivo é regido pelo que denominamos de "microssistema coletivo" ou "Sistema Único Coletivo",[141] conforme lição de Luiz Manoel Gomes Jr. e Rogério Favreto, a qual, com a devida vênia, transcrevemos: "Todas as normas que disciplinam a aplicação dos direitos coletivos – Lei da Ação Popular (Lei 4.717/1965), Lei da Ação Civil Pública (Lei 7.347/1985), Código do Consumidor (Lei 8.078/1990), Lei da Improbidade Administrativa (Lei 8.429/1992), Estatuto da Criança e do Adolescente (Lei 8.069/1990), Lei da Pessoa Portadora de Deficiências (Lei 7.853/1989), Lei Protetiva dos Investidores do Mercado de Valores Imobiliários (Lei 7.913/1989) e Lei de Prevenção e Repressão às Infrações Contra a Ordem Econômica/Antitruste (Lei 8.884/1994) – formam um *único sistema interligado* de proteção dessas espécies de direitos (difusos, coletivos e individuais homogêneos)".

Todos esses diplomas legais formam um sistema integrado, com a particularidade de haver, em seu bojo, um microssistema logicamente organizado, composto pela interação da Lei da Ação Civil Pública com o Código de Defesa do Consumidor, que serve de regramento básico ou comum. Frisemos que somente de modo residual terão aplicação as normas do Código de Processo Civil. Assim: "Havendo a lacuna ou ausência de disciplina normativa em um texto legal, aplica-se a norma de

judiciais. Trata-se de previsão pertinente e consentânea com o propósito de possibilitar acesso à Justiça e efetividade no comando das decisões, estimulando a adoção de vias alternativas à jurisdição. Merece destaque a menção expressa ao conteúdo do pacto, que pode conter acordo 'de qualquer natureza'. Assim, não haveria limitação apenas a questões eminentemente pecuniárias, como querem fazer crer aqueles que vinculam a disponibilidade do direito ao seu aspecto puramente econômico'" (Rodolfo de Camargo Mancuso, *A Resolução dos Conflitos e a Função Judicial no Contemporâneo Estado de Direito*, cit., p. 91).

141. Não é excessivo lembrar que referida expressão foi cunhada por Luiz Manoel Gomes Jr. e Rogério Favreto em artigo publicado em meados de 2009 ("A nova Lei da Ação Civil Pública e do Sistema Único de Ações Coletivas brasileiras – Projeto de Lei 5.139/2009", *Revista Magister de Direito Empresarial, Concorrencial e do Consumidor* 27/5-21, Ano V, Porto Alegre/RS, Magister, junho-julho/2009). No entanto, pertinente a seguinte advertência: não desconhecemos as virtudes de se instituir um sistema próprio, porém jamais único e isolado. Todo sistema jurídico é interligado a outros sistemas e deles se alimenta, formando um macrossistema, uma rede interligada, com constante diálogo: *o diálogo das fontes*. Não tomemos esse "sistema único" como a panaceia do processo coletivo. É utopia.

outra lei pertencente ao Sistema Único Coletivo",[142] ressalvado o recurso subsidiário ao Código de Processo Civil. "A existência de um Sistema Único Coletivo, apesar de não ser expressamente reconhecida na legislação, encontra respaldo nos julgados do STJ quando, por exemplo, aplica o prazo prescricional da ação popular nas ações civis públicas, inclusive naquelas relacionadas com a improbidade administrativa. Neste precedente restou reconhecida a existência de um microssistema de tutela dos direitos coletivos: '(...). 1. A ação civil pública e a ação popular veiculam pretensões relevantes para a coletividade. 2. Destarte, hodiernamente ambas as ações fazem parte de um microssistema de tutela dos direitos difusos onde se encarta a moralidade administrativa sob seus vários ângulos e facetas. Assim, à míngua de previsão do prazo prescricional para a propositura da ação civil pública, inafastável a incidência da *analogia legis*, recomendando o prazo quinquenal para a prescrição das ações civis públicas, tal como ocorre com a prescritibilidade da ação popular, porquanto *ubi eadem ratio, ibi eadem legis dispositio* – Precedentes do STJ: REsp n. 890.552-MG, rel. Min. José Delgado, *DJU* 22.3.2007, e REsp n. 406.545-SP, rel. Min. Luiz Fux, *DJU* 9.12.2002'".[143]

Segundo os juristas, em discurso sobre as tendências legislativas, é mesmo tempo de transformar a Lei da Ação Civil Pública em norma geral, erigindo-a ao patamar de uma espécie de lei de introdução ao sistema coletivo, "com a disciplina específica das regras e formas de processamento das ações coletivas, retirando tais normas dos demais textos legais, como meio de eliminar os conflitos". A existência de uma disciplina única elidiria entraves de interpretação do sistema e padronizaria o processamento das ações coletivas, tornando-o mais coeso e eficiente.

De nossa parte, cremos que um sistema coletivo próprio contribui para a efetividade do processo coletivo, pois permite a reestruturação de seus institutos segundo suas próprias especificidades. Esta reestruturação visa a tutelar adequadamente os direitos coletivos e, em certa medida, coloca fim a alguns entraves ou impropriedades processuais que a doutrina há muito aponta como inconvenientes (empecilhos) à concretização dos mesmos bem como à potencialização do próprio processo. A releitura de institutos é salutar, ainda mais considerando todos

---

142. Luiz Manoel Gomes Jr. e Rogério Favreto, "A nova Lei da Ação Civil Pública e do Sistema Único de Ações Coletivas brasileiras – Projeto de Lei 5.139/2009", cit., *Revista Magister de Direito Empresarial, Concorrencial e do Consumidor* 27/6.

143. Idem, p. 7.

os avanços científicos, tecnológicos, econômicos, sociais e relacionais ocorridos nas últimas décadas (lembrando que a Lei da Ação Civil Pública foi editada há mais de 25 anos). Hoje existem relações e direitos sociais previstos os quais há 25 anos eram impensáveis.[144]

Em outros termos: a tutela coletiva, em razão das peculiaridades dos direitos metaindividuais e da relevância deles para o Estado Democrático de Direito, exige uma tutela diferenciada, com bases distintas das do processo civil individual. Aliás, conforme leciona Rodolfo de Camargo Mancuso: "Peculiares e distintos se revelam os planos da jurisdição singular e da coletiva, em pontos fundamentais como o interesse de agir – *v.g.*, a questão da pertinência temática; a legitimação, de tipo concorrente-disjuntiva – art. 5º da Lei 7.347/1985; o foro competente, que conjuga os elementos território e extensão do dano – Lei 7.347/1985, art. 2º, c/c o art. 93 do CDC; a prova, cujo ônus pode ser invertido nas ações consumeristas – CDC, art. 6º, VIII –, acolhendo-se no Projeto de Lei 5.139/2009, sobre a nova ação civil pública, a teoria da produção dinâmica da prova; a sentença, que na ação popular e na ação civil pública pode fundar-se num *non liquet* – arts. 18 da Lei 4.717/1965 e 16 da Lei 7.347/1985; a coisa julgada, de eficácia expandida, *erga omnes* ou *ultra partes* – Lei 8.078/1990, art. 103 e incisos; a execução – *v.g.*, o *fluid recovery*, recepcionado nos arts. 99 e 100 do CDC; os recursos, com destaque para os efeitos da apelação, que são determinados *ope iudicis*, nos termos do art. 14 da Lei 7.347/1985 (STJ, 1ª T., AgR no REsp 311.505-SP, rel. Min. Francisco Falcão, j. 1.4.2003, *DJU* 16.6.2003, v.u.), a par de tantos outros tópicos que singularizam esses dois planos jurisdicionais. (...). Assentada a relação de pertinência – proporcionalidade entre os megaconflitantes e a tutela processual coletiva que lhes é destinada –, deve-se ainda ressaltar que os processos coletivos prestam relevantes contributos para a composição justa dos conflitos: (i) ao recepcionarem e darem tratamento adequado aos megaconflitos que hoje permeiam a contemporânea sociedade de massa, previnem sua pulverização (sua 'atomização', no dizer de Kazuo Watanabe) em multifárias demandas individuais; (ii) ao consentirem

---

144. A título de exemplificação dessas mudanças ocorridas, e que há 20 anos eram impensáveis, indicamos: a modernização computacional, que permite, hoje, a tramitação virtual de processos; o incremento da sociedade de massa, em que os próprios limites geográficos são transpostos com facilidade (principalmente pelo comércio virtual) para o consumo; o redimensionamento entre os Estados soberanos, que se unem em conglomerados econômicos; as relações comerciais e trabalhistas, que tiveram seus agentes remodelados.

resposta judiciária unitária ('molecular', no dizer de Kazuo Watanabe), promovem o devido tratamento isonômico aos jurisdicionados que se encontram numa mesma situação fático-jurídica".[145]

Quanto à ação civil pública, ela integra, em regramento, o núcleo normativo do microssistema coletivo. Entendemos que seu procedimento deve ser entendido como rito-padrão a orientar as demais ações coletivas – motivo pelo qual, doravante, iremos tratar dos principais aspectos de seu rito.

2.3.1 Dos requisitos da petição inicial

A Lei 7.347/1985 é concisa ao dispor sobre a petição inicial em sede de ação civil pública, regrando somente que para sua instrução o interessado poderá requerer às autoridades competentes as certidões e informações que julgar necessárias, a serem fornecidas no prazo de 15 dias (art. 8º, *caput*, da LACP). No silêncio do Código de Defesa do Consumidor quanto aos requisitos da inicial, recorremos, residualmente, ao CPC, que os elenca no art. 282, em seus incisos I a VII. Em suma, essa petição deverá conter: direcionamento (juiz ou tribunal); qualificação das partes; o fato e os fundamentos jurídicos do pedido; o pedido, com suas especificações; o valor da causa; as provas com que se pretende demonstrar os fatos alegados; e o requerimento de citação do réu. Esta petição deverá ser acompanhada com os documentos indispensáveis à propositura da ação.

Como "pano de fundo", a ação civil pública deve seguir o rito ordinário estabelecido no Código de Processo Civil – observadas, claro, suas disposições específicas. Vale destacar que o Projeto de Lei 5.139/2009 incorporaria a regra do art. 8º, *caput*, da LACP vigente, pois esse dispositivo confere ao legitimado maior oportunidade de instrução probatória, adequada à demanda coletiva. Duas alterações importantes, e que afetariam sobremaneira a efetividade do procedimento comum coletivo, estavam dispostas no projeto de lei: a previsão da flexibilização legal genérica (art. 10, § 1º) e a necessidade de comprovação, na petição inicial, de consulta prévia ao Cadastro Nacional de Processos Coletivos sobre a inexistência de ação coletiva a versar sobre bem jurídico correspondente (art. 10, § 2º). Vejamos:

---

145. Rodolfo de Camargo Mancuso, *A Resolução dos Conflitos e a Função Judicial no Contemporâneo Estado de Direito*, cit., p. 79.

"§ 1º. Até o momento da prolação da sentença, o juiz poderá adequar as fases e atos processuais às especificidades do conflito, de modo a conferir maior efetividade à tutela do bem jurídico coletivo, assegurados o contraditório e a ampla defesa.

"§ 2º. A petição inicial deverá ser instruída com comprovante de consulta ao Cadastro Nacional de Processos Coletivos, de que trata o *caput* do art. 54 desta Lei, sobre a inexistência de ação coletiva a versar sobre bem jurídico correspondente."

A primeira regra concretiza o princípio da flexibilidade procedimental,[146] previsto no art. 3º, III, do aludido projeto, e tem por objetivo conferir maior efetividade à tutela coletiva. Não se pode olvidar que tal previsão decorre da ideia de "ativismo judicial", que norteou os trabalhos e pesquisas que resultaram na elaboração do projeto de lei original, o qual continha expressamente tal princípio, posteriormente suprimido.

A ideia de flexibilização procedimental – que será melhor trabalhada no terceiro capítulo desta dissertação – insere-se no contexto de instrumentalidade do processo e dos procedimentos. É a adequação do rito procedimental para que o contraditório seja, antes que observado, útil à concretização do direito. Veremos que a flexibilização tem modalidades distintas, podendo ser legal (genérica ou alternativa), judicial ou voluntária. O intuito é adaptar o rito às necessidades do Direito e ao seu tempo, sem ignorar os escopos processuais e constitucionais, tornando o procedimento, antes que um formalismo, um veículo de real construção e concretização de direitos coletivos.

Quanto à exigência do § 2º do art. 10 do projeto de lei, trata-se de inovação igualmente salutar.[147] É que o projeto de lei prevê a criação de um Cadastro Nacional de Processos Coletivos, a ser mantido pelo CNJ,

---

146. Cf. Fernando da Fonseca Gajardoni, *Flexibilização Procedimental: um Novo Enfoque para o Estudo do Procedimento em Matéria Processual, de Acordo com as Recentes Reformas do Código de Processo Civil*, São Paulo, Atlas, 2008.

147. V. o Projeto de Lei 5.139/2009, no Anexo:

"Art. 10. A ação coletiva de conhecimento seguirá o rito ordinário estabelecido na Lei n. 5.869, de 11 de janeiro de 1973, obedecidas as modificações previstas nesta Lei.

"§ 1º. Até o momento da prolação da sentença, o juiz poderá adequar as fases e atos processuais às especificidades do conflito, de modo a conferir maior efetividade à tutela do bem jurídico coletivo, assegurados o contraditório e a ampla defesa.

e outro de Inquéritos Civis, a ser mantido pelo CNMP. O objetivo é manter em cadastros únicos informações atualizadas sobre as demandas coletivas em andamento e, com isso, evitar o ajuizamento de ações que versem sobre o mesmo objeto, e também incentivar que os colegitimados atuem em conjunto nessas demandas. Cremos que referidos Cadastros foram criados à luz da efetividade, pois primam pela otimização da prestação jurisdicional e institucional.

É preciso observar que o projeto de lei elenca o comprovante de consulta negativo como peça a instruir o pedido inicial, mas no § 4º do art. 10 permite que a ação seja ajuizada e recebida pelo juiz, a despeito dessa formalidade, nas hipóteses urgentes, para apreciação da tutela emergencial, em decorrência de seu "poder geral de cautela", já previsto no art. 798 do CPC.

2.3.1.1 *Da concessão de liminares e da antecipação da tutela*

Oportuno discorrer, nesse momento, sobre a concessão de liminares e a antecipação da tutela, pois a petição inicial da ação civil pública poderá veicular tais pretensões. Rodolfo de Camargo Mancuso distingue quatro institutos que repercutem na ação civil pública: a liminar, a tutela antecipada, a medida cautelar e o julgamento antecipado da lide.

O art. 12 da LACP prevê a concessão de *liminares*, com ou sem justificação prévia, em decisão sujeita a agravo. Uma vez presentes os requisitos para sua concessão, entendemos que é vinculada a atuação do magistrado, no sentido de deferir o pedido. A particularidade na ação civil pública reside na figuração da pessoa jurídica de direito público no polo passivo da demanda, pois o art. 2º da Lei 8.437/1992 impõe sua oitiva prévia em 72 horas.

A *tutela antecipada* "objetiva impedir que a duração do processo labore contra a parte a quem, aparentemente, assiste o bom direito (a

"§ 2º. A petição inicial deverá ser instruída com comprovante de consulta ao Cadastro Nacional de Processos Coletivos, de que trata o *caput* do art. 54 desta Lei, sobre a inexistência de ação coletiva a versar sobre bem jurídico correspondente.

"§ 3º. Incumbe à serventia judicial verificar a informação constante da consulta, certificando nos autos antes da conclusão ao juiz.

"§ 4º. Em caso de tutela de urgência ou de impossibilidade justificada, a petição inicial poderá ser apresentada sem o comprovante de consulta, devendo o juiz ordenar sua ulterior apresentação."

chamada tutela da evidência)".[148] Seu deferimento[149] está sujeito à cognição da verossimilhança das alegações, "que tanto pode fundar-se na prova inequívoca ofertada pelo autor, acoplada ao seu justo temor do dano (inciso I do art. 273), como pode resultar da resistência inconsistente/protelatória adotada pelo réu (inciso II do art. 273)".[150]

O *julgamento antecipado da lide* difere da tutela antecipada. Nesta a antecipação é provisória, e pode ser obtida em relação a todos ou alguns efeitos que adviriam de eventual julgamento de mérito. Naquele ocorre a cognição total, definitiva; ou seja, por meio de um rito compactado, julga-se o mérito da lide. Podemos dizer que o julgamento antecipado importa sumarização do rito.

Por fim, a *medida cautelar* também merece análise. Sua previsão na Lei da Ação Civil Pública encontra-se no art. 4º, e tem por fundamento o *fumus boni iuris* e o *periculum in mora*, podendo ser antecedente ou incidente ao processo ou ação principal. A medida cautelar – e aqui ressaltamos também o poder geral de cautela de que o juiz pode/deve lançar mão no procedimento coletivo – visa a preservar a utilidade prática do provimento pretendido e, com razão, contribui para a efetividade do processo.

De qualquer forma, para assegurar a efetividade da tutela coletiva, entendemos ser obrigatória a designação de audiência preliminar de justificação (art. 804 do CPC) nas hipóteses de pedido liminar de tutela de urgência (tutela antecipada ou tutela cautelar), na defesa de direitos coletivos, quando o juiz entender por insuficientes as provas documentais apresentadas e a prova oral apresentar-se útil e adequada à apreciação da medida urgente pleiteada.

---

148. Rodolfo de Camargo Mancuso, *Ação Civil Pública: em Defesa do Meio Ambiente, do Patrimônio Cultural e dos Consumidores*, cit., 10ª ed., p. 97.

149. Há uma distinção importante entre as liminares e a tutela antecipada pleiteada em desfavor do Poder Público: no tocante à tutela antecipada, a lei não exige audiência prévia. O Projeto de Lei 5.139/2009 dispõe:

"Art. 17. Sendo relevante o fundamento da ação e havendo justificado receio de ineficácia do provimento final, o juiz poderá, independentemente de pedido do autor, antecipar, total ou parcialmente, os efeitos da tutela pretendida (...).

"§ 1º. Atendidos os requisitos do *caput*, a tutela poderá ser antecipada sem audiência da parte contrária, em medida liminar ou após justificação prévia."

150. Rodolfo de Camargo Mancuso, *Ação Civil Pública: em Defesa do Meio Ambiente, do Patrimônio Cultural e dos Consumidores*, cit., 10ª ed., p. 97.

A tese em tela tem por objetivo assegurar uma tutela jurisdicional adequada, efetiva e célere nas hipóteses de necessária proteção dos direitos coletivos, mormente quando o decurso do tempo puder agravar os efeitos dessa concreta violação e as provas documentais contidas nos autos forem insuficientes à demonstração dos pressupostos necessários à concessão das tutelas urgentes (tutela antecipada ou tutela cautelar) – hipótese em que o juiz, antes de indeferir o pedido, deve designar audiência de justificação, para que a parte demandante, com ou sem a presença da parte contrária, a partir de provas orais, possa justificar a necessidade desse provimento jurisdicional liminar.

Em tese, a audiência de justificação foi concebida para a produção de provas orais, em fase liminar, nos processos cautelares, para a comprovação do *fumus boni iuris* e do *periculum in mora*, conforme dispõe o art. 804 do CPC: "É lícito ao juiz conceder liminarmente ou após justificação prévia a medida cautelar, sem ouvir o réu, quando verificar que este, sendo citado, poderá torná-la ineficaz; (...)".

Porém, em busca de uma tutela efetiva, propomos a possibilidade/ necessidade dessa audiência preliminar em toda e qualquer hipótese de tutela de urgência, seja ela de natureza cautelar (arts. 796 e ss. do CPC), seja de natureza de tutela antecipada (art. 273 do CPC), para a complementação probatória acerca dos pressupostos indispensáveis à sua concessão.

E nessa busca pelo ideal de efetivo acesso à Justiça nos apoiamos em princípios estruturantes do moderno direito processual coletivo: o princípio da primazia da proteção aos direitos fundamentais, o ativismo judicial, o princípio da colaboração no processo, o princípio da flexibilidade procedimental, o princípio da adequação – dentre outros.

Em outras palavras, nas hipóteses de potencial violação aos direitos coletivos, em razão de sua abrangência e importância, deve o juiz, antes de indeferir o pedido de tutela de urgência por insuficiência probatória, permitir que o ente legitimado, a partir de provas orais, demonstre o alegado, como garantia de um provimento jurisdicional adequado, pertinente, efetivo e célere – ou seja, como garantia de efetivo acesso à Justiça.

2.3.1.2 *Do pedido e da causa de pedir*

O Código de Processo Civil impõe (art. 293) uma interpretação restritiva do pedido que, em sede processual coletiva, não merece prosperar. Nosso entendimento é no sentido de que a interpretação do pedido[151] em sede de ações coletivas deve ser extensiva.

A fórmula processual tradicional e individual adota a "teoria da substanciação, ou seja: a causa de pedir e o pedido definem a lide e determinam os limites dentre os quais se há de operar a jurisdição no caso concreto".[152] Prova disso são os arts. 264 (que veda a modificação do pedido ou da causa de pedir após a citação do réu) e 460 (que proíbe o juiz de sentenciar *extra*, *ultra* ou *citra petita*) do CPC, dispositivos a partir dos quais afirma-se que pedido e causa de pedir, uma vez citado o réu, vinculam o órgão julgador. O objeto litigioso, nessa sistemática, seria, então, "delimitado" nesse primeiro momento procedimental (do ajuizamento da demanda até o aditamento da inicial, quando necessário).

É cediço que a tutela coletiva merece hermenêutica diferenciada, lastreada no Constitucionalismo contemporâneo e, sempre, visando à máxima efetividade do processo coletivo para a realização do direito. Nesse sentido, apontamos outra teoria, denominada da "*individualização*, que permite que a petição inicial apenas indique um fundamento geral para a pretensão".[153] Assim, a petição inicial teria como função primeira apenas apontar a causa de pedir.

Nesse sentido, profícua a análise de Rodolfo de Camargo Mancuso: "No caso da Lei da Ação Civil Pública, a interpretação conjunta dos arts. 3º, 11, 13 e 16 sugere que o legislador, sem descurar da teoria adotada pelo Código de Processo Civil, aproximou-se um tanto da teoria da individualização. Com efeito, o art. 3º permite a formulação de pedido condenatório-pecuniário, mas, como nem sempre o interesse difuso lesado pode ser reparado dessa forma, permite a formulação alternativa de pedido de natureza cominatória (fazer ou não fazer)".[154]

Espera-se da atividade discricionária prudente do magistrado uma postura processual inovadora que, lastreada nos princípios constitucionais e reafirmada pela principiologia processual coletiva, se preocupe com a efetividade da tutela jurisdicional prestada e, com isso, a efetiva-

---

151. Posteriormente, no terceiro capítulo deste trabalho, analisaremos com afinco a questão dos pressupostos processuais e das condições da ação a partir de uma nova hermenêutica constitucional e processual coletiva.
152. Rodolfo de Camargo Mancuso, *Ação Civil Pública: em Defesa do Meio Ambiente, do Patrimônio Cultural e dos Consumidores*, cit., 10ª ed., p. 89.
153. Idem, ibidem.
154 Idem, p. 90.

ção do interesse veiculado. "Esta breve digressão serve para mostrar que em tema de ação civil pública, e em virtude mesmo de seu objeto ser um interesse metaindividual, a correlação entre *causa petendi* e sentença há que ser vista com certos temperamentos: seja porque a teoria da substanciação, acolhida pelo Código de Processo Civil, pressupõe a solução de litígios interindividuais, seja porque o que deve prevalecer é a *efetiva e específica* tutela, em nível cautelar ou em via principal, do interesse metaindividual judicializado, antes que a simples acolhida do pedido tal como estritamente formulado na inicial".[155]

A bem da verdade, o Código de Processo Civil tem mecanismos que se voltam à efetividade da tutela jurisdicional. São eles: a possibilidade de antecipação da tutela (CPC, art. 273) e a tutela específica da obrigação de fazer ou não fazer ou entregar coisa certa (CPC, arts. 461, 461-A e 475-I). O ativismo judicial, calcado no poder geral de cautela, pode ser também vislumbrado como instrumento de efetividade. Todos esses mecanismos servem às ações coletivas, e em especial à ação civil pública.

Vale anotar que o Projeto de Lei 5.139/2009, por ora rejeitado, adotaria expressamente uma interpretação aberta desses requisitos da peça vestibular. Segundo seu art. 16, nas ações coletivas, a requerimento do autor ou do Ministério Público, até o momento da prolação da sentença o juiz poderá permitir a alteração do pedido ou da causa de pedir. A exigência que se faz, nesse caso, é que tal alteração seja realizada de boa-fé e que não importe prejuízo para a parte contrária. Para tanto, o projeto de lei impunha a observação do contraditório, vislumbrando oportunidade para que o réu se manifestasse no prazo mínimo de 15 dias, facultada prova complementar.

Notamos um esforço legislativo no sentido de viabilizar a tutela coletiva adequada sem prejuízo aos princípios do contraditório e da ampla defesa.

Os estudos que antecederam, cronologicamente, a formulação do projeto de lei debateram a temática do pedido e da causa de pedir em sede de ações coletivas. Referidos estudos tiveram lastro nos modelos de codificação do direito processual coletivo brasileiro, mormente naqueles propostos por Antônio Gidi, pelo IBDP (baseado nos trabalhos desenvolvidos no programa de pós-graduação em Direito da USP) e

---

155. Idem, p. 91.

no Código-Modelo de Processos Coletivos para a Ibero-América. Em uníssono, esses modelos de codificação apontam para uma interpretação extensiva do pedido e da causa de pedir, em conformidade com o bem jurídico a ser protegido.[156]

Aliás, a partir da obra conjunta de Fredie Didier Jr. e Hermes Zaneti Jr. percebemos que essa mobilidade do pedido ou flexibilização serve à efetividade, pois encaminha o processo a uma adequada solução quando se encontram tensionados os direitos processual e material. Contudo, ressaltamos, com os mesmos, a necessidade de preservar o contraditório preventivo, ou adequado, para que não haja abusos e arbitrariedades no mau uso desse viés processual.

Ainda vale a pena consignar, não obstante o debate reiterado do tema, que a ação civil pública poderá conter em sua causa de pedir a questão da inconstitucionalidade de lei ou de ato normativo, questão que não deverá integrar, em sua essência, o pedido. "Não há óbice à propositura de ação civil pública fundada na inconstitucionalidade de lei, desde que a declaração de incompatibilidade com o texto constitucional seja causa de pedir, fundamento ou mera questão prejudicial, indispensável à resolução do litígio principal, em torno da tutela do interesse público."[157]

Em tempo, enfocando novamente a ação civil pública enquanto procedimento comum coletivo, julgamos que a peça inicial deve conter todos os fatos e circunstâncias que medeiam o litígio, evidenciando a causa de pedir e formulando pedidos adequados à efetiva tutela do direito lesado ou ameaçado de dano (atual ou iminente); pedidos, estes, que podem ser cumulados, alternativos e sucessivos, sem prejuízo de posterior alteração.

2.3.2 Dos recursos e seus efeitos

A doutrina, em uníssono, afirma não haver particularidades significativas no sistema recursal em sede de ação civil pública.[158] De fato,

---

156. Cf., de nossa autoria, "Comentários ao Projeto de Lei que Disciplinará a Ação Civil Pública (ou o Procedimento Coletivo Comum): Projeto de Lei 5.139/2009.

157. STJ, 2ª Turma, REsp 795.831-RS, rel. Min. Castro Meira, *DJe* 25.9.2008. No mesmo sentido: 1ª Turma, REsp 904.548-PR, rel. Min. Luiz Fux, *DJe* 17.12.2008.

158. Cf.: Rodolfo de Camargo Mancuso, *Ação Civil Pública: em Defesa do Meio Ambiente, do Patrimônio Cultural e dos Consumidores*, cit., 10ª ed., pp. 275 e ss.; Luiz Manoel Gomes Jr., *Curso de Direito Processual Coletivo*, cit., 2ª ed., p.

a LACP, por meio do seu art. 19, possibilita a aplicação do Código de Processo Civil naquilo em que lhe for compatível.

Na ausência de um regramento específico na Lei da Ação Civil Pública, aplica-se o sistema recursal processual comum do art. 496 do CPC, sendo admissíveis as seguintes modalidades: apelação, agravo, embargos infringentes, embargos de declaração, recurso ordinário, recurso especial, recurso extraordinário e embargos de divergência. "Na Lei 7.347/1985 estão previstas duas possibilidades de impugnação: (a) *agravo*, cabível das interlocutórias, e especialmente das decisões que, em primeiro grau, concedem a tutela liminar (art. 12, *caput*) ou, no tribunal, suspendem a execução da liminar (§ 1º desse artigo): pode o réu insurgir-se, *v.g.*, contra o excesso no *quantum* da multa ou mesmo seu descabimento na espécie; pode o autor alegar que o montante fixado é irrisório e não atinge a finalidade coativa desejada; e (b) *apelação* da sentença, não cabendo aí distinção quanto a se tratar de decisão *final/ definitiva* (que resolve o mérito) ou *terminativa* (que apenas encerra o processo mas não julga a lide), porque o § 1º do art. 162 do CPC, na redação da Lei 11.232/2005, conceitua *sentença* como 'o ato do juiz que implica alguma das situações previstas nos arts. 267 e 269 desta Lei', isto é, quando o pronunciamento judicial extingue o *processo* (= relação jurídica compreensiva de uma ou, eventualmente, mais de uma ação), resolvendo ou não o *meritum causae*".[159]

No entanto, a identidade dos sistemas recursais não impede a existência de pontos distintivos. De fato, parece ser razoável dizer que nas ações coletivas o requisito da repercussão geral nos recursos extraordinários é presumido, em virtude da inegável relevância social. Nesse exato sentido, pondera Rodolfo de Camargo Mancuso: "Daí se extrai o corolário de que a existência de *repercussão geral da questão constitucional*, num recurso extraordinário (CF, § 3º do art. 102: Emenda Constitucional 45/2004), fica em qualquer sorte presumida quando o apelo extremo tenha sido tirado de acórdão em *ação de tipo coletivo* (civil pública, popular, ação consumerista coletiva), justamente por conta do largo espectro dos interesses aí envolvidos e da *expansão extra-autos da coisa julgada* que aí se venha formar, estendendo a eficácia do comando

323; Eurico Ferraresi, *Ação Popular, Ação Civil Pública e Mandado de Segurança Coletivo: Instrumentos Processuais Coletivos*, cit., pp. 303 e ss.
159. Rodolfo de Camargo Mancuso, *Ação Civil Pública: em Defesa do Meio Ambiente, do Patrimônio Cultural e dos Consumidores*, cit., 10ª ed., p. 279.

judicial a um número expressivo e indeterminado de sujeitos; isso porque aquela *repercussão geral* se considera presente quando nos autos se agitem 'questões relevantes do ponto de vista econômico, político, social ou jurídico, que ultrapassem os interesses subjetivos da causa' (§ 1º do art. 543-A, cf. Lei 11.418/2006). Nesse sentido, Luiz Guilherme Marinoni e Daniel Mitidiero anotam: 'Demandas envolvendo a 'tutela coletiva de direitos' e a 'tutela de direitos coletivos', tanto em seus aspectos materiais como processuais, também contam desde logo, em tese, com a nota da transcendência, aquilatada pela perspectiva quantitativa'".[160]

Importante notar, quanto aos efeitos do recurso, que a regra da Lei da Ação Civil Pública difere da contida no art. 520 do CPC, no seguinte sentido: em sede de ação civil pública o recurso de apelação será recebido em seu efeito devolutivo (art. 14) e o juiz poderá deferir o efeito suspensivo para, com isso, evitar dano irreparável à parte; o Código de Processo Civil, por sua vez, dispõe que a apelação será recebida em ambos os efeitos (art. 520). Então, a regra na ação civil pública é receber o recurso somente no efeito devolutivo, facultada, *ope judicis*, a recepção no suspensivo. Notamos que o texto utiliza o vocábulo "poder", no sentido de "escolha", de modo que o juiz deverá verificar, ao seu prudente arbítrio, de que modo deve agir para assegurar uma tutela eficaz ao interesse coletivo em apreço.

"Ao bem exercer a faculdade concedida pelo citado art. 14, o juiz atende, a um tempo, a dois interesses relevantes: (a) o próprio *valor social* objetivado na ação, que ficaria desprotegido se a tutela dada pela sentença não pudesse ser desde logo implementada, ante o efeito suspensivo do recurso; (b) torna remota a possibilidade do mandado de segurança, já que a própria norma em pauta confere ao julgador a *escolha* entre duas alternativas – efeito suspensivo ou devolutivo –, o que neutraliza a possível alegação de arbitrariedade em tal decisão. (...)."[161]

Se a interposição de recurso na ação civil pública, em regra, não suspende os efeitos da sentença, devemos reconhecer que a decisão prolatada terá seus efeitos exigíveis de imediato – fato, este, que contribui para a efetivação de modo célere da tutela invocada. Permitir que se execute (cumprimento) a tutela deferida de modo imediato é uma forma de zelar pela efetividade do processo coletivo. Essa satisfação imediata atua como fator de redução dos recursos meramente protelatórios, incen-

160. Idem, pp. 82-83.
161. Idem, p. 287.

tiva a celebração de acordos e acaba por caracterizar a tutela prestada como mais adequada na concretização dos direitos coletivos. Para Luiz Manoel Gomes Jr.: "Esse é o *ponto de partida* de qualquer exegese: *a valorização e potencialização da proteção aos direitos coletivos*". E continua: "De qualquer modo, *o tempo é sempre fonte de dano*. Não é possível admitir que o vencido utilize, sempre, *o tempo em seu favor*, notadamente como forma de retardar a efetividade da decisão que lhe foi contrária".[162]

Porém, vale a pena observar, quanto aos interesses difusos e coletivos em sentido estrito, que parcela da doutrina[163] – a qual não ratificamos – não admite a execução provisória da sentença caso a apelação seja recebida apenas no efeito devolutivo, tendo em vista o art. 15 da LACP, que faz expressa referência ao trânsito em julgado. Já, no tocante aos interesses individuais homogêneos não há resistência em admiti-la diante do contido no § 1º do art. 98 do CDC: "deverá constar a ocorrência ou não do trânsito em julgado".

Quanto à desistência do recurso interposto e à renúncia àquele que pode ainda ser exercitado, cremos serem aplicáveis à ação civil pública, por aplicação subsidiária, os arts. 502 e 503 do CPC. Seria, mesmo, impensável vedar essas opções aos autores coletivos, pois a relevância do objeto tutelado não impõe àqueles o dever de agir de modo temerário. Acima de tudo, deve-se zelar pelo regular e adequado andamento do processo e a tutela do direito. Se o Ministério Público, por exemplo, obtém sentença de improcedência parcial mas, no caso, verifica a destreza da decisão judicial, nada impede que renuncie ao recurso ou desista do já interposto, pois, com isso, contribuirá, na verdade, para a destreza do procedimento. Contudo, os legitimados devem atentar para o interesse em questão, zelando, sempre, pela sua ampla concretização, proteção e, em regra, indisponibilidade.

Quanto ao reexame necessário, não obstante ter natureza jurídica diversa da dos recursos, vale a pena tecermos duas importantes observações. As hipóteses de cabimento são arroladas na Lei da Ação Popular

162. Luiz Manoel Gomes Jr., *Curso de Direito Processual Coletivo*, cit., 2ª ed., pp. 331-332.
163. Admite a execução provisória: Sérgio Shimura, *Tutela Coletiva e sua Efetividade*, São Paulo, Método, 2006, p. 172. Não a admitem: João Batista de Almeida, *Aspectos Controvertidos da Ação Civil Pública*, 2ª ed., São Paulo, Ed. RT, 2009, p. 163; e Ricardo de Barros Leonel, *Manual do Processo Coletivo*, p. 373.

(Lei 4.717/1965, art. 19[164]), por aplicação analógica, segundo entendimento do STJ, a partir da interpretação integrada desse microssistema coletivo.[165] Além disso, no caso de improcedência parcial será obrigatório o reexame pela instância superior.[166]

2.3.3 Do abandono, da desistência e da extinção do processo

A Lei 7.347/1985 disciplina o abandono e a desistência infundada da ação civil pública no art. 5º, § 3º, esclarecendo que, nesses casos, outro legitimado assumirá a titularidade ativa.[167] Nestes casos a ação não é extinta, pois outro ente credenciado integrará a lide, regularizando, assim, a relação processual e contribuindo para o máximo aproveitamento da demanda e dos atos processuais.

Nestes casos de abandono ou desistência infundada a atuação do Ministério Público é vinculada, ou seja, ele necessariamente deverá integrar o polo ativo da demanda. Contudo, constatando que há razões para a desistência da demanda, o Ministério Público poderá deixar de fazê-lo, fundamentando sua decisão, que, inclusive, passará pelo crivo judicial.

Em tese, a desistência pode ocorrer, desde que por aquele que tenha promovido a ação, ou seja por ela responsável. De fato, se no curso da ação civil pública o legitimado constatar que a mesma não procede, ou seja, que a pretensão que veicula é errada, ou, até mesmo, se contatar que o procedimento adotado é ineficaz, deve-se possibilitar que o mesmo desista da ação, sem prolongar uma atividade jurisdicional que, sabidamente, culminará em sentença de improcedência. Não se pode obrigar o ente a demandar fadado ao insucesso, contrariando as provas e sua convicção. Seria mesmo um despropósito e uso leviano do processo impor ao legitimado a continuidade de uma ação sabendo que a mesma não procede.

164. LAP, art. 19: "Art. 19. "A sentença que concluir pela carência ou pela improcedência da ação está sujeita ao duplo grau de jurisdição, não produzindo efeito senão depois de confirmada pelo tribunal; da que julgar a ação procedente caberá apelação, com efeito suspensivo".
165. STJ, 2ª Turma, REsp 1.108.542-SC, rel. Min. Castro Meira, j. 19.5.2009.
166. STJ, REsp 856.388, rel. Min. Francisco Falcão, j. 19.4.2007.
167. O artigo em comento refere-se ao abandono ou desistência infundada por associação legitimada. Contudo, o regramento não se restringe à hipótese deste legitimado ativo: uma interpretação extensiva permite que afirmemos que no caso de qualquer um dos entes legitimados abandonar ou desistir, de modo infundado, da ação civil pública o Ministério Público ou outro legitimado assumirá a demanda.

Constituem motivos justos para que o legitimado desista da ação: conhecimento notório da improcedência da demanda, não cabimento da demanda, erro na propositura da ação e existência de ilegalidade manifesta. Todos estes motivos podem embasar a desistência da ação, que deverá, ainda, ser submetida ao crivo judicial. Convém lembrar que, por força do art. 5º, § 1º, da LACP, o Ministério Público obrigatoriamente intervirá em toda ação civil pública como fiscal da lei para, dentre outros fins, zelar por essa indisponibilidade.

Aliás, na busca pela almejada efetividade da tutela coletiva, entendemos que, caso o objeto da ação atinja, ainda que indiretamente, a esfera jurídica de pessoas "necessitadas" (art. 134 da CF), deve o juiz, nas mesmas hipóteses de abandono ou desistência da ação, ouvir previamente a Defensoria Pública, inevitavelmente, que também policiará a atuação do autor da demanda e, se entendê-la insuficiente ou precária, deverá assumir o polo ativo da ação ou, ao menos, integrá-la como assistente litisconsorcial.

2.3.4 Da coisa julgada coletiva

A coisa julgada é a imutabilidade dos efeitos da sentença em relação a determinados sujeitos. As ações coletivas, por sua natureza e amplitude, exigem um sistema de coisa julgada diferenciado,[168] cuja construção visou, dentre outros objetivos, à menor lesão a valores constitucionais relevantes. Portanto, para preservar o devido processo legal e o contraditório, adotou-se, em regra, o sistema de coisa julgada *secundum eventum litis*, cujos efeitos gerais somente operam na hipótese de procedência da ação. A segurança jurídica, a seu turno, restou preservada com a impossibilidade da repropositura da ação coletiva pelos colegitimados caso haja sentença de mérito, após exauridos os meios de prova, adotando, nesse caso, o sistema *pro et contra*. "O regime jurídico da coisa julgada é visualizado a partir da análise de três dados: (a) os limites subjetivos –

---

168. Nas palavras do professor Rodolfo de Camargo Mancuso: "Várias soluções cogitadas para se resolver o problema da coisa julgada nas ações coletivas (*secundum eventum litis*; ou *in utilibus*; o sistema norte americano do *opt in* e *opt out* etc.) derivam da seguinte dificuldade: nessas ações se faz a tutela de um interesse que é metaindividual, e que, portanto, concerne a um número mais ou menos indeterminado de indivíduos; todavia, a ação é ajuizada por um 'representante institucional' (Ministério Público; associação; órgão público), que, obviamente, não pode 'consultar previamente' a coletividade, nem agir *ad referendum* desta" (*Ação Civil Pública*, São Paulo, Ed. RT, 1999, p. 240).

quem se submete à coisa julgada; (b) os limites objetivos – o que se submete aos seus efeitos; (c) e o modo de produção – como ela se forma".[169]

Os limites subjetivos da coisa julgada permitem que a caracterizemos de três modos distintos: *inter partes*, *ultra partes* e *erga omnes*. Se a coisa julgada vincular somente as partes envolvidas no processo, diz-se ocorrer coisa julgada *inter partes*. Se os efeitos da coisa julgada se estenderem a pessoas que não participaram do processo e que formam certo grupo ou classe, diz-se ocorrer coisa julgada *ultra partes*. Por fim, se os efeitos da coisa julgada atingirem todas as pessoas ou pessoas indetermináveis, tenham ou não participado do processo, diz-se haver coisa julgada *erga omnes*.

Em um segundo aspecto, tocante aos limites objetivos: "(...) somente se submete à coisa julgada material as eficácias (conteúdo) da norma jurídica individualizada, contida no dispositivo da decisão, que julga o pedido (a questão principal). A solução das questões na fundamentação (incluindo a análise de provas) não fica indiscutível pela coisa julgada (...)".[170]

Por fim, podemos ainda diferenciar a coisa julgada quando ao seu modo de produção: *pro et contra*, *secundum eventum litis* e *secundum eventum probationis*. No primeiro caso a coisa julgada se forma independentemente do resultado do processo (procedente ou improcedente, bom ou ruim). No segundo a coisa julgada é formada somente se a demanda for julgada procedente. No terceiro a coisa julgada só será formada na medida em que se exaurirem os meios de prova.

O art. 103 do CDC traz o regramento da coisa julgada coletiva, e percebemos que seu regramento difere conforme a categoria do direito coletivo questionado.

Nos *interesses difusos* (art. 103, I, do CDC) a coisa julgada é *erga omnes* e *secundum eventum probationis*. No caso de procedência da ação há coisa julgada para os legitimados coletivos e aproveita aos indivíduos prejudicados (extensão *in utilibus* – art. 103, § 3º, do CDC). No caso de improcedência somente faz coisa julgada para os colegitimados se baseada em provas e não atinjam, em qualquer hipótese, os interesses individuais envolvidos (art. 103, §§ 1º e 2º, do CDC, sendo que este último somente cria efeito negativo/impeditivo ao indivíduo que inter-

---

169. Fredie Didier Jr. e Hermes Zaneti Jr., *Curso de Direito Processual Civil*, cit., 1ª ed., vol. 4 ("Processo Coletivo"), p. 353.

170. Idem, p. 354.

vém na ação coletiva de defesa de interesses individuais homogêneos caso improcedente a ação). Para Ada Pellegrini Grinover: "Com relação à demanda que envolve a tutela de direitos difusos e coletivos, indivisíveis por natureza, a coisa julgada não pode senão atuar *erga omnes*. A satisfação do interesse de um dos membros da coletividade significa inelutavelmente a satisfação dos interesses de todos os outros; assim como a negação do interesse de um indica a mesma negação para todos os outros".[171]

Nos *interesses coletivos* (art. 103, II, do CDC) a coisa julgada opera *ultra partes* e *secundum eventum probationis*. É dizer: no caso de procedência há coisa julgada para os colegitimados coletivos e aproveita aos indivíduos prejudicados (extensão *in utilibus* – art. 103, § 3º, do CDC). No caso de improcedência somente faz coisa julgada para os colegitimados se baseada em provas e não atinge, em qualquer hipótese, os interesses individuais envolvidos (art. 103, §§ 1º e 2º, do CDC – pois este último somente cria efeito negativo/impeditivo ao indivíduo que intervém na ação coletiva de defesa de interesses individuais homogêneos caso improcedente a ação).

No caso dos *interesses individuais homogêneos* (art. 103, III, do CDC) a coisa julgada é *erga omnes* e, em regra, *secundum eventum litis*. Ou seja: no caso de procedência a sentença fará coisa julgada para todos os colegitimados e para os particulares interessados. No caso de improcedência da ação, em regra, não fará coisa julgada, salvo para as partes no processo (o colegitimado requerente, o requerido e terceiros intervenientes), inclusive para o particular que tenha se habilitado como assistente litisconsorcial (art. 103, § 2º, c/c o art. 94, do CDC).[172]

---

171. Ada Pellegrini Grinover, Kazuo Watanabe e Linda S. Mullenix, *Os Processos Coletivos nos Países de **Civil Law** e **Commom Law**: uma Análise do Direito Comparado*, São Paulo, Ed. RT, 2008, p. 240.

172. De modo geral, podemos identificar dois modelos de tutela coletiva em relação aos interesses individuais homogêneos, ambos estruturados com o objetivo de preservar o devido processo legal e o direito ao contraditório: de um lado, o modelo da não vinculação das pretensões individuais, com coisa julgada *secundum eventum litis*, sem verificação da representatividade adequada do autor da demanda e sem a previsão do direito de exclusão (*opt out*) ou inclusão (*opt in*) (por exemplo, o modelo brasileiro: art. 103 do CDC); e, de outro lado, o modelo da vinculação da decisão coletiva em relação às pretensões individuais, independentemente do mérito da sentença, com coisa julgada *pro et contra,* verificação da representatividade adequada e previsão do direito de exclusão ou inclusão, além da ampla divulgação da ação coletiva (modelo norte-americano, principalmente após a reforma da *Federal Rules of Civil Procedure*, de 1966: *spurions class action – Rule 23, (b)(3)*).

Os maiores questionamentos surgem a partir das especulações em torno das repercussões que as demandas coletivas causam no plano individual.

Analisando a coisa julgada coletiva em demandas que veiculam direitos individuais homogêneos nos Países de *Civil Law*, Ada Pellegrini Grinover constatou que os países ibero-americanos, com exceção de Colômbia, Portugal e Província argentina de Catamarca, adotaram a técnica da coisa julgada *secundum eventum litis*. Os demais Países optaram por um dos critérios: *opt in*, *opt out* ou misto.[173] Referida categorização é realizada tendo por base o exercício, ou não, do direito de exclusão do indivíduo em relação à demanda coletiva.

Se o indivíduo, membro ou classe tiver que requerer em juízo sua exclusão da demanda coletiva para, assim, não se sujeitar à coisa julgada coletiva, diz-se viger o critério do *opt out*. Este critério demanda ampla divulgação da ação, para, assim, dar oportunidade a todos os interessados de, querendo, provocar sua exclusão da lide. Por outro lado, se a manifestação do indivíduo tiver que ser feita para que o mesmo participe dos efeitos da coisa julgada, então, estamos diante de caso de *opt in*, no qual o sujeito opta pela sua inclusão na demanda. Nesse caso, aquele que não se manifestar ficará fora dos efeitos da sentença, não se beneficiando ou prejudicando em razão da coisa julgada coletiva.

Nesse ponto, oportuna a referência ao art. 16 da LACP, que, após uma manobra do Poder Executivo Federal na utilização indevida de medida provisória posteriormente convertida em lei, insere uma limitação

---

Segundo Aluísio Gonçalves de Castro Mendes, os autores norte-americanos "Jack H. Friedenthal, Mary Kay Kane e Arthur R. Miller mencionam, entretanto, que, além da predominância das questões comuns e da superioridade da ação coletiva, em todas as *class actions* mantidas sob subdivisão (b)(3), por força do previsto na Regra 23 (c)(2)(B), o órgão judicial deverá ordenar que sejam os membros da classe notificados (*notice*), da melhor maneira possível dentro das circunstâncias, incluindo notificações pessoais para todos os componentes que possam ser identificados por meio de razoável esforço. A notificação deverá, de modo claro e conciso, expor em linguagem de fácil entendimento: (i) a natureza da ação; (ii) a definição da classe certificada; (iii) as pretensões, questões ou defesas da classe; (iv) que um membro da classe poderá ingressar no processo, assistido por advogado, se assim desejar; (v) que a Corte excluirá da classe qualquer membro que requerer sua exclusão; (vi) o prazo e a maneira para requerer sua exclusão; (vii) o efeito vinculante em relação aos membros da classe de um julgamento coletivo sob a Regra 23(c)(3)" (*Ações Coletivas no Direito Comparado e Nacional*, cit., 2ª ed., pp. 93-94).

173. Ada Pellegrini Grinover, Kazuo Watanabe e Linda S. Mullenix, *Os Processos Coletivos nos Países de **Civil Law** e **Commom Law**: uma Análise do Direito Comparado*, cit., p. 241.

territorial da coisa julgada, porém indevida. De fato, o dispositivo confunde coisa julgada com competência territorial e não pode ser admitido, ao menos em âmbito técnico e doutrinário. Ocorre que, infelizmente, o STJ tem acolhido essa odiosa limitação: "Consoante entendimento consignado nesta Corte, a sentença proferida em ação civil pública fará coisa julgada *erga omnes* nos limites da competência do órgão prolator da decisão, nos termos do art. 16 da Lei n. 7.347/1985, alterado pela Lei n. 9.494/1997".[174] Lamentável posição, em relação à qual esperamos rápida revisitação por essa Corte.

Porém, ainda que a limitação territorial seja aceita por parte da doutrina e jurisprudência, não há como negar que, por questão de lógica, a eficácia daquela decisão se estenda por todo o território onde ocorre ou deva ocorrer o dano, seja ele efetivo ou em potencial, independentemente da limitação territorial do órgão prolator da decisão, principalmente nos casos de danos regionais ou nacionais – casos em que a decisão é prolatada pelo juízo prevento. Imagine-se a hipótese de poluição em determinado rio que passa por mais de três Comarcas (dano regional): não tem sentido dizer que a determinação judicial de recuperação daquele *habitat*, dirigida ao ente poluidor, se limite apenas à parte do rio que passa pela Comarca onde o órgão prolator exerça sua jurisdição. Ou seja: a tutela jurisdicional deve abranger o dano como um todo, independentemente de sua amplitude territorial.

2.3.5 *Ações coletivas passivas*

Assunto ainda pouco tratado pela doutrina nacional, as ações coletivas passivas remetem a uma categoria jurídica de extrema relevância: as situações jurídicas passivas.

Fredie Didier Jr.,[175] em estudo desta sorte de demandas, esclarece: "Há ação coletiva passiva quando um agrupamento humano for colocado como sujeito passivo de uma relação jurídica afirmada na petição inicial. Formula-se demanda *contra* uma dada coletividade". Nessa espécie de ação notamos que o fenômeno da coletivização ocorre no polo passivo da demanda, o que demonstra que a coletividade pode ser não

---

174. STJ, EREsp 399.357-SP, rel. Min. Fernando Gonçalves, j. 9.9.2009.
175. *Situações Jurídicas Coletivas Passivas: o objeto das ações coletivas passivas. In* Tutela Jurisdicional Coletiva. Coordenado por Fredie Didier Junior e José Henrique Mouta. Salvador/BA: *JusPodivm,* 2009, p. 211.

só titular de direito ou interesses (situação jurídica ativa), mas também de um dever ou estado de sujeição (situações jurídicas passivas). "Um direito coletivo pode estar correlacionado a uma situação passiva individual (por exemplo: o direito coletivo de exigir que uma determinada empresa proceda à correção de sua publicidade). Um direito individual pode estar relacionado a uma situação jurídica passiva coletiva (por exemplo: o direito do titular de uma patente de impedir a sua reiterada violação por um grupo de empresas). Um direito coletivo pode estar relacionado, finalmente, a uma situação jurídica coletiva (por exemplo: o direito de uma categoria de trabalhadores a que determinada categoria de empregadores reajuste o salário-base)."[176]

Didier Jr.[177] exemplifica duas situações jurídicas passivas, em que tivemos a oportunidade de verificar, a partir da plataforma *on line* do TRF-1ª Região,[178] suas respectivas tramitações. Na primeira situação (Processo 2004.34.00.010685-2, do Distrito Federal, Brasília) verificamos a existência de uma ação ajuizada pelo Governo Federal em face da Federação Nacional dos Policiais Federais e do Sindicato dos Policiais Federais visando a que tal categoria dos policiais federais voltasse ao trabalho, então paralisado em razão de greve. O argumento utilizado foi que a categoria tinha o dever coletivo de voltar ao trabalho, motivo pelo qual a mesma (categoria) ocupou o polo passivo da demanda (réu) por intermédio da Federação Nacional. Na segunda situação que analisamos (Processo 2008.34.00.010500-5, de Brasília) verificamos que a Universidade de Brasília/UnB ajuizou demanda em face do Diretório Central dos Estudantes (considerado como o representante adequado do grupo interessado passivo) objetivando, com isso, pleitear a proteção possessória de seu bem (prédio da Reitoria que fora tomado por estudantes em reivindicação da renúncia do Reitor, então acusado de cometer irregularidades no desempenho de suas funções).

Ambas as demandas foram extintas sem resolução do mérito, sob a alegação de falta de interesse processual.

Esses exemplos não são casos isolados. Pedro Lenza[179] aponta outra situação jurídica passiva, materializada pelo Processo 2003.34.00.01.3852-

---

176. Fredie Didier Jr., "Situações jurídicas coletivas passivas: o objeto das ações coletivas passivas", in Fredie Didier Jr. e José Henrique Mouta (coords.), *Tutela Jurisdicional Coletiva*, Salvador/BA, JusPodivm, 2009, p. 212.

177. Idem, pp. 214-215.

178. Disponível em *http://www.trf1.gov.br*, acesso em 20.11.2009.

179. Pedro Lenza, *Teoria Geral da Ação Civil Pública*, cit., 3ª ed., p. 194.

6, da 8ª Vara Federal da Seção Judiciária do Distrito Federal (1.5.2003). Trata-se de ação cautelar preparatória de ação civil pública promovida pela União em face da Associação Brasileira de Centros de Diálise e Transplante/ABCDT objetivando evitar a paralisação dos serviços de hemodiálise perante a rede credenciada ao Sistema Único de Saúde/SUS.

Rodolfo de Camargo Mancuso, por sua vez, imagina determinada ação a ser proposta por companhia pesqueira "tendo por objeto certos interesses difusos relacionados à pesca de espécimes da fauna marítima, dirigindo a ação *contra* a(s) entidade(s) *representativa(s)* desses interesses". E, ainda, "uma ação proposta por uma indústria sediada em Cubatão/SP objetivando o reconhecimento judicial (declaração) de que cumpriu ela a obrigação legal de instalação de filtros antipoluição".[180]

Notamos, pois, que os exemplos fáticos são numerosos. Contudo, há polêmica a respeito do tema, e a doutrina brasileira diverge quanto à admissão da ação coletiva passiva.

Antônio Gidi aponta Rodolfo de Camargo Mancuso como sendo o primeiro autor brasileiro a discutir a questão e admitir as *defendant class actions* em nosso ordenamento. Debruçando-se sobre a temática, aponta: "O Direito Norte-Americano classifica as demandas coletivas em *plaintiff class actions* (ação coletiva ativa, quando o grupo está sendo representado no polo ativo), *defendant class actions* (ação coletiva passiva, quando o grupo está sendo representado no polo passivo) e *bilateral class actions* (ação coletiva bilateral, quando há grupos em ambos os polos da relação processual). O direito positivo brasileiro permite a propositura de uma demanda coletiva de um grupo contra um réu individual, mas não permite expressamente a demanda coletiva contra um grupo. Trata-se de uma lacuna no sistema brasileiro, que precisa ser remediada, ainda que não se trate de um processo coletivo muito relevante na prática norte-americana".[181]

Identificamos na doutrina brasileira argumentos favoráveis (Ada Pellegrini Grinover, Pedro Lenza e Fredie Didier Jr., *v.g.*) e desfavoráveis (Hugo Nigro Mazzilli e Pedro Dinamarco, *v.g.*) à admissão das ações coletivas passivas em nosso ordenamento, que poderiam ser sintetizados da seguinte maneira:

180. Rodolfo de Camargo Mancuso, *Interesses Difusos: Conceito e Legitimação para Agir*, São Paulo, Ed. RT, 1991, pp. 167-168.
181. Antônio Gidi, *Rumo a um Código de Processo Civil Coletivo: a Codificação das Ações Coletivas no Brasil*, Rio de Janeiro, Forense, 2008, pp. 339-340.

(a) *Argumentos favoráveis* – A dicção do art. 83 do CDC admite expressamente todas as espécies de ações capazes de propiciar a adequada e efetiva tutela coletiva; há precedentes da Justiça do Trabalho (convenções e dissídios coletivos) que comprovam a existência de situações jurídicas passivas; as ações de controle concentrado são demandas coletivas (Nelson Nery); a negação das situações coletivas passivas contribui para a negação do direito fundamental de ação àquele que contra um grupo pretende exercer algum direito (Fredie Didier Jr.); por fim, apontamos que já existem casos de ações coletivas passivas em processamento, muito embora sua efetividade, nos moldes atuais, reste prejudicada, inclusive devido ao dissenso doutrinário.

(b) *Argumentos contrários* – Inexiste texto legal que preveja expressamente as ações coletivas passivas (Pedro Dinamarco afirma ser este um obstáculo intransponível); há dificuldade de identificar o representante adequado do direito coletivo questionado; e até mesmo o regramento da coisa julgada coletiva constituiria um empecilho (que não poderia prejudicar os direitos individuais, tendo em vista o regime da extensão *in utilibus* da coisa julgada às situações jurídicas individuais, conforme o CDC, art. 103).

O Projeto de Lei 5.139/2009 inovaria nesse sentido, pois previa uma espécie peculiar de ação coletiva: a ação revisional. Segundo seu art. 39:

"Art. 39. Na hipótese de sentença de improcedência, havendo suficiência de provas produzidas, qualquer legitimado poderá propor ação revisional, com idêntico fundamento, no prazo de 1 (um) ano contado do conhecimento geral da descoberta de prova técnica nova, superveniente, que não poderia ser produzida no processo, desde que idônea para alterar seu resultado.

"§ 1º. A faculdade prevista no *caput*, nas mesmas condições, fica assegurada ao réu da ação coletiva com pedido julgado procedente, caso em que a decisão terá efeitos *ex nunc*."

A regra acima instituiria a ação revisional da sentença definitiva, como forma de relativização da coisa julgada, quando descoberta prova técnica nova, superveniente, capaz de alterar o julgado.

Tal ideia tem por fonte de inspiração a autorização – hoje pacífica na jurisprudência – ao autor de ação de investigação de paternidade julgada improcedente por falta de provas para promover ação rescisória do julgado em razão do descobrimento de prova nova de DNA, mediante modernas técnicas de apuração genética, como espécie de "documento novo" (art. 485, VII, do CPC), ou promover nova ação investigatória.[182]

Inicialmente esta ação revisional seria criada para compensar eventual implementação, entre ações coletivas, da coisa julgada *pro et contra*, em relevante alteração do sistema atual. Ocorre que, após muito debate sobre a questão, essa ideia inicial foi relativamente abandonada, prevalecendo a coisa julgada *secundum eventum probationis*. Não obstante, acreditamos na possibilidade da ação revisional, pois representa mais um instrumento de tutela coletiva.

Conforme lecionam Luiz Manoel Gomes Jr. e Rogério Favreto, "o efeito será de uma ação rescisória, só que tramita desde o início em primeiro grau, mas com a possibilidade de afastar os efeitos da anterior decisão prolatada em ação coletiva".[183]

Em disposição próxima, o projeto de lei propunha ainda a instituição da ação rescisória, que também representa espécie de ação coletiva passiva:

"Art. 40. A ação rescisória para desconstituir sentença ou acórdão de ação coletiva, cujo pedido tenha sido julgado procedente, deverá ser ajuizada em face do legitimado coletivo que tenha ocupado o polo ativo originariamente, podendo os demais colegitimados atuar como assistentes.

"Parágrafo único. No caso de ausência de resposta, deverá o Ministério Público ocupar o polo passivo, renovando-se-lhe o prazo para responder."

O dispositivo em comento permite a ação rescisória de sentença coletiva e determina que, nas hipóteses de sentença de procedência, deve ser colocado no polo passivo da ação de rescisão o autor da ação coletiva exitosa, como espécie de ação coletiva passiva. Entendemos que referido instituto serve à efetividade do processo coletivo, pois viabiliza a tutela do direito de um modo inovador, certamente pensado a partir das particularidades das situações metaindividuais.

---

182. STJ, REsp 826.698-MS, rela. Min. Nancy Andrighi, j. 6.5.2008.
183. Luiz Manoel Gomes Jr. e Rogério Favreto, *Comentários à Nova Lei do Mandado de Segurança*, São Paulo, Ed. RT, 2009, p. 202.

3

O PROCESSO COLETIVO SOB O PRISMA DA EFETIVIDADE

3.1 A efetividade interna: 3.1.1 Efetividade interna extrajudicial: 3.1.1.1 Da efetividade interna extrajudicial administrativa – 3.1.1.2 Da efetividade interna extrajudicial investigatória – 3.1.2 Efetividade interna judicial: 3.1.2.1 Da efetividade interna judicial postulatória – 3.1.2.2 Da efetividade interna judicial instrutória – 3.1.2.3 Da efetividade interna judicial procedimental e decisória – 3.1.2.4 Da efetividade interna judicial executiva e reparatória. 3.2 Efetividade externa.

Efetividade é o atributo de algo, instrumento, procedimento ou fase procedimental que cumpre adequadamente, de forma rápida, eficaz[1] e não excessivamente onerosa, sua finalidade.

No âmbito da proteção coletiva da sociedade a "efetividade" é adjetivo indispensável à atuação de todos os órgãos, entidades, organismos e instituições que tutelam os interesses e direitos coletivos, em prol da coletividade, sob pena de abalar as próprias estruturas do sistema constitucional posto e violar irreversivelmente direitos fundamentais.

1. Neste ponto reputamos relevante a apresentação dos conceitos dos adjetivos "efetivo" e "eficaz". Sem desconhecermos a larga discussão acadêmica sobre suas distinções – cuja apresentação consideramos inviável para os fins deste estudo –, pensamos que a eficácia é uma das facetas da efetividade. De fato, se *eficácia* nos remete à ideia de economia ou menor custo/benefício na obtenção de determinado resultado, a *efetividade* representa a concreta obtenção desse fim de forma econômica, rápida e adequada. Em outros termos, temos a efetividade como atributo mais amplo e ligado diretamente ao resultado final. A eficácia, por sua vez, é o atributo do meio utilizado, dotado de economia e dinâmica. Em termos jurídicos, entendemos que a eficácia é atributo de um meio socialmente sutil e econômico. A efetividade jurídica, a seu turno, liga-se mais ao resultado social obtido a partir do manejo, econômico e adequado, dos meios.
Em suma, o *efetivo* remete-nos a uma satisfação final, enquanto o *eficaz* vincula-se à plausibilidade dos meios utilizados.

Partindo dessa premissa, sugerimos a divisão do fenômeno da *efetividade*, por razões didáticas, segundo a seguinte classificação: a *efetividade interna* (1), da qual são espécies a efetividade interna extrajudicial (1.a), que se subdivide em administrativa (1.a.I) e investigativa (1.a.II), e a efetividade interna judicial (1.b), que também se parte em efetividade postulatória (1.b.I), instrutória (1.b.II), procedimental e decisória (1.b.III) e executória e reparatória (1.b.IV). De outro lado, a *efetividade externa* (2).

3.1 A efetividade interna

Nesse tópico, em específico, teceremos apontamentos sobre a efetividade interna extrajudicial e judicial, sendo que a primeira engloba as espécies administrativa e investigatória e a segunda, por sua vez, abrange a efetividade judicial postulatória, a instrutória, a procedimental/decisória e a executiva/reparatória.

3.1.1 Efetividade interna extrajudicial

Neste momento passaremos à análise da efetividade interna extrajudicial, que representa a busca pela tutela adequada dos direitos coletivos *lato sensu* por mecanismos não jurisdicionais.

3.1.1.1 Da efetividade interna extrajudicial administrativa

Neste tópico específico, o objetivo do presente estudo é ressaltar, sem aprofundar o tema, a importante atuação de órgãos administrativos na defesa de interesses coletivos *lato sensu*, muito embora saibamos que no Brasil a instância administrativa não é tão atuante e intervencionista como ocorre em vários Países da Europa.

Não obstante, destacamos a atuação dos órgãos de defesa do consumidor (Secretaria de Direito Econômico do Ministério da Justiça/SDE e Departamento de Proteção e Defesa do Consumidor/DPDC,[2] no âmbito

---

2. Decreto 2.181/1997: "Art. 3º. Compete ao DPDC a coordenação da política do Sistema Nacional de Defesa do Consumidor, cabendo-lhe: I – planejar, elaborar, propor, coordenar e executar a Política Nacional de Proteção e Defesa do Consumidor; II – receber, analisar, avaliar e apurar consultas e denúncias apresentadas por entidades representativas ou pessoas jurídicas de direito público ou privado ou por consumidores individuais; III – prestar aos consumidores orientação permanente sobre

federal, e os PROCONs,[3] em nível estadual), das chamadas agências reguladoras (exemplos: ANATEL, ANAC[4]) e de outros órgãos públicos (CADE, por exemplo).

seus direitos e garantias; IV – informar, conscientizar e motivar o consumidor, por intermédio dos diferentes meios de comunicação; V – solicitar à Polícia Judiciária a instauração de inquérito para apuração de delito contra o consumidor, nos termos da legislação vigente; VI – representar ao Ministério Público competente, para fins de adoção de medidas processuais, penais e civis, no âmbito de suas atribuições; VII – levar ao conhecimento dos órgãos competentes as infrações de ordem administrativa que violarem os interesses difusos, coletivos ou individuais dos consumidores; VIII – solicitar o concurso de órgãos e entidades da União, dos Estados, do Distrito Federal e dos Municípios, bem como auxiliar na fiscalização de preços, abastecimento, quantidade e segurança de produtos e serviços; IX – incentivar, inclusive com recursos financeiros e outros programas especiais, a criação de órgãos públicos estaduais e municipais de defesa do consumidor e a formação, pelos cidadãos, de entidades com esse mesmo objetivo; X – fiscalizar e aplicar as sanções administrativas previstas na Lei n. 8.078, de 1990, e em outras normas pertinentes à defesa do consumidor; XI – solicitar o concurso de órgãos e entidades de notória especialização técnico-científica para a consecução de seus objetivos; XII – provocar a Secretaria de Direito Econômico para celebrar convênios e termos de ajustamento de conduta, na forma do § 6º do art. 5º da Lei n. 7.347, de 24 de julho de 1985; XIII – elaborar e divulgar o Cadastro Nacional de Reclamações Fundamentadas Contra Fornecedores de Produtos e Serviços, a que se refere o art. 44 da Lei n. 8.078, de 1990; XIV – desenvolver outras atividades compatíveis com suas finalidades".

3. Decreto 2.181/1997: "Art. 4º. No âmbito de sua jurisdição e competência, caberá ao órgão estadual, do Distrito Federal e municipal de proteção e defesa do consumidor, criado, na forma da lei, especificamente para este fim, exercitar as atividades contidas nos incisos II a XII do art. 3º deste Decreto e, ainda: I – planejar, elaborar, propor, coordenar e executar a política estadual, do Distrito Federal e municipal de proteção e defesa do consumidor, nas suas respectivas áreas de atuação; II – dar atendimento aos consumidores, processando, regularmente, as reclamações fundamentadas; III – fiscalizar as relações de consumo; IV – funcionar, no processo administrativo, como instância de instrução e julgamento, no âmbito de sua competência, dentro das regras fixadas pela Lei n. 8.078, de 1990, pela legislação complementar e por este Decreto; V – elaborar e divulgar anualmente, no âmbito de sua competência, o Cadastro de Reclamações Fundamentadas Contra Fornecedores de Produtos e Serviços, de que trata o art. 44 da Lei n. 8.078, de 1990, e remeter cópia ao DPDC; VI – desenvolver outras atividades compatíveis com suas finalidades".

4. "A Agência Nacional de Aviação Civil (ANAC) suspendeu hoje (29.11.2010) a venda de bilhetes da companhia aérea TAM para todas as rotas domésticas com decolagem prevista até a próxima sexta-feira, dia 3 de dezembro. A intenção é evitar a ampliação dos problemas para os passageiros. A ANAC identificou que a TAM está apresentando atrasos e cancelamentos acima da média do setor. A expectativa é que a situação esteja normalizada até quarta-feira, do contrário novas medidas serão adotadas. A ANAC iniciou uma auditoria na empresa, enviando inspetores para o centro de operações da companhia e para aeroportos de São Paulo. Até que seja concluída a auditoria, no prazo estimado de uma semana, também ficam suspensos todos os

Quanto à Fundação de Proteção e Defesa do Consumidor/PROCON, ela tem atribuições[5] para: "(...) educação para o consumo; recebimento e processamento de reclamações administrativas, individuais e coletivas, contra fornecedores de bens ou serviços; orientação aos consumidores e fornecedores acerca de seus direitos e obrigações nas relações de consumo; fiscalização do mercado consumidor para fazer cumprir as determinações da legislação de defesa do consumidor; acompanhamento e propositura de ações judiciais coletivas; estudos e acompanhamento de legislação nacional e internacional, bem como de decisões judiciais referentes aos direitos do consumidor; pesquisas qualitativas e quantitativas na área de defesa do consumidor; suporte técnico para a implantação de PROCONs Municipais Conveniados; intercâmbio técnico com entidades oficiais, organizações privadas e outros órgãos envolvidos com a defesa do consumidor, inclusive internacionais; disponibilização de uma Ouvidoria para o recebimento, encaminhamento

pedidos de acréscimos de voos na malha da TAM. Desde agosto de 2010 a ANAC está acompanhando semanalmente as escalas das tripulações das companhias aéreas, por meio de relatórios enviados pelas empresas. A auditoria na TAM visa a verificar se os números encaminhados pela empresa condizem com a situação atual, uma vez que não eram previstos problemas com a carga horária dos tripulantes informada pela companhia" (fonte: *http://www.anac.gov.br/imprensa/AnacPune.asp*).

5. Segundo a Lei 9.192/1995:

"Art. 2º. A Fundação terá por objetivo elaborar e executar a política estadual de proteção e defesa do consumidor.

"Art. 3º. Para a consecução de seus objetivos, deverá a Fundação: I – planejar, coordenar e executar a política estadual de proteção e defesa do consumidor, atendidas as diretrizes da Política Nacional das Relações de Consumo; II – receber, analisar, encaminhar e acompanhar o andamento das reclamações, consultas, denúncias e sugestões de consumidores ou de entidades que os representem; III – prestar aos consumidores orientação sobre seus direitos; IV – divulgar os direitos do consumidor pelos diferentes meios de comunicação e por publicações próprias, e manter o Cadastro de Reclamações atualizado e aberto à consulta da população; V – promover as medidas judiciais cabíveis, na defesa e proteção dos interesses coletivos, difusos e individuais homogêneos dos consumidores; VI – representar aos poderes competentes, e, em especial, ao Ministério Público, sempre que as infrações a interesses individuais ou coletivos dos consumidores assim o justificarem; VII – solicitar, quando necessário à proteção do consumidor, o concurso de órgãos ou entidades da Administração direta ou indireta; VIII – incentivar a criação e o desenvolvimento de entidades civis de defesa do consumidor; IX – incentivar a criação e o desenvolvimento de entidades municipais de defesa do consumidor; X – desenvolver programas educativos, estudos e pesquisas na área de defesa do consumidor; XI – fiscalizar a execução das leis de defesa do consumidor e aplicar as respectivas sanções; e XII – analisar produtos e inspecionar a execução de serviços, diretamente, ou por meio de terceiros contratados, divulgando os resultados."

de críticas, sugestões ou elogios feitos pelos cidadão quanto aos serviços prestados pela Fundação PROCON, com o objetivo de melhoria contínua desses serviços".[6]

As agências reguladoras são, a seu turno, autarquias sob regime especial, criadas com o escopo de disciplinar e controlar algumas atividades, principalmente após a onda de privatização de empresas públicas ocorrida na década de 1990. Dentre elas, merecem destaque a Agência Nacional de Energia Elétrica/ANEEL, a Agência Nacional de Vigilância Sanitária/ANVISA, a Agência Nacional de Telecomunicações/ANATEL, a Comissão de Valores Mobiliários/CVM, dentre outras.

Por sua vez, também devemos expor alguns comentários quanto ao Conselho Administrativo de Defesa Econômica/CADE,[7] que "é um órgão judicante, com jurisdição em todo o território nacional, criado pela Lei n. 4.137/1962 e transformado em autarquia vinculada ao Ministério da Justiça pela Lei n. 8.884, de 11 de junho de 1994. As atribuições do CADE estão previstas também na Lei n. 8.884/1994. Ele tem a finalidade de orientar, fiscalizar, prevenir e apurar abusos de poder econômico, exercendo papel tutelador da prevenção e da repressão a tais abusos".[8] Suas atribuições são variadas e envolvem atuação educativa, preventiva e repressiva.[9]

6. Fonte: *http://www.procon.sp.gov.br*.
7. Vale a pena dizer que as decisões do CADE têm força de título executivo extrajudicial: "Art. 60. A decisão do Plenário do CADE, cominando multa ou impondo obrigação de fazer ou não fazer, constitui título executivo extrajudicial" (Lei 8.884/1994).
8. Disponível em *http://www.cade.gov.br* (acesso em 15.5.2010).
9. "O CADE é a última instância, na esfera administrativa, responsável pela decisão final sobre a matéria concorrencial. Assim, após receber o processo instruído pela Secretaria de Acompanhamento Econômico (SEAE/MF) e/ou pela Secretaria de Direito Econômico (SDE/MJ), o CADE tem a tarefa de julgar as matérias. A Autarquia desempenha, a princípio, três papéis: preventivo; repressivo; e educativo.

"O papel preventivo corresponde basicamente à análise dos atos de concentração, ou seja, à análise das operações de fusões, incorporações e associações de qualquer espécie entre agentes econômicos. Este papel está previsto nos arts. 54 e ss. da Lei n. 8.884/1994.

"Os atos de concentração não são ilícitos anticoncorrenciais, mas negócios jurídicos privados entre empresas. Contudo, o CADE deve, nos termos do art. 54 da Lei n. 8.884/1994, analisar os efeitos desses negócios, em particular, nos casos em que há a possibilidade de criação de prejuízos ou restrições à livre concorrência, que a Lei Antitruste supõe ocorrer em situações de concentração econômica acima de 20% do mercado do bem ou serviço analisado, ou quando uma das empresas possui

O STJ entendeu, em recurso especial oriundo de ação civil pública proposta pelo Ministério Público Federal, que teria o CADE a função de apreciar pretensões formuladas pela SDE e aplicar as sanções cabíveis, como forma de separar as atribuições de cada órgão, o que garante maior efetividade ao sistema: "Como se observa, a tentativa do *Parquet* é forçar a atuação do CADE em face de supostas práticas contra a ordem econômica (no caso, em razão da formação de cartel e de prática de *dumping*). Ocorre que a leitura dos arts. 7º, incisos II, III e IV, e 14, incisos III, VI e VII, da Lei n. 8.884/1994 revela que compete à SDE a apuração de infrações contra a ordem econômica, sobrando para o CADE o dever legal de apreciar e julgar os processos administrativos que são remetidos em razão do exercício da competência da SDE. Daí por que o Ministério Público Federal não pode exigir, em ação civil pública, que o CADE desenvolva seu *mister institucional*, preservando a aplicação da Lei n. 8.884/1994, quando inexiste espaço legal para a atuação da autarquia".[10]

faturamento superior a 400 milhões de Reais no Brasil. Caso o negócio seja prejudicial à concorrência, o CADE tem o poder de impor restrições à operação como condição para a sua aprovação, como determinar a alienação total ou parcial dos ativos envolvidos (máquinas, fábricas, marcas etc.), alteração nos contratos ou obrigações de fazer ou de não fazer. (...).

"O papel repressivo corresponde à análise das condutas anticoncorrenciais. Essas condutas anticoncorrenciais estão previstas nos arts. 20 e ss. da Lei n. 8.884/1994, no Regimento Interno do CADE e na Resolução n. 20 do CADE, de forma mais detalhada e didática. Nesses caso, o CADE tem o papel de reprimir práticas infrativas à ordem econômica, tais como: cartéis, vendas casadas, preços predatórios, acordos de exclusividade, dentre outras.

"É importante ressaltar que a existência de estruturas concentradas de mercado (monopólios, oligopólios), em si, não é ilegal do ponto de vista antitruste. O que ocorre é que nestes há maior probabilidade de exercício de poder de mercado e, portanto, maior a ameaça potencial de condutas anticoncorrenciais. Tais mercados devem ser mais atentamente monitorados pelos órgãos responsáveis pela preservação da livre concorrência, sejam eles regulados ou não.

"O papel pedagógico do CADE – difundir a cultura da concorrência – está presente no art. 7º, XVIII, da Lei n. 8.884/1994. Para o cumprimento deste papel é essencial a parceria com instituições, tais como universidades, institutos de pesquisa, associações, órgãos do governo. O CADE desenvolve este papel através da realização de seminários, cursos, palestras, da edição da *Revista de Direito da Concorrência*, do Relatório Anual e de Cartilhas. O resultado do exercício deste papel pedagógico está presente no crescente interesse acadêmico pela área, na consolidação das regras antitruste junto à sociedade e na constante demanda pela maior qualidade técnica das decisões" (disponível em *http://www.cade.gov.br*).

10. STJ, REsp 650.892-PR, rel. Min. Mauro Campbell Marques, j. 3.11.2009.

Louvável, portanto, a decisão do STJ, que define as atribuições da SDE, separando-as das funções do CADE – o que otimiza o manejo da tutela da ordem econômica.

Aliás, ousamos afirmar que é fator de carência de efetividade, no âmbito administrativo, a falta de sistematização das atribuições dos órgãos reguladores e fiscalizatórios. De fato, não há no Brasil uma clara e nítida divisão funcional das atribuições das agências reguladoras, do CADE e outros órgãos de fiscalização, salvo tímidas repartições expressas na lei. Realmente, de forma salutar, a Lei 9.472/1997 (Lei Geral dos Serviços de Telecomunicações) prevê que as normas gerais de proteção à ordem econômica (Lei 8.884/1994) são aplicáveis ao respectivo setor (art. 7º), mas separa as atribuições do CADE das atribuições da ANATEL,[11] o que faz mitigar a confusão e sobreposição funcional que acaba dando causa a omissão e inércia da Administração Pública no Brasil.

Realmente, é notório que a centralização e a especificação de funções acarretam responsabilidade e vinculação. Se um órgão tem suas atribuições bem definidas, otimiza-se sua execução e facilita-se a cobrança por parte dos administrados.

11. Lei 9.472/1997:
"Art. 8º. Fica criada a Agência Nacional de Telecomunicações, entidade integrante da Administração Pública Federal indireta, submetida a regime autárquico especial e vinculada ao Ministério das Comunicações, com a função de órgão regulador das telecomunicações, com sede no Distrito Federal, podendo estabelecer unidades regionais.
"§ 1º. A Agência terá como órgão máximo o Conselho Diretor, devendo contar, também, com um Conselho Consultivo, uma Procuradoria, uma Corregedoria, uma Biblioteca e uma Ouvidoria, além das unidades especializadas incumbidas de diferentes funções.
"§ 2º. A natureza de autarquia especial conferida à Agência é caracterizada por independência administrativa, ausência de subordinação hierárquica, mandato fixo e estabilidade de seus dirigentes e autonomia financeira.
"Art. 9º. A Agência atuará como autoridade administrativa independente, assegurando-se-lhe, nos termos desta Lei, as prerrogativas necessárias ao exercício adequado de sua competência."
"Art. 19. À Agência compete adotar as medidas necessárias para o atendimento do interesse público e para o desenvolvimento das telecomunicações brasileiras, atuando com independência, imparcialidade, legalidade, impessoalidade e publicidade, e especialmente: (...) XIX – exercer, relativamente às telecomunicações, as competências legais em matéria de controle, prevenção e repressão das infrações da ordem econômica, ressalvadas as pertencentes ao Conselho Administrativo de Defesa Econômica – CADE; (...)."

Em suma, acreditamos que a nítida divisão funcional das atribuições fomenta a efetividade do sistema.

3.1.1.2 *Da efetividade interna extrajudicial investigatória*

Quanto ao Ministério Público e sua atividade investigatória, para não sermos repetitivos, nos limitaremos, neste tópico, a expor a questão da quebra de sigilo no âmbito da apuração de danos coletivos *lato sensu*, tendo em vista que é uma das questões mais controvertidas sobre a matéria.

Como não poderia ser diferente, e por razões de conferir efetividade à apuração promovida pelo órgão ministerial, defendemos a possibilidade da quebra do sigilo pelo Ministério Público, salvo se houver expressa vedação legal a esse respeito.

De fato, segundo a Constituição Federal, "são funções institucionais do Ministério Público: (...) III – promover o inquérito civil e a ação civil pública, para a proteção do patrimônio público e social, do meio ambiente e de outros interesses difusos e coletivos; (...) VI – expedir notificações nos procedimentos administrativos de sua competência, requisitando informações e documentos para instruí-los, na forma da lei complementar respectiva" (art. 129).

A LACP, por sua vez, dispõe, em seu art. 8º, § 2º, que "somente nos casos em que a lei impuser sigilo poderá se negada certidão ou informação, (...)".

A Lei Complementar 75/1993, que regulamenta a organização do Ministério Público da União, prevê expressamente a possibilidade da quebra de sigilo: "Para o exercício de suas atribuições, o Ministério Público da União poderá, nos procedimentos de sua competência (art. 8º): (...) II – requisitar informações, exames, perícias e documentos de autoridades da Administração Pública direta ou indireta; (...) IV – requisitar informações e documentos a entidades privadas; V – realizar inspeções e diligências investigatórias; VI – ter livre acesso a qualquer local público ou privado, respeitadas as normas constitucionais pertinentes à inviolabilidade do domicílio; VII – expedir notificações e intimações necessárias aos procedimentos e inquéritos que instaurar; VIII – *ter acesso incondicional a qualquer banco de dados de caráter público ou relativo a serviço de relevância pública* (...)" (grifos nossos).

Inclusive, tais poderes são aplicáveis às instituições ministeriais estaduais, por força do disposto no art. 80 da Lei 8.625/1993, que institui a

Lei Orgânica Nacional do Ministério Público e dispõe sobre normas gerais para a organização dos Ministérios Públicos nos Estados: "Aplicam-se aos Ministérios Públicos dos Estados, subsidiariamente, as normas da Lei Orgânica do Ministério Público da União".

Aliás, decidiu o STJ no sentido da ampla concessão de poderes requisitórios ao Ministério Público na colheita de dados sigilosos, salvo expressa exceção legal em sentido contrário: "I – A Lei n. 8.625/1993 confere ao Ministério Público autorização para a requisição de informações a entidades públicas ou privadas visando à instauração de procedimentos judiciais ou administrativos. II – O *Parquet*, ao requisitar os documentos inerentes à transferência do controle acionário da empresa de telefonia celular OI, com assunção de dívidas na ordem de R$ 4.760.000.000,00 (quatro bilhões e setecentos e sessenta milhões de Reais), por apenas R$ 1,00 (um Real), está na sua função de investigar a legalidade de operação de tal vulto. III – O art. 155, § 1º, da Lei das Sociedades Anônimas, ao apontar como sigilosas as informações que ainda não tenham sido divulgadas para o mercado, não dirigiu esse sigilo ao Ministério Público, não havendo superposição da norma em relação à Lei n. 8.625/1993. IV – Não existindo lei que imponha sigilo em relação aos dados em tela, prevalece a determinação legal que autoriza o Ministério Público a requisitar tais informações".[12]

Em suma, é inegável que o fomento dos poderes investigatórios contribui para a potencialização da tutela coletiva e para a punição dos infratores de massas.

Por oportuno, deve-se ressaltar, ainda, a importância da adoção de medidas cautelares preventivas. "Quanto ao arresto, há casos expressos

12. STJ, REsp 657.037-RJ, rel. Min. Francisco Falcão, j. 2.12.2004. Segundo pondera o Ministro-Relator: "O art. 155, § 1º, da Lei das Sociedades Anônimas, ao apontar como sigilosas as informações que ainda não tenham sido divulgadas para o mercado, não dirigiu esse sigilo ao Ministério Público, não havendo superposição da norma em relação à Lei n. 8.625/1993. Observe-se que, em vários precedentes, esta Corte Superior vem entendendo ser inviável a quebra de sigilo bancário sem prévia ordem judicial, visto que este segredo, mesmo não sendo absoluto, está plenamente delimitado através de mandamento constitucional. Na hipótese em tela as informações pleiteadas, ou seja, contrato de transferência patrimonial, não vêm especificamente regradas por qualquer legislação. Nesse sentido enquadra-se perfeitamente o contido no art. 26, II, da Lei Orgânica do Ministério Público, *verbis*: 'Art. 26. No exercício de suas funções, o Ministério Público poderá: (...) II – requisitar informações e documentos a entidades privadas, para instruir procedimentos ou processo em que oficie'; (...)".

na lei, como ocorre com a Lei n. 6.024/1974, que regula a intervenção e a liquidação extrajudicial de instituições financeiras, cujos arts. 45 e 46 atribuem ao Ministério Público a função de ajuizar ação de sequestro, arresto e de ressarcimento contra os diretores da sociedade em regime de liquidação extrajudicial".[13]

Além disso, importante instrumento de combate à corrupção é a medida cautelar de indisponibilidade dos bens do agente ímprobo e eventuais beneficiários (art. 7º Lei 8.429/1992), cuja concessão não depende da comprovação do perigo do dano, que será presumido diante da insuficiência de patrimônio do transgressor, e cuja eficácia não se condiciona à propositura de eventual ação principal no prazo de 30 dias, pois é medida cautelar concedida no bojo da ação civil pública, e não ação cautelar autônoma.

Portanto, seja por meio de amplos poderes instrutórios, seja a partir da manipulação de medidas de urgência, têm os legitimados ativos – especialmente os entes públicos – importante atuação pré-processual na tutela coletiva efetiva.

Quanto à Defensoria Pública, é inegável que sua atuação é indispensável à efetividade do sistema de tutela coletiva.

Aliás, sua legitimidade ativa é medida de efetividade, mormente no Brasil, que tem um número muito elevado de pessoas economicamente hipossuficientes que vivem à margem do sistema, não obstante o progresso econômico, que também representa um fator de exclusão social. Tal contexto – não se pode olvidar – contrasta diretamente com o modelo de Estado Democrático e Social de Direito, conforme dissemos alhures, adotado pelo constituinte de 1988.

Portanto, a Defensoria Pública encontra-se autorizada a atuar coletivamente quando, de alguma forma, ainda que indiretamente, existir violação a direitos de titulares em situação de necessidade, seja no aspecto econômico, seja no aspecto organizacional.[14]

---

13. Sérgio Shimura, *Tutela Coletiva e sua Efetividade*, São Paulo, Método, 2006, p. 203.

14. Aliás, Ada Pellegrini Grinover, em parecer sobre o tema, diz que:

"O que o art. 134 da CF indica, portanto, é a incumbência necessária e precípua da Defensoria Pública, consistente na orientação jurídica e na defesa, em todos os graus, dos necessitados, e não sua tarefa exclusiva. Mas, mesmo que se pretenda ver nas atribuições da Defensoria Pública tarefas exclusivas – o que se diz apenas para argumentar –, ainda será preciso interpretar o termo 'necessitados', utilizado

No entanto, para não sermos repetitivos, embora a questão mereça atenção, deixaremos o tema da legitimidade ativa para adentrarmos os meios e instrumentos ostentados pela Defensoria Pública para fomentar e concretizar o acesso à Justiça Coletiva.

Nesse aspecto, não podemos deixar de dizer que a Defensoria Pública, como ente público legitimado, independente e autônomo, dotado de órgãos de fiscalização como Corregedoria e Ouvidoria, além de Conselho Superior, ostenta poderes e responsabilidades para manusear o instituto do inquérito civil, mas não apenas para gozar de poderes, mas principalmente para incutir responsabilidades e fiscalização na apuração e investigação de danos e ameaças de massa, em atenção ao princípio da indisponibilidade do interesses coletivos *lato sensu*.

Ora, é lógico que a propositura da ação (fim) pressupõe investigação (meio). Além disso, utilizando-se dos mesmos argumentos expostos pelo Ministério Público para o reconhecimento de seus poderes instrutó-

---

pela Constituição. Já tive oportunidade de escrever, em sede doutrinária, a respeito da assistência judiciária (na terminologia da Constituição de 1988, defesa) aos necessitados: 'Pois é nesse amplo quadro, delineado pela necessidade de o Estado propiciar condições, a todos, de amplo acesso à Justiça, que eu vejo situada a garantia da assistência judiciária. E ela também toma uma dimensão mais ampla, que transcende o seu sentido primeiro, clássico e tradicional. Quando se pensa em assistência judiciária, logo se pensa na assistência aos necessitados, aos economicamente fracos, aos *minus habentes*. É este, sem dúvida, o primeiro aspecto da assistência judiciária: o mais premente, talvez, mas não o único'. Isso porque existem os que são necessitados no plano econômico, mas também existem os necessitados do ponto de vista organizacional. Ou seja, todos aqueles que são socialmente vulneráveis: os consumidores, os usuários de serviços públicos, os usuários de planos de saúde, os que queiram implementar ou contestar políticas públicas, como as atinentes à saúde, à moradia, ao saneamento básico, ao meio ambiente etc.

"E tanto assim é, que afirmava, no mesmo estudo, que a assistência judiciária deve compreender a defesa penal, em que o Estado é tido a assegurar a todos o contraditório e a ampla defesa, quer se trate de economicamente necessitados, quer não. O acusado está sempre numa posição de vulnerabilidade frente à acusação. Dizia eu: 'Não cabe ao Estado indagar se há ricos ou pobres, porque o que existe são acusados que, não dispondo de advogados, ainda que ricos sejam, não poderão ser condenados sem uma defesa efetiva. Surge, assim, mais uma faceta da assistência judiciária, assistência aos necessitados não no sentido econômico, mas no sentido de que o Estado lhes deve assegurar as garantias do contraditório e da ampla defesa'.

"Em estudo posterior, ainda afirmei surgir, em razão da própria estruturação da sociedade de massa, uma nova categoria de hipossuficientes, ou seja, a dos carentes organizacionais, a que se referiu Mauro Cappelletti, ligada à questão da vulnerabilidade das pessoas em face das relações sociojurídicas existentes na sociedade contemporânea" (disponível em *http://www.anadep.org.br*).

rios na seara criminal, contra a exclusividade da Polícia Civil ou Federal, aquele que busca os fins precisa dos meios. É a chamada "teoria dos poderes implícitos" utilizada no STF pela Min. Ellen Gracie ao acolher a argumentação ministerial (HC 91.661), bem como pelo Min. Celso de Mello em outro julgado.[15]

Portanto, a conclusão inevitável é que a Defensoria Pública tem poderes, ainda que implícitos, para utilizar o inquérito civil, e cada instituição teria legitimidade para regulamentar internamente seu manuseio, com instrumentos de instrução e dispositivos de fiscalização.[16]

15. "Impende considerar, no ponto, em ordem a legitimar esse entendimento, a formulação que se fez em torno dos poderes implícitos, cuja doutrina, construída pela Suprema Corte dos Estados Unidos da América no célebre caso 'McCulloch *versus* Maryland' (1819), enfatiza que a outorga de competência expressa a determinado órgão estatal importa em deferimento implícito, a esse mesmo órgão, dos meios necessários à integral realização dos fins que lhe foram atribuídos. Cabe assinalar, ante a sua extrema pertinência, o autorizado magistério de Marcello Caetano (*Direito Constitucional*, vol. II, pp. 12-13, item 9, 1978, Forense), cuja observação, no tema, referindo-se aos processos de hermenêutica constitucional, e não aos processos de elaboração legislativa, assinala que: 'Em relação aos poderes dos órgãos ou das pessoas físicas ou jurídicas, admite-se, por exemplo, a interpretação extensiva, sobretudo pela determinação dos poderes que estejam implícitos noutros expressamente atribuídos'. Esta Suprema Corte, ao exercer o seu poder de indagação constitucional – consoante adverte Castro Nunes (*Teoria e Prática do Poder Judiciário*, pp. 641-650, 1943, Forense) –, deve ter presente, sempre, essa técnica lógico-racional, fundada na teoria jurídica dos poderes implícitos, para, através dela, mediante interpretação judicial (e não legislativa), conferir eficácia real ao conteúdo e ao exercício de dada competência constitucional, consideradas as atribuições do STF, do STJ, dos TRFs e dos Tribunais de Justiça, tais como expressamente relacionadas no texto da própria Constituição da República. Não constitui demasia relembrar, neste ponto, Sra. Presidente, a lição definitiva de Rui Barbosa (*Comentários à Constituição Federal Brasileira*, vol. I, pp. 203-225, coligidos e ordenados por Homero Pires, 1932, Saraiva), cuja precisa abordagem da teoria dos poderes implícitos – após referir as opiniões de John Marshall, de Willoughby, de James Madison e de João Barbalho – assinala: 'Nos Estados Unidos é, desde Marshall, que essa verdade se afirma, não só para o nosso regime, mas para todos os regimes. Essa verdade fundada pelo bom senso é a de que, em se querendo os fins, se hão de querer, necessariamente, os meios; a de que, se conferimos a uma autoridade uma função, implicitamente lhe conferimos os meios eficazes para exercer essas funções. (...). Quer dizer (princípio indiscutível) que, uma vez conferida uma atribuição, nela se consideram envolvidos todos os meios necessários para a sua execução regular. Este o princípio; esta a regra. Trata-se, portanto, de uma verdade que se estriba ao mesmo tempo em dois fundamentos inabaláveis, fundamento da razão geral, do senso universal, da verdade evidente em toda a parte – o princípio de que a concessão dos fins importa a concessão dos meios (...)'" (ADI 2.797-2-DF).

16. Embora o projeto de lei não contemple essa ideia e mantenha a exclusividade do Ministério Público na utilização do inquérito civil, tendo em vista o princípio

Outro aspecto de grande relevância – principalmente porque a tendência atual indica a ampla participação popular e um procedimento mais democrático, inclusive com a realização de audiências públicas – é que nada disso teria a eficácia esperada se a sociedade não dispusser de informações e dados sobre seus próprios direitos, para que possa exercer livre e conscientemente sua cidadania. É preciso um programa de educação em direitos.

Aliás, é função institucional da Defensoria Pública "promover a difusão e a conscientização dos direitos humanos, da cidadania e do ordenamento jurídico".[17]

Por sua vez, a Defensoria Pública do Estado de São Paulo tem dentre suas metas a ampla e efetiva educação em direitos e fomentação da cidadania. "São atribuições institucionais da Defensoria Pública do Estado, dentre outras: I – prestar aos necessitados orientação permanente sobre seus direitos e garantias", bem como "II – informar, conscientizar e motivar a população carente, inclusive por intermédio dos diferentes meios de comunicação, a respeito de seus direitos e garantias fundamentais".[18]

Além disso, um processo civil coletivo democrático pressupõe a participação de instituições democráticas que não apenas tenham atribuições de tutela da coletividade, mas também permitam a participação popular na definição de suas metas e de seu plano de atuação. Nesse sentido, a Defensoria Pública de São Paulo, de forma inédita e sem receios, prevê ampla participação popular na sua administração interna. Por exemplo, o Ouvidor-Geral não integra os quadros da Instituição, mas deve ser integrante da sociedade; a cada dois anos são realizadas audiências públicas na definição do plano de atuação, com o acolhimento de sugestões e críticas da população; e as reuniões do Conselho Superior contam com "momento aberto" para apresentação de questões levadas pelos próprios cidadãos.[19]

De fato, as instituições legitimadas devem se organizar e se preparar convenientemente para a promoção da tutela coletiva adequada. A capa-

da máxima efetividade da tutela coletiva, nada impede a regulamentação interna proposta. Sem prejuízo, vale ressaltar que o mesmo projeto de lei prevê como crime a conduta de sonegar informações requisitadas também pela Defensoria Pública – art. 11, § 2º.
17. Art. 4º, III, da Lei Complementar 80/1994.
18. Art. 5º da Lei Complementar estadual 988/2006.
19. Lei Complementar estadual 988/2006.

citação profissional e a valorização dos órgãos executores, bem como a criação de núcleos especializados, são exemplos dessa necessidade.[20]

Por oportuno, vale a pena lembrar importante atuação da Defensoria Pública do Estado de São Paulo, em conjunto com outras instituições, na apuração e reparação dos danos suportados pelas vítimas de acidente aéreo, como exemplo de meio alternativo extrajudicial de solução de lides: a experiência da Câmara de Indenização Voo TAM 3054, formada por órgãos públicos estaduais, a companhia aérea TAM e suas seguradores, para atender aos familiares das vítimas do acidente ocorrido em 17.7.2007, quando um avião da TAM chocou-se com o prédio da própria companhia ("TAM Express") nas imediações do Aeroporto de Congonhas, São Paulo/SP.

A experiência foi relatada pela Defensora Pública do Estado, Carolina Brambila Bega, no VII Congresso Nacional dos Defensores Públicos, realizado na cidade de Cuiabá/MT em outubro/2008. Segundo ela, "a Câmara de Indenização Voo 3054 é um modelo alternativo desenvolvido, em conjunto, pela Defensoria Pública, Ministério Público e Fundação PROCON, todos do Estado de São Paulo, e pelo Departamento de Proteção e Defesa do Consumidor da Secretaria de Direito Econômico, vinculado ao Ministério da Justiça, para o recebimento de indenizações pelos familiares das vítimas do acidente com o Voo TAM JJ 3054".[21]

20. Vale a pena a informação que na Defensoria Pública do Estado de São Paulo existem os Núcleos Especializados em Matérias Coletivas, cujas atribuições são: "Compete aos Núcleos Especializados, dentre outras atribuições: I – compilar e remeter informações técnico-jurídicas, sem caráter vinculativo, aos defensores públicos; II – propor medidas judiciais e extrajudiciais para a tutela de interesses individuais, coletivos e difusos, e acompanhá-las, agindo isolada ou conjuntamente com os defensores públicos, sem prejuízo da atuação do defensor natural; III – realizar e estimular o intercâmbio permanente entre os defensores públicos, objetivando o aprimoramento das atribuições institucionais e a uniformidade dos entendimentos ou teses jurídicas; IV – realizar e estimular o intercâmbio com entidades públicas e privadas, bem como representar a Instituição perante conselhos e demais órgãos colegiados, por qualquer de seus membros, mediante designação do Defensor Público-Geral do Estado; V – atuar e representar junto ao Sistema Interamericano dos Direitos Humanos, propondo as medidas judiciais cabíveis; VI – prestar assessoria aos órgãos de atuação e de execução da Defensoria Pública do Estado; VII – coordenar o acionamento de Cortes Internacionais" (art. 53 da Lei Complementar estadual 988/2006).

21. Carolina Brambila Bega, "Câmara de Indenização Voo 3054 (CI 3054): um modelo alternativo", *Concurso de Teses do VII Congresso Nacional dos Defensores Públicos*, Cuiabá/MT, 2008.

De modo geral, no âmbito da referida Câmara não se discutia a culpa ou responsabilidade da companhia aérea, conforme a teoria da responsabilidade objetiva do Código do Consumidor, ou a própria responsabilidade do transportador, que tem inegável obrigação de resultado. Basicamente, a Câmara tinha por primordial finalidade a definição do *quantum* indenizatório. "Estabeleceu-se que o atendimento na Câmara deveria seguir um procedimento simples e claro. Para tanto, foi elaborado pelos órgãos públicos o Regimento Interno da Câmara de Indenização, contendo os princípios e regras sobre seu funcionamento e procedimentos. Foi elaborado, ainda, um *Manual de Orientação* aos familiares, para esclarecer, em linguagem simples e acessível, os objetivos, os detalhes do procedimento e dúvidas comuns relacionadas à Câmara. Cumprindo ainda com o objetivo de informar e fornecer aos interessados os elementos necessários à opção de aderir ou não ao sistema proposto, foi reunida uma seleção de jurisprudência dos Tribunais Superiores pátrios versando sobre indenizações em casos similares".

Além disso, "a Câmara foi idealizada em um ambiente 'neutro', em que a parte se sentisse acolhida e ouvida, em que cada situação peculiar pudesse ser levada em conta, em que o procedimento fosse claro, simples e transparente e que todos pudessem ser tratados com um mínimo de igualdade".[22]

O procedimento visava, basicamente, à aproximação e ao diálogo dos interessados a partir de reuniões, a permitir a apresentação de dados e documentos pelos familiares, e a viabilizar a formulação de uma proposta de acordo pela companhia aérea, a ser aceita ou não pelos beneficiários. "A proposta formulada deve observar os Parâmetros Referenciais, que são parâmetros previamente estabelecidos entre a companhia aérea, as seguradoras e os órgãos públicos, para o uso exclusivo no âmbito da Câmara, tendo sido definidos de acordo com os parâmetros estabelecidos pela legislação vigente e aplicados pelos Tribunais Superiores pátrios (...) visando a resguardar o direito à intimidade das partes, as informações individuais e as propostas são absolutamente sigilosas e sem qualquer caráter vinculante".[23]

Portanto, a experiência acima representa um dos modelos alternativos de solução de conflito coletivo, que viabiliza o acesso extra-

22. Idem, ibidem.
23. Idem, ibidem.

judicial à Justiça, mediante postura de cooperação entre os envolvidos na questão, fazendo-nos acreditar na efetividade da almejada "Justiça Restaurativa".

Em suma, o ente legitimado deve se preparar para atuar em defesa da sociedade e também se abrir para ela, em atenção aos seus anseios, pois assim adquirirá maior legitimidade e força.

3.1.2 Efetividade interna judicial

Pelo que foi exposto, percebemos que o procedimento comum coletivo da ação civil pública pode e deve ser interpretado à luz da efetividade, visando, sempre, à máxima satisfação da pretensão coletiva.

O desafio maior a ser enfrentado é identificar, na legislação vigente e nas iniciativas vindouras, instrumentos que viabilizem a tutela efetiva dos direitos coletivos. Nesse sentido, imperioso analisar quais são as técnicas de tutela coletiva que existem, como as pretensões coletivas são satisfeitas e – mais – lançar bases para o desenvolvimento de novas técnicas e institutos jurídicos voltados à efetivação em pauta.

Compartilhamos da opinião de José Roberto dos Santos Bedaque[24] quando afirma que alguns aspectos da Ciência processual carecem de melhor desenvolvimento. Entendemos que as técnicas de tutela coletiva estão se desenvolvendo e, melhor, estão sendo aplicadas sem que, com isso, ocorra uma análise científica rigorosa. Temáticas cruciais para a efetividade dessa tutela acabam sendo sedimentadas pela doutrina e jurisprudência a despeito de qualquer reflexão fundamentada ou criteriosa.

"O denominado 'trinômio processual', por exemplo – constituído pelos pressupostos processuais, pelas condições da ação e pelo mérito –, merece ser examinado outra vez, agora pelo ângulo instrumentalista. Muitos dos dogmas estabelecidos no passado sobre esse tema não mais se justificam, especialmente no que concerne à inexorável extinção do processo sem julgamento do mérito, se ausente um dos requisitos de admissibilidade desse exame".[25]

O autor enuncia, ainda, outras temáticas processuais que desafiam o exegeta contemporâneo em sua atuação construtora do Direito, tais

---

24. José Roberto dos Santos Bedaque, *Efetividade do Processo e Técnica Processual*, 3ª ed., São Paulo, Malheiros Editores, 2010, p. 17.

25. Idem, pp. 17-18.

como as nulidades processuais, a classificação das ações, a participação do juiz,[26] a fungibilidade procedimental – entre outras.

As estruturas dispostas na legislação processual civil, mormente aquelas regras previstas no Código de Processo Civil, parecem não "servir" à tutela coletiva. Noções fundantes da relação processual (*v.g.*: pedido, causa de pedir, legitimação ativa) assumem novos contornos nas situações jurídicas coletivas; e, apesar dessa constatação, que, inclusive, é compartilhada por grande parte dos juristas, a Ciência processual tem revelado tímido desenvolvimento. Agrava-o o fato de que a jurisprudência acaba "sedimentando" entendimentos desprovidos de qualquer reflexão científica. Se, por um lado, o direito processual viveu ou vive sua era instrumentalista, cumpre-nos, agora, zelar pela sua efetividade.

26. Sobre a efetividade da tutela coletiva e os recorrentes conflitos de massa na atualidade, pondera Rodolfo de Camargo Mancuso:
"Em nossos dias não basta ao Judiciário apresentar-se como um Poder (dimensão estática, ligada à soberania – independência), tampouco pode ele considerar cumprido e acabado seu ofício pelo só fato de ter publicado a decisão de mérito (conforme dispunha a precedente dicção do art. 463 do CPC, em boa hora suprimida pela Lei 11.232/2005), mas sua legitimidade deve ser buscada alhures, no plano da eficiência da atuação, como, de resto, se passa com os órgãos públicos em geral, nos termos do art. 37, *caput*, da CF e do art. 22 e parágrafo único da Lei 8.078/1990. Dito de outro modo, justifica-se a função judicial não por ser uma emanação de poder estatal, mas se e na medida em que ela consegue prevenir ou resolver o conflito mediante a oferta de uma resposta de qualidade, revestida de cinco atributos: justa, jurídica, econômica, tempestiva e razoavelmente previsível.
"Para que a Justiça possa bem desempenhar sua função, em face de uma sociedade massificada e competitiva, oprimida num mundo globalizado, torna-se imprescindível que os operadores do Direito se predisponham a uma releitura, contextualizada, do trinômio ação/processo/jurisdição, cujo significado se altera profundamente quando aplicado fora e além do contexto restrito dos conflitos intersubjetivos, próprios da jurisdição singular, passando a instrumentar os megaconflitos que hoje se expandem pela sociedade civil. Em palestra proferida em 1989, dissera José Carlos Barbosa Moreira palavras que viriam a se revelar proféticas: 'Realmente, as características da vida contemporânea produzem a emersão de uma série de situações em que, longe de achar-se em jogo o direito ou o interesse de uma única pessoa, ou de algumas pessoas individualmente consideradas, o que sobreleva, o que assume proporções mais imponentes, é precisamente o fato de que formam conflitos nos quais grandes massas estão envolvidas. É um dos aspectos pelos quais o processo recebe o impacto desta propensão do mundo contemporâneo para os fenômenos de massa, comunicação de massa e – por que não? – processo de massa" (Rodolfo de Camargo Mancuso, *A Resolução dos Conflitos e a Função Judicial no Contemporâneo Estado de Direito*, São Paulo, Ed. RT, 2009, pp. 326-327).

"Diante de tal premissa, torna-se necessário rever a técnica processual, para adequá-la a essa nova realidade."[27]

Nos últimos anos percebemos que o Brasil passou (e passa) por um período de "reformas". A constatação de que as estruturas dispostas não são hábeis a satisfazer às pretensões e aspirações sociais propiciou um ambiente em que *tudo precisa ser reformado*. Sistemas financeiros, educacionais, culturais, relacionais e – porque não? – jurídicos passaram a ser questionados. No tocante à ordem jurídica estabelecida os debates se concentram, muitas vezes, na discussão sobre a necessidade de edição de novas leis, novos códigos. Já foi dito que a miragem do fenômeno da codificação é sua completude. Em outras palavras: a edição de leis novas não resolve o problema da eficácia dos direitos e, principalmente, da tutela coletiva se, com isso, a Ciência Jurídica e os construtores do Direito não se dedicarem ao estudo das estruturas do nosso sistema jurídico e, também, se postarem alheios à necessidade contínua e ininterrupta de refletirem e realizarem o Direito com vistas à efetivação dos direitos fundamentais. De nada serve a técnica se seus operadores não souberem manuseá-la.

Entendemos, mais, que, nesse movimento pela efetividade do processo, o construtor do Direito – seja ele promotor de justiça, defensor público, magistrado, advogado, procurador, parte, pesquisador, doutrinador, enfim, seja ele quem for – deve identificar, na estrutura disposta e nas articulações que passam a ser estabelecidas em seu meio, os instrumentos, técnicas e meios que melhor tutelem o direito ou pretensão judicializado.

Ao qualificarmos fenômenos jurídicos tais como o processo, a tutela e, até mesmo, o direito com o termo "efetividade" queremos, com isso, expressar seu desempenho e realização de modo satisfatório, completo, consoante aos objetivos colimados. Designamos, acima de tudo, um fenômeno que existe na realidade ou que se torna real. É dizer, também, que determinado fenômeno é eficaz, sob o ponto de vista da eficiência. "A palavra 'efetividade' advém do Latim *efficere*, o qual significa produzir, realizar, estar ativo de fato. Relacionando-a ao processo, a efetividade corresponderia, nos dizeres de Egas Moniz de Aragão, 'à

---

27. José Roberto dos Santos Bedaque, *Efetividade do Processo e Técnica Processual*, cit., 3ª ed. p. 17.

preocupação com a eficácia da lei processual, com sua aptidão para gerar os efeitos que dela é normal esperar'".[28]

Sem prejuízo da relação já exposta alhures entre os termos "efetivo" e "eficaz", José Carlos Barbosa Moreira, em palestra promovida no Simpósio sobre a Efetividade do Processo promovido pelo Instituto dos Advogados do Rio Grande do Sul aos 18.8.1993, em Porto Alegre, contribui para a compreensão da Efetividade Processual. Vejamos: "(...) efetivo é sinônimo de eficiente. Penso que a efetividade, aqui, consiste na aptidão para desempenhar, do melhor modo possível, a função própria do processo. Ou, noutras palavras, talvez equivalentes, para atingir da maneira mais perfeita o seu fim específico. Ora, o fim específico, no plano jurídico, do processo de conhecimento é a solução do litígio por meio da sentença de mérito a que tende toda a atividade nele realizada".[29]

Notamos que o conceito "efetividade" traz em seu bojo a concretização de algo. Este "algo", em processo civil, é a própria tutela jurisdicional do direito material questionado. Para Luiz Guilherme Marinoni: "A tutela jurisdicional, quando pensada na perspectiva do direito material, e dessa forma como tutela jurisdicional dos direitos, exige a resposta a respeito do *resultado que é proporcionado pelo processo no plano de direito material*. A tutela jurisdicional do direito pode ser vista como a proteção da norma que o institui. *Trata-se da atuação concreta da norma por meio da efetivação da utilidade inerente ao direito material nela consagrado*. Como o direito à efetividade da tutela jurisdicional deve atender ao direito material, é natural concluir que o direito à efetividade engloba o direito à preordenação de técnicas processuais capazes de dar respostas adequadas às necessidades que dele decorrem".[30]

Ora, se a tutela deve ser efetiva e servir adequadamente à satisfação do direito material, cumpre identificar a partir de que meio este desiderato poderá ser atendido. De nossa parte, cremos que o "procedimento" é uma destas técnicas, que serve à aproximação entre o direito processual e o material. Contudo – seguindo lição de Marinoni –, é preciso observar que o procedimento não é neutro à tutela, e, por essa razão, devem ser

---

28. Marcelo Zenkner, "Ministério Público e efetividade do processo civil", in *Temas Fundamentais de Direito*, vol. 3, São Paulo, Ed. RT, 2006, pp. 22-23.

29. José Carlos Barbosa Moreira, *apud* Marcelo Zenkner, "Ministério Público e efetividade do processo civil", cit., in *Temas Fundamentais de Direito*, vol. 3, p. 23.

30. Luiz Guilherme Marinoni, *Técnica Processual e Tutela dos Direitos*, 2ª ed., São Paulo, Ed. RT, 2008, pp. 114-115.

analisados em proximidade destas. "Se as tutelas dos direitos (necessidades no plano do direito material) *são diversas*, as técnicas processuais devem a elas se adaptar. O procedimento, a sentença e os meios executivos, justamente por isso, *não são neutros* às tutelas (ou ao direito material), *e por esse motivo não podem ser pensados à sua distância*".[31]

Nosso objeto de estudo não contempla todas as hipóteses de tutela, de processo e de procedimento. Antes, nosso enfoque é, a partir do direito processual coletivo, analisar o procedimento da ação civil pública, entendido por nós como procedimento comum coletivo. Nesse sentido, restringiremos nossa análise às técnicas processuais que, em sede de ação civil pública, viabilizam a máxima efetividade do processo coletivo.

Reafirmamos, por oportuno, que dar tutela aos direitos não é simplesmente editar a norma jurídica do caso concreto. "Dar tutela a um direito nada mais é que lhe outorgar proteção". Lastreados nessa concepção de tutela, podemos inferir que "o significado de tutela jurisdicional obriga a uma ruptura com a ideia de que a função jurisdicional é cumprida com a edição da sentença" – leia-se: declaração do direito ao caso concreto –, "exigindo-se que se caminhe mais além".[32]

Analisamos no primeiro capítulo deste trabalho a tutela de direitos coletivos e a tutela coletiva de direitos no Estado Constitucional. Mais especificamente, no Estado Democrático de Direito, que é instaurado no Brasil após a Constituição Federal de 1988. Neste momento, cumpre dar esse "passo a mais" no caminho para a compreensão da tutela coletiva enquanto instrumento jurisdicional de efetividade do direito material.

Sérgio Cruz Arenhart,[33] em feliz análise das tutelas jurisdicionais a partir da dimensão total da ação, consegue dimensionar a problemática da tutela dos direitos reconhecidos,[34] com indiscutível contribuição de Luiz Guilherme Marinoni. Seu estudo enfoca a tutela inibitória, porém sua abordagem é abrangente, pois evidencia aquela espécie como alternativa acertada para a aplicação de institutos jurídicos já estabelecidos no ordenamento pátrio, os quais, devido ao despreparo dos juristas e à

31. Idem, p. 115.
32. Idem, p. 116.
33. Sérgio Cruz Arenhart, "Perfis da tutela inibitória coletiva", in *Temas Atuais de Direito Processual Civil*, vol. 6, São Paulo, Ed. RT, 2003.
34. Por "direitos reconhecidos" referimos aqueles previstos no ordenamento jurídico brasileiro, em níveis infraconstitucional e constitucional.

migração (descrença) dos jurisdicionados para núcleos alternativos de solução de conflitos (litigiosidade contida), não têm sua potência originária utilizada.[35]

O autor inicia sua abordagem teórica discorrendo sobre o problema da efetividade da tutela de direitos, apontando como causas a crise de legitimidade pela qual o Estado atravessa e a constante tensão existente entre a realidade (ser) e a atuação estatal (dever-ser). Esse descompasso, sentido em todos os ramos do Direito, contribui para a edição de normas processuais (dever-ser) esparsas e obsoletas, atualizadas somente de modo reflexo e mediato ao direito civil (ser), como se deste fossem mero apêndice. Desta postura decorrem, lógica e invariavelmente, a ineficácia e a inaptidão do processo para servir de instrumento à consecução e ao acesso à Justiça. Nesse sentido, o autor não só critica a classificação tradicional das tutelas (baseada nos efeitos), mas também propõe uma nova classificação, fundada no objeto tutelado e na forma protetiva da pretensão, distinguindo, dentre os provimentos existentes, aqueles que atuam no plano jurídico (declaratórios, constitutivos e desconstitutivos) e os incidentes no mundo concreto (mandamentais ou executivos).

A referência a Arenhart não é ao acaso. Queremos, a partir de seus estudos, resgatar sua crítica à costumeira opção que os construtores do Direito fazem nos litígios, qual seja: adotar, via de regra, provimentos condenatórios para a solução dos conflitos. Entendemos que esta postura vai contra a efetivação dos direitos e, inclusive, a eficácia da tutela jurisdicional, pois não satisfaz os interesses de modo completo. É que a condenação implica ressarcimento *in pecunia*, que, em matéria de direitos coletivos, dificilmente proporciona a reparação do dano ou lesão (atual ou iminente), restituindo a situação ao *status quo ante*.

Portanto, necessária uma adequada e eficiente atuação postulatória para se atingir a tutela jurisdicional ideal e efetiva.

35. A peculiaridade da obra de Arenhart é a tentativa (vitoriosa) de contribuir para a formação de uma mentalidade processual coletiva, em que os dogmas ínsitos ao processo civil individual são superados e os princípios que regem as ações coletivas são enaltecidos. Nessa empreitada, o autor dividiu sua obra em quatro partes: na primeira traça as novas perspectivas de tutela em face das atuais dimensões do direito material; na segunda propõe uma nova classificação das tutelas baseada na dimensão total da ação; na terceira discorre acerca dos conflitos de massa e a tutela coletiva; por fim, dirige-se ao tratamento da tutela inibitória coletiva.

3.1.2.1 Da efetividade interna judicial postulatória

Sobre a efetividade postulatória, o primeiro ponto que merece destaque é a necessidade da ampliação do rol dos legitimados ativos – aliás, como é uma tendência inevitável.[36] De fato, o sistema coletivo brasileiro – diversamente do que ocorre nos Estados Unidos – adota o critério legal de legitimação, com presunção de legitimidade e ausência de juízo de representatividade adequada. Não obstante existir forte tendência no sentido da interpretação extensiva desse rol legal, importante sua ampliação, que, inevitavelmente, fomentaria o acesso à Justiça Coletiva.

Outro ponto de efetividade postulatória refere-se à presunção de relevância social da ação coletiva.[37] Realmente, o simples fato de existirem direitos coletivos em sentido amplo impõe o reconhecimento da relevância social de sua adequada tutela. Foi nesse exato sentido que se manifestou o STJ: "Os interesses individuais homogêneos são considerados relevantes por si mesmos, sendo desnecessária a comprovação desta relevância".[38]

---

36. Projeto de Lei 5.139/2009: "Art. 6º. São legitimados concorrentemente para propor a ação coletiva: I – o Ministério Público; II – a Defensoria Pública; III – a União, os Estados, o Distrito Federal, os Municípios e respectivas autarquias, fundações públicas, empresas públicas, sociedades de economia mista, bem como seus órgãos despersonalizados que tenham como finalidades institucionais a defesa dos interesses ou direitos difusos, coletivos ou individuais homogêneos; IV – a Ordem dos Advogados do Brasil, inclusive as suas Seções; V – as entidades sindicais e de fiscalização do exercício das profissões, restritas à defesa dos interesses ou direitos difusos, coletivos e individuais homogêneos ligados à categoria; VI – os partidos políticos com representação no Congresso Nacional, nas Assembleias Legislativas ou nas Câmaras Municipais, conforme o âmbito do objeto da demanda, a ser verificado quando do ajuizamento da ação; e VII – as associações civis e as fundações de direito privado legalmente constituídas e em funcionamento há pelo menos 1 (um) ano, para a defesa de interesses ou direitos relacionados com seus fins institucionais".

37. "A tutela dos direitos ou interesses difusos, coletivos e individuais homogêneos presume-se de relevância social, política, econômica ou jurídica" (art. 2º, § 1º, do Projeto de Lei 5.139/2009).

A princípio, tal requisito pode representar um obstáculo ao acesso à Justiça Coletiva, pois permite ao juiz, em determinado caso, indeferir a petição inicial por ausência de relevância e também à parte contrária pleitear a extinção do processo sem a resolução do mérito por falta desse pressuposto.

Para evitar esses inconvenientes, melhor adotarmos a tese da presunção absoluta de relevância social, política, econômica ou jurídica. Aliás, esse foi o propósito do legislador ao especificar variados tipos de relevância e utilizar a conjunção alternativa "ou" no texto do projeto de lei por ora rejeitado no Congresso Nacional.

38. STJ, REsp 797.963-GO, rela. Min. Nancy Andrighi, j. 7.2.2008.

Além disso, a presunção de *relevância social* tem por finalidade, dentre outras, legitimar o Ministério Público a promover ações coletivas em defesa dos interesses individuais homogêneos, ainda que relativos a direitos disponíveis, em atenção ao disposto no art. 127, *caput*, da CF de 1988.

Quanto ao pedido em si, é importante abordamos a tutela jurisdicional pretendida na postulação. Imperioso distinguir a tutela do direito da tutela jurisdicional. A tutela jurisdicional pode ou não prestar à tutela do direito, pois seu exercício e sua efetivação englobam tanto a sentença de procedência como a de improcedência. A tutela do direito, por sua vez, remete à ideia de sentença de procedência, pela afirmação do direito, e, consequentemente, implica um ato em direção à sua concretização.

Dissemos anteriormente que a tutela não se restringe ao ato de *dizer o direito*, de *aplicar ao caso concreto a norma geral e abstrata*. Entender a tutela de direito a partir da mera prolação da sentença é reducionismo que querermos evitar.

"A ideia de sentença autossatisfativa pode ser associada à de sentença satisfativa. Trata-se de sentença que é suficiente por si só, vale dizer, da sentença que satisfaz o jurisdicionado sem precisar interferir na esfera jurídica do réu ou modificar de maneira forçada a realidade dos fatos. (...). Ou seja, a correlação entre a tutela dos direitos e a técnica processual assume importância vital quando se está diante das sentenças não satisfativas. Não que as sentenças declaratória e constitutiva não tenham relevância. É que, se essas sentenças não bastarem, diante de um caso concreto, para a satisfação de um direito, é porque é necessário conformar os fatos, *quando a questão da adequação da técnica processual voltará a cair sobre as sentenças não satisfativas*".[39]

No tocante aos direitos coletivos essas sentenças satisfativas geralmente não condizem com as expectativas do processo coletivo e à própria pretensão de direito material. Direitos coletivos tais como o meio ambiente, a moralidade administrativa, a proteção do patrimônio histórico cultural, dentre outros, dificilmente são tutelados a partir, por exemplo, de uma sentença meramente declaratória. "Daí a necessidade de verificar se as sentenças não satisfativas constituem técnicas idôneas para a tutela (proteção) dos direitos. Se essa proteção não é capaz de ser

---

39. Luiz Guilherme Marinoni, *Técnica Processual e Tutela dos Direitos*, cit., 2ª ed., p. 116.

encontrada por meio das ações declaratória ou constitutiva, ela necessariamente deve encontrar resposta em uma das sentenças não satisfativas, pena de evidente lesão ao direito fundamental à tutela jurisdicional efetiva."[40]

Diante do caso concreto, os construtores do Direito deverão, então, verificar que tipo de tutela estará hábil a efetivá-lo. Esta identificação nem sempre é fácil, e por vezes mais de uma tutela deve ser pleiteada (*v.g.*, a cumulação de tutela inibitória,[41] tutela de remoção do ilícito e tutela condenatória).

40. Idem, p. 117.
41. STJ, *Informativo* 406: "Cinge-se a questão à possibilidade de ajuizamento, na esfera cível, de ação civil pública com pedido de cessação de atividade ilícita consistente na exploração de jogos de azar (máquinas caça-níqueis, videopôquer e similares). O Tribunal *a quo* extinguiu o feito sem julgamento de mérito, por entender que compete ao juízo criminal apreciar a prática de contravenção penal, bem como decidir sobre as medidas acautelatórias: fechamento do estabelecimento, bloqueio de contas bancárias e apreensão de máquinas caça-níqueis. Diante disso, a Turma deu provimento ao recurso do Ministério Público Estadual ao argumento de que a Lei n. 7.347/1985, em seu art. 1º, V, dispõe ser cabível a interposição de ação civil pública com o escopo de coibir a infração da ordem econômica e da economia popular. O CDC, em seu art. 81, igualmente prevê o ajuizamento de ação coletiva com vistas a garantir a tutela dos interesses ou direitos difusos e coletivos de natureza indivisível, na qual se insere a vedação da atividade de exploração de jogos de azar, considerada infração penal nos termos dos arts. 50 e 51 do Decreto-lei n. 3.688/1941 (Lei das Contravenções Penais). Observou o Ministro-Relator que a relação de consumo, no caso, é evidente, uma vez que o consumidor é o destinatário final do produto que não poderia estar no mercado, haja vista a ausência de lei federal permissiva. É cediço que as máquinas eletrônicas denominadas caça-níqueis são dotadas de mecanismos que permitem fixar previamente a porcentagem de pagamento ao jogador ou até o valor que o consumidor poderá ganhar com o jogo, o que consubstancia prática comercial abusiva. Desnecessário dizer também que a exploração de jogos de azar acarreta graves prejuízos à ordem econômica, notadamente no campo da sonegação fiscal, da evasão de divisas e da lavagem de dinheiro. Acresça-se que as disposições da Lei das Contravenções Penais que criminalizam a exploração de jogos de azar não foram derrogadas pelas normas contidas na Lei Complementar n. 116/2003 que determinam a incidência de ISS sobre a atividade de exploração de bingos, pois a referida lei não prevê expressamente que a prática de jogos de azar, como os denominados caça-níqueis, enquadra-se no conceito de diversões eletrônicas, donde se conclui que os arts. 50 e 51 do Decreto-lei n. 3.688/1941 encontram-se em pleno vigor. Dessarte, o pedido formulado pelo Ministério Público Estadual, concernente à cessação de atividade de exploração de jogos de azar, revela-se juridicamente possível. Na presente ação, o *Parquet* postula a responsabilização civil da recorrida e a paralisação da atividade de exploração de máquinas caça-níqueis, inexistindo pedido de condenação na esfera criminal. No que tange à possibilidade de buscar, na esfera cível, a suspensão de atividade lesiva à ordem econômica e à

Para fins de ilustrar a questão, vale a pena o relato sobre uma ação civil pública que propusemos, enquanto órgão de execução da Defensoria Pública do Estado de São Paulo, Regional de Ribeirão Preto,[42] na tutela de moradores de determinado bairro da cidade cujas casas estavam infestadas por cupins. De fato, foi apurado pela Defensoria Pública do Estado um grande problema sofrido pelos moradores do bairro Jardim Presidente Dutra II, na Cidade de Ribeirão Preto/SP, especialmente nas ruas Dr. Romano Morandi e Jornalista Cândido Mota Filho.[43]

O problema, que teve origem desde a construção do conjunto habitacional, há aproximadamente 30 anos, transformou-se em um vício de grande magnitude, continuado e permanente, qual seja: a infestação de cupins nas residências locais. Tal problema atingiu uma vasta gama de moradores do referido bairro, em razão das constantes ocorrências de ataques causados por tal praga em suas residências e móveis, ocasionando aos moradores prejuízos exorbitantes, tanto de ordem financeira como também riscos à saúde humana e ao meio ambiente. O que ocorreu foi um descuido da incorporadora, correquerida, que construiu os imóveis em cima de um terreno que acoplava uma colônia de cupins. A amplitude do dano mostra que a construtora deixou de analisar a viabilidade do terreno antes de construir; ou seja, não houve qualquer precaução por parte desta ao apurar as propriedades do solo na região – razão, esta, que a faz se responsabilizar pelos danos, materiais e morais, sofridos pelos moradores.

No que concerne às tutelas pretendidas – e esse é o enfoque da questão em tela –, a citada ação civil pública utilizou todas as suas formas e modalidades: pretendeu a prevenção de dano iminente no tocante aos danos patrimoniais e ambientais que poderiam ocorrer (tutela inibitória); pretendeu a cessão do ilícito, que se perpetuava no tempo (tutela de remoção do ilícito); e pretendeu, ainda, a reparação dos danos já ocorridos, a partir do ressarcimento *in pecunia* (tutela condenatória).[44]

economia popular, este Superior Tribunal, ao apreciar o CComp 41.743-RS, *DJU* 1.2.2005, entendeu que o pedido de cessação de atividade ilícita formulado contra empresa que explora máquinas caça-níqueis, por ser de cunho inibitório, deve ser processado na esfera cível".

42. Vale a pena o registro de que tal ação civil pública também fora subscrita pelo Defensor Público Víctor Hugo Albernaz Jr., um devoto da efetividade da tutela coletiva.

43. Processo 651/2009, 2ª Vara da Fazenda Pública da Comarca de Ribeirão Preto/SP.

44. No caso em tela, vale a pena a exposição dos pedidos contidos na citada ação: "Isso posto, requer-se a esse egrégio Juízo: (a) seja *concedida a medida limi-*

No caso citado é possível constatar que a tutela do direito judicializado só é possível de ser realizada, de modo adequado e efetivo, por meio da combinação de diferentes técnicas, seja a partir da exteriorização de diferentes pretensões, seja pela combinação de procedimentos, judicial e extrajudicial (contato prévio com os órgãos públicos e outros responsáveis, para a resolução amigável do problema). Notamos que a utilização de uma tutela não exclui as demais existentes, e tratando-se da proteção de direitos coletivos são admitidas todas as espécies de ações capazes de propiciar sua adequada e efetiva tutela (CDC, art. 83, *caput*).

A compreensão do art. 83, *caput*, do CDC[45] aponta para um dever, antes mesmo que para uma faculdade. Entendemos que a prerrogativa dos legitimados coletivos de ajuizar demandas coletivas lhes impõe responsabilidade na tutela desses direitos e interesses. Assim, a melhor interpretação daquele dispositivo é a de que para a defesa dos direitos e interesses coletivos devem ser utilizadas todas as espécies de ações que consigam tutelá-los adequada e efetivamente.

Lembre-se que os direitos fundamentais, quando enquadrados em uma dimensão multifuncional, exigem prestações de proteção. Isso quer dizer, em poucas palavras, que os direitos fundamentais fazem surgir para o Estado o dever de protegê-los. Ora, essa proteção ou tutela devida pelo Estado certamente não se resume à tutela jurisdicional. Para

nar de tutela inibitória, para se determinar aos requeridos que procedam ao imediato combate à praga em questão na região afetada, atacando os ninhos e locais de reprodução do inseto, seja na praça próxima ou no subsolo, sob pena de multa diária, nos termos do art. 11 da Lei n. 7.347/1985, no valor de R$ 1.000,00 (mil Reais); (b) seja *concedida a medida liminar de tutela de remoção do ilícito,* para se determinar aos requeridos que procedam ao imediato combate à praga em questão já instalada nas residências afetadas, para evitar a continuação do dano, bem como à imediata troca do madeiramento atingido, sob pena de multa diária, nos termos do art. 11 da Lei n. 7.347/1985, no valor de R$ 1.000,00 (mil Reais); (c) seja julgada procedente a presente ação para confirmar as medidas liminares concedidas, de tutela inibitória e de remoção do ilícito, ou concedê-las na sentença, como espécie de tutela antecipada, e condenar, como forma de tutela ressarcitória, as correqueridas a indenizar os moradores prejudicados pelos danos materiais e morais individualmente sofridos pelos atos ilícitos praticados pelas rés, na forma do disposto no art. 95 do CDC; (d) a citação das requeridas para que, querendo, respondam aos termos da presente ação, sob pena de revelia; (e) a intimação do d. Representante do Ministério Público, nos termos do art. 7º, § 1º, da Lei n. 7.347/1985; (f) a concessão dos benefícios previstos no art. 18 da Lei n. 7.347/1985; (...)".

45. CDC, art. 83: "Art. 83. Para a defesa dos direitos e interesses protegidos por este Código são admissíveis todas as espécies de ações capazes de propiciar sua adequada e efetiva tutela".

Luiz Guilherme Marinoni: "O Estado, antes de tudo, tem o dever de proteger os direitos fundamentais mediante normas de Direito. É o que ocorre, por exemplo, quando se pensa na legislação de proteção ao meio ambiente e na legislação de defesa do consumidor. (...). Porém, como a edição da norma não basta, o Estado também tem o dever de fiscalizar o seu cumprimento, impor a sua observância, remover os efeitos concretos derivados da sua inobservância, além de sancionar o particular que a descumpriu. Recorde-se das atividades dos fiscais da saúde pública e dos direitos do consumidor e da figura do guarda florestal. Temos, nesse caso, evidente proteção ou tutela administrativa".[46]

E continua: "O Estado tem o dever de tutelar ou proteger os direitos fundamentais através de normas, da atividade administrativa e da jurisdição. Por isso, *há tutela normativa, tutela administrativa e tutela jurisdicional dos direitos*".[47]

Nossa análise parte dessa via jurisdicional de tutela dos direitos mas não ignora a atuação no plano legislativo, tanto que trabalhamos com a hipótese de edição de uma nova Lei da Ação Civil Pública, por meio de projeto de lei, por ora rejeitado (Projeto de Lei 5.139/2009). Contudo, para os fins específicos deste trabalho, uma análise pormenorizada de cada uma dessas vias, embora relevante, seria inviável, mormente quando enfocamos a efetividade sob o prisma judicial.

Ora, se nos propomos a analisar a efetividade da tutela jurisdicional dos direitos coletivos, encontramos como desafio a identificação das formas de tutelas[48] que, admitidas em nosso ordenamento, concretizam referido desiderato.

"Como se vê, a postura dogmática preocupada com as tutelas é atenta para as *formas de proteção ou tutela dos direitos*. Ela não é preocupada em saber se os cidadãos têm este ou aquele direito, ou mesmo com a identificação de direitos difusos e coletivos. (...). Ademais, a questão das *formas de tutela*, por dizer respeito ao plano do direito material, não

---

46. Luiz Guilherme Marinoni, *Teoria Geral do Processo*, 3ª ed., São Paulo, Ed. RT, 2008, p. 241.
47. Idem, p. 243.
48. Entendemos, com Luiz Guilherme Marinoni, que: "As formas de tutela são garantidas pelo direito material, mas não equivalem aos direitos ou às suas necessidades. É possível dizer, considerando-se um desenvolvimento linear lógico, que as formas de tutela estão em um local mais avançado: é preciso partir dos direitos, passar pelas suas necessidades, para então encontrar as formas capazes de atendê--las" (*Teoria Geral do Processo*, cit., 3ª ed., p. 244).

deve se confundir com o problema de se saber se o processo civil é capaz de dar efetividade aos direitos, ou, melhor, às formas de tutela prometidas pelo direito material. Pergunta-se sobre as formas de tutela na esfera do direito material, portanto antes de se analisar a efetividade do processo. Aliás, caso a questão das 'formas de tutela' pudesse ser confundida com a da 'efetividade do processo', *estaria negada a obviedade de que a pergunta sobre a forma de tutela é um degrau que necessariamente deve ser ultrapassado para se chegar à problematização da efetividade do processo*. O processo deve se estruturar de maneira tecnicamente capaz de permitir a prestação das *formas de tutela* prometidas pelo direito material. De modo que entre as *tutelas dos direitos* e as *técnicas processuais* deve haver uma relação de adequação. Mas essa relação de adequação não pergunta mais sobre as *formas de tutela*, porém sim a respeito das *técnicas processuais*. Ou, melhor, quando se indaga sobre a efetividade do processo já se identificou a *forma de tutela* prometida pelo direito material, restando verificar se as *técnicas processuais* são capazes de propiciar a sua efetiva prestação."[49]

Tanto são diversas a sobredita "tutela" e a "técnica processual", que o autor exemplifica, de um modo muito evidente, a partir da análise do direito à honra ou à intimidade. Se a Constituição Federal de 1988 protege a inviolabilidade de tais direitos, então, pressupõe-se a admissão da tutela inibitória, mesmo que a legislação processual nada disponha a respeito. É que as espécies de tutela admissíveis baseiam-se no direito material envolvido, e não na técnica. "*A legislação processual tem apenas o dever de instituir técnicas processuais que sejam capazes de viabilizar a obtenção da tutela do direito prometido pelo direito material*. Ou seja, a legislação processual deve se preocupar com as técnicas processuais (...)."[50]

Oportuno retomar a análise de Sérgio Cruz Arenhart[51] ao tratar da divisão quinária das ações, pois em seus estudos o autor pontua a existência de dois tipos de tutela: as que atuam no plano jurídico (declarando ou constituindo, em sentido positivo ou negativo, uma situação jurídica ou direito) e as que atuam no plano concreto (modificando a realidade, o mundo fático, seja por meio de provimentos que impeçam

49. Luiz Guilherme Marinoni, *Teoria Geral do Processo*, cit., 3ª ed., p. 245.
50. Idem, p. 247.
51. Sérgio Cruz Arenhart, "Perfis da tutela inibitória coletiva", cit., in *Temas Atuais de Direito Processual Civil*, vol. 6, 2003.

a ocorrência de uma situação – inibitórios, cautelares –, seja por meio de provimentos que logrem reconstituí-la ou alterá-la de acordo com a pretensão externada – ressarcitória ou mandamental, de adimplemento ou executiva).

Não é excessivo afirmar que a análise da tutela jurisdicional influi, inexoravelmente, na ação. É por meio da ação que se obtém a tutela jurisdicional do direito. A ação é instrumento, é meio pelo qual se afirma um direito ou situação jurídica, chamando a apreciação judicial ao caso para concretizá-lo, individualizando a tutela em uma situação específica.[52] Esse instrumento (a ação) realiza-se de um modo específico: o procedimento. O exercício do direito de ação impõe um modo de agir, de proceder, predeterminado ou determinável. O procedimento atua como técnica processual de efetividade, pois é nele que os atos se concatenam, se realizam, se encaminham para que a tutela pretendida se realize, concretizando o direito judicializado. Crucial, pois, analisar como esse procedimento pode ser desenvolvido e em que medida essa técnica efetiva o direito.

Pois bem. Oportuna, neste ponto, rápida digressão no campo da fungibilidade da tutela coletiva, ou seja, da alteração superveniente do pedido nas ações coletivas. Ora, se no processo civil individual a sentença deve se relacionar com o pedido, em primeiro lugar (princípio da correlação), nas ações coletivas a sentença deve ter por principal paradigma a situação fática do momento de sua prolação, ainda que as condições tenham se alterado no decorrer da demanda. Segundo texto do rejeitado Projeto de Lei 5.139/2009, "nas ações coletivas, a requerimento do autor ou do Ministério Público, até o momento da prolação da sentença, o juiz poderá permitir a alteração do pedido ou da causa de pedir, (...) devendo ser assegurado o contraditório (...)" (art. 16).

A ideia da fungibilidade postulatória autoriza a alteração do pedido até o momento da prolação da sentença, como forma de flexibilização

52. O conceito de "sentença", nesse sentido, passa a ser redimensionado, pois não mais se justifica a ideia de que pela sentença se exaure o direito de ação ou muito menos a tutela do direito. Aliás, há casos em que a sentença não se presta à tutela do direito, como, por exemplo, nos casos em que o processo é extinto sem o julgamento de mérito. Nesse caso, o direito ou interesse lesado sequer chega a ser apreciado pelo juiz; quanto ao autor, este não conseguiu expor seus fatos de modo pleno, pois não há a cognição judicial e sequer a resolução de seu conflito particular. Provocamos: houve o exercício do direito de ação nesse caso? Houve tutela de direito?

do procedimento e na busca pelo acesso à tutela coletiva adequada, sem prejuízo dos princípios do contraditório e da ampla defesa.[53]

No tocante ao objeto do processo coletivo, dispositivo contido no Anteprojeto de Código Coletivo de Antônio Gidi traz significativas inovações, inspiradas no modelo norte-americano de absoluto ativismo judicial e extrema flexibilização procedimental, permitindo, inclusive, a ampliação, de ofício, do objeto da demanda: "O objeto do processo coletivo será o mais abrangente possível, abrangendo toda a controvérsia coletiva entre o grupo e a parte contrária, independentemente de pedido, incluindo tanto as pretensões transindividuais de que seja titular o grupo como as pretensões individuais de que sejam titulares os membros do grupo" (art. 7º). Quanto à decisão saneadora, "encerrada a fase postulatória, e ouvidas as partes e intervenientes, o juiz, em decisão fundamentada: (...) II – demarcará o objeto do processo coletivo da forma mais abrangente possível, independentemente de provocação" (art. 9º), e na sentença coletiva (art. 16) "julgará a controvérsia coletiva da forma mais abrangente possível, decidindo sobre as pretensões individuais e transindividuais, declaratórias, constitutivas e condenatórias, independentemente do pedido, desde que não represente prejuízo injustificado para as partes e o contraditório seja preservado".

Segundo o professor brasileiro da Faculdade de Direito da Universidade de Houston/EUA: "(...) uma interessante inovação trazida pelo Anteprojeto original é o rompimento com a vetusta teoria de que o objeto do processo é rigidamente delimitado pelo pedido feito pelo autor em sua primeira manifestação nos autos, quando a controvérsia e suas consequências ainda estão imaturas. Trata-se de norma influenciada indiretamente pelo direito processual civil norte-americano, que possui um sistema muito mais flexível que o brasileiro, permitindo que o processo se adapte às modificações da situação de fato e às expectativas das

---

53. Vale ressaltar que a ideia em análise representa exceção às regras de estabilização da demanda contidas nos arts. 264 e 294 do CPC – que, respectivamente, impede a modificação unilateral do pedido e não admite seu o aditamento após a citação do réu:

"Art. 264. Feita a citação, é defeso ao autor modificar o pedido ou a causa de pedir, sem o consentimento do réu, mantendo-se as mesmas partes, salvo as substituições permitidas por lei.

"Parágrafo único. A alteração do pedido ou da causa de pedir em nenhuma hipótese será permitida após o saneamento do processo."

"Art. 294. Antes da citação, o autor poderá aditar o pedido, correndo à sua conta as custas acrescidas em razão dessa iniciativa."

partes, que se alteram no decorrer do processo. A *Rule 54 (c)* das *Federal Rules of Civil Procedure* norte-americanas, prescreve que: 'Exceto no caso de revelia, a sentença conterá o provimento a que a parte tenha direito, mesmo que a parte não tenha feito pedido na petição inicial".[54]

Porém, o autor excede na flexibilização, pois sua proposta não se coaduna com o sistema processual civil brasileiro[55] e é incompatível, por mais interessante que pareça, com a sistemática do *Civil Law*. De fato, por mais que apoiemos a adoção de uma principiologia própria para as ações coletivas e uma postura especial, com ideias inovadoras, a ampliação oficiosa do objeto da demanda viola os princípios tradicionais do dispositivo da inércia da jurisdição[56] e da imparcialidade do juiz. Talvez seja por propostas como esta que o Anteprojeto de Código Coletivo de Gidi tenha sido taxado de sobremodo "americanizado" por parte da doutrina nacional. Portanto, como forma de compatibilizar as ideias, propomos a flexibilização do pedido e a possibilidade de sua alteração futura, mas desde que haja requerimento das partes ou interessados, e não de forma oficiosa pelo juiz.

Nessa linha de raciocínio, o Código-Modelo USP/IBDP contém a seguinte regra no art. 5º:

"Art. 5º. Nas ações coletivas, a causa de pedir e o pedido serão interpretados extensivamente, em conformidade com o bem jurídico a ser protegido.

"Parágrafo único. *A requerimento da parte interessada*, até a prolação da sentença, o juiz permitirá a alteração do pedido ou da causa de pedir, desde que seja realizada de boa-fé, não represente prejuízo injustificado para a parte contrária e o contraditório seja preservado, mediante possibilidade de nova manifestação de quem figure no polo passivo da demanda, no prazo de 10 (dez) dias, com possibilidade de prova complementar"[57] (grifos nossos).

---

54. Antônio Gidi, *Rumo a um Código de Processo Civil Coletivo: a Codificação das Ações Coletivas no Brasil*, Rio de Janeiro, Forense, 2008, p. 46.
55. Art. 293 do CPC: "Os pedidos são interpretados restritivamente, compreendendo-se, entretanto, no principal os juros legais".
56. Art. 128 do CPC: "O juiz decidirá a lide nos limites em que foi proposta, sendo-lhe defeso conhecer de questões, não suscitadas, a cujo respeito a lei exige a iniciativa da parte".
57. Devido à relevância do tema, o Código-Modelo de Processos Coletivos para Países Ibero-Americanos também consagra a flexibilidade relativa do pedido, com preservação do princípio do dispositivo:

Feitas essas observações relativas à postura ativa do autor da demanda, importante adentrarmos o tema da responsabilidade processual. Por óbvio, as partes da lide têm interesse na resolução do processo, inclusive, preferencialmente, com julgamento de mérito. Não fosse assim, o autor não ajuizaria a demanda e o réu não a contestaria. A própria definição de "lide" indica a existência de interesses contrapostos. Contudo, autor e réu não são os únicos interessados; há também o juiz, o Ministério Público (quando atuante como *custos legis*), os auxiliares da Justiça, enfim. A existência de interesse no andamento e na resolução do processo impõe aos sujeitos a assunção de certa responsabilidade. "Nesse sentido, temos que a efetividade do processo está diretamente ligada à sua utilização em consonância com os fins para os quais foi idealizado. Se os sujeitos que participam do processo promoverem, de qualquer forma, o desvirtuamento das regras processuais, seja por desídia, por má-fé ou por falta de técnica ou de compromisso para as responsabilidades da função que ali exercem, muito provavelmente não teremos um processo efetivo".[58]

Pertinente dizer que, não obstante a relevância do ativismo judicial, o juiz não é o único sujeito da relação processual. Antes, há partes diretamente envolvidas, terceiros com interesses ou direitos afetos, além da participação de outros auxiliares, os quais, igualmente, são responsáveis pelo bom andamento processual, devendo, pois, agir com dignidade e boa-fé.[59]

"Art. 10. Nas ações coletivas, o pedido e a causa de pedir serão interpretados extensivamente.
"§ 1º. *Ouvidas as partes*, o juiz permitirá a emenda da inicial para alterar ou ampliar o objeto da demanda ou a causa de pedir.
"§ 2º. O juiz permitirá a alteração do objeto do processo a qualquer tempo e em qualquer grau de jurisdição, desde que seja realizada de boa-fé, não represente prejuízo injustificado para a parte contrária e o contraditório seja preservado" (grifos nossos).
58. Marcelo Zenkner, "Ministério Público e efetividade do processo civil", cit., in *Temas Fundamentais de Direito*, vol. 3, p. 52.
59. Aliás, os deveres de zelo processual são expressos no CPC: "Art. 14. São deveres das partes e de todos aqueles que de qualquer forma participam do processo: I – expor os fatos em juízo conforme a verdade; II – proceder com lealdade e boa-fé; III – não formular pretensões, nem alegar defesa, cientes de que são destituídas de fundamento; IV – não produzir provas, nem praticar atos inúteis ou desnecessários à declaração ou defesa do direito; V – cumprir com exatidão os provimentos mandamentais e não criar embaraços à efetivação de provimentos judiciais, de natureza antecipatória ou final".

Há, portanto, um dever de lealdade processual recíproca, em que a atuação de todos aqueles que participam do processo deve ser de boa-fé e em busca da verdade, da melhor resolução do conflito. Esse, aliás, é um pressuposto do modelo processual cooperativo, o qual é trabalhado por Daniel Mitidiero em estudo sobre a colaboração no processo civil. Segundo ele, é possível traçar três perfis de organização do processo: o *isonômico*, de índole racional prática, no qual a dialética das partes é estabelecida, de modo paritário, para alcançar a solução do problema jurídico (adoção da boa-fé subjetiva pelas partes e pelo Estado); o *assimétrico*, de índole racional teórica, no qual a figura do Estado-juiz sobressai na condução do processo (boa-fé subjetiva das partes); e o *cooperativo*, no qual as partes e o Estado ocupam posições coordenadas, todos observando a boa-fé objetiva.

"O processo cooperativo parte da ideia de que o Estado tem como dever primordial propiciar condições para a organização de uma sociedade livre, justa e solidária, fundado que está na dignidade da pessoa humana. (...). Por essa vereda, o contraditório acaba assumindo novamente um local de destaque na construção do formalismo processual, sendo instrumento ótimo para a viabilização do diálogo e da cooperação no processo, que implica, de seu turno, necessariamente, a previsão de deveres de conduta tanto para as partes como para o órgão jurisdicional (deveres de esclarecimento, consulta, prevenção e auxílio)."[60]

Notamos que esse modelo processual parece se coadunar com o nosso modelo de Estado Democrático de Direito, nos termos do enunciado preambular constitucional, que enuncia dentre seus objetivos fundamentais justamente a construção de uma sociedade livre, justa e solidária (CF de 1988, art. 3º, I).

A verdade passa a ser um valor buscado por todos os que participam no processo, sendo certo que a atuação do magistrado não se resume à concretização da vontade da lei, dos interesses do Estado ou na elaboração de normas a partir do caso concreto. No modelo processual cooperativo o papel desenvolvido pelo juiz é redimensionado, "assumindo uma dupla posição: mostra-se paritário na condução do processo, no diálogo processual, sendo, contudo, assimétrico quando da decisão da causa".[61]

60. Daniel Mitidiero, "Colaboração no processo civil", in Luiz Guilherme Marinoni e José Roberto dos Santos Bedaque (coords.), Coleção *Temas Atuais de Direito Processual Civil*, vol. 14, São Paulo, Ed. RT, 2009, p. 102.
61. Idem, ibidem.

No Brasil notamos a tendência de se aplicar a boa-fé subjetiva somente às partes, e quanto à postura do magistrado refuta-se, ao máximo, a aceitação do ativismo judicial enquanto conduta ativa do juiz na instrução probatória do processo. Essa postura revela a vigência de um paradigma processual isonômico (em que qualquer intervenção do juiz é vista como afronta à imparcialidade e à neutralidade do processo), que não se coaduna com as aspirações que o próprio texto constitucional enuncia.

A ação civil pública, por judicializar direitos e interesses de titularidade coletiva, acaba sendo de responsabilidade de todos, muito embora sua veiculação dependa da atuação de um ente legitimado. Corroborando esta tese, verificamos os arts. 6º ("Qualquer pessoa poderá e o servidor público deverá provocar a iniciativa do Ministério Público, ministrando-lhe informações sobre fatos que constituam objeto de ação civil e indicando-lhe os elementos de convicção") e 7º da LACP ("Se, no exercício de suas funções, os juízes e tribunais tiverem conhecimento de fatos que possam ensejar a propositura de ação civil, remeterão peças ao Ministério Público para as providências cabíveis").

No processo coletivo a responsabilidade das partes no cumprimento dos deveres processuais adquire contornos próprios. O inciso III do art. 14 do CPC, por exemplo, pode fundamentar a desistência da ação coletiva por parte de um colegitimado ativo. Os direitos coletivos, embora indisponíveis, de titularidade indeterminada e de interesse de relevância pública ou coletiva, não devem servir de pretexto para o ajuizamento e/ou prolongamento de ação judicial desarrazoada: constatando-se, no caso concreto, a inviabilidade da demanda coletiva (*v.g.*, nos casos em que se constata que um dano ambiental ocorreu devido a um fenômeno natural, e não pela atuação danosa/lesiva de uma empresa que fora arrolada no polo passivo da ação), o colegitimado não só pode como deve desistir da ação, motivando sua conduta pelas razões reais que o levaram a tomar essa decisão. Conduta diversa dessa pode ser considerada ofensiva aos deveres processuais, pois a atuação do colegitimado estaria sendo temerária, destituída de razão – e, portanto, indevida.

De fato, a atuação temerária dos sujeitos enseja sua responsabilidade processual que, se subdivide em interna/administrativa e externa/civil. A responsabilidade processual interna ou administrativa se refere aos danos endoprocessuais, cujos prejuízos são presumidos, e acarreta a condenação em multa por litigância de má-fé, pagamento das custas e despesas processuais, além dos honorários advocatícios.[62]

Quanto à responsabilidade processual civil, os danos são externos e dependem de comprovação. São os chamados danos processuais, ou seja, os danos advindos da execução de determinado provimento judicial.[63]

O tema em questão trata da responsabilidade civil por danos processuais, principalmente nos casos de concessão de tutela de urgência. Em suma, a regra aproxima-se do tratamento constitucional e doutrinário dado à ação popular e afasta a aplicação do art. 811 do CPC.

Segundo a Constituição Federal, "qualquer cidadão é parte legítima para propor ação popular, que vise a anular ato lesivo ao patrimônio público ou de entidade de que o Estado participe, à moralidade administrativa, ao meio ambiente e ao patrimônio histórico e cultural, ficando o autor, *salvo comprovada má-fé*, isento de custas judiciais e do ônus da sucumbência" (art. 5º, LXXIII) (grifos nossos).

Segundo a doutrina que estuda tal ação constitucional, a isenção estende-se ao dano processual, para fins de fomentar sua utilização e

---

62. CPC:
"Art. 16. Responde por perdas e danos aquele que pleitear de má-fé como autor, réu ou interveniente.
"Art. 17. Reputa-se litigante de má-fé aquele que: I – deduzir pretensão ou defesa contra texto expresso de lei ou fato incontroverso; II – alterar a verdade dos fatos; III – usar do processo para conseguir objetivo ilegal; IV – opuser resistência injustificada ao andamento do processo; V – proceder de modo temerário em qualquer incidente ou ato do processo; VI – provocar incidentes manifestadamente infundados; VII – interpuser recurso com intuito manifestamente protelatório.
"Art. Art. 18. O juiz ou tribunal, de ofício ou a requerimento, condenará o litigante de má-fé a pagar multa não excedente a 1% (um por cento) sobre o valor da causa e a indenizar a parte contrária dos prejuízos que esta sofreu, mais os honorários advocatícios e todas as despesas que efetuou.".
Na mesma linha a LACP, art. 18 – "Art. 18. Nas ações de que trata esta Lei, não haverá adiantamento de custas, emolumentos, honorários periciais e quaisquer outras despesas, nem condenação da associação autora, salvo comprovada má-fé, em honorários de advogado, custas e despesas processuais" –, cuja regra não se limita às associações, mas se estende a qualquer autor coletivo.
63. Sobre o tema, o Projeto de Lei 5.139/2009 dispunha que:
"Art. 57. O legitimado coletivo somente responde por danos processuais nas hipóteses em que agir com má-fé processual.
"Parágrafo único. O litigante de má-fé será condenado ao pagamento das despesas processuais, dos honorários advocatícios e de até o décuplo das custas, sem prejuízo da responsabilidade por perdas e danos."

fortalecer o exercício da cidadania. De fato, "se até do mínimo (custas) o autor popular deve ser isento, isto com a finalidade de incentivar a sua atuação, que dirá com relação ao máximo (indenização pelos prejuízos causados). Haveria, sem dúvida, um receio em postular medidas liminares, com evidente prejuízo para a correta operacionalização do instituto da ação popular".[64]

Portanto, visando a ampliar o acesso à Justiça Coletiva e a fomentar a utilização da tutela jurisdicional dos interesses da sociedade, segundo a doutrina atual, o autor da ação coletiva, e não apenas da ação popular, somente responde se agir com litigância de má-fé, sendo que tal isenção se aplica tanto às custas quanto aos danos processuais,[65] conforme a interpretação doutrinária acima exposta.

Dessa forma, tendo em vista a existência de um sistema coletivo próprio (art. 19 da LACP e art. 90 do CDC),[66] com regras próprias (CF, art. 5º, LXXIII), não se aplica o art. 811 do CPC.[67]

Em resumo, o dimensionamento da responsabilidade das partes e do dever processual assume proporções relevantes em sede de ações coletivas, pois a partir desses institutos viabiliza-se uma tutela adequada

64. Luiz Manoel Gomes Jr., *Ação Popular – Aspectos Polêmicos*, 2ª ed., Rio de Janeiro, Forense, 2004.
65. Aliás, o próprio art. 17 da LACP exige a má-fé para que haja responsabilidade processual: "Em caso de litigância de má-fé, a associação autora e os diretores responsáveis pela propositura da ação serão solidariamente condenados em honorários advocatícios e ao décuplo das custas, sem prejuízo da responsabilidade por perdas e danos".
66. LACP, art. 19: "Art. 19. Aplica-se à ação civil pública, prevista nesta Lei, o Código de Processo Civil, aprovado pela Lei n. 5.8969, de 11 de janeiro de 1973, naquilo que não contrariar suas disposições".
CDC, art. 90: "Art. 90. Aplicam-se às ações previstas neste Título as normas do Código de Processo Civil e da Lei n. 7.347, de 24 de julho de 1985, inclusive no que respeita ao inquérito civil, naquilo que não contrariar suas disposições".
67. CPC, art. 811:
"Art. 811. Sem prejuízo do disposto no art. 16, o requerente do procedimento cautelar responde ao requerido pelo prejuízo que lhe causar a execução da medida: I – se a sentença no processo principal lhe for desfavorável; II – se, obtida liminarmente a medida no caso do art. 804 deste Código, não promover a citação do requerido dentro em 5 (cinco) dias; III – se ocorrer a cessação da eficácia da medida, em qualquer dos casos previstos no art. 808 deste Código; IV – se o juiz acolher, no procedimento cautelar, a alegação de decadência ou de prescrição do direito do autor (art. 810).
"Parágrafo único. A indenização será liquidada nos autos do procedimento cautelar."

do direito e, com isso, garante-se ou, no mínimo, contribui-se para sua efetividade, pois afastado o fator de intimidação oriundo da responsabilização.[68]

68. Nesse ponto, importante a informação de que tramita no Congresso Nacional o Projeto de Lei 265/2007 (*Lei Maluf* ou *Lei da Mordaça*), de autoria do deputado federal Paulo Maluf, que amplia as hipóteses de responsabilização dos colegitimados coletivos com finalidade inegavelmente de intimidação, cujo texto utiliza termos vagos, e que, se aprovado, representará verdadeiro golpe ao acesso à Justiça Coletiva e ao Estado Democrático de Direito. Segundo a redação proposta ao art. 18 da LACP: "Nas ações de que trata esta Lei, quando a ação for temerária ou for comprovada má-fé, finalidade de promoção pessoal ou perseguição política, haverá condenação da associação autora ou membro do Ministério Público ao pagamento de custas, emolumentos, despesas processuais, honorários periciais e advocatícios".
Além disso, propõe o projeto a criminalização de determinada conduta:
"Art. 4º. O art. 19 da Lei n. 8.429, de 2 junho de 1992, passa a vigorar com a seguinte redação:
"'Art. 19. Constitui crime a representação por ato de improbidade ou a propositura de ação contra agente público ou terceiro beneficiário, quando o autor o sabe inocente ou pratica o ato de maneira temerária:
"'Pena – detenção de 6 (seis) a 10 (dez) meses e multa.
"'Parágrafo único. Além da sanção penal, o denunciante ou membro do Ministério Público está sujeito a indenizar o denunciado pelos danos materiais, morais ou à imagem que houver provocado."
Resta-nos a seguinte indagação: será que a democracia brasileira merece mais esse golpe? Segundo ponderam os membros do Ministério Público que processam o deputado Maluf, o projeto decorre de "vingança privada" do parlamentar: "Sim, vingança privada, pois, como é de conhecimento público, Paulo Maluf e seus familiares encontram-se atualmente processados pelo Ministério Público pela prática de crimes contra a Administração Pública, 'lavagem de dinheiro', evasão de divisas, formação de quadrilha e pela perpetração de improbidade administrativa" (Rodrigo de Grandis, Sílvio Marques e Pedro Barbosa, "A vingança de Maluf", Folha de S. Paulo, "Tendências e Debates", 6.4.2010). Em defesa de suas ideias, responde o deputado: "Atuando de maneira irresponsável, procuradores e autores populares devem arcar com as consequências de atentados à boa imagem e à honra dos administradores, nunca sendo demais lembrar que atos de improbidade podem ocorrer em ambos os lados. Mas o que o Projeto de Lei n. 265/2007 apresenta que tanto atemoriza alguns promotores e procuradores?" (Paulo Maluf, "Promotores têm medo da Justiça?", *Folha de S. Paulo*, "Tendências e Debates", 13.4.2010). No entanto, julgamos sem razão o deputado Maluf, que pretende, ainda que indiretamente, a intimidação daqueles responsáveis pela lisura e moralidade administrativa. Por outro lado, o sistema já contém dispositivos de combate à má-fé e às ações precárias, sendo desnecessária tal alteração legal. Em suma, o projeto de lei atenta contra valores relevantes contidos na Constituição Federal de 191988, como a democracia, a cidadania, o acesso à Justiça e a lisura administrativa. É um golpe ao Estado Democrático de Direito do Brasil.

Ainda quanto à postulação e sua efetividade, para assegurar a otimização da atividade tutelar dos entes legitimados necessária seria a exigência de consulta prévia aos cadastros nacionais de ações civis públicas e inquéritos civis,[69] para evitar atuações dúplices, já que a coisa julgada é *erga omnes* e o art. 16 da LACP é inconstitucional.[70] Realmente, por questões de economia processual, institucional e administrativa – tema ligado ainda ao interesse de agir –, deveria o autor coletivo, ao postular, apresentar em juízo demonstração negativa de processos coletivos

---

69. Projeto de Lei 5.139/2009:

"Art. 54 [*Art. 53*]. O Conselho Nacional de Justiça organizará e manterá o Cadastro Nacional de Processos Coletivos, com a finalidade de permitir que os órgãos do Poder Judiciário e os interessados tenham amplo acesso às informações relevantes relacionadas com a existência e o estado das ações coletivas.

"§ 1º. Os órgãos judiciários aos quais forem distribuídas ações coletivas remeterão, no prazo de 10 (dez) dias, cópia da petição inicial, preferencialmente por meio eletrônico, ao Cadastro Nacional de Processos Coletivos.

"§ 2º. No prazo de 90 (noventa) dias, contado da publicação desta Lei, o Conselho Nacional de Justiça editará Regulamento a dispor sobre o funcionamento do Cadastro Nacional de Processos Coletivos e os meios adequados a viabilizar o acesso aos dados e seu acompanhamento por qualquer interessado através da rede mundial de computadores.

"§ 3º. O Regulamento de que trata o § 2º disciplinará a forma pela qual os juízos comunicarão a existência de ações coletivas e os atos processuais mais relevantes sobre o seu andamento, como a concessão de antecipação de tutela, a sentença, o trânsito em julgado, a interposição de recursos e a execução.

"Art. 55 [*Art. 54*]. O Conselho Nacional do Ministério Público organizará e manterá o Cadastro Nacional de Inquéritos Civis e de Compromissos de Ajustamento de Conduta, com a finalidade de permitir que os órgãos do Poder Judiciário, os colegitimados e os interessados tenham amplo acesso às informações relevantes relacionadas com a abertura do inquérito e a existência do compromisso.

"§ 1º. Os órgãos legitimados que tiverem tomado Compromissos de Ajustamento de Conduta remeterão, no prazo de 10 (dez) dias, cópia, preferencialmente por meio eletrônico, ao Cadastro Nacional de Inquéritos Civis e de Compromissos de Ajustamento de Conduta.

"§ 2º. O Conselho Nacional do Ministério Público, no prazo de 90 (noventa) dias, a contar da publicação desta Lei, editará Regulamento a dispor sobre o funcionamento do Cadastro Nacional de Inquéritos Civis e Compromissos de Ajustamento de Conduta, incluindo a forma de comunicação e os meios adequados a viabilizar o acesso aos dados e seu acompanhamento por qualquer interessado."

70. Embora existam vários julgados acolhendo a limitação imposta pelo art. 16 da LACP, inclusive do STJ, entendemos que não se coaduna com a Constituição Federal, muito menos com o sistema e a natureza das ações coletivas. O Projeto de Lei 5.139/2009 não repete tamanha infelicidade.

findos, para fins de impedir a violação da coisa julgada e toda a movimentação da máquina do Poder Judiciário de forma inútil e precipitada.

Por derradeiro, deve-se consignar que o autor da ação coletiva está dispensado de demonstrar a *relevância social* de seu pedido, pois ela é presumida. Caso contrário tal requisito pode representar um obstáculo ao acesso à Justiça Coletiva, pois permite ao juiz, em determinado caso, indeferir a petição inicial por ausência de relevância e também à parte contrária pleitear a extinção do processo sem a resolução do mérito por falta desse pressuposto – o que não podemos admitir.[71]

Enfim, postular adequadamente é indispensável à saúde e à efetividade da tutela coletiva em geral.

3.1.2.2 *Da efetividade interna judicial instrutória*

No que toca à efetividade instrutória, a principal questão refere-se à distribuição dinâmica do ônus probatório.[72]

Tal instituto concretiza o ativismo judicial na divisão do ônus da prova, fixando um critério dinâmico, e não estático como no processo individual. Esse critério é uma espécie de *ação afirmativa* ou *discriminação positiva* processual. É uma forma ou medida de promoção da

71. No mesmo sentido, Antônio Gidi coloca-se contra tal requisito e, ao comentar os "Anteprojetos Derivados" que o consagram, assim se manifesta: "Ainda que não houvesse ambiguidade ou subjetividade, a norma proposta é indefensável. Se uma ação pode ser julgada procedente (ou improcedente) no mérito, não faz nenhum sentido que um juiz possa decidir não examinar o mérito do processo apenas porque não considera a tutela coletiva socialmente relevante no caso concreto" (*Rumo a um Código de Processo Civil Coletivo: a Codificação das Ações Coletivas no Brasil*, cit., p. 177).
72. Segundo o Projeto de Lei 5.139/2009, por ora rejeitado na Câmara dos Deputados: "Art. 20. Não obtida a conciliação ou quando, por qualquer motivo, não for utilizado outro meio de solução do conflito, o juiz, fundamentadamente: (...) IV – distribuirá a responsabilidade pela produção da prova, levando em conta os conhecimentos técnicos ou informações específicas sobre os fatos detidos pelas partes ou segundo a maior facilidade em sua demonstração, podendo atribuir o ônus da prova ou o seu custeio ao réu; V – poderá ainda distribuir essa responsabilidade segundo os critérios previamente ajustados pelas partes, desde que esse acordo não torne excessivamente difícil a defesa do direito de uma delas; VI – poderá, a todo momento, rever o critério de distribuição da responsabilidade da produção da prova e das despesas com seu custeio, diante de fatos novos, observados o contraditório e a ampla defesa; VII – esclarecerá as partes sobre a distribuição do ônus da prova; e VIII – poderá determinar de ofício a produção de provas, observado o contraditório".

paridade de armas. Realmente, a lei favorece uma das partes em situação de hipossuficiência para, ao final, assegurar a igualdade material ou substancial, e não meramente formal.

De fato, "a distribuição dinâmica do ônus da prova é uma medida de igualdade processual, importante nos casos em que há 'assimetria de informações' entre as partes (uma parte tem mais informações que a outra), como acontece, por exemplo, nos casos de proteção ao consumidor e ao meio ambiente".[73]

Por oportuno, vale a pena citar decisão do STJ que, de forma relativamente inédita, acolheu a inversão do ônus da prova nos casos de danos ao meio ambiente, como medida de extrema efetividade em benefício da tutela coletiva de tão relevante interesse difuso: "Aquele que cria ou assume o risco de danos ambientais tem o dever de reparar os danos causados; e, em tal contexto, transfere-se a ele todo o encargo de provar que sua conduta não foi lesiva – Cabível, na hipótese, a inversão do ônus da prova, que, em verdade, se dá em prol da sociedade, que detém o direito de ver reparada ou compensada a eventual prática lesiva ao meio ambiente – Art. 6º, VIII, do CDC c/c o art. 18 da Lei n. 7.347/1985".[74]

---

73. Antônio Gidi, *Rumo a um Código de Processo Civil Coletivo: a Codificação das Ações Coletivas no Brasil*, cit., p. 127.
74. STJ, 1ª Turma, REsp 1.049.822-RS, rel. Min. Francisco Falcão, j. 23.4.2009. De fato, observa o Ministro-Relator, de cujo voto divergiu o Min. Teori Albino Zavascki, mas sem razão este último:
"Desta feita, como bem ressaltou o Ministério Público Estadual (fls. 368-v.), a transferência de riscos impõe, de um lado, a imposição do ônus da prevenção dos danos, decorrência da aplicação do poluidor-pagador, e, de outro, a responsabilização objetiva, quando já consolidado o dano, objetivando-se a reparação integral da degradação. Para esclarecer melhor essa inversão do ônus da prova no princípio da precaução, reporto-me a excerto de artigo próprio, publicado na obra *O Direito para o Brasil Socioambiental*: '(...). O princípio da precaução sugere, então, que o ônus da prova seja sempre invertido, de maneira que o produtor, empreendimento ou responsável técnico tenham que demonstrar a ausência de perigo ou dano decorrente do uso da referida substância, ao invés da agência de proteção ao meio ambiente ou os cidadãos terem que provar os efeitos nefastos de uma substância danosa à saúde humana ou ao ambiente. Algumas opiniões em favor do princípio da precaução, como a da professora inglesa Rosalind Malcom, chegam a sustentar que, 'se uma denúncia for feita sobre os efeitos tóxicos de uma certa substância, mesmo sem uma base científica atual consistente, devem ser tomadas as devidas cautelas pelo Estado para prevenir futuros danos ambientais, ainda que não esteja claramente estabelecido que o empreendimento ou a empresa denunciadas sejam os responsáveis pelo eventual dano ambiental causado pelo uso daquela substância' . A justificativa para essa interpretação baseia-se no fato de que, se posteriormente for comprovada a respon-

Quanto à produção de provas, vale a pena citar que o modelo norte-americano de apuração dos fatos fornece às partes amplos poderes instrutórios, inclusive para advogados – o que faz surgir verdadeiros inquéritos civis privados. "Nos Estados Unidos há um eficiente (mas extremamente caro) sistema investigativo conduzido pelos advogados. A *discovery* é disciplinada pelas normas 26 a 37 das *Federal Rules of Civil Procedure*. Em linhas gerais, a *discovery* é equivalente a um 'inquérito civil' realizado por advogados em qualquer processo individual. Ao contrário do que acontece no Brasil, não se trata de instrumento privativo do Ministério Público em demandas coletivas. Esse significativo aumento de poderes do advogado requer um proporcional aumento dos deveres éticos profissionais e seu controle".[75]

Sobre a distribuição dinâmica do ônus da prova, o Código-Modelo USP/IBDP dispõe que:

"Art. 11. São admissíveis em juízo todos os meios de prova, desde que obtidos por meios lícitos, incluindo a prova estatística ou por amostragem.

"§ 1º. Sem prejuízo do disposto no art. 333 do Código de Processo Civil, o ônus da prova incumbe à parte que detiver conhecimentos técnicos ou informações específicas sobre os fatos, ou maior facilidade em sua demonstração.

"§ 2º. O ônus da prova poderá ser invertido quando, a critério do juiz, for verossímil a alegação, segundo as regras ordinárias de experiência, ou quando a parte for hipossuficiente.

---

sabilidade da empresa ou da pessoa denunciada pela degradação ambiental causada pela dita substância, seria tarde demais para impedir ou prevenir os seus nefastos efeitos. Neste sentido, é melhor errar em favor da proteção ambiental do que correr sérios riscos ambientais por falta de precaução dos agentes do Estado'.

"Por fim, ratificando o entendimento do *Parquet* Estadual (fls. 369), diante do princípio da precaução e da internalização dos riscos, inerentes à responsabilização objetiva, deverá a parte ré provar a existência ou irrelevância dos danos, bem como arcar com os custos para identificar o grau da degradação ambiental e as medidas mitigadoras dos impactos que serão necessárias, bastando ao Ministério Público provar a potencialidade lesiva da atividade.

"Em conclusão, não deve ser reformado o acórdão recorrido, pois, como demonstrado, é cabível a inversão do ônus da prova não só na esfera do direito do consumidor, mas também no âmbito de proteção ao meio ambiente."

75. Antônio Gidi, *Rumo a um Código de Processo Civil Coletivo: a Codificação das Ações Coletivas no Brasil*, cit., p. 125.

"§ 3º. Durante a fase instrutória, surgindo modificação de fato ou de direito relevante para o julgamento da causa (parágrafo único do art. 5º deste Código), o juiz poderá rever, em decisão motivada, a distribuição do ônus da prova, concedendo à parte a quem for atribuída a incumbência prazo razoável para sua produção, observado o contraditório em relação à parte contrária (art. 25, § 5º, inciso IV).

"§ 4º. O juiz poderá determinar de ofício a produção de provas, observado o contraditório."[76]

Além da questão da distribuição dinâmica, a efetividade instrutória não se coaduna com limitação de meios de prova.

Por exemplo, as provas por amostragem, por estatísticas[77] ou por diagnósticos sociais são espécies de demonstrações por probabilidade e dispensam a efetiva ocorrência do fato danoso, sendo útil a mera possibilidade de sua ocorrência. Tal espécie de prova é muito utilizada na adoção de tutelas preventivas ou inibitórias.[78]

---

76. O Código-Modelo UNERJ/UNESA, por sua vez, determina:
"Art. 19. **Provas.** São admissíveis em juízo todos os meios de prova, desde que obtidos por meios lícitos, incluindo a prova estatística ou por amostragem.
"§ 1º. O ônus da prova incumbe à parte que detiver conhecimentos técnicos ou informações específicas sobre os fatos, ou maior facilidade em sua demonstração, cabendo ao juiz deliberar sobre a distribuição do ônus da prova por ocasião da decisão saneadora.
"§ 2º. Durante a fase instrutória, surgindo modificação de fato ou de direito relevante para o julgamento da causa, o juiz poderá rever, em decisão motivada, a distribuição do ônus da prova, concedendo à parte a quem for atribuída a incumbência prazo razoável para a produção da prova, observado o contraditório em relação à parte contrária.
"§ 3º. O juiz poderá determinar de ofício a produção de provas, observado o contraditório."
77. Projeto de Lei 5.139/2009, parágrafo único do art. 20: "Parágrafo único. Todos os meios legais, bem como os moralmente legítimos, ainda que não especificados em lei, são hábeis para provar a verdade dos fatos em que se fundam a ação coletiva e a defesa, inclusive as provas por amostragem, por estatísticas e os diagnósticos sociais".
78. "Em muitos casos, a prova direta de um fato é praticamente impossível. No entanto, tal fato poderá ser provado indiretamente, através de estatísticas. Como provar que uma empresa discrimina mulheres, negros ou deficientes físicos? Como o evento se passa invariavelmente dentro da mente do perpetrador, muitas vezes inconscientemente, é praticamente impossível provar que houve discriminação em um determinado caso concreto. Mas às vezes é possível provar que há um padrão discriminatório em uma empresa, através do uso de provas estatísticas ou por amostragem. Pode ser impossível provar que um produto químico causou o câncer do autor de

Segundo o professor Gidi, "essa técnica é conhecida nos Estados Unidos como *probabilistic proof* ou *statistical evidence*. Trata-se de instrumento particularmente importante no caso de responsabilidade civil em massa causada por produtos químicos (*mass toxic tort*), em que um grupo numeroso de pessoas consumiu ou foi exposto a produtos químicos fabricados por várias empresas diferentes. Em alguns casos não há como comprovar cientificamente a relação causal entre o produto e o dano sofrido por cada membro do grupo (*indeterminate plaintiff*), mas há uma prova estatística de que o dano ocorre entre os membros do grupo em uma incidência maior que no resto da sociedade. Em outros casos os membros do grupo sabem qual foi o produto químico que causou o dano, mas não se sabe ou não se pode provar qual empresa produziu o produto que causou o dano a cada membro do grupo (*indeterminate defendant*)".

Portanto, a prova por estatística ou por amostragem visa a superar tais dificuldades, cada vez mais recorrentes na sociedade de consumo em massa da atualidade.

Ainda quanto aos meios de prova, em função da efetividade necessária da tutela coletiva e diante do princípio da primazia da tutela preventiva, defendemos a adoção do instituto da *delação premiada*, comum no bojo da instrução criminal.[79]

De fato, a proposta conste na isenção da responsabilidade civil, administrativa ou processual do responsável ou administrador da pessoa jurídica, órgão ou qualquer entidade potencialmente violador de direitos

---

uma determinada demanda, mas é possível provar que o grupo que consome ou é exposto ao produto tem o risco 50% maior de ter a doença do que o resto da sociedade" (Antônio Gidi, *Rumo a um Código de Processo Civil Coletivo: a Codificação das Ações Coletivas no Brasil*, cit., pp. 129-130).

79. Lei 8.072/1990, art. 8º, parágrafo único: "Parágrafo único. O participante e o associado que denunciar à autoridade o bando ou quadrilha, possibilitando seu desmantelamento, terá a pena reduzida de um a dois terços".

Lei 9.034/1995, art. 6º: "Art. 6º. Nos crimes praticados em organização criminosa, a pena será reduzida de um a dois terços, quando a colaboração espontânea do agente levar ao esclarecimento de infrações penais e sua autoria".

Lei 9.613/1998, art. 1º, § 5º: "§ 5º. A pena será reduzida de um a dois terços e começará a ser cumprida em regime aberto, podendo o juiz deixar de aplicá-la ou substituí-la por pena restritiva de direitos, se o autor, coautor ou partícipe colaborar espontaneamente com as autoridades, prestando esclarecimentos que conduzam à apuração das infrações penais e de sua autoria ou à localização dos bens, direitos ou valores objeto do crime".

coletivos *lato sensu* que delatar ao juiz, durante a ação civil pública, ao Ministério Público ou à Defensoria Pública, durante as investigações preliminares, fato que causaria dano coletivo, desde que este seja efetivamente evitado ou consideravelmente minorados seus efeitos.

Portanto, tal instituto, de caráter premial, inegavelmente fomentaria a efetividade do processo coletivo, principalmente das tutelas preventivas.

3.1.2.3 Da efetividade interna judicial procedimental e decisória

A análise do procedimento enquanto técnica processual de efetividade demanda atenção dos construtores do Direito. As formas processuais e procedimentais têm uma razão de ser, e não devem ser ignoradas, pois estabelecem o modo de ser da prestação jurisdicional do direito coletivo judicializado.

José Roberto dos Santos Bedaque, discorrendo sobre a efetividade do processo e da técnica processual, traz à tona a problematização da instrumentalidade das formas de um modo peculiar: "A *forma*, como fator de legalidade do processo, não se refere apenas ao ato processual individualmente examinado, mas ao próprio procedimento – que nada mais é, aliás, que a soma dos atos do processo, todos interligados e unidos teleologicamente, com vistas à solução da crise de direito material".[80]

Com isso, o jurista afirma que a dita "legalidade do processo" não se constata tão somente pela análise da conformação do ato processual aos requisitos e ditames normativos. A forma, como fator de legalidade, exige a análise do modo de ser do concatenamento dos atos processuais tendo em vista sua própria razão de ser; ou seja, exige a análise da conformação do procedimento à finalidade pela qual ele fora pensado. Bedaque continua, explicando que o próprio procedimento, em si, pode ser considerado uma técnica processual de efetividade. De fato, "não há como confundir *técnica processual* com *procedimento*. O procedimento é *uma espécie* de técnica processual destinada a permitir a tutela dos direitos. Para se compreender o procedimento, como técnica processual autônoma, é necessário distanciá-lo da técnica antecipatória, das sentenças e dos meios executivos. Isso porque é possível *distinguir* direito ao

---

80. José Roberto dos Santos Bedaque, *Efetividade do Processo e Técnica Processual*, cit., 3ª ed., p. 62.

procedimento de, por exemplo, direitos à sentença e ao meio executivo adequado".[81]

Assim, ao analisar a efetividade do procedimento, devemos verificar se o mesmo é apto a prover a tutela do direito questionado. Referida tutela, além de adequada, deve ser passível de realização, ou seja, efetiva. Em Bedaque encontramos que uma das técnicas processuais de efetividade reside no próprio procedimento.

No mesmo sentido, ensina Luiz Guilherme Marinoni que, a partir de sua análise das tutelas jurisdicionais com forte apelo constitucional, chega a afirmar que o procedimento, por si só, tem importância própria, independentemente das técnicas nele inseridas,[82] e somente pode ser visto na perspectiva da aceleração da prática dos seus atos e da limitação da cognição do juiz. O desafio seria, então, identificar de que modo o procedimento pode contribuir para a efetividade da tutela do direito.

"O caminho mais seguro é a simplificação do procedimento, com a flexibilização das exigências formais, a fim de que possam ser adequadas aos fins pretendidos ou até ignoradas, quando não se revelarem imprescindíveis em determinadas situações. O sistema jurídico não pode ser concebido como uma camisa de força, retirando do juiz a possibilidade de adoção de soluções compatíveis com as especificidades de cada processo. As regras do procedimento devem ser simples, regulando o mínimo necessário à garantia do contraditório mas, na medida do possível, sem sacrifício da cognição exauriente."[83]

A simplificação do procedimento com a flexibilização das exigências formais parece ser, mesmo, a tendência em matéria de processo coletivo.[84] A razão pela qual defendemos a tese de que o procedimento pode e deve ser flexibilizado é que a forma processual pode ser adaptada ao caso concreto, diante das especificidades do direito material envolvido. "Do ponto de vista procedimental apontam-se quatro óbices ao exercício dos direitos: prazos muito exíguos, deficiente regulamentação da fase instrutória, complexidade e duração excessiva. Um quinto em-

81. Luiz Guilherme Marinoni, *Técnica Processual e Tutela dos Direitos*, cit., 2ª ed., pp. 149-150.
82. Idem, ibidem.
83. José Roberto dos Santos Bedaque, *Efetividade do Processo e Técnica Processual*, cit., 3ª ed., pp. 51-52.
84. Como foi anteriormente exposto, no bojo do Projeto de Lei 5.139/2009 há previsão expressa (art. 3º, III) da flexibilidade procedimental como princípio norteador do procedimento comum coletivo.

pecilho pode ser acrescentado: o culto à forma e à técnica, cujas regras chegam a sobrepor-se ao próprio direito substancial."[85]

Verificamos que a partir da flexibilização é possível contornar referidos óbices ao exercício do direito. Em sede de ação civil pública, *v.g.*, uma forma de flexibilização dos prazos exíguos é o deferimento, pelo magistrado, de prazo para contestação diferenciado daquele imposto pela legislação processual civil individual ou comum.[86] Notemos, pois, que caberia ao magistrado, diante do caso concreto, estipular em que prazo a contestação deverá ser apresentada, tendo em vista, sempre, a melhor adequação do procedimento ao direito coletivo a ser tutelado.

Outra questão relativa à efetividade procedimental toca à matéria das nulidades processuais coletivas. "'Efetividade do processo é expressão que, superando as objeções de alguns, se tem largamente difundido nos últimos anos. Querer que o processo seja efetivo é querer que desempenhe com eficiência o papel que lhe compete na economia do ordenamento jurídico. Visto que esse papel é instrumental em relação ao direito substantivo, também se costuma falar da instrumentalidade do processo. Uma noção conecta-se com a outra e por assim dizer a implica. Qualquer instrumento será bom na medida em que sirva de modo prestimoso à consecução dos fins da obra a que se ordena: em outras palavras, na medida em que seja efetivo. Vale dizer: será efetivo o processo que constitua instrumento eficiente de realização do direito material (...)."[87]

Quanto ao abandono do rigor formal, ligado à efetividade procedimental, vale a pena referirmos, ainda que rapidamente – pois o tema já foi anteriormente desenvolvido –, o princípio da máxima manutenção processual ou princípio da excepcionalidade da extinção do processo sem a análise do mérito, que, indiscutivelmente, toca à efetividade procedimental.

De fato, nas ações coletivas "não haverá extinção do processo coletivo por ausência das condições da ação ou de pressupostos processuais,

85. José Roberto dos Santos Bedaque, *Efetividade do Processo e Técnica Processual*, cit., 3ª ed., p. 100.
86. Nesse sentido, aliás, o Projeto de Lei 5.139/2009 é inovador ao propor, em seu art. 14: "O juiz fixará o prazo para a resposta nas ações coletivas, que não poderá ser inferior a 30 (trinta) ou superior a 90 (noventa) dias, atendendo à complexidade da causa ou ao número de litigantes".
87. José Carlos Barbosa Moreira, "Por um processo socialmente efetivo", *Revista Síntese de Direito Civil e Processual Civil* 11/5, Porto Alegre/RS, Síntese, 2001.

sem que seja dada oportunidade de correção do vício em qualquer tempo ou grau de jurisdição ordinária ou extraordinária, inclusive com a substituição do autor coletivo, quando serão intimados pessoalmente o Ministério Público e, quando for o caso, a Defensoria Pública, sem prejuízo de ampla divulgação pelos meios de comunicação social, podendo qualquer legitimado adotar as providências cabíveis em prazo razoável a ser fixado pelo juiz".[88]

A regra acima traz em seu bojo princípios processuais relevantes ao acesso à Justiça, como o princípio da colaboração entre os participantes do processo, o princípio da máxima duração da ação coletiva, o princípio da indisponibilidade do bem coletivo e o princípio da maior efetividade.

Pode-se dizer que o dispositivo tem por inspiração o art. 284 do CPC, que determina ao juiz, no caso de irregularidade da petição inicial, a intimação do autor para emendá-la ou complementá-la. Verificamos também a incidência do princípio da colaboração no art. 267, § 1º, do CPC, que determina a intimação pessoal da parte para suprir a irregularidade ou a falta, sob pena de extinção do processo sem a resolução do mérito.

Em suma, a coletividade almeja a análise do mérito, porque lhe interessa. Aliás, esse desejo público legítimo é muito superior às regras procedimentais abstratas e inflexíveis.[89]

Outra questão de efetividade decisória diz respeito à concessão de tutelas de urgência sem necessidade de audiência prévia.[90] Vale destacar que a lei não prevê, na atualidade, a necessidade dessa audiência preliminar na hipótese de tutela antecipada, pois o art. 1º da Lei 9.494/1997, que regulamenta a aplicação da tutela antecipada contra a Fazenda Pú-

88. Art. 9º do Projeto de Lei 5.139/2009.
89. Aliás, não é por acaso que a efetividade procedimental exige flexibilidade do rito posto. Felizmente o legislador encontra-se atento a esses anseios: "Até o momento da prolação da sentença, o juiz poderá adequar as fases e atos processuais às especificidades do conflito, de modo a conferir maior efetividade à tutela do bem jurídico coletivo, assegurados o contraditório e a ampla defesa" (Projeto de Lei 5.139/2009, art. 10, § 1º).
90. Segundo o projeto de lei da nova ação civil pública, "sendo relevante o fundamento da ação e havendo justificado receio de ineficácia do provimento final, o juiz poderá, independentemente de pedido do autor, antecipar, total ou parcialmente, os efeitos da tutela pretendida" (art. 17, *caput*) e, "atendidos os requisitos do *caput*, a tutela poderá ser antecipada sem audiência da parte contrária, em medida liminar ou após justificação prévia".

blica, não faz referência ao art. 2º da Lei 8.437/1992, que, a seu turno, exige o cumprimento dessa solenidade – ao nosso ver, inconstitucional. De fato, o art. 1º da Lei 9.494/1997 refere apenas os arts. 1º, 3º e 4º da Lei 8.437/1992.[91]

O art. 2º da Lei 8.437/1992, não aplicável à tutela antecipada, por omissão legal, dispõe: "Art. 2º. No mandado de segurança coletivo e na ação civil pública, a liminar será concedida, quando cabível, após audiência do representante judicial da pessoa jurídica de direito público, que deverá se pronunciar no prazo de 72 (setenta e duas) horas". É uma prerrogativa outorgada à Fazenda Pública em benefício do suposto interesse público, que, em princípio, não se exige na concessão da antecipação da tutela.

Em suma, há a dispensa da audiência prévia nessa hipótese, sem qualquer ressalva quanto ao Poder Público – o que, infelizmente, não ocorre no tocante às liminares, cuja lei ainda prevê essa odiosa formalidade preliminar, mas que, em caso concreto de extrema urgência, pode ser dispensada ou, ao menos, prorrogada para momento posterior.

Nesse ponto, por oportuno, duas importantes observações são relevantes quanto à concessão e à revogação de tutelas de urgência no âmbito das ações coletivas, especialmente da ação civil pública.

A primeira delas refere-se à não aplicação do art. 527, parágrafo único, do CPC[92] na hipótese de o relator do agravo de instrumento convertê-lo em agravo retido ou no caso de não conceder efeito suspensivo ou efeito ativo em recurso interposto em benefício da coletividade ou,

---

91. Lei 9.494/1997, art. 1º: "Art. 1º. Aplica-se à tutela antecipada prevista nos arts. 273 e 461 do Código de Processo Civil o disposto nos arts. 5º e seu parágrafo único e 7º da Lei n. 4.348/1964, no art. 1º e seu § 4º da Lei n. 5.021/1966, e nos arts. 1º, 3º e 4º da Lei n. 8.437/1992".

92. CPC, art. 527:

"Art. 527. Recebido o agravo de instrumento no tribunal, e distribuído incontinenti, o relator: (...) II – converterá o agravo de instrumento em agravo retido, salvo quando se tratar de decisão suscetível de causar à parte lesão grave e de difícil reparação, bem como nos casos de inadmissão da apelação e nos relativos aos efeitos em que a apelação é recebida, mandando remeter os autos ao juiz da causa; III – poderá atribuir efeito suspensivo ao recurso (art. 558), ou deferir, em antecipação de tutela, total ou parcialmente, a pretensão recursal, comunicando ao juiz sua decisão; (...).

"Parágrafo único. A decisão liminar, proferida nos casos dos incisos II e III do *caput* deste artigo, somente é passível de reforma no momento do julgamento do agravo, salvo se o próprio relator a reconsiderar."

ao contrário, quando conceder tais efeitos em recurso interposto em prejuízo da coletividade, tendo em vista o princípio da primazia do interesse público primário. De fato, neste caso, a celeridade – representada, aqui, pela irrecorribilidade – deve ceder espaço à adequada e efetiva tutela coletiva. Além disso, nem se diga que a irrecorribilidade poderá ser suprida pelo mandado de segurança coletivo, pois nem todos os entes legitimados para a ação civil pública gozam de legitimação para o *mandamus*.

A outra observação nessa seara diz respeito à utilização moderada e cautelosa do instrumento da suspensão de liminares concedidas em face do Poder Público.[93] A justificativa que se apresenta para a adoção desse

---

93. LACP, art. 12:
"Art. 12. Poderá o juiz conceder mandado liminar, com ou sem justificação prévia, em decisão sujeita a agravo.
"§ 1º. A requerimento de pessoa jurídica de direito público interessada, e para evitar grave lesão à ordem, à saúde, à segurança e à economia pública, poderá o presidente do tribunal a que competir o conhecimento do respectivo recurso suspender a execução da liminar, em decisão fundamentada, da qual caberá agravo para uma das Turmas Julgadoras, no prazo de 5 (cinco) dias a partir da publicação do ato."
Também a Lei 8.038/1990: "Art. 25. Salvo quando a causa tiver por fundamento matéria constitucional, compete ao Presidente do Superior Tribunal de Justiça, a requerimento do Procurador-Geral da República ou da pessoa jurídica de direito público interessada, e para evitar grave lesão à ordem, à saúde, à segurança e à economia pública, suspender, em despacho fundamentado, a execução de liminar ou de decisão concessiva de mandado de segurança, proferida, em única ou última instância, pelos Tribunais Regionais Federais ou pelos Tribunais dos Estados e do Distrito Federal".
Por fim, e com contornos gerais regulamentadores, a Lei 8.437/1992:
"Art. 4º. Compete ao presidente do tribunal, ao qual couber o conhecimento do respectivo recurso, suspender, em despacho fundamentado, a execução da liminar nas ações movidas contra o Poder Público ou seus agentes, a requerimento do Ministério Público ou da pessoa jurídica de direito público interessada, em caso de manifesto interesse público ou de flagrante ilegitimidade, e para evitar grave lesão à ordem, à saúde, à segurança e à economia públicas.
"§ 1º. Aplica-se o disposto neste artigo à sentença proferida em processo de ação cautelar inominada, no processo de ação popular e na ação civil pública, enquanto não transitada em julgado.
"§ 2º. O presidente do tribunal poderá ouvir o autor e o Ministério Público, em 72 (setenta e duas) horas.
"§ 3º. Do despacho que conceder ou negar a suspensão, caberá agravo, no prazo de 5 (cinco) dias, que será levado a julgamento na sessão seguinte à sua interposição.
"§ 4º. Se do julgamento do agravo de que trata o § 3º resultar a manutenção ou o restabelecimento da decisão que se pretende suspender, caberá novo pedido de suspensão ao presidente do tribunal competente para conhecer de eventual recurso especial ou extraordinário.

instrumento é a primazia do interesse público. Sem entrarmos na questão da constitucionalidade do instituto ou na celeuma sobre sua natureza jurídica, o que propomos é a adoção excepcional do pedido de suspensão de liminares obtidas na defesa de interesses coletivos *lato sensu*, pois, do contrário, outros interesses coletivos podem restar prejudicados.

Quanto à efetividade decisória, não podemos nos esquecer do princípio da máxima liquidez do provimento jurisdicional coletivo.

Nas ações individuais o pedido deve ser certo e determinado, não obstante a conjunção alternativa constante no art. 286 do CPC, salvo exceções legais de pedidos genéricos. A certeza diz respeito ao específico bem da vida pleiteado, enquanto a determinabilidade se refere à quantidade desse desejo. Se certo e determinado o pedido, é defeso ao juiz proferir sentença ilíquida (art. 459, parágrafo único, do CPC).

Em raciocínio inverso, é possível sentença ilíquida quando genérico o pedido. Não obstante essa autorização legal, diante da máxima efetividade do provimento jurisdicional, deve o juiz conferir à sua decisão o máximo de liquidez possível, caso as circunstâncias probatórias o permitam.[94]

Notamos, portanto, o desejo pela liquidez da decisão no bojo do processo individual, que, aliás, no processo coletivo não é diferente, mesmo na hipótese de interesses individuais homogêneos, não obstante o disposto no art. 95 do CDC.[95]

"§ 5º. É cabível também o pedido de suspensão a que se refere o § 4º quando negado provimento a agravo de instrumento interposto contra a liminar a que se refere este artigo.

"§ 6º. A interposição do agravo de instrumento contra liminar concedida nas ações movidas contra o Poder Público e seus agentes não prejudica nem condiciona o julgamento do pedido de suspensão a que se refere este artigo.

"§ 7º. O presidente do tribunal poderá conferir ao pedido efeito suspensivo liminar, se constatar, em juízo prévio, a plausibilidade do direito invocado e a urgência na concessão da medida.

"§ 8º. As liminares cujo objeto seja idêntico poderão ser suspensas em uma única decisão, podendo o presidente do tribunal estender os efeitos da suspensão a liminares supervenientes, mediante simples aditamento do pedido original.

"§ 9º. A suspensão deferida pelo presidente do tribunal vigorará até o trânsito em julgado da decisão de mérito na ação principal."

94. Nesse sentido pondera o professor Luiz Rodrigues Wambier (*Liquidação da Sentença Civil Individual e Coletiva*, 4ª ed., São Paulo, Ed. RT, 2009, p. 102). Também o extinto TACivSP (1ª Câmara Cível, AI 495.891-00/9).

95. CDC, art. 95: "Art. 95. Em caso de procedência do pedido, a condenação será genérica, fixando a responsabilidade do réu pelos danos causados". Segundo

Entretanto, essa afirmação não soa com tranquilidade na doutrina. Luiz Rodrigues Wambier, em mudança de entendimento – de cuja posição atual ousamos discordar –, defende a impossibilidade da liquidez da sentença coletiva em relação aos interesses individuais homogêneos. Segundo ele, nestes casos "os titulares dos direitos reconhecidos na sentença que condena determinado réu ao pagamento de quantia (ou outra espécie de obrigação) são, até o momento da sentença, desconhecidos. Há um universo de 'interessados', cujas situações jurídicas se amoldam ao comando da sentença, mas que do processo não fizeram parte, até então, em regra".[96]

No entanto, é possível que o conteúdo probatório dos autos permita que o juiz, ainda que não em termos exatos, senão aproximados, fixe indenizações líquidas mínimas em benefícios dos particulares conhecidos, habilitados ou não como assistentes.

Segundo dispunha o Projeto de Lei 5.139/2009, "na sentença condenatória à reparação pelos danos individualmente sofridos, sempre que possível, o juiz fixará o valor da indenização individual devida a cada membro do grupo ou um valor mínimo para a reparação do dano" (§ 3º), e quando o valor dos danos individuais sofridos pelos membros do grupo for uniforme, prevalentemente uniforme ou puder ser reduzido a uma fórmula matemática, a sentença do processo coletivo indicará esses valores, ou a fórmula de cálculo da indenização individual, e determinará que o réu promova, no prazo que fixar, o pagamento do valor respectivo a cada um dos membros do grupo (§ 4º).

Tal projeto de lei acolhia o princípio da máxima liquidez do provimento jurisdicional, como medida de efetividade. Tem como fonte o regramento das *class actions* norte-americanas. No Brasil representará considerável mudança de paradigmas, pois atualmente a sentença coleti-

---

o professor Luiz Rodrigues Wambier, "na redação do mencionado preceito legal realça-se, no entanto, que o sistema proposto se preocupa com a lesão causada, porque muitas vezes se mostrará difícil, se não impossível, identificar o dano sofrido. Por exemplo, um fornecedor de produtos alimentícios pode ter comercializado produtos que contenham quantidade inferior à indicada na embalagem, o que causará danos pequenos, às vezes irrisórios, a cada um dos consumidores, se considerados isoladamente. Visto globalmente, no entanto, a lesão causada e o enriquecimento indevido do aludido fornecedor podem ser de montante considerável" (*Liquidação da Sentença Civil Individual e Coletiva*, cit., 4ª ed., pp. 308-309).

96. Luiz Rodrigues Wambier, *Liquidação da Sentença Civil Individual e Coletiva*, cit., 4ª ed., pp. 310-311.

va, na hipótese de interesses individuais homogêneos, deve ser genérica, prescindindo inevitavelmente de posterior liquidação, nos termos do art. 95 do CDC.

No entanto, mesmo no sistema atual entendemos que, se possível e o conteúdo probatório contido nos autos permitir, deve o juiz, tendo em vista a máxima efetividade, fixar indenizações individuais líquidas, sem prejuízo da responsabilidade do condenado pelo total dos danos causados.

Aliás, a sentença coletiva líquida para os danos individuais, além de um benefício ao indivíduo prejudicado, representa um estímulo ao seu cumprimento espontâneo pelo devedor, livrando-o dos ônus de mora, como os juros e a correção monetária.

3.1.2.4 Da efetividade interna judicial executiva e reparatória

Em linhas gerais, o novo sistema de cumprimento de sentença[97] acaba com o processo autônomo de execução de título judicial, adotando uma forma sincrética de jurisdição, salvo algumas exceções (execução de prestação alimentícia e em face da Fazenda Pública). A liquidação da sentença passa a ser um incidente processual, cuja sentença pode ser combatida por meio de agravo de instrumento. Além disso, o executado, em regra, não mais será citado da pretensão executiva, mas intimado[98] a pagar a quantia devida, no prazo de 15 dias,[99] sob pena de multa de

---

97. Vale a pena ressaltar que a sentença não mais extingue o processo, mas apenas uma fase dele, sendo acolhida a teoria mista, cuja definição de sentença respeita a dois critérios simultaneamente, quais sejam: o formal (extingue uma fase do processo) e o material (a sentença conterá algumas das matérias previstas nos arts. 267 e 269 do CPC, conforme o art. 162, § 1º).

98. Essa intimação deve ser pessoal, na pessoa do executado, pois o pagamento é ato privativo da parte, e não ato postulatório do advogado, ainda que seja feita pelo correio, com presunção de cientificação, nos termos do art. 238 e parágrafo único do CPC, alterado pela Lei 11.382/2006, não bastando sua intimação por publicação no *Diário Oficial*, matéria ainda não pacificada em nossos Tribunais, consignando-se que o STJ já decidiu em sentido contrário: "A intimação da sentença que condena ao pagamento de quantia certa consuma-se mediante publicação, pelos meios ordinários, a fim de que tenha início o prazo recursal. (...)" (STJ, REsp 954.859-RS).

99. Muito se discute acerca do termo inicial desse prazo. Na sistemática aqui esboçada, pensamos que ele se inicia com a intimação pessoal do devedor. No mesmo sentido pensa o professor Luiz Manoel Gomes Jr. (*Curso de Direito Processual Civil Coletivo*, 2ª ed., São Paulo, SRS, 2008, p. 397). Entretanto, a questão não é pa-

10% sobre o valor da condenação;[100] e, não o fazendo e havendo requerimento do credor, expedir-se-á mandado de penhora e avaliação, e do respectivo auto será intimado o executado, para apresentar eventual impugnação, no prazo de 15 dias (art. 475-J do CPC).

Quanto à competência para processar o cumprimento da sentença, a nova lei criou uma espécie de foro alternativo. Assim, o cumprimento efetuar-se-á perante o juízo que processou a causa em primeiro grau ou, por opção do exequente, no foro do local onde se encontram os bens a serem expropriados, ou ainda no foro do domicílio do executado. Na hipótese de sentença penal o cumprimento se dará no juízo cível competente.

O cumprimento da sentença coletiva pode adotar duas formas, quais sejam, a forma coletiva e a forma individual, conforme o beneficiário da tutela executiva.[101]

O cumprimento coletivo da sentença coletiva ocorre quando o direito declarado e o direito executado têm natureza indivisível, sendo difusos ou coletivos em sentido estrito. A legitimidade para requerer o cumprimento é daqueles entes elencados no art. 5º da Lei 7.347/1985. O legitimado autor tem o prazo de 60 dias para promover a execução; e, caso não o faça, os demais legitimados poderão fazê-lo.[102] Esse prazo inicia-se

cífica na doutrina e na jurisprudência. O STJ já entendeu que o início do prazo se dá com a intimação do advogado por publicação no *Diário Oficial* (REsp 954.859-RS).

100. Segundo a redação do art. 475-J do CPC, a intimação (pessoal) do condenado para pagar não depende de requerimento do credor. Assim, o juiz na própria sentença determinará intimação do vencido para efetuar o pagamento, sob pena de incidir a multa de 10%, cujos atos executivos seguintes (penhora e avaliação) – estes, sim – dependerão de requerimento do credor, juntado cálculo atualizado do débito, conforme os arts. 475-J, § 1º, e 475-B, ambos do CPC.

101. Note-se que adotamos o critério de classificação conforme o beneficiário da tutela executiva, ou seja, os beneficiários dos valores eventualmente auferidos. Não adotamos o critério da qualificação dos legitimados ativos da execução, como faz parte da doutrina. De fato, Luiz Rodrigues Wambier afirma ser a liquidação individual da sentença se promovida pelos particulares e coletiva se requerida pelos legitimados ativos: "Devemos destacar que uma e outra das liquidações (individual e coletiva da sentença coletiva) têm objetos diferentes: a primeira, promovida pelas vítimas ou seus sucessores, objetiva definir o *quantum* da reparação devida individualmente a cada uma; a segunda liquidação, agora, sim, efetivamente coletiva e promovida por qualquer dos legitimados do art. 82, tem em mira a obtenção de um *quantum* que irá, nos termos do parágrafo único do art. 100, integrar o Fundo criado pela Lei da Ação Civil Pública" (*Liquidação da Sentença Civil Individual e Coletiva*, cit., 4ª ed., p. 314).

102. O Estatuto de Idoso (Lei 10.741/2003), porém, determina que, não recolhida a multa fixada na sentença no prazo de 30 dias, contados do trânsito em jul-

com o escoamento do lapso de 15 dias que o condenado tinha para efetuar o pagamento sem a imposição da multa de 10% (art. 475-J do CPC).

Quanto à liquidação da sentença no caso de interesses difusos, ela pode-se dar tanto na modalidade de artigos como por arbitramento. Será liquidação por artigos quando possível a apuração total dos danos indivisíveis e diluídos na sociedade e for necessária a demonstração de fatos novos. Será liquidação por arbitramento – o que naturalmente ocorre na apuração dos danos difusos – quando improvável a apuração efetiva desses danos, por estarem eles na forma diluída ou por serem irreparáveis, exigindo do juiz uma análise por estimativa.[103] Em caso concreto decidiu-se que o arbitramento levasse "em conta a quantidade de óleo derramada, eventuais reincidências nesse procedimento lesivo ao meio ambiente, medidas tomadas pela causadora do dano para diminuí-lo, além de sua capacidade econômica e outras circunstâncias capazes de influir na determinação do valor da condenação".[104]

No tocante aos interesses coletivos em sentido estrito também se admitem ambas as formas de liquidação (por artigos ou por arbitramento), conforme as peculiaridades do caso concreto.

Nesses casos, as quantias apuradas nas execuções serão recolhidas em fundos federais e estaduais de defesa dos direitos difusos. A Lei federal 9.008/1995, que regulamenta o Fundo Federal, dispõe que os valores arrecadados serão destinados à conservação e recuperação dos bens ameaçados ou danificados,[105] na promoção de eventos educativos e na

---

gado, o Ministério Público deverá executá-la, podendo os demais entes legitimados também exigi-la na hipótese de inércia daquele (art. 84, parágrafo único). Porém, nada justifica essa atuação prioritária do Ministério Público e subsidiária dos demais colegitimados, sendo essa posição legal também criticada por Luiz Manoel Gomes Jr. (*Curso de Direito Processual Civil Coletivo*, cit., 2ª ed, p. 369). Nas demais condenações, que não sejam multas, a legitimidade executiva segue a regra geral, sendo exclusiva do autor legitimado no prazo de 60 dias, e não o fazendo a legitimidade passa a ser concorrente entre os colegitimados.

103. "No caso de eliminação de grande quantidade de animais, por exemplo, o valor da indenização será fixado por arbitramento, mesmo porque não haveria condições, em semelhantes circunstâncias, de se atribuir um valor pecuniário a cada um dos animais atingidos pelo ato ilícito" (Luiz Rodrigues Wambier, *Liquidação da Sentença Civil Individual e Coletiva*, cit., 4ª ed., p. 318).

104. Luiz Rodrigues Wambier, *Liquidação da Sentença Civil Individual e Coletiva*, cit., 4ª ed., p. 319 – fazendo referência ao julgado do TJRS no AI 70019080829 (rela Desa. Judith dos Santos Mottecy, j. 24.5.2007).

105. "Por exemplo, se em virtude de dano ambiental se destruir determinada quantidade de floresta nativa, os recursos do Fundo deverão ser empregados com o

modernização do aparato administrativo dos órgãos públicos destinados à gestão dos interesses coletivos *lato sensu*.

Ainda poderão ser objeto de cumprimento coletivo as sentenças condenatórias em ações de tutela de interesses individuais homogêneos se não se habilitarem, no prazo de um ano,[106] interessados em número compatível a gravidade do dano, hipótese em que os colegitimados poderão proceder ao cumprimento, cujos valores serão destinados aos fundos de defesa dos direitos difusos, conforme determina o art. 100 do CDC, denominando tais quantias de "indenizações fluidas" (*fluid recovery*).[107]

fim de se formar, no mesmo local ou em local próximo, outra floresta composta de árvores silvestres da mesma espécie ou espécie similar. Não sendo possível a reconstituição nem mesmo algo aproximado, poderão ser realizadas atividades tendentes a favorecer o bem jurídico lesado, direta ou indiretamente. Por exemplo, se um produto comercializado como um medicamento é desprovido dos efeitos divulgados em campanhas publicitárias, os recursos arrecadados pelo Fundo deverão ser destinados à veiculação de outras campanhas publicitárias que tenham por finalidade alertar a população a respeito dos riscos da automedicação" (Luiz Rodrigues Wambier, *Liquidação da Sentença Civil Individual e Coletiva*, cit., 4ª ed., p. 315).

106. A doutrina diverge no que concerne ao termo inicial desse prazo diante da omissão do Código de Defesa do Consumidor: Patrícia Miranda Pizzol (*Liquidação nas Ações Coletivas*, São Paulo, Lejus, 1998, p. 184) entende que o prazo corre da publicação da sentença. Ricardo de Barros Leonel (*Manual do Processo Coletivo*) e Elton Venturi (*Execução da Tutela Coletiva*) entendem que o prazo corre do trânsito em julgado da sentença. Sérgio Shimura (*Tutela Coletiva e sua Efetividade*, cit., p. 187), por sua vez, entende que o início do lapso temporal se dá com a publicação por edital da sentença, devendo o art. 94 do CDC ser aplicado analogicamente à fase de liquidação e cumprimento da sentença para eventual habilitação dos interessados. Entendemos, *data venia*, que o prazo deve se iniciar com o fim do prazo de 15 dias para o cumprimento espontâneo da sentença, nos termos do art. 475-J do CPC.

107. Marcelo Abelha Rodrigues faz uma importante observação no sentido de que o art. 100 do CDC não é aplicável nas hipóteses de extensão *in utilibus* da coisa julgada, não incidindo o prazo decadencial de um ano, pois esse dispositivo somente se aplica quando a sentença acolher pretensão condenatória na tutela de interesses genuinamente individuais homogêneos: "Em razão do fato de que a reparação fluida prevista no art. 100 do CDC deriva de uma ação coletiva originariamente veiculada para a tutela de direito individual homogêneo, não pugnamos pela possibilidade de que seja possível a utilização da reparação fluida (art. 100 do CDC) quando as liquidações individuais sejam oriundas da coisa julgada *in utilibus*. Dessa forma, caso fosse possível a reparação fluida resultante dos prejuízos não reclamados a título individual, haverá duplamente a proteção dos interesses difusos, só que um nascido da violação de uma norma jurídica cujo objeto de tutela seria um bem difuso (que deu origem à coisa julgada *in utilibus*), e outro resultante do resíduo deixado pela ausência de liquidações individuais, quando comparado à gravidade do dano, sob o ponto de vista de indivíduos lesados" ("Ponderações sobre a *fluid recovery* do art.

De outra parte, o cumprimento individual de sentença coletiva é disciplinado pelos arts. 97 a 99 do CDC, ainda que ele seja promovido pelos entes colegitimados, criando uma espécie de "representação processual", não mais uma legitimação extraordinária ou legitimação autônoma para a condução do processo, como eventualmente ocorrera no âmbito da fase de conhecimento.

Portanto, podemos dizer que têm legitimidade para promover o cumprimento individual da sentença coletiva a vítima e seus sucessores (art. 97 do CDC) bem como os colegitimados elencados no art. 5º da Lei 7.347/1985, conforme dispõe o art. 98 do CDC,[108] que, muito embora contenha equivocadamente a expressão "execução coletiva", nada mais é que uma execução/cumprimento individual promovida pelos entes coletivos,[109] como bem acima fora dito. Nesse último caso, a "representação processual" abrangerá apenas as vítimas que já tiveram suas indenizações liquidadas, sem prejuízo de futuras execuções veiculadas por aqueles não beneficiados desse cumprimento "pseudocoletivo".[110]

---

100 do CDC", in Rodrigo Mazzei e Rita Nolasco (coords.), *Processo Civil Coletivo*, São Paulo, Quartier Latin, 2005, p. 466).

108. Aliás, o STF já se posicionou acerca da possibilidade da promoção da execução individual pelo ente coletivo, independentemente de autorização expressa do interessado, pois, segundo ele, a legitimação extraordinária existe tanto para a ação de conhecimento quanto para a execução; ou seja, ela é "ampla, abrangendo a liquidação e a execução dos créditos reconhecidos aos trabalhadores" (no caso, era discutida a legitimidade dos sindicatos). "Por se tratar de típica substituição processual, é desnecessária qualquer autorização dos substituídos" (RE 210.029).

109. Muito se discute a respeito da possibilidade da liquidação e cumprimento da sentença coletiva pelo Ministério Público em benefício dos particulares no caso de interesses individuais homogêneos. Em nosso sentir, o *Parquet* está mesmo impossibilitado de promover essa execução, pois estaria atuando em benefício de interesses particulares puros, sem qualquer relevância social, diante do exclusivo interesse patrimonial envolvido. Por outro lado, nem se diga da possível impunidade ou enriquecimento ilícito do réu condenado diante da inércia dos indivíduos, pois o instituto da indenização fluida impediria esse indigesto desfecho. No mesmo sentido posiciona-se Luiz Rodrigues Wambier (*Liquidação da Sentença Civil Individual e Coletiva*, cit., 4ª ed., p. 311).

No entanto, deve-se destacar que a Lei 7.913/1989, em seu art. 1º, autoriza o Ministério Público a promover todas as medidas necessárias ao ressarcimento dos danos causados aos titulares de valores mobiliários e aos investidores no mercado, inclusive a liquidação e execução da sentença.

110. "Ação pseudocoletiva" – expressão usada por Marcelo Abelha Rodrigues ("Ponderações sobre a *fluid recovery* do art. 100 do CDC", cit., in Rodrigo Mazzei e Rita Nolasco (coords.), *Processo Civil Coletivo*, p. 462).

Em termos gerais, o cumprimento individual da sentença coletiva pode ocorrer em duas hipóteses: na própria tutela de interesses individuais homogêneos, cuja coisa julgada tem efeitos *erga omnes* (art. 103, III, do CDC), ou na tutela de interesses difusos e coletivos com efeitos na esfera individual, em decorrência da extensão *in utilibus* da coisa julgada (art. 103, § 3º, do CDC).[111]

Vale a pena repetir que somente na primeira hipótese haverá o prazo processual de um ano para os interessados, em quantidade relevante, se habilitarem, sob pena de execução coletiva, devido ao instituto do *fluid recovery* (art. 100 do CDC).

Ainda, vale dizer, se houver concorrência de crédito entre os entes coletivos (interesses difusos e coletivos) e os particulares (interesses individuais homogêneos), no mesmo evento danoso, estes últimos terão preferência, devendo a execução coletiva ficar suspensa enquanto não transitadas em julgado as ações individuais, salvo se o patrimônio do condenado for suficiente para cobrir todas as indenizações. Portanto, conclui-se que o decurso do prazo de um ano não atinge o direito material do indivíduo de receber sua indenização. Por isso, não há que se falar nem em prescrição de sua pretensão, nem em decadência de seu direito, se transcorrido este prazo, que, em razão disso, tem natureza meramente processual.

Caso a reparação tenha sido integral e os valores recolhidos ao Fundo, conforme dispõe o art. 100 do CDC (reparação fluida), o indivíduo deve recorrer ao Fundo, como se tivesse ocorrido uma espécie de cessão legal de débito, e não ao executado, que já cumpriu sua obrigação reparatória. Caso o recolhimento ao Fundo não tenha sido integral, havendo parcela da indenização a ser cobrada, o indivíduo pode se voltar contra

---

111. Outra questão, ainda mais importante, refere-se à necessidade de citação do condenado no âmbito do cumprimento de sentença para a satisfação dos interesses individuais homogêneos, pois a carga cognitiva não se limita à simples execução, mas envolve questões acerca da legitimidade ativa do suposto prejudicado e do *quantum* devido. O TJSP entendeu necessária a citação: "Execução – Execução de sentença – Ação civil pública intentada pelo IDEC contra o Banco Itaú S/A – Hipótese em que o consumidor requereu a execução de sentença contra o Banco – Caso em que deverá ser aplicado o disposto no art. 475-N, parágrafo único, do CPC, e não simplesmente o disposto no art. 475-J do CPC. Em virtude de o agravado não ter sido parte na ação civil pública, torna-se imperiosa a instauração de um novo contraditório, que se estabelece através da citação (art. 214 do CPC), para a liquidação de sentença – Recurso provido".

o executado para este integralizar os prejuízos, sob pena de incorrer em enriquecimento indevido.

Nesse exato ponto faz-se necessária uma importante ressalva. O cumprimento da sentença coletiva ou eventual liquidação, para apuração e satisfação de interesses individuais (homogêneos), far-se-á mediante a instauração de processo executivo autônomo, com a citação do executado, acrescentando-se essa hipótese aos casos já previstos no art. 475-N, parágrafo único, do CPC.[112]

Em geral, o cumprimento individual da sentença coletiva é precedido da fase da liquidação,[113] que, nesse caso, tem amplo conteúdo cognitivo, não se limitando à fixação da quantia, mas especificando os reais prejudicados, ora credores, e outras questões conexas. "Vê-se, assim, que a liquidação individual da sentença coletiva tem por objeto não apenas a definição do *quantum debeatur*. A própria condição de titular do direito deverá ser objeto de prova. Assim, o processo de liquidação, nesses casos, especificamente ligados à tutela coletiva de direitos individuais homogêneos, tem por objeto, também, o *cui debeatur* (isto é, saber a quem se deve)."[114]

Aqui a competência para a execução é do foro do juízo da liquidação da sentença ou da ação de condenação (art. 98, § 2º, I, do CDC) ou, alternativamente, a critério do exequente, do foro do local onde estão os bens sujeitos a expropriação ou, ainda, do foro do domicílio do executado (art. 475-P, parágrafo único, do CPC).[115]

---

112. CPC, parágrafo único do art. 475-N: "Parágrafo único. Nos casos dos incisos II, IV e VI, o mandado inicial (art. 475-J) incluirá a ordem de citação do devedor, no juízo cível, para liquidação ou execução, conforme o caso".

113. Nesse caso, a modalidade de liquidação adequada é a liquidação por artigos, diante da necessidade de se demonstrar fatos novos relativos ao vínculo entre a conduta ilícita e os danos individuais, bem como ao montante destes danos. Nesse sentido já se manifestou o TJSP: AI 7228804700, rel. Des. Carlos Luiz Bianco, j. 22.9.2008, e ACi 1050189200, rel. Des. José Marcos Marrone, j. 28.11.2007 – conforme bem anotou Luiz Rodrigues Wambier (*Liquidação da Sentença Civil Individual e Coletiva*, cit., 4ª ed., p. 316).

114. Luiz Rodrigues Wambier, *Liquidação da Sentença Civil Individual e Coletiva*, cit., 4ª ed., p. 310.

115. Conforme decidiu o STJ: "O conflito versa sobre a competência para processar e julgar ação autônoma de execução de sentença proferida pelo Juízo suscitante nos autos de mandado de segurança coletivo impetrado por sindicato no Estado do Rio de Janeiro. A controvérsia cinge-se em saber se os autores podem executar o título judicial proveniente de sentença proferida pelo Juízo Federal do Estado do Rio

No que toca à tutela executiva, em termos gerais, pode-se dizer que prioriza a restauração dos bens lesados. Os direitos coletivos *lato sensu*, quando atingidos, exigem prioritariamente a possível restauração e, excepcionalmente, a compensação em dinheiro. Diante disso, a efetividade executiva requer a prevalência da tutela específica em detrimento da tutela genérica.

Vale aqui o registro de que os arts. 461 e 461-A do CPC e 84 do CDC consagram o princípio da prevalência da tutela específica, seja ela inibitória (preventiva) ou reparatória (reconstitutiva), o princípio do ativismo judicial na concessão da tutela mais adequada e o princípio da variedade das medidas executivas, sejam elas coercitivas ou sub-rogatórias.

Tal filosofia baseia-se na busca pela tutela efetiva e adequada, com a adoção de medidas executivas variáveis pelo juiz, independentemente do pedido da parte, como já consta no Código de Processo Civil.

Aliás, segundo o STJ: "(...) na tutela das obrigações de fazer e de não fazer do art. 461 do CPC concedeu-se ao juiz a faculdade de exarar decisões de eficácia autoexecutiva, caracterizadas por um procedimento híbrido no qual o juiz, prescindindo da instauração do processo de execução e formação de nova relação jurídico-processual, exercita, em

de Janeiro no Estado do Amazonas, lugar do seu domicílio. Sobre o processo coletivo, o Ministro-Relator destacou que as ações coletivas *lato sensu* – ação civil pública ou ação coletiva ordinária – visam a proteger o interesse público e buscar a realização dos objetivos da sociedade, tendo como elementos essenciais de sua formação o acesso à Justiça e a economia processual e em segundo plano, mas não de somenos importância, a redução de custos, a uniformização dos julgados e a segurança jurídica. A sentença coletiva (condenação genérica, art. 95 do CDC), ao revés da sentença exarada em uma demanda individualizada de interesses (liquidez e certeza, art. 460 do CPC), unicamente determina que as vítimas de certo fato sejam indenizadas pelo seu agente, devendo, porém, ser ajuizadas demandas individuais a fim de comprovar que realmente é vítima, que sofreu prejuízo e qual é seu valor. O art. 98, I, do CDC permitiu expressamente que a liquidação e a execução de sentença sejam feitas no domicílio do autor, em perfeita sintonia com o disposto no art. 101, I, do mesmo Código, cujo objetivo é garantir o acesso à Justiça. Não se pode determinar que os beneficiários de sentença coletiva sejam obrigados a liquidá-la e executá-la no foro em que a ação coletiva fora processada e julgada, sob pena de lhes inviabilizar a tutela dos direitos individuais, bem como congestionar o órgão jurisdicional. Dessa forma, a Seção conheceu do conflito para declarar competente o Juízo Federal do Estado do Amazonas, suscitado – Precedentes citados: REsp n. 673.380-RS, *DJU* 20.6.2005; AgR no REsp n. 774.033-RS, *DJU* 20.3.2006; REsp n. 487.202-RJ, *DJU* 24.5.2004; e REsp n. 995.932-RS, *DJe* 4.6.2008" (CComp 96.682-RJ, rel. Min. Arnaldo Esteves Lima, j. 10.2.2010, *Informativo* 422/2010).

processo único, as funções cognitiva e executiva, dizendo o Direito e satisfazendo o autor no plano dos fato (...) fixada multa diária antecipadamente ou na sentença, consoante os §§ 3º e 4º do art. 461, e não cumprido o preceito dentro do prazo estipulado passam a incidir de imediato e nos próprios autos as *astreintes*".[116]

O Código-Modelo USP/IBDP também contém regras sobre a tutela específica. Da mesma forma o Código-Modelo de Processo Coletivos do Instituto Ibero-Americano de Direito Processual[117] e o Código-Modelo UNERJ/UNESA,[118] sendo que nestas duas ultimas propostas há uma pe-

116. STJ, REsp 663.774-PR, rela. Min. Nancy Andrighi, j. 26.10.2006. Aliás, pondera a Ministra-Relatora: "Sensível ao perfil dos conflitos judiciários modernos, decorrentes de uma economia caracterizada preponderantemente por relações jurídicas e prestação de serviços, o reformador de 1994 percebeu que as obrigações de fazer e de não fazer têm sua execução por mera imposição imperativa do Estado-juiz bastante limitadas, na medida em que seu cumprimento encontra-se diretamente associado à disposição do obrigado, sendo muito difícil alcançar, sem o concurso da sua espontânea vontade, o resultado a que tem direito o credor. Concluíram os legisladores, ao que tudo indica, que a criação de artifícios para incitar e assegurar o cumprimento das obrigações de fazer e de não fazer, antes de implicar ingerência na liberdade e dignidade da pessoa obrigada, significaria muito mais segurança e estabilidade para a sociedade". Após, conclui que:

"Nesse contexto, um dos instrumentos disponibilizados para o exercício dessa tutela é a multa diária prevista no § 4º do art. 461 do CPC, que funciona como meio coercitivo, de natureza inibitória. Trata-se de medida processual de caráter público, que visa a preservar a autoridade do juiz e pressionar psicologicamente o devedor, a fim de que ele próprio satisfaça a obrigação.

"Na prática, uma vez concedida a antecipação de tutela ou proferida a sentença, na ordem que encaminha ao devedor o juiz estabelece 'prazo razoável para cumprimento do preceito'. Decorrido tal prazo e mantendo-se o obrigado inerte, passa a incidir de imediato a multa diária, justamente por conta da mencionada eficácia autoexecutiva da decisão."

117. Código-Modelo de Processo Coletivos do Instituto Ibero-Americano de Direito Processual:

"Art. 6º. **Obrigações de fazer e não fazer.** Na ação que tenha por objeto o cumprimento da obrigação de fazer ou não fazer, o juiz concederá a tutela específica da obrigação ou determinará providências que assegurem o resultado prático equivalente ao do adimplemento.

"(...).

"§ 4º. A conversão da obrigação em perdas e danos somente será admissível se por elas optar o autor ou se impossível a tutela específica ou a obtenção do resultado prático correspondente."

118. Código-Modelo UNERJ/UNESA, art. 23, § 4º: "§ 4º. A conversão da obrigação em perdas e danos somente será admissível se por elas optar o autor ou se impossível a tutela específica ou a obtenção do resultado prático correspondente".

culiaridade digna de críticas. De fato, tais Códigos-Modelos permitem a conversão da obrigação específica em obrigação genérica de perdas e danos por simples requerimento do autor. Ora, os legitimados ativos atuam em defesa de interesses da coletividade e, na maioria das vezes, na afirmação de direitos indisponíveis. Portanto, parece-nos impertinente tal possibilidade.

Oportunamente, ainda sobre a tutela específica nas obrigações de fazer, não fazer ou entregar coisa, pensemos na seguinte situação, cuja solução por nós desenhada favorece a efetividade executiva da tutela coletiva. Imaginemos um forte grupo alcooleiro que ainda pratica a queima de cana-de-açúcar nos Estados de São Paulo, Minas Gerais e Bahia – com dano nacional, portanto.

Diante dessa prática ilegal, o Ministério Público do Estado da Bahia propõe ação civil pública contra tal grupo no juízo da Capital baiana, Salvador. A ação é julgada procedente, no sentido de impedir a queima da lavoura, e tem sua confirmação no Tribunal Estadual e no próprio STJ. Nesse caso, o acórdão do STJ tem efeito *erga omnes* e em todo território nacional.

Indaga-se se poderia a Defensoria Pública do Estado de São Paulo exigir o cumprimento daquela decisão em face do grupo empresarial condenado, no Estado paulista, para impedir a prática abusiva.

Entendemos plenamente possível, pelos seguintes fundamentos: a Defensoria Pública do Estado tem legitimidade ativa para promover tal execução, pois a natureza da legitimação coletiva é concorrente e disjuntiva.

O juízo estadual paulista, no caso, o juízo da Capital do Estado, tem competência para processar tal demanda, pois entendemos que o art. 461, § 5º, e art. 461-A, ambos do CPC, nas ações coletivas, com decisões *erga omnes*, podem ser aplicados por juízo diverso daquele que prolatou a sentença, para munir o sistema coletivo de maior efetividade e concretude.

Além disso, não há motivos razoáveis para negar a aplicação dos foros competentes concorrentes (foro do local do dano – art. 2º da LACP e art. 93 do CDC; foro do local dos bens; foro do domicílio do executado – art. 475-P do CPC), na aplicação das medidas coercitivas, nas hipóteses de provimentos jurisdicionais com efeitos *erga omnes*. Nesse caso instaura-se um processo executivo autônomo, em um dos juízos alternativos, para exigir a concretização do acórdão proferido pelo STJ.

Em outros termos: no caso em tela, não tem sentido a sociedade paulista depender da atuação do Ministério Público baiano para poder usufruir da tutela jurisdicional concedida. Portanto, pode a Defensoria Pública do Estado de São Paulo propor demanda executiva no juízo da Capital do Estado ou no juízo do local do dano, para exigir seja o grupo alcooleiro intimado para cumprir o julgado, sob pena de incidirem as medidas coercitivas – dentre elas, multa diária e interdição do estabelecimento.

Ao que nos parece, tal solução melhor atende à efetividade da tutela jurisdicional coletiva.

Além disso, não podemos olvidar da tese da não taxatividade das medidas executivas, mormente na exigibilidade de obrigações de dar, fazer ou não fazer. "Na ação que tenha por objeto a imposição de conduta de fazer, não fazer, ou de entregar coisa, o juiz determinará a prestação ou a abstenção devida, bem como a cessação da atividade nociva, em prazo razoável, sob pena de cominação de multa e de outras *medidas indutivas, coercitivas e sub-rogatórias*, independentemente de requerimento do autor" (art. 24 do Projeto de Lei 5.139/2009) (grifos nossos).

Dessa forma, pode o juiz adotar, inclusive de ofício, todas as medidas possíveis e legítimas para dar efetividade ao seu provimento, sob pena de colocar em xeque a própria credibilidade do Poder Judiciário.

Aliás, o STJ já se manifestou pela possibilidade de bloqueio de verbas pública: "Tem prevalecido no STJ o entendimento de que é possível, com amparo no art. 461, § 5º, do CPC, o bloqueio de verbas públicas para garantir o fornecimento de medicamentos pelo Estado. Embora venha o STF adotando a 'teoria da reserva do possível' em algumas hipóteses, em matéria de preservação dos direitos à vida e à saúde aquela Corte não aplica tal entendimento, por considerar que ambos são bens máximos e impossíveis de ter sua proteção postergada".[119]

---

119. STJ, REsp 784.241-RS, rela. Min. Eliana Calmon, j. 8.4.2008. Em seu voto a Ministra-Relatora faz referência a outro julgado da Corte:
"(...).
"3. Depreende-se do art. 461, § 5º, do CPC que o legislador, ao possibilitar ao juiz, de ofício ou a requerimento, determinar as medidas assecuratórias como a 'imposição de multa por tempo de atraso, busca e apreensão, remoção de pessoas e coisas, desfazimento de obras e impedimento de atividade nociva, se necessário com requisição de força policial', não o fez de forma taxativa, mas sim exemplificativa, pelo quê, *in casu*, o sequestro ou bloqueio da verba necessária à aquisição dos medicamentos objeto da tutela deferida, providência excepcional adotada em face da

urgência e imprescindibilidade da prestação dos mesmos, revela-se medida legítima, válida e razoável (precedentes: AgR no Ag n. 738.560-RS, rel. Min. José Delgado, *DJU* 22.5.2006; AgR no Ag n. 750.966-RS, rel. Min. Castro Meira, *DJU* 19.5.2006; AgR no Ag n. 734.806-RS, rel. Min. Francisco Peçanha Martins, *DJU* 11.5.2006; e AgR no REsp n. 795.921-RS, 2ª Turma, rel. Min. João Otávio de Noronha, *DJU* 3.5.2006).

"4. Deveras, é lícito ao julgador, à vista das circunstâncias do caso concreto, aferir o modo mais adequado para tornar efetiva a tutela, tendo em vista o fim da norma e a impossibilidade de previsão legal de todas as hipóteses fáticas. Máxime diante de situação fática na qual a desídia do ente estatal, frente ao comando judicial emitido, pode resultar em grave lesão à saúde ou mesmo pôr em risco a vida do demandante.

"5. Os direitos fundamentais à vida e à saúde são direitos subjetivos inalienáveis, constitucionalmente consagrados, cujo primado, em um Estado Democrático de Direito como o nosso, que reserva especial proteção à dignidade da pessoa humana, há de superar quaisquer espécies de restrições legais. Não obstante o fundamento constitucional, *in casu*, merece destaque a Lei estadual n. 9.908/1993, do Estado do Rio Grande do Sul, que assim dispõe em seu art. 1º:

"'Art. 1º. O Estado deve fornecer, de forma gratuita, medicamentos excepcionais para pessoas que não puderem prover as despesas com os referidos medicamentos, sem privarem-se dos recurso indispensáveis ao próprio sustento e de sua família.

"'Parágrafo único. Consideram-se medicamentos excepcionais aqueles que devem ser usados com frequência e de forma permanente, sendo indispensáveis à vida do paciente.'

"6. A Constituição não é ornamental, não se resume a um museu de princípios, não é meramente um ideário; reclama efetividade real de suas normas. Destarte, na aplicação das normas constitucionais, a exegese deve partir dos princípios fundamentais para os princípios setoriais. E, sob esse ângulo, merece destaque o princípio fundante da República, que destina especial proteção à dignidade da pessoa humana.

"7. Outrossim, a tutela jurisdicional para ser efetiva deve dar ao lesado resultado prático equivalente ao que obteria se a prestação fosse cumprida voluntariamente. O meio de coerção tem validade quando capaz de subjugar a recalcitrância do devedor. O Poder Judiciário não deve compactuar com o proceder do Estado que, condenado pela urgência da situação a entregar medicamentos imprescindíveis à proteção da saúde e da vida de cidadão necessitado, revela-se indiferente à tutela judicial deferida e aos valores fundamentais por ele eclipsados.

"8. *In casu*, a decisão ora hostilizada pelo embargante importa a disponibilização em favor da parte embargada da quantia de R$ 345,00 (trezentos e quarenta e cinco Reais), que, além de não comprometer as finanças do Estado do Rio Grande do Sul, revela-se indispensável à proteção da saúde do autor da demanda que originou a presente controvérsia, mercê de consistir em medida de apoio da decisão judicial em caráter de sub-rogação.

"9. Por fim, sob o ângulo analógico, as quantias de pequeno valor podem ser pagas independentemente de precatório e *a fortiori* ser, também, entregues, por ato de império do Poder Judiciário.

"10. Precedente da 1ª Seção: EResp n. 787.101-RS, deste Relator, publicado no *DJU* 14.8.2006

"11. Agravo regimental desprovido" (STJ, 1ª Seção, AgR nos EREsp 796.509-RS, rel. Min. Luiz Fux, j. 11.10.2006, *DJU* 30.10.2006, p. 233).

Ainda, diante do anseio pela efetividade e concretude do provimento jurisdicional, citemos alguns importantes institutos absorvidos pelo Projeto de Lei 5.139/2009, como, por exemplo, a possibilidade de responsabilidade pessoal ao administrador no caso de descumprimento da decisão (art. 28);[120] a desconsideração da personalidade jurídica, com adoção de sua teoria menor (art. 30);[121] a vinculação das receitas na reparação específica dos bens violados (art. 47);[122] e a necessida-

---

120. Projeto de Lei 5.139/2009:

"Art. 28. O juiz poderá impor multa pessoal, de 10 (dez) a 100 (cem) salários-mínimos, ao agente público ou representante da pessoa jurídica de direito privado responsável pelo cumprimento da decisão que impôs a obrigação, observados a necessidade de intimação pessoal e o contraditório prévio.

"Parágrafo único. Caso o agente não seja o competente para a prática do ato, deverá ele indicar ao juiz a pessoa responsável."

121. Projeto de Lei 5.139/2009:

"Art. 30. O juiz poderá, assegurado o contraditório, desconsiderar a personalidade jurídica da sociedade quando, em detrimento dos direitos e interesses tratados nesta Lei, houver abuso de direito, excesso de poder, exercício abusivo do dever, infração da lei, fato ou ato ilícito ou violação dos estatutos ou contrato social, bem como falência, estado de insolvência, encerramento ou inatividade da pessoa jurídica, provocados por má administração, ou sempre que a sua personalidade for, de alguma forma, obstáculo à reparação dos prejuízos existentes.

"§ 1º. A pedido da parte interessada, o juiz determinará que a efetivação da responsabilidade da pessoa jurídica recaia sobre o acionista controlador, o sócio majoritário, os sócios-gerentes, os administradores societários, as sociedades que a integram, no caso de grupo societário, ou outros responsáveis que exerçam de fato a sua administração.

"§ 2º. A desconsideração da personalidade jurídica poderá ser efetivada em qualquer tempo ou grau de jurisdição, inclusive nas fases de liquidação e execução.

"§ 3º. Se o réu houver sido declarado falido, o administrador judicial será intimado a informar a existência de seguro de responsabilidade, facultando-se, em caso afirmativo, o ajuizamento de ação de indenização diretamente contra o segurador, vedada a denunciação da lide ao Instituto de Resseguros do Brasil e dispensado o litisconsórcio obrigatório com este."

122. Projeto de Lei 5.139/2009:

"Art. 47 [*Art. 46*]. Havendo condenação em pecúnia, originária de ação relacionada a direitos ou interesses difusos e coletivos, a quantia será depositada em juízo, devendo ser aplicada a critério desse, ouvido o Ministério Público, na recuperação específica dos bens lesados ou em favor da comunidade afetada.

"§ 1º. O legitimado coletivo, com a fiscalização do Ministério Público, deverá adotar as providências para a utilização do valor depositado judicialmente, inclusive podendo postular a contratação de terceiros ou o auxílio do Poder Público do local onde ocorreu o dano.

de da imposição de multa suficientemente intimidativa e de imediata exigibilidade no Termo de Ajustamento de Conduta (art. 49).[123]

Por oportuno, diante da necessária efetividade da tutela executiva coletiva e tendo em vista a superioridade do interesse metaindividual reparatório ou restauratório em detrimento de interesses meramente egoísticos e patrimoniais, defendemos a adoção da teoria menor da desconsideração da personalidade jurídica – aliás, como já ocorre no sistema de defesa do consumidor.[124]

De fato, segundo decidiu o STJ: "A teoria menor da desconsideração, acolhida em nosso ordenamento jurídico excepcionalmente no direito do consumidor e no direito ambiental, incide com a mera prova de insolvência da pessoa jurídica para o pagamento de suas obrigações, independentemente da existência de desvio de finalidade ou de confusão patrimonial. Para a teoria menor, o risco empresarial normal às atividades econômicas não pode ser suportado pelo terceiro que contratou com a pessoa jurídica, mas pelos sócios e/ou administradores desta, ainda que estes demonstrem conduta administrativa proba, isto é, mesmo que não exista qualquer prova capaz de identificar conduta culposa ou dolosa por parte dos sócios e/ou administradores da pessoa jurídica. A aplicação da teoria menor da desconsideração às relações de consumo está calcada

---

"§ 2º. Na definição da aplicação da verba referida no *caput*, serão ouvidos em audiência pública, sempre que possível, os membros da comunidade afetada".
123. Projeto de Lei 5.139/2009:
"Art. 48 [*Art. 47*]. Os órgãos públicos legitimados poderão tomar dos interessados compromisso de ajustamento de sua conduta às exigências legais, mediante a fixação de deveres e obrigações, com as respectivas multas devidas no caso do descumprimento.
"Art. 49 [*Art. 48*]. O valor da cominação pecuniária deverá ser suficiente e necessário para coibir o descumprimento da medida pactuada.
"Parágrafo único. A cominação poderá ser executada imediatamente, sem prejuízo da execução específica."
124. CDC, art. 28: "Art. 28. O juiz poderá desconsiderar a personalidade jurídica da sociedade quando, em detrimento do consumidor, houver abuso de direito, excesso de poder, infração da lei, fato ou ato ilícito ou violação dos estatutos ou contrato social. A desconsideração também será efetivada quando houver falência, estado de insolvência, encerramento ou inatividade da pessoa jurídica provocados por má administração.
"(...).
"§ 5º. *Também poderá ser desconsiderada a pessoa jurídica sempre que sua personalidade for, de alguma forma, obstáculo ao ressarcimento de prejuízos causados aos consumidores*" (grifos nossos).

na exegese autônoma do § 5º do art. 28 do CDC, porquanto a incidência desse dispositivo não se subordina à demonstração dos requisitos previstos no *caput* do artigo indicado, mas apenas à prova de causar, a mera existência da pessoa jurídica, obstáculo ao ressarcimento de prejuízos causados aos consumidores".[125]

125. STJ, 3ª Turma, REsp 279.273-SP, rela. para o acórdão Min. Nancy Andrighi, j. 4.12.2003. Segundo o brilhante voto da Ministra que redigiu o acórdão:
"A teoria menor da desconsideração, por sua vez, parte de premissas distintas da teoria maior: para a incidência da desconsideração com base na teoria menor basta a prova de insolvência da pessoa jurídica para o pagamento de suas obrigações, independentemente da existência de desvio de finalidade ou de confusão patrimonial. Para esta teoria, o risco empresarial normal às atividades econômicas não pode ser suportado pelo terceiro que contratou com a pessoa jurídica, mas pelos sócios e/ou administradores desta, ainda que estes demonstrem conduta administrativa proba, isto é, mesmo que não exista qualquer prova capaz de identificar conduta culposa ou dolosa por parte dos sócios e/ou administradores da pessoa jurídica.
"No ordenamento jurídico brasileiro a teoria menor da desconsideração foi adotada excepcionalmente, por exemplo, no direito ambiental (Lei n. 9.605/1998, art. 4º) e no direito do consumidor (CDC, art. 28, § 5º). (...).
"Existem argumentos também no sentido de que a topografia do § 5º do art. 28 significaria a dependência do seu preceito ao reconhecimento de 'abuso de direito, excesso de poder, infração da lei, fato ou ato ilícito ou violação dos estatutos ou contrato social', e à novel disposição de 'má administração' causadora de 'falência, estado de insolvência, encerramento ou inatividade da pessoa jurídica'.
"Sem embargo das argutas preleções, fato é que o § 5º do art. 28 do CDC não guarda relação de dependência com o *caput* do seu artigo, o que, por si só, não gera incompatibilidade legal, constitucional ou com os postulados da ordem jurídica. Não são válidos os argumentos de que as razões de veto deveriam ser dirigidas ao § 5º e de que não se conceberia sua existência autônoma dissociada do preceito veiculado no *caput* do art. 28 da Lei n. 8.078/1990. Essa linha de raciocínio é meramente acadêmica, e a lei, uma vez sancionada, ganha vigência e eficácia a partir de sua publicação, transcorrida a *vacatio legis*. A lei, aplicada com prudência, encontrará seus próprios limites por meio da atividade interpretativa dos tribunais, não sendo aconselhável que se ceife a iniciativa legislativa de plano, iniciativa, essa, que conferiu novos contornos ao instituto da desconsideração da personalidade da pessoa jurídica. Devem, sim, ao invés de se limitar o debate a conjeturas de topografia do § 5º e pretensas razões de veto, o art. 28 e seus §§ da Lei n. 8.078/1990 ser interpretados sistematicamente, a par da legislação vigente.
"A tese, ora acolhida, de que a teoria menor da desconsideração aplica-se às relações de consumo está calcada, como dito, na exegese autônoma do § 5º do art. 28 do CDC, isto é, afasta-se, aqui, a exegese que subordina a incidência do § 5º à demonstração dos requisitos previstos no *caput* do art. 28 do CDC. E isto porque o *caput* do art. 28 do CDC acolhe a teoria maior subjetiva da desconsideração, enquanto o § 5º do referido dispositivo acolhe a teoria menor da desconsideração, em especial se considerada for a expressão 'Também poderá ser desconsiderada' – o que representa, de forma inegável, a adoção de pressupostos autônomos à incidência da

Portanto, conclui-se que o interesse público à integridade dos direitos coletivos justifica a desconsideração da personalidade jurídica, independentemente de qualquer requisito subjetivo, como a má-fé ou a fraude, sendo suficiente a simples incapacidade econômica da empresa em satisfazer as sanções, civis e administrativas, a ela impostas (requisito objetivo).

Em suma, tutela efetiva é tutela real, concretizada, e o processo coletivo deve se munir de instrumentos aptos à realizá-la, como condição imposta à construção de uma importante rede de proteção social.

3.2 Efetividade externa

A efetividade externa pode ser dividida em administrativa e judicial. Esta última, por sua vez, se subdivide em penal e civil.

A *instância administrativa* de tutela dos interesses coletivos *lato sensu* refere-se aos organismos internacionais não jurisdicionais de atribuições regulatórias de determinados atos e condutas dos Estados que os integram ou ratificaram determinada convenção ou tratado internacional. Por exemplo, a Organização Mundial do Comércio/OMC[126] tem a atribuição de regular os negócios internacionais, as taxas de câmbio e combater condutas protecionistas dos Estados que, com a concessão de subsídios, acabam privilegiando o mercado interno em detrimento dos produtos internacionais e em agressão ao livre comércio.[127]

Na *esfera judicial*, considerando como tais as intervenções institucionais que resultam em sanções criminais ou civis, e não meramente administrativas, pode-se dividir a tutela internacional em penal e civil.

---

desconsideração. Ao acolher a teoria menor, dúvida não há em se considerar que o § 5º do art. 28 da Lei n. 8.078/1990 ampara um novo capítulo no instituto do levantamento do véu da pessoa jurídica, o qual se coaduna com o princípio geral da ordem econômica como positivado pela Constituição Federal de 1988, que prevê a defesa do consumidor (CF, art. 170, inciso V)."

126. A OMC foi criada em 1995, na Conferência de Marrakech, após a conclusão das complexas Rodadas do Uruguai.

127. Segundo noticiado na revista *Veja*, edição 2.156, de março/2010, "em 2002, o Brasil sentiu-se vítima de uma delas [*práticas desleais de concorrência*]. As exportações brasileiras foram duramente penalizadas pelos subsídios concedidos pelo Governo dos Estados Unidos da América a seus produtores de algodão. Após inúmeras tentativas de negociação – todas frustradas – a OMC deu vitória ao Brasil, em agosto de 2009, e autorizou o País a impor aos Estados Unidos a segunda maior retaliação da história da instituição. O valor gira em torno de 829 milhões de Dólares".

A *tutela internacional penal* dá-se com a criação de um Tribunal Penal Internacional pré-constituído, e não de exceção, como os anteriores, sediado em Haia, cidade da Holanda, a partir do Estatuto de Roma, de 1998, que entrou em vigor em julho/2002, com mais de 60 ratificações, com competência subsidiária para julgamentos de determinados crimes (crimes de genocídio, crimes de guerra, crimes contra a Humanidade e crimes de agressão) e com a possibilidade da imposição sanções penais aos condenados, dentre elas a pena de prisão perpétua.

A *efetividade internacional judicial civil* refere-se às formas de tutela dos interesses coletivos, em sentido amplo, junto aos sistemas supranacionais de direitos humanos, no contexto da proteção contemporânea destes direitos, cujos traços marcantes foram definidos e positivados na *Era Humanista Pós-Guerra*.

De fato, principalmente na segunda metade do século XX afloraram os sistemas internacionais de proteção aos direitos humanos, com início na assinatura da Carta das Nações Unidas, em 1945, na Conferência de São Francisco, seguida pela Declaração Universal dos Direitos Humanos. Após a instauração do sistema global de proteção aos direitos humanos, patrocinado pela Organização das Nações Unidas/ONU, sistemas regionais se desenvolveram inspirados no sistema global, como, por exemplo, os sistemas europeu (Conselho da Europa) e americano de direitos humanos, este sob a direção da OEA.

No entanto, consciente de que o presente estudo se limita à tutela coletiva no Brasil, nos limitaremos a traçar as peculiaridades e o procedimento de tutela dos direitos coletivos no bojo do Sistema Regional Interamericano.

Em termos de direitos materiais, temos a Declaração Americana dos Direitos dos Homens de 194, que se limita a prever o respeito e a relevância dos direitos fundamentais, seguindo o modelo da Declaração Universal dos Direitos Humanos (1948), mas que não continha meios e instrumentos de exigibilidade.

De fato, as garantias ou instrumentos de efetivação somente aparecem em um momento posterior. No sistema global, com a assinatura dos Pactos de Nova York de 1966 e, no sistema americano, com a Convenção Americana dos Direitos Humanos (Pacto de São José da Costa Rica, de 1969) e o Pacto de San Salvador (1988). O primeiro tem previsão relativa aos direitos civis e políticos, enquanto o segundo se refere aos direitos econômicos, sociais e culturais.

Em termos processuais, as regras de provocação dos organismos americanos concentram-se na Convenção Americana dos Direitos Humanos ou Pacto de São José, que prevê a existência de dois importantes organismos de tutela dos direitos, quais sejam: a Comissão Interamericana e a Corte Interamericana.

Quanto às competências e ao procedimento, cabe à Comissão receber denúncias ou queixas de pessoas ou grupo de pessoas[128] sobre fatos de violação dos direitos previstos na Convenção, dentre eles direitos coletivos *lato sensu* (art. 44). Diante disso, a Comissão realiza um juízo de admissibilidade da denúncia e solicita informações ao Governo do Estado respectivo (art. 48).

Após o recebimento das informações ou sem elas, a Comissão ou determina o arquivamento dos autos, por entender que não houve violação, ou decide pelo prosseguimento, quando realizará, se necessário, atos investigatórios e, eventualmente, inspeção *in loco*.

Após a colheita de provas, a Comissão tentará uma conciliação entre as partes e, se restar exitoso o acordo, será redigido relatório que será encaminhado ao peticionário e aos Estados (art. 49). Caso não haja solução amistosa, também será lavrado um relatório da situação e encaminhado aos Estados interessados (art. 50). O Estado onde ocorreu a transgressão tem o prazo de três meses para solucionar o problema (art. 51). Caso não seja feito ou a conduta deste Estado não satisfaça os interesses dos prejudicados, a Comissão emitirá seu parecer e submeterá o relatório ao crivo da Corte Interamericana, com indicação das provas realizadas e pedido de providências. A Corte, por sua vez, representa o órgão judiciário da Convenção Americana e tem competência consultiva e contenciosa.

No âmbito da Corte tramita o processo em face do Estado agressor, com contraditório, produção de provas e alegações finais, até a prolação da sentença, que tem eficácia cogente para os Estados que reconhecem sua legitimidade. Vale a informação que o Brasil somente reconheceu a competência da Corte Interamericana em 1998, com o Decreto Legislativo 89, de dezembro/1998.

Em tese, no âmbito interno essa sentença dispensa homologação no STJ[129] e é executada pela Justiça Federal, com adoção do procedimento previsto para a execução da Fazenda Pública.

---

128. É inegável que os entes legitimados coletivos têm atribuições para provocar a Comissão, pois são os autênticos protetores da coletividade.
129. Na verdade, não se trata de sentença estrangeira, mas sentença de órgão internacional, não se aplicando o art. 105, I, "i", da CF. Nesse sentido: Valério

No entanto, André de Carvalho Ramos defende, de forma louvável e em benefício da efetividade, que as condenações da Corte devem ser tratadas como débito alimentar, para serem incluídas em ordem própria de pagamento.[130]

É compreensível, mas lamentável, que a Corte não tenha atribuições executivas nos Estados, por questões de soberania e independência. No entanto, a Corte pode informar à Assembleia-Geral da OEA o descumprimento de sua decisão pelo Estado condenado.

Por derradeiro, vale esclarecer que o acionamento da Comissão Interamericana, pelo indivíduo ou grupo, somente deve ocorrer, em tese, no caso de esgotamento das instâncias internas. No entanto, e em benefício da efetividade dos instrumentos internacionais, tem-se admitido o acionamento da Comissão caso não seja viabilizado aos interessados o acesso ao devido processo legal na ordem interna ou na hipótese de demora excessiva da tutela nacional. Sobre isso, por exemplo, entendemos cabível o acionamento do Sistema Interamericano quando não for respeitado o princípio da tramitação prioritária, atribuído ao processo coletivo.

Discorrendo sobre a atuação da Defensoria Pública[131] no âmbito do sistema interamericano, pondera Antônio Mafezoli que "não se trata da utilização de uma 'quarta instância recursal', mas, sim, do acionamento de um mecanismo internacional que hoje integra o ordenamento jurídico brasileiro, que deve ser utilizado quando o sistema jurídico interno não fornece respostas adequadas e necessárias para a proteção dos direitos humanos, violando, assim, as obrigações internacionais assumidas pelo Estado Brasileiro. Principalmente em casos de graves violações coletivas, quando as consequências são mais profundas e os sistemas policial e judicial brasileiros são mais morosos, o acionamento do Sistema Interamericano pode apresentar-se como a única chance efetiva de cessação da violação – inclusive cautelarmente – e de reparação".[132]

de Oliveira Mazzuoli, *Curso de Direito Internacional Público*, São Paulo, Ed. RT, 2009, p. 820.

130. André de Carvalho Ramos, in Valério de Oliveira Mazzuoli, *Curso de Direito Internacional Público*, cit., p. 824.

131. Conforme prevê a Lei Complementar 80/1994, com redação determinada pela Lei Complementar 132/2009, é atribuição da Defensoria Pública "representar aos sistemas internacionais de proteção dos direitos humanos, postulando perante seus órgãos" (inciso VI do art. 4º).

132. Antônio Mafezoli, "A atuação da Defensoria Pública na promoção e defesa dos direitos humanos e o Sistema Interamericano de Direitos Humanos", *Concurso de Teses do VII Congresso Nacional dos Defensores Públicos*, Cuiabá/MT, 2008.

Em suma, nosso propósito em apresentar esse instrumento internacional é indicar uma via alternativa de proteção dos direitos coletivos em busca da efetividade e fomentar a utilização de tão importante e promissor caminho.

CONCLUSÃO

A partir da análise empreendida no presente estudo pudemos extrair algumas conclusões, as quais revelam, em síntese, o delineamento atual do processo coletivo brasileiro.

Por expressa previsão constitucional (CF de 1988, art. 1º, *caput*), notamos que o Estado Brasileiro é um Estado Democrático de Direito, ou seja, é um Estado de Direito de vertente constitucional, mas dotado da peculiaridade de adotar o princípio democrático como preceito estruturante de seus elementos constitutivos e fundamentos. Nesse sentido, percebemos que a ordem jurídica estabelecida é imantada por aspirações democráticas e, com isso, as ideias de Direito, de lei e até mesmo de prestação jurisdicional adquirem contornos específicos: são elementos prospectivos que devem servir à concretização dos próprios fundamentos do Estado e, também, à modificação social por meio do Direito comprometido com a Justiça Social.

Verificamos que a realização da cidadania e da dignidade da pessoa humana (CF de 1988, art. 1º, II e III), enquanto fundamentos do Estado bem como dos direitos fundamentais, é pressuposto para a caracterização dessa forma de organização política. Esses ideais ou preceitos são enunciados na forma de direitos, os quais nem sempre são de titularidade identificada ou determinável. Há uma gama de direitos que interessa a um número indeterminável ou indeterminado de pessoas: são os *direitos coletivos*.

No Brasil os direitos coletivos foram sistematizados em três categorias: *direitos difusos, direitos coletivos* e *direitos individuais homogêneos*. Como a mera declaração de direitos não basta para que os mesmos sejam efetivados, houve a necessidade de prever formas de tutela. Até a década de 1980 o Brasil não tinha um regramento específico para os direitos coletivos. Mas a partir da edição da Lei da Ação Civil Pública e do Código de Defesa do Consumidor foi criado um microssistema de regulação que é integrado (porque ambas as leis interagem, de modo expresso e recíproco) e autônomo, mas não autossuficiente. Referido microssistema constitui o fundamento, o ponto de partida, o regramento--base em termos de direitos coletivos, o qual conta ainda com leis esparsas setoriais (*v.g.*, a Lei da Ação Popular, o Estatuto da Criança e do Adolescente e o Estatuto do Idoso) e somente de modo residual recorre à legislação processual civil individual ou comum.

O direito processual civil, enquanto ramo do Direito, não é adequado à tutela dos direitos coletivos, pois sua ereção enfocou a proteção de direitos individuais, patrimoniais e disponíveis. Seus institutos (*v.g.*, a legitimação para agir e a coisa julgada), rito e formas de tutela encontram insuficiências quando aplicados aos conflitos de massa. Por essa razão, é preciso viabilizar um novo tratamento molecular de direitos, pensado à luz das especificidades coletivas e, principalmente, das suas aspirações sociais, econômicas e, inclusive, jurídicas.

No decorrer dos anos foram editadas leis setoriais que regram, de modo pontual, determinados direitos coletivos. Contudo, a tutela coletiva disposta carece, ainda, de sistematização, pois a convivência de variadas leis em mesma hierarquia normativa gera dificuldades na sua aplicação e, principalmente, efetivação. Se essas dificuldades empecem a concretização dos direitos coletivos, cumpre aos construtores do Direito contribuir para sua superação, seja por meio da investigação científica de uma principiologia própria, enquanto expressão de particularidade dentro da Ciência processual, ou a partir da investigação da legislação vigente, para identificação dos instrumentos e técnicas processuais e procedimentais de efetividade.

Atualmente a regulação de direitos coletivos ocorre da seguinte maneira: aplicação da Lei da Ação Civil Pública e do Código de Defesa do Consumidor como regramento-base ou lei geral, seguido da legislação ordinária sobre ações e direitos coletivos e, de modo subsidiário, legislação processual civil comum ou individual (Código de Processo Civil e leis esparsas).

Esse microssistema regula o processo coletivo e revela que algumas estruturas processuais adquirem contornos bem específicos na hipótese coletiva. Dentre elas, citamos a legitimação ativa e a coisa julgada coletiva. O rol dos legitimados ativos é exaustivo, e sua legitimação deve ser a mais ampla possível, sempre que, com isso, houver a possibilidade da tutela jurisdicional de um direito, mormente quando fundamental. Quanto à coisa julgada, a dificuldade é identificar seus efeitos e sua extensão.

CONCLUSÃO

No microssistema, a Lei da Ação Civil Pública ocupa lugar destacado, por ter um regramento e um rito que podem servir como procedimento comum coletivo. Ou seja: o modo de ser da ação civil pública pode servir como base para outras ações coletivas. Essa constatação foi observada recentemente por um grupo de estudiosos em Direito e processo coletivo e culminou com o Projeto de Lei 5.139/2009, que propõe uma nova Lei da Ação Civil Pública, por ora rejeitado na Câmara dos Deputados, cujos motivos carecem de plausibilidade.

O Projeto de Lei 5.139/2009 era inovador no sentido de expressar a ação civil pública como Sistema Único Coletivo e indicar o respectivo procedimento como comum coletivo. Este projeto tramitava na Câmara dos Deputados e, não obstante sua rejeição nessa Casa Legislativa, identificamos em seus dispositivos inovações e melhorias que podem ser realizadas no processo coletivo (*v.g.*, a previsão de oportunidade para a realização da flexibilização procedimental). Com ele, a suposta nova Lei da Ação Civil Pública passaria a ser a lei geral de ações coletivas, com prioridade de sua aplicação inclusive sobre as leis setoriais.

Independentemente dessa "crise política" sobre a questão, o fato é que o processo coletivo instrumentaliza, pois, o acesso à Justiça. É a partir dele que vislumbramos a realização de inúmeros direitos, inclusive fundamentais. Imperioso, então, problematizar sua adequação e eficácia em amparar pretensões coletivas, pois é pelo questionamento que dimensionamos sua efetividade.

O desafio maior é, mesmo, conferir efetividade aos procedimentos administrativos e investigatórios coletivos, e especificamente ao processo coletivo. Para constatar se o processo está servindo a contento aos fins que lhe foram colimados, partimos da análise das tutelas e das técnicas processuais, entendendo que estas muitas vezes não servem àquelas. Lastreados nessa dimensão tutelar, identificamos que vários componentes contribuem para uma maior ou menor realização dos direitos coletivos: a atuação das entidades e órgãos de proteção coletiva, a conduta das partes (ao investigar, ao pleitear, ao litigar, ao provar e ao executar), a atuação dos sujeitos no processo, as espécies de tutelas existentes, são alguns desses catalisadores rumo à efetividade da tutela, externa e interna, administrativa e jurisdicional da coletividade.

Entendemos que o enfoque da efetividade, ao analisar o procedimento comum coletivo, contribui para a concretização dos direitos coletivos (inclusive daqueles qualificados como fundamentais), pois parte da premissa de sua realização, e não mera declaração. Nesse movimento pela efetividade, pontuamos uma nova hermenêutica e uma nova postura científica a serem adotadas: o Constitucionalismo contemporâneo, preocupado com a efetivação dos direitos coletivos enquanto expressão da cidadania e da democracia, e a afirmação dos direitos coletivos como objetos científicos próprios de investigação.

Além disso, sob o enfoque da almejada efetividade, analisamos o procedimento comum coletivo e suas fases pré, intra e pós-processual, quando concluímos que a atuação qualificada e potencializada das partes, entes ou sujeitos, inclusive terceiros envolvidos, é fundamental para a adequada tutela coletiva, seja nos atos de investigar, postular, litigar, provar ou executar.

Apuramos, ainda, que a efetividade é a tônica não só no âmbito nacional, mas também no âmbito internacional, onde se destaca a proteção dos direitos humanos nos variados sistemas – seja o global, sejam os regionais – de proteção aos direitos humanos, sendo que os atores nacionais, mormente as instituições democráticas, não só podem como devem recorrer a tais instâncias, se preciso, no cumprimento de suas finalidades, especificamente, da proteção aos direitos coletivos.

Por fim, notamos que no âmbito interno a efetividade da tutela coletiva depende, além da revisitação do sistema sob o enfoque constitucional-social, da atuação qualificada e ativa dos sujeitos envolvidos, ou seja, dos entes administrativos de regulação, das instituições democráticas, do Poder Judiciário e também da sociedade, a principal interessada. Merecem destaque a atuação das autarquias federais (PROCON, CADE etc.) e das agências reguladoras; a atuação e o ativismo do Ministério Público e da Defensoria Pública, com meios efetivos de investigação, postulação e execução das medidas pleiteadas; a postura do Poder Judiciário, dotada de ativismo, não neutralidade, diante desses tão importantes conflitos de massa; enfim, a participação da sociedade como um todo, sendo necessários sua informação e seu acesso adequado às instâncias de decisão, nos âmbitos político, institucional, administrativo e judicial.

Enfim, a tutela de massa e a proteção da coletividade exigem uma rede integrada e potencializada de atuação multidisciplinar, inteligente e concreta, para a promoção do acesso e realização da Justiça Coletiva e do Estado Democrático e Social de Direito, definido na Constituição Federal de 1988, ainda carente da necessária realização.

REFERÊNCIAS BIBLIOGRÁFICAS

ALEXY, Robert. *Teoria dos Direitos Fundamentais*. 2ª ed. São Paulo, Malheiros Editores, 2011.

ALMEIDA, Gregório Assagra de. *Codificação do Direito Processual Coletivo Brasileiro: Análise Crítica das Propostas Existentes e Diretrizes de uma Nova Proposta de Codificação*. Belo Horizonte, Del Rey, 2007.

_____. *Direito Processual Coletivo Brasileiro: um Novo Ramo do Direito Processual*. São Paulo, Saraiva, 2003.

ALMEIDA, João Batista de. *Aspectos Controvertidos da Ação Civil Pública*. 2ª ed. São Paulo, Ed. RT, 2009.

ALVIM, J. M. de Arruda. *Manual de Direito Processual Civil*. 8ª ed., vol. 2 ("Processo de Conhecimento"). São Paulo, Ed. RT, 2003; 12ª ed. São Paulo, Ed. RT, 2008.

_____. *Código do Consumidor Comentado*. São Paulo, Ed. RT.

ANNONI, Danielle. *O Direito Humano de Acesso à Justiça no Brasil*. Porto Alegre, Sérgio Antônio Fabris Editor, 2008.

ARENHART, Sérgio Cruz. "Perfis da tutela inibitória coletiva". In: *Temas Atuais de Direito Processual Civil*. vol. VI. São Paulo, Ed. RT, 2003.

_____, e MARINONI, Luiz Guilherme. *Manual do Processo de Conhecimento*. 5ª ed. São Paulo, Ed. RT, 2006.

ASSIS, Araken de. *Manual do Processo de Execução*. 8ª ed. São Paulo, Ed. RT, 2002.

ÁVILA, Humberto Bergmann. "A distinção entre princípios e regras e a redefinição do dever de proporcionalidade". *RDA* 215/151. 1999.

BANDEIRA DE MELLO, Celso Antônio. *Curso de Direito Administrativo*. 28ª ed. São Paulo, Malheiros Editores, 2011; 29ª ed. 2012.

BARBOSA, Pedro, GRANDIS, Rodrigo de, e MARQUES, Sílvio. "A vingança de Maluf". *Folha de S. Paulo*, "Tendências e Debates". 6.4.2010.

BARBOSA MOREIRA, José Carlos. *Comentários ao Código de Processo Civil*. 6ª ed. Rio de Janeiro, Forense, 1993.

_____. *O Novo Processo Civil Brasileiro*. 22ª ed. Rio de Janeiro, Forense, 2002.

_____. "Por um processo socialmente efetivo". *Revista Síntese de Direito Civil e Processual Civil* 11/5. Porto Alegre/RS, Síntese, 2001.

BARROSO, Luís Roberto. "Ações coletivas na Constituição Federal de 1988". *RePro* 61/190. São Paulo, Ed. RT, 1991.

_____. *O Direito Constitucional e a Efetividade de suas Normas*. 6ª ed. Rio de Janeiro, Renovar, 2002.

BASTOS, Celso Ribeiro. *Curso de Direito Constitucional*. São Paulo, Saraiva, 1990; 22ª ed. São Paulo, Malheiros Editores, 2010.

BEDAQUE, José Roberto dos Santos. *Efetividade do Processo e Técnica Processual*. 3ª ed. São Paulo, Malheiros Editores, 2010.

_____. *Poderes Instrutórios do Juiz*. 4ª ed. São Paulo, Ed. RT, 2009.

_____, e MARINONI, Luiz Guilherme (coords.). Coleção *Temas Atuais de Direito Processual Civil*. vol. 14. São Paulo, Ed. RT, 2009.

BEGA, Carolina Brambila. "Câmara de Indenização Voo 3054 (CI 3054): um modelo alternativo". *Concurso de Teses do VII Congresso Nacional dos Defensores Públicos*. Cuiabá/MT, 2008.

BOBBIO, Norberto. *Teoria do Ordenamento Jurídico*. 4ª ed. Brasília/DF, UnB, 1994; 10ª ed. Brasília/DF, UnB, 1999.

BONAVIDES, Paulo. *Curso de Direito Constitucional*. 26ª ed. São Paulo, Malheiros Editores, 2011; 27ª ed. 2012.

BORBA, Joselita Nepomuceno. *Efetividade e Tutela Coletiva*. São Paulo, Ed. RT, 2008.

BUENO, Cássio Scarpinella. "A legitimidade ativa no mandado de segurança coletivo. CF de 1988, art. 5º, LXX". *RePro* 88. São Paulo, Ed. RT, 1997.

_____. *A Nova Etapa da Reforma do Código de Processo Civil*. São Paulo, Saraiva, 2006.

_____. *Curso Sistematizado de Direito Processual Civil*. São Paulo, Saraiva, 2007.

CADEMARTORI, Sérgio. *Estado de Direito e Legitimidade. Uma Abordagem Garantista*. 2ª ed. Campinas/SP, Millennium, 2007.

CALMON DE PASSOS J. J. *Direito, poder, justiça e processo: julgando os que nos julgam*. Rio de Janeiro, Forense, 2003, *apud* CARNEIRO, Walber Araújo. "Processo e hermenêutica: a produção do Direito como compreensão". http://www.egov.ufsc.br/portal/sites/default/files/anexos/15574-15575-1-PB.pdf.

CAMBI, Eduardo, e MARANHÃO, Clayton. "Partes e terceiros na ação civil pública por dano ambiental". *RePro*.

CANOTILHO, J. J. Gomes. "A 'principialização' da jurisprudência através da Constituição". *RePro* 98. São Paulo, Ed. RT.

CERQUEIRA, Luís Otávio Sequeira de, CRUZ, Luana Pedrosa de Figueiredo, GOMES JR., Luiz Manoel, e MEDINA, José Miguel Garcia. *Os Poderes do Juiz e o Controle das Decisões Judiciais*. São Paulo, Ed. RT, 2008.

COMPARATO, Fábio Konder. "Entrevista" concedida ao periódico *Caros Amigos*. Edição 163. Ano XIV. São Paulo, 2010.

CAPPELLETTI, Mauro. "Formações sociais e interesses coletivos diante da Justiça Civil". *RePro* 5/130. São Paulo, Ed. RT.

REFERÊNCIAS BIBLIOGRÁFICAS

_____, e GARTH, Bryant. *Acesso à Justiça*. Trad. de Ellen Gracie Northfleet. Porto Alegre/RS, Sérgio Antônio Fabris Editor, 1988.

CARMONA, Carlos Alberto (coord.). *Reflexões sobre a Reforma do Código de Processo Civil*. 1ª ed. São Paulo, Atlas, 2007.

CINTRA, Antônio Carlos de Araújo, DINAMARCO, Cândido Rangel, e GRINOVER, Ada Pellegrini. *Teoria Geral do Processo*. 27ª ed. São Paulo, Malheiros Editores, 2011; 28ª ed. 2012.

COELHO, Luís Fernando. *Aulas de Introdução ao Direito*. Barueri/SP, Manole, 2004.

_____. *Teoria Crítica do Direito*. Porto Alegre/RS, Sérgio Antônio Fabris Editor, 1991.

COMPANHOLE, Hilton Lobo, e COMPANHOLE, Adriano. *Constituições do Brasil*. 12ª ed. São Paulo, Atlas, 1998.

COUTINHO, Jacinto Nelson de Miranda, MEZZAROBA, Orides, e OLIVEIRA NETO, Francisco José Rodrigues de (coords.). *Constituição e Estado Social. Os Obstáculos à Concretização da Constituição*. São Paulo, Ed. RT, 2008.

CRUZ, Luana Pedrosa de Figueiredo, CERQUEIRA, Luís Otávio Sequeira de, GOMES JR., Luiz Manoel, e MEDINA, José Miguel Garcia. *Os Poderes do Juiz e o Controle das Decisões Judiciais*. São Paulo, Ed. RT, 2008.

DI PIETRO, Maria Sylvia Zanella. *Direito Administrativo*. 22ª ed. São Paulo, Atlas.

DIDIER JR., Fredie. *Ações Constitucionais*. 3ª ed. Salvador/BA, JusPodivm, 2008.

_____. *Curso de Direito Processual Civil*. 6ª ed. Salvador, JusPodivm, 2006.

_____. "Situações jurídicas coletivas passivas: o objeto das ações coletivas passivas". In: DIDIER JR., Fredie, e MOUTA, José Henrique (coords.). *Tutela Jurisdicional Coletiva*. Salvador/BA, JusPodivm, 2009.

_____, e MOUTA, José Henrique (coords.). *Tutela Jurisdicional Coletiva*. Salvador/BA, JusPodivm, 2009.

_____, e ZANETI JR., Hermes. *Curso de Direito Processual Civil*. 1ª ed., vol. 1. Salvador/BA, JusPodvim, 2007; vol. 4 ("Processo Coletivo"). Salvador/BA, JusPodvim, 2007; 4ª ed., vol. 4. Salvador/BA, JusPodivm, 2009; 11ª ed., vol. 1. Salvador/BA, JusPodvim, 2009.

_____, JORGE, Flávio Cheim, e RODRIGUES, Marcelo Abelha. *A Terceira Etapa da Reforma Processual Civil*. São Paulo, Saraiva, 2006.

DINAMARCO, Cândido Rangel. *A Instrumentalidade do Processo*. 14ª ed. São Paulo, Malheiros Editores, 2009.

_____. *Instituições de Direito Processual Civil*. 6ª ed., vol. I. São Paulo, Malheiros Editores, 2009.

_____, CINTRA, Antônio Carlos de Araújo, e GRINOVER, Ada Pellegrini. *Teoria Geral do Processo*. 27ª ed. São Paulo, Malheiros Editores, 2011; 28ª ed. 2012.

DINAMARCO, Pedro da Silva. *Ação Civil Pública*. São Paulo, Saraiva, 2001; São Paulo, SRS, 2008.

ESPÍNDOLA, Ruy Samuel. *Conceito de Princípios Constitucionais*. 2ª ed. São Paulo, Ed. RT, 2002.

FAORO, Raymundo. *Os Donos do Poder*. Rio de Janeiro, Globo, 1958.

FARIA, José Eduardo Campos de Oliveira. *Retórica Política e Ideologia Democrática: a Legitimação do Discurso Jurídico Liberal*. Tese de Livre-Docência apresentada ao Departamento de Filosofia e Teoria Geral do Direito da USP. São Paulo, 1982.

FAVRETO, Rogério, e GOMES JR., Luiz Manoel. "A nova Lei da Ação Civil Pública e do Sistema Único de Ações Coletivas brasileiras – Projeto de Lei 5.139/2009". *Revista Magister de Direito Empresarial, Concorrencial e do Consumidor* 27/5-21. Ano V. Porto Alegre, Magister, junho-julho/2009.

_____. *Comentários à Nova Lei do Mandado de Segurança*. São Paulo, Ed. RT, 2009.

FERRARESI, Eurico. *Ação Popular, Ação Civil Pública e Mandado de Segurança Coletivo: Instrumentos Processuais Coletivos*. Rio de Janeiro, Forense, 2009.

FERRAZ JR., Tércio Sampaio. *Introdução ao Estudo do Direito: Técnica, Decisão, Dominação*. 4ª ed. São Paulo, Atlas, 2003.

_____. *Teoria da Norma Jurídica*. Rio de Janeiro, Forense, 1976.

FERREIRA, Pinto. *Comentários à Constituição Brasileira*. vol. 5. São Paulo, Saraiva, 1998.

FERREIRA, Rony. *Coisa Julgada Coletiva*. Porto Alegre/RS, Sergio Antônio Fabris Editor, 2004.

FIDÉLIS DOS SANTOS, Ernane, FUX, Luiz, NERY JR., Nelson, e WAMBIER, Luiz Rodrigues. *Curso de Direito Processual Civil*. 1ª ed. Rio de Janeiro, Forense, 2001.

_____, NERY JR., Nelson, e WAMBIER, Tereza Arruda Alvim. *Processo e Constituição*. 1ª ed. São Paulo, Ed. RT, 2006.

FIGUEIREDO, Lúcia Valle. "Partidos políticos e mandado de segurança coletivo". *RDP* 95/40 e ss. Ano 23. São Paulo, Ed. RT, julho-setembro/1990.

FUX, Luiz, FIDÉLIS DOS SANTOS, Ernane, NERY JR., Nelson, e WAMBIER, Luiz Rodrigues. *Curso de Direito Processual Civil*. 1ª ed. Rio de Janeiro, Forense, 2001.

GAJARDONI, Fernando da Fonseca. *Flexibilização Procedimental: um Novo Enfoque para o Estudo do Procedimento em Matéria Processual, de Acordo com as Recentes Reformas do Código de Processo Civil*. São Paulo, Atlas, 2008.

GALLIEZ, Paulo. *A Defensoria Pública. O Estado e a Cidadania*. 3ª ed. Rio de Janeiro, Lumen Juris, 2006.

GARCIA, Emerson. *Ministério Público: Organização, Atribuições e Regime Jurídico*. 3ª ed. Rio de Janeiro, Lumen Juris, 2008.

GARCIA DE SOUZA, José Augusto. "A nova Lei 11.448/2007, os escopos extrajurídicos do processo e a velha legitimidade ativa para ações coletivas".

In: *A Defensoria Pública e os Processos Coletivos*. 1ª ed. Rio de Janeiro, Lumen Juris, 2008.

GARTH, Bryant, e CAPPELLETTI, Mauro. *Acesso à Justiça*. Trad. de Ellen Gracie Northfleet. Porto Alegre/RS, Sérgio Antônio Fabris Editor, 1988.

GIDI, Antônio. *A Class Action como Instrumento de Tutela Coletiva dos Direitos: as Ações Coletivas em uma Perspectiva Comparada*. São Paulo, Ed. RT, 2007.

_____. "Código de Processo Civil Coletivo: um modelo para Países de Direito escrito". *RePro* 111. Ano 28. São Paulo, Ed. RT, julho-setembro/2003.

_____. *Coisa Julgada e Litispendência em Ações Coletivas*. São Paulo, Saraiva, 1995.

_____. *Rumo a um Código de Processo Civil Coletivo: a Codificação das Ações Coletivas no Brasil*. Rio de Janeiro, Forense, 2008.

GOMES, Luiz Flávio. "O STF está assumindo um 'ativismo judicial' sem precedentes?". Revista eletrônica *Universo Jurídico* (disponível *em www.uj.com.br*, acesso em 2.11.2009).

GOMES JR., Luiz Manoel. *Ação Popular – Aspectos Polêmicos*. 2ª ed. Rio de Janeiro, Forense, 2004.

_____. *Curso de Direito Processual Coletivo*. 2ª ed. São Paulo, SRS, 2008.

_____, CERQUEIRA, Luís Otávio Sequeira de, CRUZ, Luana Pedrosa de Figueiredo, e MEDINA, José Miguel Garcia. *Os Poderes do Juiz e o Controle das Decisões Judiciais*. São Paulo, Ed. RT, 2008.

_____, e FAVRETO, Rogério. "A nova Lei da Ação Civil Pública e do Sistema Único de Ações Coletivas brasileiras – Projeto de Lei 5.139/2009". *Revista Magister de Direito Empresarial, Concorrencial e do Consumidor* 27/5-21. Ano V. Porto Alegre, Magister, junho-julho/2009.

_____. *Comentários à Nova Lei do Mandado de Segurança*. São Paulo, Ed. RT, 2009.

GRANDIS, Rodrigo de, BARBOSA, Pedro, e MARQUES, Sílvio. "A vingança de Maluf". *Folha de S. Paulo*, "Tendências e Debates". 6.4.2010.

GRAU, Eros Roberto. *Ensaio e Discurso sobre a Interpretação/Aplicação do Direito*. 5ª ed. São Paulo, Malheiros Editores, 2009.

GRINOVER, Ada Pellegrini. "A ação civil pública refém do autoritarismo". *RePro* 96/28-36. Ano 24. São Paulo, Ed. RT, outubro-dezembro/2009.

_____. *A Marcha do Processo*. Rio de Janeiro, Forense, 2000.

_____. *A Tutela dos Interesses Difusos*. São Paulo, Max Limonad, 1984.

_____. "Ações coletivas para a tutela do ambiente e dos consumidores – A Lei 7.347/1985". *RePro* 44. São Paulo, Ed. RT.

_____, CINTRA, Antônio Carlos de Araújo, e DINAMARCO, Cândido Rangel. *Teoria Geral do Processo*. 27ª ed. São Paulo, Malheiros Editores, 2011; 28ª ed. 2012.

_____, e outros. *Código Brasileiro de Defesa do Consumidor: Comentado pelos Autores do Anteprojeto*. 7ª ed. Rio de Janeiro, Forense, 2001.

_____, MENDES, Aluísio Gonçalves de Castro, e WATANABE, Kazuo. *Direito Processual Coletivo e o Anteprojeto de Código Brasileiro de Processos Coletivos*. São Paulo, Ed. RT, 2007.

_____, MULLENIX, Linda S., e WATANABE, Kazuo. *Os Processos Coletivos nos Países de Civil Law e Commom Law: uma Análise do Direito Comparado*. São Paulo, Ed. RT, 2008.

GUTIÉRREZ, Daniel Mota. *Princípios do Processo Civil Coletivo na Constituição Federal: Análise Baseada na Discussão de Institutos e Questões Polêmicas da Tutela Coletiva*. Dissertação apresentada à Banca Examinadora da Pontifícia Universidade Católica de São Paulo (PUC/SP) como exigência parcial para obtenção do grau de Mestre em Direito das Relações Sociais, subárea de concentração "Direito Processual Civil", sob a orientação da professora Dra. Teresa Arruda Alvim Wambier. São Paulo, 2006.

HÄBERLE, Peter. *Hermenêutica Constitucional. A Sociedade Aberta dos Intérpretes da Constituição: Contribuição para a Interpretação Pluralista e "Procedimental" da Constituição*. Porto Alegre/RS, Sérgio Antônio Fabris Editor, 1997.

HESSE, Konrad. *A Força Normativa da Constituição*. Porto Alegre/RS, Sérgio Antônio Fabris Editor, 1991.

JORGE, Flávio Cheim, DIDIER JR., Fredie, e RODRIGUES, Marcelo Abelha. *A Terceira Etapa da Reforma Processual Civil*. São Paulo, Saraiva, 2006.

KUHN, Thomas. *A Estrutura das Revoluções Científicas*. 7ª ed. São Paulo, Perspectiva, 2003.

LEITE, Carlos Henrique Bezerra. *Curso de Direto Processual do Trabalho*. 4ª ed. São Paulo, LTr, 2006.

LENZA, Pedro. *Teoria Geral da Ação Civil Pública*. 3ª ed. São Paulo, Ed. RT, 2008.

LEONEL, Ricardo de Barros. *Manual do Processo Coletivo*. São Paulo, Ed. RT, 2002.

MAFEZOLI, Antônio. "A atuação da Defensoria Pública na promoção e defesa dos direitos humanos e o Sistema Interamericano de Direitos Humanos". *Concurso de Teses do VII Congresso Nacional dos Defensores Públicos*. Cuiabá/MT, 2008.

MALUF, Paulo. "Promotores têm medo da Justiça?". *Folha de S. Paulo*, "Tendências e Debates". 13.4.2010.

MANCUSO, Rodolfo de Camargo. *A Resolução dos Conflitos e a Função Judicial no Contemporâneo Estado de Direito*. São Paulo, Ed. RT, 2009.

_____. *Ação Civil Pública*. São Paulo, Ed. RT, 1999.

_____. *Ação Civil Pública: em Defesa do Meio Ambiente, do Patrimônio Cultural e dos Consumidores*. 10ª ed. São Paulo, Ed. RT, 2007.

_____. *Ação Popular. Proteção do Erário, do Patrimônio Público, da Moralidade Administrativa e do Meio Ambiente*. São Paulo, Ed. RT, 2008.

_____. *Interesses Difusos: Conceito e Legitimação para Agir*. São Paulo, Ed. RT, 1991 e 2004.

MARANHÃO, Clayton, e CAMBI, Eduardo. "Partes e terceiros na ação civil pública por dano ambiental". *RePro*.

MARINONI, Luiz Guilherme. *Coisa Julgada Inconstitucional*. São Paulo, Ed. RT, 2008.

_____. *Curso de Direito Processual Civil – Teoria Geral do Processo*. 3ª ed. São Paulo, Ed. RT, 2008.

_____. *Novas Linhas do Processo Civil*. 4ª ed. São Paulo, Malheiros Editores, 2000.

_____. *Técnica Processual e Tutela dos Direitos*. 2ª ed. São Paulo, Ed. RT, 2008.

_____, e ARENHART, Sérgio Cruz. *Manual do Processo de Conhecimento*. 5ª ed. São Paulo, Ed. RT, 2006.

_____, e BEDAQUE, José Roberto dos Santos (coords.). Coleção *Temas Atuais de Direito Processual Civil*. vol. 14. São Paulo, Ed. RT, 2009.

MARQUES, Sílvio, BARBOSA, Pedro, e GRANDIS, Rodrigo de. "A vingança de Maluf". *Folha de S. Paulo*, "Tendências e Debates", 6.4.2010.

MAXIMILIANO, Carlos. *Hermenêutica e Aplicação do Direito*. 13ª ed. Rio de Janeiro, Forense, 2008.

MAZZEI, Rodrigo Reis. "Mandado de injunção". In: DIDIER JR., Fredie. *Ações Constitucionais*. 3ª ed. Salvador/BA, JusPodivm, 2008.

_____, e NOLASCO, Rita (coords.). *Processo Civil Coletivo*. São Paulo, Quartier Latin, 2005.

MAZZILLI, Hugo Nigro. *A Defesa dos Interesses Difusos em Juízo*. 16ª ed. São Paulo, Saraiva, 2003.

_____. *Regime Jurídico do Ministério Público*. 6ª ed. São Paulo, Saraiva, 2007.

MAZZUOLI, Valério de Oliveira. *Curso de Direito Internacional Público*. São Paulo, Ed. RT, 2009.

MEDINA, José Miguel Garcia, CERQUEIRA, Luís Otávio Sequeira de, CRUZ, Luana Pedrosa de Figueiredo, e GOMES JR., Luiz Manoel. *Os Poderes do Juiz e o Controle das Decisões Judiciais*. São Paulo, Ed. RT, 2008.

_____, SANTOS FILHO, Ronaldo Fenelon, e WAMBIER, Tereza Arruda Alvim. *Breves Comentários à Nova Sistemática Processual Civil*. São Paulo, Ed. RT, 2007.

MENDES, Aluísio Gonçalves de Castro. *Ações Coletivas no Direito Comparado e Nacional*. São Paulo, Ed. RT, 2002; 2ª ed. São Paulo, Ed. RT, 2009.

_____. "O Código-Modelo de Processos Coletivos do Instituto Ibero-Americano de Direito Processual". Disponível em *http://www.mundojuridico.adv.br/sis_artigos/artigos.asp?codigo=158*.

_____, GRINOVER, Ada Pellegrini, e WATANABE, Kazuo. *Direito Processual Coletivo e o Anteprojeto de Código Brasileiro de Processos Coletivos*. São Paulo, Ed. RT, 2007.

MEZZAROBA, Orides, COUTINHO, Jacinto Nelson de Miranda, e OLIVEIRA NETO, Francisco José Rodrigues de (coords.). *Constituição e Estado Social. Os Obstáculos à Concretização da Constituição.* São Paulo, Ed. RT, 2008.

MILARÉ, Édis. *Ação Civil Pública. Lei 7.347/1985 – 15 Anos.* São Paulo, Ed. RT, 2002.

_____ (coord.). *A Ação Civil Pública Após 20 Anos.* São Paulo, Ed. RT, 2005.

MITIDIERO, Daniel. "Colaboração no processo civil". In: BEDAQUE, José Roberto dos Santos, e MARINONI, Luiz Guilherme (coords.). Coleção Temas Atuais de Direito Processual Civil. vol. 14. São Paulo, Ed. RT, 2009.

MOUTA, José Henrique, e DIDIER JR., Fredie (coords.). *Tutela Jurisdicional Coletiva.* Salvador/BA, JusPodivm, 2009.

MULLENIX, Linda S., GRINOVER, Ada Pellegrini, e WATANABE, Kazuo. *Os Processos Coletivos nos Países de* **Civil Law** *e* **Commom Law***: uma Análise do Direito Comparado.* São Paulo, Ed. RT, 2008.

MURITIBA, Sérgio Silva. *Ação Executiva* **Lato Sensu** *e Ação Mandamental.* São Paulo, Ed. RT, 2005.

NERY JR., Nelson. *Princípios do Processo Civil na Constituição Federal.* São Paulo, Ed. RT, 2002; 9ª ed. São Paulo, Ed. RT, 2009.

_____, e NERY, Rosa Maria de Andrade. *Princípios do Processo Civil na Constituição Federal.* 2ª ed. São Paulo, Ed. RT, 1995.

_____. *Código de Processo Civil Comentado e Legislação Processual Civil Extravagante em Vigor.* São Paulo, Ed. RT, 2003.

_____, e outros. *Código Brasileiro de Defesa do Consumidor Comentado pelos Autores do Anteprojeto.* Rio de Janeiro, Forense Universitária.

_____, FIDÉLIS DOS SANTOS, Ernane, FUX, Luiz, e WAMBIER, Luiz Rodrigues. *Curso de Direito Processual Civil.* 1ª ed. Rio de Janeiro, Forense, 2001.

_____, FIDÉLIS DOS SANTOS, Ernane, e WAMBIER, Tereza Arruda Alvim. *Processo e Constituição.* 1ª ed. São Paulo, Ed. RT, 2006.

NOLASCO, Rita, MAZZEI, Rodrigo Reis (coords.). *Processo Civil Coletivo.* São Paulo, Quartier Latin, 2005.

OLIVEIRA NETO, Francisco José Rodrigues de, COUTINHO, Jacinto Nelson de Miranda, e MEZZAROBA, Orides (coords.). *Constituição e Estado Social. Os Obstáculos à Concretização da Constituição.* São Paulo, Ed. RT, 2008.

PADILHA, Norma Sueli. *Colisão de direitos Metaindividuais e a Decisão Judicial.* Porto Alegre, Sergio Antônio Fabris Editor, 2006.

PINTO, Djalma. *Direito Eleitoral: Anotações e Temas Polêmicos.* 3ª ed. Rio de Janeiro, Forense, 2000.

PIZZOL, Patrícia Miranda. *Liquidação nas Ações Coletivas.* São Paulo, Lejus, 1998.

RAMPIN, Talita Tatiana Dias, e RÉ, Aluísio Iunes Monti Ruggeri. "A ação civil pública refém do patrimonialismo". Disponível em *http://conjur.com.br* (acesso em 13.5.2010).

_____. "Estado de Direito, cidadania e políticas públicas: a fundamentalidade do deferimento judicial de medicamentos". *II Congresso Brasileiro das Carreiras Jurídicas do Estado*. Brasília/DF, 2010.

RÉ, Aluísio Iunes Monti Ruggeri. *A Responsabilidade Civil como um Sistema Aberto*. Franca/SP, Lemos e Cruz, 2007.

_____. "A titularidade ativa da Defensoria Pública na tutela coletiva do meio ambiente". Disponível em *http://jus2.uol.com.br/doutrina/texto. asp?id=11409&p=2* (acesso em 13.3.2010).

_____, e RAMPIN, Talita Tatiana Dias. "A ação civil pública refém do patrimonialismo". Disponível em *http://conjur.com.br* (acesso em 13.5.2010).

_____. "Estado de Direito, cidadania e políticas públicas: a fundamentalidade do deferimento judicial de medicamentos". *II Congresso Brasileiro das Carreiras Jurídicas do Estado*. Brasília/DF, 2010.

REALE, Miguel. *O Estado Democrático de Direito e o Conflito de Ideologias*. 2ª ed. São Paulo, Saraiva, 1999.

ROCHA, Carmen Lúcia Antunes. "Ação afirmativa: O conteúdo democrático do princípio da igualdade jurídica". *RDP* 15/85.

_____. *Princípios Constitucionais dos Servidores Públicos*. São Paulo, Saraiva, 1999.

RODRIGUES, Marcelo Abelha. *Ação Civil Pública e Meio Ambiente*. 2ª ed. Rio de Janeiro, Forense Universitária, 2004.

_____. "Ponderações sobre a *fluid recovery* do art. 100 do CDC". In: MAZZEI, Rodrigo, e NOLASCO, Rita (coords.). *Processo Civil Coletivo*. São Paulo, Quartier Latin, 2005.

_____, DIDIER JR., Fredie, e JORGE, Flávio Cheim. *A Terceira Etapa da Reforma Processual Civil*. São Paulo, Saraiva, 2006.

ROTHENBURG, Walter Claudius. *Princípios Constitucionais*. 2ª ed. Porto Alegre/RS, Sérgio Antônio Fabris Editor, 2003.

SADEK, Maria Tereza. *Acesso à Justiça*. São Paulo, Fundação Konrad Adenauer, 2001.

SALLES, Carlos Alberto de. *Execução Judicial em Matéria Ambiental*. 1ª ed. São Paulo, Ed. RT, 1998.

SANTOS, Marília Lourido dos. *Interpretação Constitucional no Controle Judicial das Políticas Públicas*. Porto Alegre/RS, Sérgio Antônio Fabris Editor, 2006.

SANTOS FILHO, Ronaldo Fenelon. *As Novas Fronteiras do Direito Processual*. 1ª ed. São Paulo, RCS, 2007.

_____, MEDINA, José Miguel Garcia, e WAMBIER, Tereza Arruda Alvim. *Breves Comentários à Nova Sistemática Processual Civil*. São Paulo, Ed. RT, 2007.

SARMENTO, Daniel. *A Ponderação de Interesses na Constituição Federal*. Rio de Janeiro, Lumen Juris, 2003.

SCHWARTZMAN, Simon. *Bases do Patrimonialismo Brasileiro*. Rio de Janeiro, Campus, 1988.

SHIMURA, Sérgio. *Tutela Coletiva e sua Efetividade*. São Paulo, Método, 2006.

SILVA, José Afonso da. *Ação Popular Constitucional*. 2ª ed. São Paulo, Malheiros Editores, 2007.

_____. *Curso de Direito Constitucional Positivo*. 34ª ed. São Paulo, Malheiros Editores, 2011; 35ª ed. 2012.

SODRÉ, Eduardo. "Mandado de segurança". In: DIDIER JR., Fredie. *Ações Constitucionais*. 3ª ed. Salvador/BA, JusPodivm, 2008.

SOUZA, Motauri Ciocchetti de. *Ação Civil Pública e Inquérito Civil*. São Paulo, Saraiva, 2001

STRECK, Lênio Luiz. *Hermenêutica Jurídica e(m) Crise*. 7ª ed. São Paulo, Ed. RT, 2007.

TALAMINI, Eduardo. *Tutela Relativa aos Deveres de Fazer e Não Fazer*. 2ª ed. São Paulo, Ed. RT, 2003.

VENTURI, Elton. *Execução da Tutela Coletiva*. São Paulo, Malheiros Editores, 2000.

_____. *Processo Civil Coletivo (A Tutela Jurisdicional dos Direitos Difusos, Coletivos e Individuais Homogêneos no Brasil – Perspectivas de um Código Brasileiro de Processos Coletivos)*. São Paulo, Malheiros Editores, 2007.

VIGLIAR, José Marcelo Menezes. "Ação civil pública ou ação coletiva?". In: MILARÉ, Édis (coord.). *Ação Civil Pública. Lei 7.347/1985 – 15 Anos*. São Paulo, Ed. RT, 2000.

WAMBIER, Luiz Rodrigues. *Breves Comentários à Nova Sistematização Processual Civil*. 3ª ed. São Paulo, Ed. RT, 2007.

_____. *Liquidação da Sentença Civil Individual e Coletiva*. 4ª ed. São Paulo, Ed. RT, 2009.

_____ (org.). *Execução Civil: Estudos em Homenagem a Humberto Teodoro Jr*. São Paulo, Ed. RT, 2007.

WAMBIER, Luiz Rodrigues, FIDÉLIS DOS SANTOS, Ernane, FUX, Luiz, e NERY JR., Nelson. *Curso de Direito Processual Civil*. 1ª ed. Rio de Janeiro, Forense, 2001.

WAMBIER, Tereza Arruda Alvim. *Execução Civil*. 1ª ed. São Paulo, Ed. RT, 2007.

_____, FIDÉLIS DOS SANTOS, Ernane, e NERY JR., Nelson. *Processo e Constituição*. 1ª ed. São Paulo, Ed. RT, 2006.

_____, MEDINA, José Miguel Garcia, e SANTOS FILHO, Ronaldo Fenelon. *Breves Comentários à Nova Sistemática Processual Civil*. São Paulo, Ed. RT, 2007.

WATANABE, Kazuo. "Tutela jurisdicional dos interesses difusos: a legitimação para agir", *RePro*. Abril/junho 1984, pp.197-206

_____, GRINOVER, Ada Pellegrini, e MENDES, Aluísio Gonçalves de Castro. *Direito Processual Coletivo e o Anteprojeto de Código Brasileiro de Processos Coletivos*. São Paulo, Ed. RT, 2007.

_____, GRINOVER, Ada Pellegrini, e MULLENIX, Linda S. *Os Processos Coletivos nos Países de **Civil Law** e **Commom Law**: uma Análise do Direito Comparado*. São Paulo, Ed. RT, 2008.

WEIS, Carlos. *Direitos Humanos Contemporâneos*. 2ª ed., 2ª tir. São Paulo, Malheiros Editores, 2011.

ZANETI JR., Hermes, e DIDIER JR., Fredie. *Curso de Direito Processual Civil*. 1ª ed., vol. 1. Salvador/BA, JusPodvim, 2007; vol. 4 ("Processo Coletivo"). Salvador/BA, JusPodvim, 2007; 4ª ed., vol. 4. Salvador/BA, JusPodivm, 2009; 11ª ed., vol. 1. Salvador/BA, JusPodvim, 2009.

ZAVASCKI, Teori Albino. *Processo Coletivo. Tutela de Direitos Coletivos e Tutela Coletiva de Direitos*. São Paulo, Ed. RT, 2006; 3ª ed. São Paulo, Ed. RT, 2008.

ZENKNER, Marcelo. "Ministério Público e efetividade do processo civil". In: *Temas Fundamentais de Direito*. vol. 3. São Paulo, Ed. RT, 2006.

ZENNI, Alessandro Severino Valler. *Crise do Direito Liberal na Pós-Modernidade*. Porto Alegre/RS, Sergio Antônio Fabris Editor, 2006.

PROJETO DE LEI 5.139/2009

Disciplina a ação civil pública para a tutela de interesses difusos, coletivos ou individuais homogêneos, e dá outras providências.

Capítulo I – DAS DISPOSIÇÕES GERAIS

Art. 1º. Regem-se pelas disposições desta Lei as ações civis públicas destinadas à proteção:

I – do meio ambiente, da saúde, da educação, do trabalho, do desporto, da segurança pública, dos transportes coletivos, da assistência jurídica integral e da prestação de serviços públicos;

II – do consumidor, do idoso, da infância e juventude e das pessoas portadoras de deficiência;

III – da ordem social, econômica, urbanística, financeira, da economia popular, da livre concorrência, do patrimônio público e do erário;

IV – dos bens e direitos de valor artístico, cultural, estético, histórico, turístico e paisagístico; e

V – de outros interesses ou direitos difusos, coletivos ou individuais homogêneos.

§ 1º. Não será cabível ação civil pública para veicular pretensões que envolvam tributos, concessão, revisão ou reajuste de benefícios previdenciários ou assistenciais, contribuições previdenciárias, o Fundo de Garantia do Tempo de Serviço – FGTS ou outros fundos de natureza institucional cujos beneficiários podem ser individualmente determinados.

§ 2º. Aplicam-se as disposições desta Lei às ações coletivas destinadas à proteção de interesses ou direitos difusos, coletivos ou individuais homogêneos.

Art. 2º. A tutela coletiva abrange os interesses ou direitos:

I – difusos, assim entendidos os transindividuais, de natureza indivisível, de que sejam titulares pessoas indeterminadas, ligadas por circunstâncias de fato;

II – coletivos em sentido estrito, assim entendidos os transindividuais, de natureza indivisível, de que seja titular grupo, categoria ou classe de pessoas ligadas entre si ou com a parte contrária por uma relação jurídica base; e

III – individuais homogêneos, assim entendidos aqueles decorrentes de origem comum, de fato ou de direito, que recomendem tutela conjunta a ser aferida por critérios como facilitação do acesso à Justiça, economia processual, preservação da isonomia processual, segurança jurídica ou dificuldade na formação do litisconsórcio.

§ 1º. A tutela dos interesses ou direitos difusos, coletivos e individuais homogêneos presume-se de relevância social, política, econômica ou jurídica.

§ 2º. A análise da constitucionalidade ou inconstitucionalidade de lei ou ato normativo poderá ser arguida incidentalmente, como questão prejudicial, pela via do controle difuso.

Capítulo II – DOS PRINCÍPIOS DA TUTELA COLETIVA

Art. 3º. O processo civil coletivo rege-se pelos seguintes princípios:

I – amplo acesso à justiça e participação social;

II – duração razoável do processo, com prioridade no seu processamento em todas as instâncias;

III – isonomia, economia processual, flexibilidade procedimental e máxima eficácia;

IV – tutela coletiva adequada, com efetiva precaução, prevenção e reparação dos danos materiais e morais, individuais e coletivos, bem como punição pelo enriquecimento ilícito;

V – motivação específica de todas as decisões judiciais, notadamente quanto aos conceitos indeterminados;

VI – publicidade e divulgação ampla dos atos processuais que interessem à comunidade;

VII – dever de colaboração de todos, inclusive pessoas jurídicas públicas e privadas, na produção das provas, no cumprimento das decisões judiciais e na efetividade da tutela coletiva;

VIII – exigência permanente de boa-fé, lealdade e responsabilidade das partes, dos procuradores e de todos aqueles que de qualquer forma participem do processo; e

IX – preferência da execução coletiva.

Capítulo III – DOS PRESSUPOSTOS PROCESSUAIS E DAS CONDIÇÕES DA AÇÃO COLETIVA

Art. 4º. É competente para a causa o foro do local onde ocorreu ou deva ocorrer o dano ou o ilícito, aplicando-se as regras da prevenção e da competência absoluta.

§ 1º. Se a extensão do dano atingir a área da capital do Estado, será esta a competente; se também atingir a área do Distrito Federal será este o competente, concorrentemente com os foros das capitais atingidas.

§ 2º. A extensão do dano será aferida, em princípio, conforme indicado na petição inicial.

§ 3º. Havendo, no foro competente, juízos especializados em razão da matéria e juízos especializados em ações coletivas, aqueles prevalecerão sobre estes.

Art. 5º. A distribuição de uma ação coletiva induzirá litispendência para as demais ações coletivas que tenham o mesmo pedido, causa de pedir e interessados e prevenirá a competência do juízo para todas as demais ações coletivas posteriormente intentadas que possuam a mesma causa de pedir ou o mesmo objeto, ainda que diferentes os legitimados coletivos, quando houver:

I – conexão, pela identidade de pedido ou causa de pedir, ainda que diferentes os legitimados;

II – conexão probatória; ou

III – continência, pela identidade de interessados e causa de pedir, quando o pedido de uma das ações for mais abrangente do que o das demais.

§ 1º. Na análise da identidade da causa de pedir e do objeto, será preponderantemente considerado o bem jurídico a ser protegido.

§ 2º. Na hipótese de litispendência, conexão ou continência entre ações coletivas que digam respeito ao mesmo bem jurídico, a reunião dos processos poderá ocorrer até o julgamento em primeiro grau.

§ 3º. Iniciada a instrução, a reunião dos processos somente poderá ser determinada se não houver prejuízo para a duração razoável do processo.

Art. 6º. São legitimados concorrentemente para propor a ação coletiva:

I – o Ministério Público;

II – a Defensoria Pública;

III – a União, os Estados, o Distrito Federal, os Municípios e respectivas autarquias, fundações públicas, empresas públicas, sociedades de economia mista, bem como seus órgãos despersonalizados que tenham como finalidades institucionais a defesa dos interesses ou direitos difusos, coletivos ou individuais homogêneos;

IV – a Ordem dos Advogados do Brasil, inclusive as suas seções e subseções;

V – as entidades sindicais e de fiscalização do exercício das profissões, restritas à defesa dos interesses ou direitos difusos, coletivos e individuais homogêneos ligados à categoria;

VI – os partidos políticos com representação no Congresso Nacional, nas Assembleias Legislativas ou nas Câmaras Municipais, conforme o âmbito do objeto da demanda, a ser verificado quando do ajuizamento da ação; e

VII – as associações civis e as fundações de direito privado legalmente constituídas e em funcionamento há pelo menos um ano, para a defesa de interesses ou direitos relacionados com seus fins institucionais, dispensadas a autorização assemblear ou pessoal e a apresentação do rol nominal dos associados ou membros.

§ 1º. O juiz poderá dispensar o requisito da pré-constituição de um ano das associações civis e das fundações de direito privado quando haja manifesto interesse social evidenciado pelas características do dano ou pela relevância do bem jurídico a ser protegido.

§ 2º. O Ministério Público, se não intervier no processo como parte, atuará obrigatoriamente como fiscal da ordem jurídica.

§ 3º. Admitir-se-á o litisconsórcio facultativo entre os legitimados, inclusive entre os ramos do Ministério Público e da Defensoria Pública.

§ 4º. As pessoas jurídicas de direito público, cujos atos sejam objeto de impugnação, poderão abster-se de contestar o pedido, ou atuar ao lado do autor, desde que isso se afigure útil ao interesse público, a juízo do respectivo representante legal ou dirigente.

Art. 7º. É vedada a intervenção de terceiros nas ações coletivas, ressalvada a possibilidade de qualquer legitimado coletivo habilitar-se como assistente litisconsorcial em qualquer dos polos da demanda.

§ 1º. A apreciação do pedido de assistência far-se-á em autos apartados, sem suspensão do feito, salvo quando implicar deslocamento de competência, recebendo o interveniente o processo no estado em que se encontre.

§ 2º. O juiz rejeitará liminarmente o pedido de habilitação como assistente do membro do grupo, na ação em defesa de interesses ou direitos individuais homogêneos, quando o interessado não demonstrar, de plano, razões de fato ou de direito que assegurem utilidade à tutela coletiva e justifiquem a sua intervenção, podendo o juiz limitar o número de assistentes, quando este comprometer o bom andamento e a duração razoável do processo.

§ 3º. As pretensões individuais, na fase de conhecimento do processo coletivo, somente poderão ser discutidas e decididas de modo coletivo, facultando-se o agrupamento em subclasses ou grupos.

Art. 8º. Ocorrendo desistência infundada, abandono da ação coletiva ou não interposição do recurso de apelação, no caso de sentença de extinção do processo ou de improcedência do pedido, serão intimados pessoalmente o Ministério Público e, quando for o caso, a Defensoria Pública, sem prejuízo de ampla divulgação pelos meios de comunicação social, podendo qualquer legitimado assumir a titularidade, no prazo de quinze dias.

Art. 9º. Não haverá extinção do processo coletivo, por ausência das condições da ação ou pressupostos processuais, sem que seja dada oportunidade de correção do vício em qualquer tempo ou grau de jurisdição ordinária ou extraordinária, inclusive com a substituição do autor coletivo, quando serão intimados pessoalmente o Ministério Público e, quando for o caso, a Defensoria Pública, sem prejuízo de ampla divulgação pelos meios de comunicação social, podendo qualquer legitimado adotar as providências cabíveis, em prazo razoável, a ser fixado pelo juiz.

Capítulo IV – DO PROCEDIMENTO

Art. 10. A ação coletiva de conhecimento seguirá o rito ordinário estabelecido na Lei n. 5.869, de 11 de janeiro de 1973 – Código de Processo Civil, obedecidas as modificações previstas nesta Lei.

§ 1º. Até o momento da prolação da sentença, o juiz poderá adequar as fases e atos processuais às especificidades do conflito, de modo a conferir maior efetividade à tutela do bem jurídico coletivo, garantido o contraditório e a ampla defesa.

§ 2º. A inicial deverá ser instruída com comprovante de consulta ao cadastro nacional de processos coletivos, de que trata o *caput* do art. 53 desta Lei, sobre a inexistência de ação coletiva que verse sobre bem jurídico correspondente.

§ 3º. Incumbe à serventia judicial verificar a informação constante da consulta, certificando nos autos antes da conclusão ao juiz.

Art. 11. Nas ações coletivas, para instruir a inicial o interessado poderá requerer de qualquer pessoa, física ou jurídica, indicando a finalidade, as certidões e informações que julgar necessárias, a serem fornecidas no prazo de quinze dias.

§ 1º. Não fornecidas as certidões e informações referidas no *caput*, poderá a parte propor a ação desacompanhada destas, facultado ao juiz, após apreciar os motivos do não fornecimento, requisitá-las.

§ 2º. A recusa, o retardamento ou a omissão, injustificados, de dados técnicos ou informações indispensáveis à propositura da ação coletiva, quando requisitados pelo juiz, implicará o pagamento de multa de dez a cem salários-mínimos.

Art. 12. Sendo inestimável o valor dos direitos ou danos coletivos, o valor da causa será indicado pelo autor, segundo critério de razoabilidade, com a fixação em definitivo pelo juiz em saneamento ou na sentença.

Art. 13. Estando em termos a petição inicial, o juiz ordenará a citação do réu e, em se tratando de interesses ou direitos individuais homogêneos, a intimação do Ministério Público e da Defensoria Pública, bem como a comunicação dos interessados, titulares dos respectivos interesses ou direitos objeto da ação coletiva, para que possam exercer, até a publicação da sentença, o seu direito de exclusão em relação ao processo coletivo, sem prejuízo de ampla divulgação pelos meios de comunicação social.

Parágrafo único. A comunicação dos membros do grupo, prevista no *caput*, poderá ser feita pelo correio, inclusive eletrônico, por oficial de justiça ou por inserção em outro meio de comunicação ou informação, como contracheque, conta, fatura, extrato bancário e outros, sem obrigatoriedade de identificação nominal dos destinatários, que poderão ser caracterizados enquanto titulares dos mencionados interesses ou direitos, fazendo-se referência à ação, às partes, ao pedido e à causa de pedir, observado o critério da modicidade do custo.

Art. 14. O juiz fixará o prazo para a resposta nas ações coletivas, que não poderá ser inferior a quinze ou superior a sessenta dias, atendendo à complexidade da causa ou ao número de litigantes.

Parágrafo único. À Fazenda Pública aplicam-se os prazos previstos na Lei n. 5.869, de 1973 – Código de Processo Civil.

Art. 15. A citação válida nas ações coletivas interrompe o prazo de prescrição das pretensões individuais direta ou indiretamente relacionadas com a controvérsia, desde a distribuição até o final do processo coletivo, ainda que haja extinção do processo sem resolução do mérito.

Art. 16. Nas ações coletivas, a requerimento do autor, até o momento da prolação da sentença, o juiz poderá permitir a alteração do pedido ou da causa de pedir, desde que realizada de boa-fé e que não importe em prejuízo para a parte contrária, devendo ser preservado o contraditório, mediante possibilidade de manifestação do réu no prazo mínimo de quinze dias, facultada prova complementar.

Art. 17. Sendo relevante o fundamento da demanda e havendo justificado receio de ineficácia do provimento final, o juiz poderá, independentemente de pedido do autor, antecipar, total ou parcialmente, os efeitos da tutela pretendida.

§ 1º. Atendidos os requisitos do *caput*, a tutela poderá ser antecipada sem audiência da parte contrária, em medida liminar ou após justificação prévia.

§ 2º. A tutela antecipada também poderá ser concedida após a resposta do réu, durante ou depois da instrução probatória, se o juiz se convencer de que há abuso do direito de defesa, manifesto propósito protelatório ou quando houver parcela incontroversa do pedido.

§ 3º. A multa cominada liminarmente será devida desde o dia em que se houver configurado o descumprimento e poderá ser exigida de forma imediata, em autos apartados, por meio de execução definitiva.

Art. 18. Se não houver necessidade de audiência de instrução e julgamento, de acordo com a natureza do pedido e as provas documentais apresentadas pelas partes ou requisitadas pelo juiz, observado o contraditório, simultâneo ou sucessivo, a lide será julgada imediatamente.

Art. 19. Não sendo o caso de julgamento antecipado, encerrada a fase postulatória, o juiz designará audiência preliminar, à qual comparecerão as partes ou seus procuradores, habilitados a transigir.

§ 1º. O juiz ouvirá as partes sobre os motivos e fundamentos da demanda e tentará a conciliação, sem prejuízo de outras formas adequadas de solução do conflito, como a mediação, a arbitragem e a avaliação neutra de terceiro, observada a natureza disponível do direito em discussão.

§ 2º. A avaliação neutra de terceiro, de confiança das partes, obtida no prazo fixado pelo juiz, é sigilosa, inclusive para este, e não vinculante para as partes, tendo por finalidade exclusiva orientá-las na tentativa de composição amigável do conflito.

§ 3º. Quando indisponível o bem jurídico coletivo, as partes poderão transigir sobre o modo de cumprimento da obrigação.

§ 4º. Obtida a transação, será ela homologada por sentença, que constituirá título executivo judicial.

Art. 20. Não obtida a conciliação ou quando, por qualquer motivo, não for utilizado outro meio de solução do conflito, o juiz, fundamentadamente:

I – decidirá se o processo tem condições de prosseguir na forma coletiva;

II – poderá separar os pedidos em ações coletivas distintas, voltadas à tutela dos interesses ou direitos difusos e coletivos, de um lado, e dos individuais homogêneos, do outro, desde que a separação represente economia processual ou facilite a condução do processo;

III – fixará os pontos controvertidos, decidirá as questões processuais pendentes e determinará as provas a serem produzidas;

IV – distribuirá a responsabilidade pela produção da prova, levando em conta os conhecimentos técnicos ou informações específicas sobre os fatos detidos pelas partes ou segundo a maior facilidade em sua demonstração;

V – poderá ainda distribuir essa responsabilidade segundo os critérios previamente ajustados pelas partes, desde que esse acordo não torne excessivamente difícil a defesa do direito de uma delas;

VI – poderá, a todo momento, rever o critério de distribuição da responsabilidade da produção da prova, diante de fatos novos, observado o contraditório e a ampla defesa;

VII – esclarecerá as partes sobre a distribuição do ônus da prova; e

VIII – poderá determinar de ofício a produção de provas, observado o contraditório.

Art. 21. Em sendo necessária a realização de prova pericial requerida pelo legitimado ou determinada de ofício, o juiz nomeará perito.

Parágrafo único. Não havendo servidor do Poder Judiciário apto a desempenhar a função pericial, competirá a este Poder remunerar o trabalho do perito, após a devida requisição judicial.

Art. 22. Em qualquer tempo e grau do procedimento, o juiz ou tribunal poderá submeter a questão objeto da ação coletiva a audiências públicas, ouvindo especialistas no assunto e membros da sociedade, de modo a garantir a mais ampla participação social possível e a adequada cognição judicial.

Capítulo V – DAS TÉCNICAS DE TUTELA COLETIVA

Art. 23. Para a defesa dos direitos e interesses protegidos por esta Lei, são admissíveis todas as espécies de ações e provimentos capazes de propiciar sua adequada e efetiva tutela.

Art. 24. Na ação que tenha por objeto a imposição de conduta de fazer, não fazer, ou de entregar coisa, o juiz determinará a prestação ou a abstenção devida, bem como a cessação da atividade nociva, em prazo razoável, sob pena de cominação de multa e de outras medidas indutivas, coercitivas e sub-rogatórias, independentemente de requerimento do autor.

§ 1º. A conversão em perdas e danos somente será admissível se inviável a tutela específica ou a obtenção do resultado prático correspondente e, no caso de interesses ou direitos coletivos ou individuais homogêneos, se houver interesse do grupo titular do direito.

§ 2º. A indenização por perdas e danos far-se-á sem prejuízo da multa, quando cabível.

Art. 25. Na ação reparatória dos danos provocados ao bem indivisivelmente considerado, sempre que possível e independentemente de pedido do autor, a condenação consistirá na prestação de obrigações específicas, destinadas à reconstituição do bem, mitigação e compensação do dano sofrido.

Parágrafo único. Dependendo das características dos bens jurídicos afetados, da extensão territorial abrangida e de outras circunstâncias, o juiz poderá determinar, em decisão fundamentada e independentemente do pedido do autor, as providências a serem tomadas para a reconstituição dos bens lesados, podendo indicar, entre outras, a realização de atividades tendentes a minimizar a lesão ou a evitar que se repita.

Art. 26. Na ação que tenha por objeto a condenação ao pagamento de quantia em dinheiro, deverá o juiz, sempre que possível, em se tratando de valores a serem individualmente pagos aos prejudicados ou de valores devidos coletivamente, impor a satisfação desta prestação de ofício e independentemente de execução, valendo-se da imposição de multa e de outras medidas indutivas, coercitivas e sub-rogatórias.

Art. 27. Em razão da gravidade do dano coletivo e da relevância do bem jurídico tutelado e havendo fundado receio de dano irreparável ou de difícil reparação, ainda que tenha havido o depósito das multas e prestação de caução, poderá o juiz determinar a adoção imediata, no todo ou em parte, das providências contidas no compromisso de ajustamento de conduta ou na sentença.

§ 1º. Quando a execução envolver parcelas ou prestações individuais, sempre que possível o juiz determinará ao réu que promova dentro do prazo fixado o pagamento do valor da dívida, sob pena de multa e de outras medidas indutivas, coercitivas e sub-rogatórias, independentemente de habilitação judicial dos interessados.

§ 2º. Para fiscalizar os atos de liquidação e cumprimento da sentença do processo coletivo, poderá o juiz nomear pessoa qualificada, que terá acesso irrestrito ao banco de dados e à documentação necessária ao desempenho da função.

§ 3º. Na sentença condenatória à reparação pelos danos individualmente sofridos, sempre que possível, o juiz fixará o valor da indenização individual devida a cada membro do grupo ou um valor mínimo para a reparação do dano.

§ 4º. Quando o valor dos danos individuais sofridos pelos membros do grupo forem uniformes, prevalecentemente uniformes ou puderem ser reduzidos a uma fórmula matemática, a sentença do processo coletivo indicará esses valores, ou a fórmula de cálculo da indenização individual e determinará que o réu promova, no prazo que fixar, o pagamento do valor respectivo a cada um dos membros do grupo.

§ 5º. O membro do grupo que divergir quanto ao valor da indenização individual ou à fórmula para seu cálculo, estabelecidos na liquidação da sentença do processo coletivo, poderá propor ação individual de liquidação, no prazo de um ano, contado do trânsito em julgado da sentença proferida no processo coletivo.

§ 6º. Se for no interesse do grupo titular do direito, as partes poderão transacionar, após a oitiva do Ministério Público, ressalvada aos membros do grupo, categoria ou classe a faculdade de não concordar com a transação, propondo nesse caso ação individual no prazo de um ano, contado da efetiva comunicação do trânsito em julgado da sentença homologatória, observado o disposto no parágrafo único do art. 13.

Art. 28. O juiz poderá impor multa ao órgão, entidade ou pessoa jurídica de direito público ou privado responsável pelo cumprimento da decisão que impôs a obrigação, observados a necessidade de intimação e o contraditório prévio.

Art. 29. Não sendo possível a prolação de sentença condenatória líquida, a condenação poderá ser genérica, fixando a responsabilidade do demandado pelos danos causados e o dever de indenizar.

Art. 30. O juiz poderá, observado o contraditório, desconsiderar a personalidade jurídica da sociedade quando, em detrimento dos interesses tratados nesta Lei, houver abuso de direito, excesso de poder, exercício abusivo do dever, infração da lei, fato ou ato ilícito ou violação dos estatutos ou contrato social, bem como falência, estado de insolvência, encerramento ou inatividade da pessoa jurídica, provocados por má administração.

§ 1º. A pedido da parte interessada, o juiz determinará que a efetivação da responsabilidade da pessoa jurídica recaia sobre o acionista controlador, o sócio majoritário, os sócios-gerentes, os administradores societários, as sociedades que a integram, no caso de grupo societário, ou outros responsáveis que exerçam de fato a administração da empresa.

§ 2º. A desconsideração da personalidade jurídica poderá ser efetivada em qualquer tempo ou grau de jurisdição, inclusive nas fases de liquidação e execução.

§ 3º. Se o réu houver sido declarado falido, o administrador judicial será intimado a informar a existência de seguro de responsabilidade, facultando-se, em caso afirmativo, o ajuizamento de ação de indenização diretamente contra o segurador, vedada a denunciação da lide ao Instituto de Resseguros do Brasil e dispensado o litisconsórcio obrigatório com este.

Capítulo VI – DOS RECURSOS,
DA COISA JULGADA COLETIVA E DA RELAÇÃO
ENTRE DEMANDAS COLETIVAS E INDIVIDUAIS

Art. 31. Os recursos interpostos nas ações coletivas serão recebidos no efeito meramente devolutivo, salvo quando sua fundamentação for relevante e da decisão puder resultar lesão grave e de difícil reparação, hipótese em que o juiz, a requerimento do interessado, ponderando os valores em questão, poderá atribuir-lhe o efeito suspensivo.

Art. 32. A sentença no processo coletivo fará coisa julgada *erga omnes*, independentemente da competência territorial do órgão prolator ou do domicílio dos interessados.

Art. 33. Se o pedido for julgado improcedente por insuficiência de provas, qualquer legitimado poderá ajuizar outra ação coletiva, com idêntico fundamento, valendo-se de nova prova.

Art. 34. Os efeitos da coisa julgada coletiva na tutela de direitos individuais homogêneos não prejudicarão os direitos individuais dos integrantes do grupo, categoria ou classe, que poderão propor ações individuais em sua tutela.

§ 1º. Não serão admitidas novas demandas individuais relacionadas com interesses ou direitos individuais homogêneos, quando em ação coletiva houver julgamento de improcedência em matéria exclusivamente de direito, sendo extintos os processos individuais anteriormente ajuizados.

§ 2º. Quando a matéria decidida em ação coletiva for de fato e de direito, aplica-se à questão de direito o disposto no § 1º e à questão de fato o previsto no *caput* e no § 6º do art. 37.

§ 3º. Os membros do grupo que não tiverem sido devidamente comunicados do ajuizamento da ação coletiva, ou que tenham exercido tempestivamente o direito à exclusão, não serão afetados pelos efeitos da coisa julgada previstos nos §§ 1º e 2º.

§ 4º. A alegação de falta de comunicação prevista no § 3º incumbe ao membro do grupo, mas o demandado da ação coletiva terá o ônus de comprovar a comunicação.

Art. 35. No caso de extinção dos processos individuais como efeito da decisão prolatada em ações coletivas, não haverá condenação ao pagamento de novas despesas processuais, custas e honorários, salvo a atuação de má-fé do demandante.

Art. 36. Nas ações coletivas que tenham por objeto interesses ou direitos difusos ou coletivos, as vítimas e seus sucessores poderão proceder à liquidação e ao cumprimento da sentença, quando procedente o pedido.

Parágrafo único. Aplica-se a regra do *caput* à sentença penal condenatória.

Art. 37. O ajuizamento de ações coletivas não induz litispendência para as ações individuais que tenham objeto correspondente, mas haverá a suspensão destas, até o julgamento da demanda coletiva em primeiro grau de jurisdição.

§ 1º. Durante o período de suspensão, poderá o juiz perante o qual foi ajuizada a demanda individual, conceder medidas de urgência.

§ 2º. Cabe ao réu, na ação individual, informar o juízo sobre a existência de demanda coletiva que verse sobre idêntico bem jurídico, sob pena de, não o fazendo, o autor individual beneficiar-se da coisa julgada coletiva mesmo no caso de o pedido da ação individual ser improcedente, desde que a improcedência esteja fundada em lei ou ato normativo declarados inconstitucionais pelo Supremo Tribunal Federal.

§ 3º. A ação individual somente poderá ter prosseguimento, a pedido do autor, se demonstrada a existência de graves prejuízos decorrentes da suspensão, caso em que não se beneficiará do resultado da demanda coletiva.

§ 4º. A suspensão do processo individual perdurará até a prolação da sentença da ação coletiva, facultado ao autor, no caso de procedência desta e decorrido o prazo concedido ao réu para cumprimento da sentença, requerer a conversão da ação individual em liquidação provisória ou em cumprimento provisório da sentença do processo coletivo, para apuração ou recebimento do valor ou pretensão a que faz jus.

§ 5º. No prazo de noventa dias contado do trânsito em julgado da sentença proferida no processo coletivo, a ação individual suspensa será extinta, salvo se postulada a sua conversão em liquidação ou cumprimento de sentença do processo coletivo.

§ 6º. Em caso de julgamento de improcedência do pedido em ação coletiva de tutela de direitos ou interesses individuais homogêneos, por insuficiência de provas, a ação individual será extinta, salvo se for requerido o prosseguimento no prazo de trinta dias contado da intimação do trânsito em julgado da sentença proferida no processo coletivo.

Art. 38. Na hipótese de sentença de improcedência, havendo suficiência de provas produzidas, qualquer legitimado poderá intentar ação revisional, com idêntico fundamento, no prazo de um ano contado do conhecimento geral da descoberta de prova técnica nova, superveniente, que não poderia ser produzida no processo, desde que idônea para mudar seu resultado.

§ 1º. A faculdade prevista no *caput*, nas mesmas condições, fica assegurada ao demandado da ação coletiva com pedido julgado procedente, caso em que a decisão terá efeitos *ex nunc*.

§ 2º. Para a admissibilidade da ação prevista no § 1º, deverá o autor depositar valor a ser arbitrado pelo juiz, que não será inferior a dez por cento do conteúdo econômico da demanda.

Art. 39. A ação rescisória objetivando desconstituir sentença ou acórdão de ação coletiva, cujo pedido tenha sido julgado procedente, deverá ser ajuizada em face do legitimado coletivo que tenha ocupado o polo ativo originariamente, podendo os demais colegitimados atuar como assistentes.

Parágrafo único. No caso de ausência de resposta, deverá o Ministério Público, quando legitimado, ocupar o polo passivo, renovando-se-lhe o prazo para responder.

Capítulo VII – DA LIQUIDAÇÃO, EXECUÇÃO
E CUMPRIMENTO DE SENTENÇAS
DO PROCESSO COLETIVO

Art. 40. É competente para a liquidação e execução coletiva o juízo da ação de conhecimento ou o foro do local onde se encontrem bens sujeitos à expropriação ou do domicílio do executado.

Parágrafo único. Sempre que possível, a liquidação e a execução serão coletivas, sendo promovidas por qualquer dos legitimados à ação coletiva, pelas vítimas ou por seus sucessores.

Art. 41. É competente para a liquidação e execução individual o foro do processo de conhecimento, do domicílio do autor da liquidação ou da execução, ou do local onde se encontrem bens sujeitos à expropriação, não havendo prevenção do juízo da ação coletiva originária.

§ 1º. Quando a competência para a liquidação não for do juízo da fase de conhecimento, o executado será intimado, na pessoa do seu procurador, seguindo a execução o procedimento do art. 475-A e seguintes da Lei n. 5.869, de 1973 – Código de Processo Civil.

§ 2º. Na hipótese do § 1º, o executado será intimado para a execução após a penhora.

Art. 42. Na liquidação da sentença condenatória à reparação dos danos individualmente sofridos, deverão ser provados, tão só, o dano pessoal, o nexo de causalidade e o montante da indenização.

Art. 43. A liquidação da sentença poderá ser dispensada quando a apuração do dano pessoal, do nexo de causalidade e do montante da indenização depender exclusivamente de prova documental, hipótese em que o pedido de execução por quantia certa será acompanhado dos documentos comprobatórios e da memória do cálculo.

Art. 44. Os valores destinados ao pagamento das indenizações individuais serão depositados, preferencialmente, em instituição bancária oficial, abrindo--se conta remunerada e individualizada para cada beneficiário, regendo-se os respectivos saques pelas normas aplicáveis aos depósitos bancários.

Parágrafo único. Será determinado ao réu, além da ampla divulgação nos meios de comunicação, a comprovação da realização dos depósitos individuais e a notificação aos beneficiários com endereço conhecido.

Art. 45. Em caso de sentença condenatória genérica de danos sofridos por sujeitos indeterminados, decorrido o prazo prescricional das pretensões individuais, poderão os legitimados coletivos, em função da não habilitação de interessados em número compatível com a gravidade do dano ou do locupletamento indevido do réu, promover a liquidação e execução da indenização pelos danos globalmente sofridos pelos membros do grupo, sem prejuízo do correspondente ao enriquecimento ilícito do réu.

Parágrafo único. No caso de concurso de créditos decorrentes de ações em defesa de interesses ou direitos individuais homogêneos, coletivos e difusos, a preferência com relação ao pagamento será decidida pelo juiz, aplicando os princípios da proporcionalidade e da razoabilidade.

Art. 46. Havendo condenação em pecúnia, inclusive decorrente de dano moral coletivo, originária de ação relacionada com interesses ou direitos difusos e coletivos, a quantia será depositada em juízo, devendo ser aplicada na recuperação específica dos bens lesados ou em favor da comunidade afetada.

§ 1º. O legitimado coletivo, com a fiscalização do Ministério Público, deverá adotar as providências para a utilização do valor depositado judicialmente, inclusive podendo postular a contratação de terceiros ou o auxílio do Poder Público do local onde ocorreu o dano.

§ 2º. Na definição da aplicação da verba referida no *caput*, serão ouvidos em audiência pública, sempre que possível, os membros da comunidade afetada.

Capítulo VIII – DO COMPROMISSO DE AJUSTAMENTO DE CONDUTA E DO INQUÉRITO CIVIL

Art. 47. Os órgãos públicos legitimados poderão tomar dos interessados compromisso de ajustamento de sua conduta às exigências legais, mediante a fixação de deveres e obrigações, com as respectivas multas devidas no caso do descumprimento.

Art. 48. O valor da cominação pecuniária deverá ser suficiente e necessário para coibir o descumprimento da medida pactuada.

Parágrafo único. A cominação poderá ser executada imediatamente, sem prejuízo da execução específica.

Art. 49. O compromisso de ajustamento de conduta terá natureza jurídica de transação, com eficácia de título executivo extrajudicial, sem prejuízo da possibilidade da sua homologação judicial, hipótese em que sua eficácia será de título executivo judicial.

Parágrafo único. Não será admitida transação no compromisso de ajustamento de conduta que verse sobre bem indisponível, salvo quanto ao prazo e ao modo de cumprimento das obrigações assumidas.

Art. 50. A execução coletiva das obrigações fixadas no compromisso de ajustamento de conduta será feita por todos os meios, inclusive mediante intervenção na empresa, quando necessária.

§ 1º. Quando o compromisso de ajustamento de conduta contiver obrigações de naturezas diversas, poderá ser ajuizada uma ação coletiva de execução para cada uma das obrigações, sendo as demais apensadas aos autos da primeira execução proposta.

§ 2º. Nas hipóteses do § 1º, as execuções coletivas propostas posteriormente poderão ser instruídas com cópias do compromisso de ajustamento de conduta e documentos que o instruem, declaradas autênticas pelo órgão do Ministério Público, da Defensoria Pública ou pelo advogado do exequente coletivo.

§ 3º. Qualquer um dos colegitimados à defesa judicial dos direitos ou interesses difusos, coletivos e individuais homogêneos poderá propor a ação de execução do compromisso de ajustamento de conduta, mesmo que tomado por outro colegitimado.

§ 4º. Quando o ajustamento abranger interesses ou direitos individuais homogêneos, o indivíduo diretamente interessado poderá solicitar cópia do termo de compromisso de ajustamento de conduta e documentos que o instruem, para a propositura da respectiva ação individual de liquidação ou de execução.

§ 5º. Nos casos do § 4º, o indivíduo interessado poderá optar por ajuizar a ação individual de liquidação ou de execução do compromisso de ajustamento de conduta no foro do seu domicílio ou onde se encontrem bens do devedor.

Art. 51. O Ministério Público poderá instaurar, sob sua presidência, inquérito civil, ou requisitar, de qualquer organismo público ou particular, certidões, informações, exames ou perícias, no prazo que assinalar, o qual não poderá ser inferior a dez dias úteis.

§ 1º. O inquérito civil deverá contar com mecanismos de controle interno quanto ao processamento e à adequação da sua instauração.

§ 2º. É autorizada a instauração de inquérito civil fundamentado em manifestação anônima, desde que instruída com elementos mínimos de convicção.

Art. 52. Se, depois de esgotadas todas as diligências, o órgão do Ministério Público se convencer da inexistência de fundamento para a propositura da ação coletiva, promoverá o arquivamento dos autos do inquérito civil ou das peças informativas, fazendo-o fundamentadamente, sem prejuízo da atuação dos demais colegitimados com relação ao mesmo objeto.

§ 1º. Os autos do inquérito civil ou das peças de informação arquivados serão remetidos ao órgão revisor competente, conforme dispuser o seu regimento, no prazo de até quinze dias, sob pena de se incorrer em falta grave.

§ 2º. Até que o órgão revisor homologue ou rejeite a promoção de arquivamento, poderão os interessados apresentar razões escritas ou documentos, que serão juntados aos autos do inquérito, anexados ao inquérito civil ou às peças de informação.

§ 3º. Deixando o órgão revisor de homologar a promoção de arquivamento no inquérito civil ou peças de informação, designará, desde logo, outro órgão do Ministério Público para o ajuizamento da ação ou a adoção de outras providências cabíveis e manifestação fundamentada.

Capítulo IX – DO CADASTRO NACIONAL
DE PROCESSOS COLETIVOS
E DO CADASTRO NACIONAL DE INQUÉRITOS CIVIS
E COMPROMISSOS DE AJUSTAMENTO DE CONDUTA

Art. 53. O Conselho Nacional de Justiça organizará e manterá o Cadastro Nacional de Processos Coletivos, com a finalidade de permitir que os órgãos do Poder Judiciário e os interessados tenham amplo acesso às informações relevantes relacionadas com a existência e o estado das ações coletivas.

§ 1º. Os órgãos judiciários aos quais forem distribuídos processos coletivos remeterão, no prazo de dez dias, cópia da petição inicial, preferencialmente por meio eletrônico, ao Cadastro Nacional de Processos Coletivos.

§ 2º. No prazo de noventa dias, contado da publicação desta Lei, o Conselho Nacional de Justiça editará regulamento dispondo sobre o funcionamento do Cadastro Nacional de Processos Coletivos e os meios adequados a viabilizar o acesso aos dados e seu acompanhamento por qualquer interessado através da rede mundial de computadores.

§ 3º. O regulamento de que trata o § 2º, disciplinará a forma pela qual os juízos comunicarão a existência de processos coletivos e os atos processuais mais relevantes sobre o seu andamento, como a concessão de antecipação de tutela, a sentença, o trânsito em julgado, a interposição de recursos e a execução.

Art. 54. O Conselho Nacional do Ministério Público organizará e manterá o Cadastro Nacional de Inquéritos Civis e de Compromissos de Ajustamento de Conduta, com a finalidade de permitir que os órgãos do Poder Judiciário, os colegitimados e os interessados tenham amplo acesso às informações relevantes relacionadas com a abertura do inquérito e a existência do compromisso.

§ 1º. Os órgãos legitimados que tiverem tomado compromissos de ajustamento de conduta remeterão, no prazo de dez dias, cópia, preferencialmente por meio eletrônico, ao Cadastro Nacional de Inquéritos Civis e de Compromissos de Ajustamento de Conduta.

§ 2º. O Conselho Nacional do Ministério Público, no prazo de noventa dias, a contar da publicação desta Lei, editará regulamento dispondo sobre o funcionamento do Cadastro Nacional de Inquéritos Civis e Compromissos de Ajustamento de Conduta, incluindo a forma de comunicação e os meios adequados a viabilizar o acesso aos dados e seu acompanhamento por qualquer interessado.

Capítulo X – DAS DESPESAS, DOS HONORÁRIOS
E DOS DANOS PROCESSUAIS

Art. 55. A sentença do processo coletivo condenará o demandado, se vencido, ao pagamento das custas, emolumentos, honorários periciais e quaisquer outras despesas, bem como dos honorários de advogado, calculados sobre a condenação.

§ 1º. Tratando-se de condenação à obrigação específica ou de condenação genérica, os honorários advocatícios serão fixados levando-se em consideração a vantagem obtida para os interessados, a quantidade e qualidade do trabalho desenvolvido pelo advogado e a complexidade da causa.

§ 2º. Os legitimados coletivos não adiantarão custas, emolumentos, honorários periciais e quaisquer outras despesas, nem serão condenados em honorários de advogado, custas e demais despesas processuais, salvo comprovada má-fé.

Art. 56. O legitimado coletivo somente responde por danos processuais nas hipóteses em que agir com má-fé processual.

Parágrafo único. O litigante de má-fé e os responsáveis pelos respectivos atos serão solidariamente condenados ao pagamento das despesas processuais, em honorários advocatícios e em até o décuplo das custas, sem prejuízo da responsabilidade por perdas e danos.

Capítulo XI – DO PROGRAMA EXTRAJUDICIAL DE PREVENÇÃO OU REPARAÇÃO DE DANOS

Art. 57. O demandado, a qualquer tempo, poderá apresentar em juízo proposta de prevenção ou reparação de danos a interesses ou direitos difusos, coletivos ou individuais homogêneos, consistente em programa extrajudicial.

§ 1º. O programa poderá ser proposto no curso de ação coletiva ou ainda que não haja processo em andamento, como forma de resolução consensual de controvérsias.

§ 2º. O programa objetivará a prestação pecuniária ou a obrigação de fazer, mediante o estabelecimento de procedimentos a serem utilizados no atendimento e satisfação dos interesses e direitos referidos no *caput*.

§ 3º. Em se tratando de interesses ou direitos individuais homogêneos, o programa estabelecerá sistema de identificação de seus titulares e, na medida do possível, deverá envolver o maior número de partes interessadas e afetadas pela demanda.

§ 4º. O procedimento poderá compreender as diversas modalidades de métodos alternativos de resolução de conflitos, para possibilitar a satisfação dos interesses e direitos referidos no *caput*, garantidos a neutralidade da condução ou supervisão e o sigilo.

Art. 58. A proposta poderá ser apresentada unilateralmente ou em conjunto com o legitimado ativo, no caso de processo em curso, ou com qualquer legitimado à ação coletiva, no caso de inexistir processo em andamento.

Art. 59. Apresentado o programa, as partes terão o prazo de cento e vinte dias para a negociação, prorrogável por igual período, se houver consentimento de ambas.

Art. 60. O acordo que estabelecer o programa deverá necessariamente ser submetido à homologação judicial, após prévia manifestação do Ministério Público.

Art. 61. A liquidação e execução do programa homologado judicialmente contarão com a supervisão do juiz, que poderá designar auxiliares técnicos, peritos ou observadores para assisti-lo.

Capítulo XII – DAS DISPOSIÇÕES FINAIS

Art. 62. Qualquer pessoa poderá provocar a iniciativa do Ministério Público, ou de qualquer outro legitimado, ministrando-lhe informações sobre fatos que constituam objeto da ação coletiva e indicando-lhe os elementos de convicção.

Art. 63. As ações coletivas terão tramitação prioritária sobre as individuais.

Art. 64. A União, os Estados e o Distrito Federal poderão criar juízos e órgãos especializados para o processamento e julgamento de ações coletivas em primeira e segunda instância.

Art. 65. É admissível homologação de sentença estrangeira na tutela dos direitos ou interesses difusos coletivos e individuais homogêneos.

§ 1º. A homologação de sentença estrangeira coletiva deverá ser requerida perante o Superior Tribunal de Justiça pelos legitimados arrolados no art. 6º.

§ 2º. As vítimas ou seus sucessores também poderão utilizar, individualmente, da sentença estrangeira coletiva no Brasil, requerendo a sua homologação perante o Superior Tribunal de Justiça.

Art. 66. As multas administrativas originárias de violações dos direitos ou interesses difusos, coletivos ou individuais homogêneos reverterão a fundo gerido por conselho federal ou por conselhos estaduais de que participarão necessariamente o Ministério Público e representantes da sociedade civil, sendo seus recursos destinados à reconstituição dos bens lesados e a projetos destinados à prevenção ou reparação dos danos.

Parágrafo único. Sem prejuízo do disposto no art. 46, poderá o juiz, após prévia oitiva das partes interessadas, atendidas as especificidades da demanda e o interesse coletivo envolvido, destinar o produto da condenação em dinheiro originária de ação coletiva para o fundo previsto no *caput*.

Art. 67. As disposições desta Lei aplicam-se à ação popular e ao mandado de segurança coletivo, no que não forem incompatíveis com as regras próprias que disciplinam e regulam as referidas ações.

Art. 68. Os dispositivos desta Lei aplicam-se no âmbito das relações de trabalho, ressalvadas as peculiaridades e os princípios informadores do processo trabalhista.

Art. 69. Aplica-se à ação civil pública e às demais ações coletivas previstas nesta Lei, subsidiariamente, a Lei n. 5.869, de 1973 – Código de Processo Civil, naquilo em que não contrarie suas disposições e desde que seja compatível com o sistema de tutela coletiva.

§ 1º. À ação civil pública e demais ações coletivas previstas nesta Lei aplica-se ainda o disposto nas Leis ns. 4.348, de 26 de junho de 1964, 5.021, de 9 de junho de 1966, 8.437, de 30 de junho de 1992, e 9.494, de 10 de setembro de 1997.

§ 2º. A execução por quantia certa das decisões judiciais proferidas contra a Fazenda Pública, na ação civil pública e nas demais ações coletivas de que trata esta Lei, deverá se dar na forma do art. 730 da Lei n. 5.869, de 1973 – Código de Processo Civil.

Art. 70. Esta Lei entra em vigor após cento e oitenta dias contados de sua publicação.

Art. 71. Ficam revogados:

I – a Lei n. 7.347, de 24 de julho de 1985;

II – os arts. 3º a 7º da Lei n. 7.853, de 24 de outubro de 1989;

III – o art. 3º da Lei n. 7.913, de 7 de dezembro de 1989;

IV – os arts. 209 a 213 e 215 a 224 da Lei n. 8.069, de 13 de julho de 1990;

V – os arts. 81 a 84, 87, 90 a 95, 97 a 100, 103 e 104 da Lei n. 8.078, de 11 de setembro de 1990;

VI – o art. 88 da Lei n. 8.884, de 11 de junho de 1994;

VII – o art. 7º da Lei n. 9.008, de 21 de março de 1995, na parte em que altera os arts. 82, 91 e 92 da Lei n. 8.078, de 11 de setembro de 1990;

VIII – os arts. 2º e 2º-A da Lei n. 9.494, de 10 de setembro de 1997;

IX – o art. 54 da Lei n. 10.257, de 10 de julho de 2001;

X – os arts. 4º, na parte em que altera o art. 2º-A da Lei n. 9.494, de 10 de setembro de 1997, e 6º da Medida Provisória n. 2.180-35, de 24 de agosto de 2001;

XI – os arts. 74, inciso I, 80 a 89 e 92, da Lei n. 10.741, de 1º de outubro de 2003; e

XII – a Lei n. 11.448, de 15 de janeiro de 2007.

Brasília,

Exposição de Motivos:

EM n. 00043 – MJ

Brasília, 8 de abril de 2009.

Excelentíssimo Senhor Presidente da República,

Submeto à elevada consideração de Vossa Excelência anteprojeto de lei que regula a Ação Civil Pública, com vistas a adequá-la ao comando normativo da Constituição. 2. O anteprojeto também objetiva ser uma adequação às significativas e profundas transformações econômicas, políticas, tecnológicas e culturais em âmbito global, significativamente aceleradas nesta virada do século XX, para o fim de prever a proteção de direitos que dizem respeito à cidadania, não consubstanciados pela atual Lei da Ação Civil Pública, de 1985. 3. O Código de Processo Civil, de 1973, balisador da disciplina processual civil, mas ainda fundado na concepção do liberalismo individualista, não responde neste novo estágio de evolução jurídico-científica ao alto grau de complexidade e especialização exigidos para disciplinar os direitos coletivos, difusos e individuais homogêneos. 4. A mencionada Lei da Ação Civil Pública e o Código de Defesa do Consumidor, de 1990, são marcos importantes para a tutela dos interesses coletivos, mas, com passar do tempo, juristas, pesquisadores e doutrinadores do Sistema Coletivo Brasileiro identificaram a necessidade do seu aperfeiçoamento e modernização com vistas a adequá-lo às novas concepções teóricas, nacionais e internacionais, e à nova ordem constitucional. Temos como exemplo o Código-modelo de processos coletivos para Ibero-América e os dois anteprojetos do Código Brasileiro de Processo Coletivo elaborados no âmbito da Universidade de São Paulo – USP, com participação do Instituto Brasileiro de Direito Processual – IBDP, e da Universidade Estadual do Rio de Janeiro – UERJ, respectivamente. 5. Durante o Congresso das Carreiras Jurídicas de Estado, promovido em junho de 2008 pela Advocacia-Geral da União, verificou-se a necessidade de aperfeiçoamento da tutela coletiva no Brasil. 6. Diante desse cenário, o Ministério da Justiça instituiu, por meio da Portaria n. 2.481, de 9 de dezembro de 2008, Comissão Especial composta por renomados juristas e operadores do Direito, com representação de todas as carreiras jurídicas, e presidida pelo Secretário de Reforma do Poder Judiciário do Ministério, com a finalidade de apresentar proposta de readequação e modernização da tutela coletiva. 7. Dentre as inúmeras inovações do anteprojeto, destacam-se: a) estabelecimento de princípios e institutos próprios indicando ser uma disciplina processual autônoma; b) ampliação dos direitos coletivos tuteláveis pela Ação Civil Pública; c) aumento do rol de legitimados, englobando a Defensoria Pública, a Ordem dos Advogados do Brasil e os Partidos Políticos, que passam a atuar na defesa dos direitos coletivos; d) participação de todos os interessados, inclusive da sociedade civil, para decidir sobre a destinação dos valores originários das ações coletivas, especialmente em se tratando de violação aos direitos difusos, possibilitando resultado mais efetivo para populações ou locais atingidos por danos coletivos; e) criação de dois cadastros nacionais, um para acompanhamento de inquéritos civis e compromissos de ajustamento de conduta, sob a responsabilidade do Conselho Nacional do Ministério Público, e outro relacionado com Ações Civis Públicas ajuizadas, sob o controle do Conselho Nacional de Justiça; f) modificação da regra de competência para reparação de dano coletivo que atinja a várias partes do país, possibilitando o ajuizamento da Ação Civil Pública em qualquer juízo da capital dos Estados ou do Distrito Federal; g) tratamento diferenciado dos institutos de conexão, continência e litispendência, visando a assegurar de maneira mais ampla a reunião de processos e a evitar a proliferação de demandas e a divergência entre julgamentos; h) disciplina do ônus da prova, voltada à produção de quem estiver mais próximo dos fatos e capacidade de produzi-las, objetivando maior efetividade; i) em termos de coisa julgada foi seguida a posição do Superior Tribunal de Justiça no sentido de ela ser ampla, independentemente da competência territorial do órgão julgador; j) aperfeiçoamento do Sistema de Execução das Tutelas Coletivas, inclusive com o incentivo aos meios alternativos de solução de controvérsias coletivas, em juízo ou extrajudicialmente, mediante acompanhamento do Ministério Público e do Poder Judiciário; k) proposição de aperfeiçoamento da execução coletiva; e l) consolidação do sistema jurídico coletivo, mediante revogação de dispositivos de várias leis dispersas, tais como o Código do Consumidor (Lei 8.078/90), o Estatuto da Criança e do Adolescente (Lei 8.069/90), a Lei da Pessoa Portadora de Deficiências (Lei 7.853/89), a Lei Protetiva dos Investidores do Mercado de Valores Imobiliários (Lei 7.913/89) e a Lei de Prevenção e Repressão às Infrações contra a Ordem Econômica – Antitruste (Lei 8.884/94). 8. As propostas foram discutidas com a sociedade em diversas oportunidades. As sugestões apresentadas foram amplamente debatidas na Comissão. 9. Por derradeiro, os avanços consubstanciados na proposta terão amplo e imediato reflexo na forma de tutelar os direitos coletivos no Brasil, o que representa um passo importante rumo ao acesso à justiça e à efetividade da tutela coletiva. 10. Essas, Excelentíssimo Senhor Presidente da República, são as razões que fundamentam a proposta que ora submeto à elevada consideração de Vossa Excelência.

Respeitosamente,

TARSO FERNANDO HERZ GENRO